# 언론자유와 정치철학

손영준

박영사

# 서론

언론자유는 헌법에서 보장하는 기본권이다. 우리 사회에서 언론자유는 헌법 원리에 따라 만개한 것처럼 보인다. 그런데도 우리의 소통 구조는 만성적인 불통 상태에 빠져있다. 말할 자유는 마음껏 누리는데, 서로 대화가 잘되지 않는다. 서로 간에 말이 통하지 않는다. 대화는 늘 평행선이다. 상대방이 말귀를 못 알아듣는다고 분통을 터뜨린다. 그러다 보니 이제는 대화 자체도 찾기 힘들다. 말이 통하는 사람끼리만 대화하는 소통의 편식 현상이 강화되고 있다.

우리 사회에서 소통을 둘러싼 분열과 대립은 역사적이고 구조적이다. 소통을 둘러싼 우리의 갈등은 고착단계를 지나고 어느덧 위기 국면에 들어섰다. 우리 사회 소통의 위기는 곧 언론자유의 위기를 의미한다. 따라서 소통의 동맥경화 현상을 풀기 위한 사회적 노력이 필요하다. 왜냐하면 소통의 문제가 해소되지 않으면 언론자유는 공염불에 불과하기 때문이다.

언론자유가 보장됨에도 불구하고 사회적 소통은 왜 잘 이뤄지지 않는가? 이 책은 이런 기본적인 질문에 답변하기 위해 마련한 것이다. 이 책은 우리 사회에서 사회적 소통과 언론자유를 이룩하기 위해서는 언론자유가 무엇인지 성찰하고 합당한 언론철학을 정립하는 것이 필요하다는 점을 강조한다. 이 책은 우리 사회의 소통 위기를 해소하기 위한 철학적 기반을 탐구한 것이다. 이 책은 좋은 사회, 이상적인 삶을 위해 우리의 언론과 소통이 어떤 규범적 원리에 따라 운영되어야 하는가에 대한 언론철학(journalism philosophy)을 논의한다. 언론은 대개 현실적 측면과 규범적 측면을 동시에 갖고 있다. 언론의 현실적 측면은 언론의 실제 작동행태를, 규범적 측면은 언론 원리의 정당성을 의미한다. 언론의 규범적 측면은 언론철학을 통해 논의된다. 언론철학의 내용은 현실 언론의 행태, 성격, 방향에 큰 영향을 미친다. 따라서 언론철학의 정립은 언론에 적절한 지침을 제공하고 또 언론을 발전시키는 데 불가분의 관계라고 할 수 있다. 그러나 언론철학이 지향하는 바가 분명하지 않으면 언론과 소통 구조는 길을 잃게 된다. 언론에 대한 규범적 지침인 언론철학이 제대로 마련되어 있지 못하면 결국 남는 것은 언론 행위자의 자의적 운영과 사회적 갈등뿐일 것이다.

이 책은 우리 사회에 합당한 언론철학을 모색하고 정립하기 위해서는 정치철학과 정치사상의 원리를 통해 언론의 문제를 바라볼 필요가 있다는 문제의식에서 출발하였다. 언론철학을 정치철학과의 관련성 속에서 이해하려는 이유는 언론철학이 실제 정치철학에서 파생한 것이기도 하지만, 언론철학의 성격과 방향성을 제대로 알기 위해서는 그것이 생겨난 정치철학의 구조와 원리에 대한 종합적 이해가 필요하기 때문이다. 언론철학만을 따로 떼어 논하는 것은 자칫 아전인수가 될 가능성이 크다. 이 책에서 논의하는 것처럼 언론철학을 정치철학의 틀 속에서 살펴봄으로써 오늘날 우리 사회 소통 위기의 본질을 종합적, 거시적, 체계적으로 성찰할 수 있다고 생각한다.

그동안 언론자유를 주제로 많은 연구가 진행되었다. 그러나 언론자유의 문제를 법률적 해석의 문제로 보거나, 언론자유라는 협소한 틀 안에서 보는 경우가 대부분이었다. 이 책은 기존의 연구와 달리 언론자유를 정치철학의 흐름 속에서 이해하려는 시도이다. 필자는 이 책에서 통해 우리의 소통 위기, 언론자유의 위기를 공공철학의 위기라는 관점에서 접근할 필요가 있음을 강조하였다.[1)]

우리 사회는 현재 개인의 자유(사적 자유)와 사회적 자유(공적 자유)가 강하게 충돌하고 있다. 사회적 자유는 구성원들의 자유의 평등을 의미한다. 이런 긴장관계를 해소하고 갈등을 치유할 방안은 결국 자유와 평등의 문제를 어떻게 조화롭게 풀어갈 것인가에 맞춰져야 한다. 우리에게 합당한 언론자유와 언론철학을 모색하는 것도 이런 문제의식과 기조 속에서 이뤄져야 한다고 생각한다.

유학시절 이후 필자의 연구주제는 정치 현상과 저널리즘의 관련성을 분석하는 것이었다. 데이터(data)를 이용한 양적 분석이 많았다. 그러나 7~8년 전부터 질적 분석으로 연구 방향을 바꿔, 정치철학 관련서를 읽어나갔다. 그런 와중에 코로나 팬데믹이 발생했다. 사회적 만남이 많이 줄었다. 연구실에서 정치철학 서적을 계속 읽었다. 내용을 정리해 학부와 대학원 수업에 일부 사용해 보았다.

---

1) 공공철학은 공적이슈에 대해 사람들이 공유하고 있는 철학과 사상이다.

이런 과정을 거쳐 이 책의 줄기를 잡았으며, 이 책에 수록된 일부는 몇몇 학술지에 게재하기도 했음을 밝힌다.

이 책은 자유지상주의, 평등주의적 자유주의, 공화주의, 공동체주의 정치철학을 다루었다. 이 정치사상들은 자유민주주의 국가의 대표적인 정치철학이다. 각각의 정치철학은 대표적 이론가인 로버트 노직, 존 롤스, 필립 페팃, 마이클 샌델의 철학적 원리를 바탕으로 살펴보았다. 그들의 정치 사상적 논의를 살펴보면서 언론자유와 언론철학의 내용을 정리하였다.

이 책이 우리 사회에서 언론자유를 이해하는 준거의 틀로 활용되기를 바란다. 언론자유와 언론철학에 대한 이해를 높이는 자료로 쓰이길 바란다. 나아가 이 책이 언론인을 포함해 일반 시민들에게도 언론자유에 대한 읽을거리를 제공할 수 있기를 희망한다. 이를 위해 일반 시민이 이해하기 쉽고, 대학교 3~4학년이나 대학원 수업에서 사용하기 편리하게 구성하려 했다. 우리 사회에서 언론자유에 대한 이해를 높이는데 참고할 책이 되기를 바란다.

이 책을 완성하기까지 생각보다 오랜 시간이 걸렸다. 지도와 격려, 응원이 없었으면 힘들었을 것으로 생각한다. 이 자리를 빌려 많은 분들에게 고개 숙여 감사드린다. 미국 인디애나 대학 저널리즘 스쿨에서 필자를 지도해 주신 데이비드 위버(David H. Weaver) 교수님, 클리브 윌호이트(Cleve Wilhoit) 교수님, 인디애나 정치학과의 제럴드 롸이트(Gerald Wright) 교수님께 감사드린다. 국민대 정치외교학과의 이종은 명예교수님께는 특별히 감사드린다. 필자가 정치사상에 관심을 가진 이후 고비마다 조언을 아끼지 않으셨다. 격려와 가르침에 감사드린다. 미국 유학생활 이후 늘 학문적으로, 인간적으로 지도해 주신 고려대 오택섭 명예교수님께도 큰 은혜를 입었다. 서울대 행정대학원 석사 지도교수님이셨던 故최종기 교수님께도 감사드린다.

국민대 사회과학대학 미디어 전공 교수님들, 사회과학대학 교수님들, 글로벌·인문지역대학 교수님들, 한국언론학회 저널리즘연구회 소속 교수님들, 인디애나 동문 교수님들, 한국언론학회의 많은 미디어 전공 교수님들, 성균관대 김정탁 명예교수님, 서울대 정치외교학과 김홍우 명예교수님을 비롯한 한국정치평론학회의 쟁쟁한 선생님들 모두에게 진심으로 감사드린다. 함께 나누었던 이야기들이 이 책의 밑거름이 되었음을 고백한다. 그리고 국민대 현승일 전 총장님, 김문환 전 총장님, 임홍재 총장님의 격려에 고개 숙여 감사드린다. 외우 김재길 박사는 출판에 앞서 건설적 제안을 해주었고 박성호 교수는 오탈자를 일일이 찾아주었다. 두 분께 특별히 감사함을 표한다. 국민대 미디어 전공 대학원 학생들에게도 감사의 마음을 전하고 싶다. 학생들이 있었기에 교수로서 더 정진해야 할 책임감을 느끼게 되었다. 대학원 제자들과 나눈 대화들은 이 책을 알차게 꾸미는 데 큰 도움이 되었다.

각별한 사랑을 주신 부모님께 감사드린다. 아내 조영미, 딸 주희, 유래에게도 고마움을 전한다. 전문적인 학술서 출간을 선뜻 허락해준 박영사 안종만 회장님께 특별히 감사의 뜻을 전하고 싶다. 마지막으로 책 편집과 교정, 출간에 힘써주신 박영사 사윤지 님, 박부하 대리님께도 이 자리를 빌려 감사한 마음을 전한다.

2023년 8월

북악관 서재에서

손영준

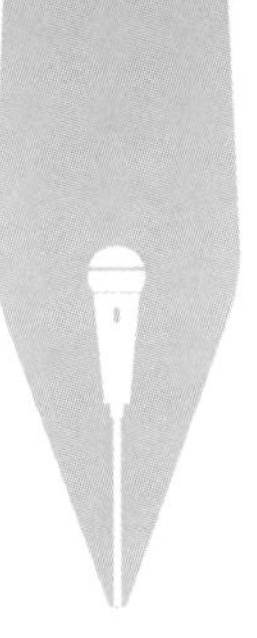

# 목차

## 약어

**ASU** Nozick, Robert(1974) Anarchy, State, and Utopia, Basic Books.

**DD** Sandel, Michael(1998) Democracy's Discontent: America in Search of a Public Philosophy, Cambridge University Press.

**JF** Pettit, Philip(2014) Just Freedom: A Moral Compass for a Complex World, W. W. Norton & Company.

**JFR** Rawls, John(2001) Justice as Fairness: A Restatement, Cambridge, MA: Harvard University Press.

**LLJ** Sandel, Michael(1982) Liberalism and the Limits of Justice, Cambridge University Press.

**OL** Mill, John Stuart(2016) On Liberty, Project Gutenberg.

**OPT** Pettit, Philip(2012) On the People's Terms: A Republican Theory and Model of Democracy, Cambridge University Press.

**PL** Rawls, John(1993) Political Liberalism, Columbia University Press.

**PP** Sandel, Michael(2005) Public Philosophy: Essays on Morality in Politics, Harvard University Press.

**TJ** Rawls, John(1971) A Theory of Justice, Cambridge, MA: Harvard University Press.

**RE** Pettit, Philip(1997) Republicanism: A Theory of Freedom and Government, Oxford University Press.

**RTJ** Rawls, John(1999) A Theory of Justice: Revised Edition, Cambridge, MA : Harvard University Press, Revised ed.

# 제1장

# 언론자유와 정치철학의 관계

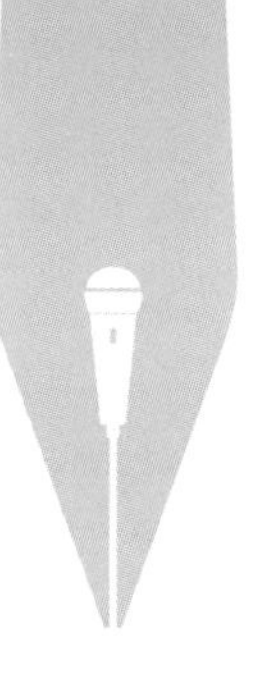

# 제1장

# 언론자유와 정치철학의 관계

## 1 우리 사회의 소통 위기

우리 사회는 지금 분열과 대립으로 몸살을 앓고 있다. 정치 영역뿐 아니라 사회, 경제, 노동, 교육, 문화 등 대부분 영역에서 진영논리가 각을 세우고 있다. 한국 사회가 직면한 분열은 하루아침에 생긴 것이 아니다. 우리는 일제 강점으로 인해 나라 자체가 사라진 경험이 있다. 해방 후 대한민국과 조선민주주의인민공화국으로 갈라지면서 '1 민족 2 국가' 분단체제가 형성되었다. 하나의 민족이 두 개의 정치체제로 분열된 것은 강대국 압박에 대처할 힘과 능력이 부족했기 때문이다. 천둥 번개가 내리치면 속이 썩은 나무부터 산산조각이 난다. 우리의 분단은 기본적으로 외세의 뜻에 따라 이뤄진 것이지만, 그것을 막아낼 내부 역량이 부족했던 책임도 있다. 19세기 서세동점(西勢東漸)하던 시기의 세계 변화에 눈감았던 결과, 우리는 결국 식민지배를 받았다. 우리의 운명은 외세에 의해 결정되었다. 지금의 분단 상황도 20세기 중반 미국과 소련의 냉전 산물이다. 남과 북이라는 '1 민족 2 국가' 분단체제는 여전히 공고하다. 세계 각국은 민족

국가 단계를 넘어 '다민족 1 국가' 또는 '국가연합체제'로 진입한지 오래인데 반해, 우리는 분단체제에서 한 발짝도 앞으로 못 나가고 있다.

더 큰 문제는 남쪽의 내부 분열이다. 분단도 서러운데 한국 내부는 두 개의 진영으로 쪼개져 있다. 진영논리가 사회 곳곳에 가득하다. 공론장은 파편화되었다. 진영 간 소통은 단절되고 축소되었다. 소통과 협의는 늘 같은 진영 안에서 이뤄진다. 이러한 진영논리는 정치, 경제, 사회 전 영역을 관통하는 기준이 되었다. 개인의 자유와 공공선은 조화롭게 통합되지 못하고 있다. 사적 영역에서도 진영 간 대립과 균열 현상은 두드러진다. 이념과 지역, 계층 간 대치는 세대 간으로 번지고 있다. 진영 간 분열은 이제 지역, 계층, 정규직 비정규직 노동시장을 넘어 세대, 젠더 간으로 확산되고 있다.

만성적인 분열로 우리의 미래를 예측하기는 쉽지 않다. 선거 때만 되면 편 가름 구도는 내전상태를 방불케 하며, 선거가 끝나면 대치전선은 재구조화된다. 이런 악순환은 공고화의 단계에 접어들었다. 한국은 이제 '1 민족 2 국가 다진영' 체제가 정착했다고 볼 수 있다. 우리 사회는 1987년 체제 이후 보수와 진보 간 평화적 정권교체가 이뤄지고 있음에도 양극화는 오히려 강화되고 있다. 대립과 대치는 극단적이다. 민주주의와 극단적 양극화가 공존하는 '비동시성(非同時性)의 동시성(同時性)'은 우리 내부의 논쟁과 토론을 더욱 복잡하게 만들고 있다.

우리 내부에 진영논리가 기승을 부리는 이유는 어디에 있을까? 가장 큰 이유는 우리가 자유민주주의 체제를 자발적으로 선택하지 못했다는 데 있다. 해방 이후 우리 사회는 미국의 지원 아래 자유민주주의 체제를 헌법 질서의 근간으로 받아들였다. 그러나 그 당시만 해도 자유민주주의 체제는 우리의 역사와 풍속에는 잘 맞지 않은 것이었다. 당시 우리의 철학적 관념은 유교를 바탕으로 한 씨족, 혈족 중심의 공동체주의에 머물러 있었다. 우리 역사 속에서 자유민주주의가 강조하는 개인(individual)의 가치는 일천하다. 대한독립만세를 주창한 1919년 기미 독립선언서는 "오등(吾等)은 자(玆)에 아(我) 조선의 독립국임과 조선인의 자주민임을 선언하노라"라고 했다. 그러나 그것은 조선인 개개인의 자유와 권리를 강조한 것은 아니었다. 조선이라는 집단 공동체의 자유를 지적한 말이다. 일제 식민지의 압제에서 벗어나고자 하는 민족의 여망이 반영된 결과이다. 개인의 권리가 아니라, 공동체의 해방과 독립이 과제였다. 3국 시대(고구려, 백제, 신라), 고려, 조선으로 이어지는 우리의 저항적 민족주의는 사실 국가 공동체의 자유를 중시한 것이었다. 개인의 자유는 고려 대상이 아니었다. 우리는 21세기에 접어들었지만, 아직도 전근대적 수준의 철학을 넘어서는 보편적 원리를 형성하지 못하고 있다. 우리의 민주주의 원리는 다양한 개인과 집단으로 구성된 다원적 가치를 성숙하게 담아내지 못하고 있다. 근대와 전근대가 혼재해 있다. 경제적으로는 선진국이라고 하지만, 우리의 의식과 철학은 선진국 수준에 이르지 못하고 있다. 개인의 권리와 공동체의 윤리가 조화를 이루는 사회 통합적 철학은 여전히 빈곤한 실정이다.

한국 사회의 양극화 위기는 소통 위기를 의미한다. 우리의 소통구조는 확증편향(confirmation bias)에 빠져있다. 보고 싶은 것만 보고, 듣고 싶은 것만 듣고, 믿고 싶은 것만 믿는 편향성이 강화되고 있다. 이러다 보니 뉴스를 통해 아는 세상은 각자 너무 다르다. 언론보도는 평행선을 그리는 경우가 많다. 내용분석(content analysis)을 해보면, 보수-진보 언론사 간 의제(agenda)와 프레임(frame)은 큰 차이를 보인다. 뉴스에서는 상대 진영에 대한 증오와 편견의 각이 일상적으로 드러난다. 진영 간 대화의 공론장은 급속히 축소됐다. 언론은 진실을 보도한다고 하지만, 뉴스를 본다고 해서 세상의 진실을 알기는 갈수록 어렵다.

언론은 일반적으로 '현재의 사실'(facts of the present)을 단순히 나열하지 않는다. 뉴스는 '현재의 사실'이 아니라, '현재에 대한 사실'(facts about the present)을 다룬다. '현재의 사실' 가운데 뉴스가치가 높다고 생각하는 것을 선택해 보도한 것이 '현재에 대한 사실'이다. '현재에 대한 사실'인 뉴스 보도에는 이처럼 언론의 관점이나 해석 틀이 개입한다. 따라서 뉴스는 주관성을 기준으로 현재를 재구성한 것이다. 그러나 주관적 관점을 임의적·자의적으로 적용하면 사실은 왜곡된다. 볼록렌즈로 세상을 보면 물체는 크게 보인다. 반대로 오목렌즈로 보면 물체는 실물보다 작게 보인다. 따라서 주관적 관점을 남용하는 것은 또 다른 왜곡을 낳을 수 있다. 주관적 관점은 사실과 인과적·과학적으로 합당하게 관련될 때 비로소 가치를 갖는다. 뉴스 제작에 사용되는 주관적 관점은 대부분 좋은 의도, 즉 선의(good will)에서 시작된다. 그러나 좋은 의도를 가졌다고 해서 곧바로 좋은 저널리즘으로 이어지는 것은 아니다. 진실을 향한 뉴스 관점의 적용에는 사실과 관점 간에 과학적·체계적 정합성이 필요하다. 뉴스에 적용되는 관점이 사실과 어느 정도 인과적 관련성을 갖는지 고려할 필요가 있다.

우리 사회가 소통 위기에 빠짐에 따라 언론의 자유와 표현의 자유는 임의로 사용되는 경우가 많아지고 있다. 뉴스 보도는 사실보다 관점을 기준으로 생산되고 있다. 관점에 따라 사실관계가 조직화, 재조직화되는 경우가 많다. 특히 정치 뉴스는 관점이 사실을 압도한다. 사실은 그 자체로 어떤 의미를 제공하는 것이 아니라 관점과 해석틀을 위해 동원되는 도구나 수단인 경우가 많다. 이렇게 되면 뉴스의 관점은 '현재의 사실'을 과학적·체계적으로 설명하는 해석 틀의 기능을 상실한다. 관점과 부합하는 사실만으로 '현재에 대한 사실'인 뉴스가 만들어진다. 관점과 부합하지 않거나 배치되는 사실은 주목받지 못한다. 버려지거나 과장된다. 사실관계는 그 자체적으로 진실 확보를 위한 기준이 되는 것이 아니라 관점과 해석 틀을 강조하기 위해 동원되거나 활용되고 있다. 관점이 사실관계를 압도하면 언론보도의 합리성은 추락한다. 사실관계를 충실히 반영하지 못하는 주관적 관점은 결국 사실을 왜곡하기 때문이다. 언론은 진실을 발견하지 않고, 진실을 발명하는 사회적 제도가 되었다.[1] 언론자유는 이런 과정을 합리화하는 레토릭으로 활용되고 있다. 이것이 오늘날 우리 소통구조의 특성이다.

예를 들면, 우리의 북한 보도는 극단적인 평행선을 달리고 있다. 북한 핵위기의 국면에 있어 우리의 진보, 보수 언론은 북한의 핵 보유 목표, 핵위기의 원인, 주한미군의 역할, 북미 평화협정 등 모든 북한 관련 의제에서 각자의 진영논리를 충실히 담아냈다.[2] 물론 북한에 대한 제대로 된 정보를 얻기 어렵다는 현실

1) 그러나 언론인 가운데 자신이 진실을 발명하고 있다고 생각하는 사람은 없을 것이다.

을 고려해도 우리의 북한 관련 보도는 언제나 관점 간의 각축으로 끝을 맺는다. 관점은 진영 간 각축을 위한 도구로 쓰이고 있다. 관점은 사실(facts)과 조응하면서 의미가 드러나야 하는데, 관점과 사실은 남한 내부의 상대 진영과 각을 세우는 데 활용되는 수단이 될 뿐이다. 그러다 보니 뉴스는 생명력을 갖지 못하고 일회성으로 나타났다가 사라진다. 남북한의 현 상황을 통찰력 있게 바라보면서 우리 민족의 장기적 미래 전망을 담아내는 북한보도가 많지 않았던 이유는 관점 중심의 보도, 사실관계의 도구화 관행이 팽배했기 때문이다.

관점 중심의 일방적인 언론의 자유와 표현의 자유로는 구성원 간 소통을 제대로 달성하기 어렵다. 왜냐하면 생산자의 표현의 자유는 이용자(소비자)의 알 자유, 알 권리, 들을 권리와 상호 호응하는 가운데 그 의미가 분명해지기 때문이다. 언론이 무엇을 말할 자유와 표현할 자유를 수행했다는 것만으로는 언론의 역할을 다 했다고 하기 어렵다. 오늘날 온라인 매체 환경에서 언론의 자유와 표현의 자유는 뉴스 이용자의 알 자유, 알 권리, 들을 자유, 들을 권리와의 관계 속에서 평가되어야 할 것이기 때문이다. 이런 점에서 보면 우리의 언론자유는 일방향적 특성이 강하다. 언론자유는 뉴스 생산자에게 유용한 제작 도구가 되는 경우가 적지 않다. 그러나 소통은 일방향적인 표현의 자유를 보장하는 것으로는 달성되지 않는다. 소통은 잘 말하는 것 못지않게, 상대방과 공감하는 데서 이뤄진다. 상대를 제압과 변화의 대상으로 보고 밀어붙이는 것은 불통이 될 공산이 크다. 진정한 소통은 상대방의 알 권리, 들을 자유를 고려한 커뮤니케이션이다. 소통이 제대로 되기 위해서는 입과 귀뿐 아니라 말하는 자와 듣는 자 상호 간의 인격적인 교류가 필요하다. 단순히 입으로 지껄이고 귀로 듣는 행위로서는 커뮤니케이션이 성립되기 어렵다. 소통과 커뮤니케이션은 발화자와 수용자 모두의 상호 이해가 필요하다. 진정한 소통은 먼저 자기 변화를 토대로 해야 한다. 스스로 변하지 않고 상대방에게 변하라고 하는 것으로는 소통이 되지 않는다. 따라서 소통의 가장 큰 장애물은 타인의 생각이 아니라, 변하지 않는 자

2) 손영준, 홍주현(2019) 한반도 핵 위기에 대한 신문 사설 프레임 비교 분석: 경향 · 한겨레 · 조선 · 동아 4개 매체를 대상으로. 정치정보연구 22(3), pp.175-219.

의식일 가능성이 크다.[3] 자의적 관점을 고집하는 것은 출발부터 불통을 예고한 것이라고 보아야 한다.

자유민주주의 언론의 중심적인 가치는 언론자유다. 언론의 자유는 정치철학에서 이야기하는 표현의 자유의 한 영역이다.[4] 우리 사회는 그동안 언론의 자유, 표현의 자유가 의미하는 자유가 무엇을 뜻하는지 제대로 성찰하지 못했다. 언론의 자유, 표현의 자유의 의미를 제대로 알기 위해서는 먼저 자유의 뜻을 명확하게 규명할 필요가 있다. 언론자유가 생겨난 철학의 원리를 이해하지 않고 언론자유와 언론철학을 논하는 것은 피상적 접근일 수밖에 없다. 언론자유가 발생한 정치철학의 틀 속에서 언론자유의 문제를 살펴보아야 언론자유가 갖는 사회적 의미를 분명하게 이해할 수 있다고 본다. 언론자유의 문제를 둘러싸고 나타나는 갈등의 발원점이 어디인지 밝혀내야 비로소 문제의 위치를 확인하고 그 해법을 모색할 수 있기 때문이다. 우리 사회에서 언론자유의 문제를 철학과 사상의 문제로 봐야 하는 이유는 다음의 3가지로 나눠 설명할 수 있다.

첫째, 우리 사회에서 소통이 잘 되지 못하고 불통이 만연한 가장 큰 원인은 언론자유의 의미를 이해할 수 있는 공유된 언론철학이 없기 때문이다. 각자 생각하는 언론자유와 언론철학의 내용이 다르다. 인간의 실존적 한계이기도 하지만, 장님이 코끼리를 손으로 만지며 이렇다 저렇다 이야기하는 우화가 있다. 코끼리의 다리, 상아, 배, 꼬리, 귀 등을 더듬으며 자기가 생각하는 진실을 이야기한다. 장님이 코끼리를 만지는 방식으로 각자 입장을 고집하다 보면 소통은 언제나 평행선이 될 수밖에 없다. 나무 하나하나에 집중하다 보면 숲 전체

---

3) 강신주(2014) 강신주의 노자 혹은 장자. 오월의봄.

4) 언론 자유(freedom of speech)의 고전적 의미는 사상과 의견을 밖으로 드러내고 표명하는 자유이다. 언론 자유의 현대적 의미는 고전적 의미의 언론 자유 외에 알 권리, 반론권, 언론기관의 자유를 포괄하는 뜻이다. 이에 반해 표현의 자유(freedom of expression)는 언론의 자유뿐 아니라 집단적 차원의 집회, 결사의 자유, 비언어적 상징 표현을 총칭하는 개념이다. 따라서 표현의 자유는 언론의 자유보다 훨씬 더 넓은 개념이다(권영성, 헌법학원론, 법문사, 2010, p.495). 그러나 오늘날 양자를 엄격히 구분하기는 어렵다. 이 책은 특별한 경우를 제외하고 언론의 자유와 표현의 자유를 유사 개념으로 사용한다.

를 보지 못하는 것과 같은 이치이다. 저자는 언론자유이론이 배태된 언론철학과 정치사상을 함께 성찰해야 한다고 생각한다. 또한 언론자유의 문제를 이해하기 위해서는 언론철학을 뒷받침하는 각 정치철학의 원리를 살펴보는 것이 필요하다고 본다. 언론자유를 둘러싼 현상적인 문제에 천착해서는 미봉책에 그칠 가능성이 크기 때문이다. 또 자기 생각만 고집해서는 공존하지 못한다. 그렇게 해서는 진정한 소통에 이르기 어렵기 때문이다. 따라서 언론자유와 언론철학에 대한 사회적 합의를 이룩하기 위해서는 먼저 언론자유를 바라보는 다양한 관점의 차이점과 유사성을 밖으로 드러내 비교하는 작업이 필요하다. 이 책에서는 자유민주주의 체제의 대표적인 정치철학과 사회철학을 살펴본다. 구체적으로 자유지상주의, 평등주의적 자유주의, 공화주의, 공동체주의를 검토한다. 각 정치철학이 담고 있는 개인과 공동체의 특성 및 사회정의의 원리를 파악하고, 각각의 정치철학에서 도출할 수 있는 언론자유의 원리와 언론철학의 특징을 찾아볼 것이다.

둘째, 우리 사회에서 소통이 제대로 안 되는 또 다른 원인은 언론자유와 언론철학에 대한 이해가 부족하고 빈곤하기 때문이다. 사회적 소통을 둘러싼 우리의 민낯은 마치 플라톤의 동굴의 우화를 연상케 한다. 깜깜한 동굴 속에 갇혀있는 사람들은 횃불을 통해 비친 벽면의 그림자를 진실(truth)이라고 생각한다. 사람들은 눈을 돌려 바깥을 볼 수 없기에 이미지와 형상을 참이자 진실이라고 믿는다.[5] 쇠사슬로 발목이 채워져 있는 동굴 속의 사람들은 오늘날 우리의 모습이다.

손가락으로 달을 가리키면서 정작 눈은 손가락 끝을 바라봐서는 달의 진면목을 알 수 없다. 손가락 끝이 아니라 손가락이 가리키는 대상을 직시해야 문제 해결의 실마리를 찾을 수 있다. 우리 사회에서 언론자유의 문제가 사회적 논란의 대상이 되면서도 실타래가 잘 풀리지 않는 것은 언론자유의 의미를 임기응변, 아전인수식으로 이해하기 때문이다. 언론자유를 각자가 편리하게 해석하는 경향이 만연해 있다. 언론의 자유와 표현의 자유는 서양정치사상이 다루는 자

---

5) 김선욱(2010) 정치와 진리. 책세상, pp.69-83.

유의 핵심 영역이다. 따라서 언론자유가 유래된 정치철학의 틀을 이해하지 않고 논의하는 것은 사상누각에 가깝다. 각각의 정치철학 체계가 제시하는 자유의 맥락 속에서 구체적인 언론자유의 의미를 이해하는 것이 필요하다. 그렇지 않을 경우, 번지수를 잘못 찾아 언론자유의 의미를 자의적으로 편협하게 이해할 가능성이 크다.

셋째, 언론자유와 소통의 문제를 철학의 문제로 보는 또 다른 이유는 사회적 소통을 위해서는 구성원이 합의하고 동의하는 도덕적 원리를 모색하는 것이 필요하기 때문이다. 사회적 소통은 어떤 당위성만으로 이뤄질 수 없다. 사회적 소통은 구성원들 간에 철학적 원리에 대한 이해와 공감, 합의가 이뤄질 때 가능하다. 입으로 '소통하자', '소통하자' 외치는 것만으로는 소통이 되지 않는다. 그런 외침은 빈말에 불과하다. 소통과 언론자유에 대한 사회적 합의를 위해서는 이론적 개념정리가 필요하다. 이것이 이뤄져야 구성원들이 이해하고 수용할 수 있다. 최종적으로는 자발적으로 수용하는 규범(norm)으로 승화될 수 있다. 우리에게 필요한 소통은 삶의 규범으로서 언론자유의 원리가 세워지고 그것이 상호협력적으로 동의할 수 있는 도덕적 기초로 승화될 때 비로소 가능하다. 이런 연유로 언론과 소통 분야에서 진행되는 논쟁은 철학적 논의에서 시작해야 한다. 철학적 기반의 논쟁을 통해 사회적 규범을 도출하고 상호 협력 가능한 동의안을 도출할 수 있기 때문이다. 물론 언론자유를 이해하는 원리는 복합적이기 때문에 하나의 이론으로 설명하기 어렵다. 그러나 정치철학의 근본 원리를 규명하면서 언론자유에 적용할 수 있는 가치와 전망에 대한 공감대를 넓힐 수 있다면 불통의 영역은 줄어들 것으로 생각한다.

정치철학의 관점에서 보면 우리 사회 소통 위기의 근저에는 개인의 자유와 이런 자유의 사회적 평등 가운데 무엇을 더 중요하게 생각할 것인가 하는 사회적 갈등이 자리 잡고 있다. 우리 사회는 지금 개인의 사적 자유를 제대로 보장해야 한다는 입장과 이런 개인 간 자유의 평등을 주장하는 입장이 충돌하고 있다. 후자는 사회, 정치적 차원에서 개인적 자유의 상호 평등을 요구하는 견해이다.[6] 이를 해소할 방안은 결국 개인적 자유와 이런 자유의 사회적 평등을 어떻게 조화롭게 풀어갈 것인가에 맞춰져야 한다. 우리에게 합당한 언론자유와 언론철학을 모색하는 것도 이런 문제의식을 바탕으로 이뤄져야 한다.

언론철학의 도덕적 원리를 모색하기 위해서는 각자가 생각하는 언론자유의 의미를 분명하게 파악하는 것이 중요하다. 동시에 언론자유와 정치철학의 내용이 어떻게 긴밀하게 연결돼 있는지 확인하는 것도 필요하다. 이것을 알아야 상호 간 차이와 다름에 대처할 방안이 모색될 것이다. 우리 사회가 사회적·정치적 양극화로 인해서 진영과 집단이 서로 앙앙불락(怏怏不樂)하고 있지만, 각자 어떤 철학적 기반을 바탕으로 언론자유이론을 전개하고 있는지 살펴보는 것도 중요한 과제이다.

이 책은 우리의 소통 위기를 언론자유에 대한 철학이 빈곤하기 때문이라고 본다. 언론자유관이 있다 해도 체계적이지 않다. 언론자유에 대한 이해는 제각각이기 때문이다. 언론자유의 철학이 제각각인 상태에서 언론자유를 아전인수격으로 해석하는 소모적 논쟁이 이어졌다. 언론자유에 대한 철학적 이해를 바탕으로 하지 않으면 상호 소통은 기대하기 어렵다. 그동안 우리의 저널리즘 연구는 대부분 언론인, 언론사, 언론제도, 수용자 차원에서 이뤄졌다. 언론철학은 언론 활동의 이념과 방향성을 제시하는 나침반 같은 것인데도 불구하고 제대로 논의되지 못했다. 언론철학은 정치철학에서 파생하는 하위부분이기 때문에 정치철학이 제시하는 자유의 의미를 정확히 알아야 언론자유의 의미를 제대로 알 수 있다.

또한 언론철학은 정치이념 간의 충돌로 인해 제대로 살펴볼 겨를이 없었다. 정치적 노선과 이념의 대립에 부수적으로 다뤄질 뿐, 본격적으로 논의할 기회를 얻지 못했다. 이러다 보니 각자가 생각하는 언론자유의 철학적 준거기준이 다르다. 처음에는 의식적으로 각을 세웠다고 한다면 이제는 무의식적으로 각자의 준거기준에 몰입한다. 자유민주주의 체제에서 언론자유는 언론이나 언론인이 간섭받지 않은 채 무작정 마음대로 보도하는 것이 아니라, 언론자유의 가치

---

6) 후자는 사회적 자유로 불리기도 한다. 사회적 자유는 간섭의 부재라는 개인적 자유와는 달리 사회적으로 구성되는 자유의 평등성을 의미한다. 김비환(2018) 개인적 자유에서 사회적 자유로. 성균관대학교출판부 참조.

와 작동 원리를 성찰하는 데서 출발한다. 언론은 언론자유를 바탕으로 진실(truth)을 진실성(truthfulness) 있게 추구할 것이 요청된다. 진실성 있는 자세는 언론의 주관적 관점을 앞세우는 것이 아니라 관점이 사실관계와 체계적으로 접목될 것을 요구한다. 그러나 우리 사회 작금의 소통 현실은 이른바 '탈진실의 시대', 사실보다 각자의 관점과 신념이 늘 앞장서는 형국이다. 이런 점에서 보면 우리의 소통 위기는 공감의 부재에 가깝다.

이 책은 우리 사회 소통 위기의 기저에 언론자유에 대한 철학의 빈곤, 철학적 기준의 상이함, 상호 공감의 부재가 섞여 있음을 주목한다. 언론철학과 정치철학의 원리를 제대로 살펴보지 않은 채 언론자유를 논하는 것은 대단히 단편적이고 편의적인 접근이다. 언론자유는 언론철학과 그것이 형성된 정치철학과 공공철학을 기초로 해서 살펴볼 때 진정한 의미를 알 수 있다. 그렇게 해야 언론자유의 문제를 둘러싸고 나타나는 사회적 갈등의 발원점을 드러낼 수 있고, 언론자유의 의미를 종합적·유기적으로 파악할 수 있다.

이 책은 우리의 소통 위기, 언론자유의 혼란은 언론철학의 위기로 인해 발생한 것이라고 하였다. 이런 문제의식을 바탕으로 정치철학과 공공철학의 틀 속에서 언론자유의 의미를 성찰하고자 한다. 언론자유의 문제, 소통의 문제를 둘러싼 갈등이 어떤 이유, 어떤 의견 차이 때문에 발생하는지 그 논리적 구조를 밝혀낼 수 있어야 소통을 모색할 논거와 방향성이 제시될 수 있기 때문이다.

우리 사회에서 언론자유에 대한 진영 간 차이는 양극화를 넘어 정치체제의 균열을 위협하는 수준에 이르렀다. 이런 이유로 언론철학과 정의의 관념을 바탕으로 해서 우리의 소통 구조를 점검할 필요가 있다. 우리의 공론장과 소통의 특징을 언론철학과 정치철학의 관점에서 근원적으로 살펴보는 것은 대단히 의미가 있는 일이라 생각한다.

이 책은 자유민주주의 국가에서 논의되는 철학적 관점을 통해 언론자유의 문제를 분석한다. 구체적으로 자유지상주의와 평등주의적 자유주의, 공화주의, 공동체주의 철학이 제시하는 자유의 개념, 개인과 공동체의 관계, 언론의 자유와 표현의 자유, 언론철학의 원리를 살펴본다. 이 책에서 살펴볼 4가지 철학적 입장은 모두 좋은 삶과 사회 정의를 보장할 수 있는 방향성을 제시한다는 공통점이 있다. 그러나 좋은 삶을 위해 실제 필요한 구체적 원칙과 실천방안에서는 각각의 철학이 큰 차이를 보인다. 이 책의 집필 목적은 이런 차이점에 주목하면서 우리가 추구할 언론자유의 진면목을 성찰하는 것이다.

각각의 철학적 입장이 제시하는 논거를 간략하게 살펴보면 다음과 같다. 먼저 자유주의 전통은 중시하는 입장은 언론자유를 개인(individual), 언론인(journalist), 미디어(media)의 선택 자유로 본다. 자유지상주의에 따르면, 언론의 자유와 표현의 자유는 말(표현)할 내용을 국가와 타인으로부터 간섭받지 않고 스스로 정할 수 있는 권리이다. 존 롤스(John Rawls)의 평등주의적 자유주의는 자유지상주의적 언론자유관을 한 단계 발전시켜 표현의 자유가 누구도 침범할 수 없는 불가침적인 특성을 가지며 모두가 이런 권리를 평등하게 갖는다는 점을 강조한다. 또한 언론의 자유와 표현의 자유에 덧붙여 공정한 언론자유를 위한 사회적 원칙이 정립되어야 한다는 점을 제시한다.

공화주의 이론에서 언론자유는 임의적·자의적 간섭에 대항할 법적·제도적 장치를 통해 이뤄진다. 언론자유는 타인으로부터의 임의적 간섭을 배제할 수 있는 비지배 자유이다. 이는 발화자와 수신자 모두에게 적용되는 원칙이다. 비지배 자유는 단순히 간섭이 없는 상태가 아니라, 임의적 간섭이 없는 상황이다. 따라서 규정에 따라 법적·도덕적으로 합의된 간섭은 자유에 대한 침해가 아니라고 본다. 공동체주의는 언론자유를 간섭이라는 관점에서 보지 않는다. 공동체주의에서 언론자유는 공공선(public good)을 달성하기 위한 사회적 자유이다. 공공선을 확보하는 데 도움이 되지 않는다면, 언론의 자유와 표현의 자유는 보호의 대상이 되지 못한다. 언론의 자유는 그 자체가 목적이 아니라, 공공선을 실천하는 가운데 인정될 수 있는 권리에 불과할 뿐이다.

## 2 정치철학과 언론철학

사회와 공동체에서 정의(justice)의 문제는 인류 역사 이래 논의되었다. 각각의 정치철학은 정의를 세우고 유지하는 것을 좋은 삶을 위한 사회적 의무로 보고 있다. 그러나 사회적 의무가 구체적으로 무엇인지에 대한 근거와 가정이 다르다. 모두가 동의하는 정의관은 존재하지 않는 것 같다. 역사적으로 정의의 의미는 시대와 장소에 따라 달랐다. 따라서 각각의 정의이론은 구체적인 역사적 상황에서 특정한 역할을 담당한 것이다. 세상의 정의이론은 독자적인 정치철학에 근거를 두고 있다. 이 책은 언론자유의 철학적 기반을 탐구하기에 앞서 각 철학적 입장이 정의의 문제를 어떻게 보는지 먼저 살펴볼 것이다.

정치철학은 좋은 삶을 실현하기 위해, 개인과 공동체, 정부, 국가가 어떤 가치와 원리에 따라 조직화하고 구성할 것인지를 탐구하는 것이다. 정치철학은 사람들에게 좋은 삶을 제공할 수 있는 가치와 원리를 제시한다. 구체적으로 말하면, 사람에게 좋은 삶이란 무엇인지를 규명하고, 이를 위해 개인과 공동체, 정부, 국가의 역할은 어떠해야 하며, 그 이유는 무엇인지를 설명한다. 이런 점에서 보면 역사상 존재했던 정치철학은 개인의 자유와 공동체, 국가를 바라보는 입장에 큰 차이가 있다. 따라서 언론의 자유와 표현의 자유를 바라보는 관점에도 그만큼 큰 간극이 존재한다.

언론이란 무엇인가? 미시적으로 보면 말이나 글을 통해 자기의 생각을 나타내는 활동을 말한다. 거시적으로 보면 사실과 생각을 전달하는 사회적 제도 또는 행위, 기술에 해당한다. 따라서 언론철학은 사람들이 좋은 삶을 살아가는 데 필요한 사실과 생각을 나타내고 전달하는 데 적용되는 원리, 원칙이라고 할 수 있다. 언론철학은 정치철학과 따로 떨어져 독립적으로 존재한다고 보기 어렵다. 언론철학은 정치공동체에서 좋은 삶을 살아가는 방법에 대한 정치사상 또는 정치철학의 중요한 하위 구성물에 해당한다. 이 책은 각각의 정치철학이 제시하는 언론철학을 상호 비교함으로써 언론의 역할과 언론자유가 갖는 현대적 의미를 성찰한다. 따라서 정치철학의 원리를 규명한 후에 언론철학의 내용을 살펴보는 연역적 방법을 채택하였다.

오늘날 자유민주주의 국가에서 정의(justice)에 대한 논의는 다음의 6가지 철학을 중심으로 이뤄지고 있다.[7] 그것은 1) 간섭없는 자유를 이상으로 삼는 자유지상주의, 2) 개인 간 계약에 기반해 공정, 복지, 효용을 이상으로 삼는 평등주의적 자유주의, 3) 견제와 균형, 비지배 자유를 중시하는 공화주의, 4) 사회적 공공선을 정치적 이상으로 삼는 공동체주의, 5) 성에서 해방된 사회를 정치적 이상으로 삼는 페미니즘(feminism), 6) 평등을 궁극적 이상으로 삼는 사회주의(socialism)이다. 각각의 정의이론은 자아(self), 개인의 자유와 의무, 좋은 삶, 개인과 국가의 관계, 사회적 선, 공동체의 특징 등에 대한 입장과 전제를 바탕으로 정의가 무엇이고 또 어떻게 달성되는지를 제시한 것이다.

이 책은 이 가운데 자유지상주의, 평등주의적 자유주의, 공화주의, 공동체주의를 순서대로 살펴본다. 페미니즘은 젠더를 중심으로 좋은 삶을 논하기 때문에, 그리고 사회주의는 자유민주주의 체제와 정의관념에서 근본적인 인식차가 있기에 이 책에서는 다루지 않는다.

오늘날 한국사회에서 언론자유를 둘러싼 논쟁은 자유주의와 공화주의, 공동체주의 철학을 통해 잘 드러난다.[8] 자유주의와 공화주의, 공동체주의는 개인의 자유, 개인과 공동체의 관계, 공공선, 좋은 삶, 개인의 권리, 표현의 자유관 등에서 상이한 전제와 입장을 갖고 있다.[9] 자유주의와 공화주의, 공동체주의의 철학적 골격은 오늘날 한국 사회의 구조적 문제와 언론의 자유, 표현의 자유를 진단하고 전망하는 데 유용한 틀을 제공한다. 이 책은 이런 문제의식을 바탕으로 자유주의와 공화주의, 공동체주의의 핵심 원리를 살펴본 뒤, 언론의 자유와

---

7) 이종은(2015) 사회 정의란 무엇인가. 책세상, pp.473-476.

8) 자유주의 이론은 자유지상주의와 평등주의적 자유주의로 구분된다. 양자는 자유를 개인에 대한 간섭의 부재로 보는 점에서 유사하다. 그러나 개인과 공동체의 관계, 자유의 실천방안, 자유와 평등의 관계, 국가의 역할 등에서 분명한 차이가 있다. 이 책에서 자유지상주의를 먼저 살펴보는 것은 근대적 의미의 자유 개념을 제시한 철학이기도 하지만, 이후 제시된 여러 정치철학과 비교 성찰할 준거가 되기 때문이다.

9) 조승래(2010) 공화국을 위하여: 공화주의의 형성 과정과 핵심사상. 도서출판 길; 이종은(2011) 평등, 자유, 권리. 책세상 참조.

표현의 자유, 언론철학에 대한 입장 차이를 상호 비교하였다. 앞에서 언급하였듯이 언론의 자유와 표현의 자유가 생겨난 철학의 뿌리를 이해하지 않고서는 표현의 자유가 갖는 철학적 의미를 알 수 없기 때문이다.

군주의 배타적 통치력이 작동했던 절대왕정 시대에 사회적 정의(justice)는 군주의 말과 행동이었다. 절대군주는 강력한 중앙집권적 왕권을 토대로 입법, 사법, 행정, 경제, 군사의 모든 영역을 자의적으로 통치하였다. 국왕의 권력은 귀족이나 사회 집단 누구도 제약할 수 없었으며, 배타적·포괄적 힘으로 작동하였다. 주권자는 시민이 아니라 절대왕정의 국왕이다. 따라서 주권자인 국왕에 대한 도전은 곧 범죄이며 신성모독에 해당하였다. 이때 국왕의 권력은 시민에게서 나온 것이 아니라 하늘에서 신이 내려 준 것(왕권신수설)으로 간주되었다. 이런 절대주의 체제에서 시민이나 백성은 인간으로서 기본적 권리를 인정받지 못했다. 사람은 자유로운 존재가 아니었다. 특히 사회적 약자인 여성, 장애인의 인권은 처참했다. 사람은 생산수단에 불과했다. 이런 상황에서 언론의 자유는 인정되지 않았다. 말할 자유는 절대왕정의 특권이었다. 유럽 각국의 절대왕정은 절대군주 체제에 해당한다.

인간이 인간이기 때문에 어떤 권리를 갖고 있다는 관념은 근대 자유주의 철학에서 비로소 형성됐다. 자유주의는 절대왕정에 대항하는 신흥 계급의 사상적 무기였다. 서양정치사상은 자유주의의 기원을 1215년 영국의 마그나 카르타(Magna Carta, 대헌장)에서 찾는다. 영국의 절대군주 존 왕(King John)은 영지를 프랑스에 빼앗긴 뒤 국가 재정을 충당하기 위해 사람들의 고혈을 짜냈다. 이후 귀족과 시민의 불만은 고조되었고 영국은 내전 직전 상황으로 치달았다. 존 왕의 군사력은 귀족과 시민세력에 비해 열세였다. 이때 국왕과 귀족, 시민은 군사적 충돌이 아니라 템스 강변 러니미드(Runnymede)에서 국왕의 절대권력을 제한하는 대타협을 이루었다. 대타협의 결과인 마그나 카르타는 국왕이 세금부과와 재판, 종교의 문제에 있어서 절대적, 자의적 권력을 행사하지 못한다는 합의였다. 마그나 카르타 정신은 그 이후 제대로 지켜지지 않았다. 그러나 절대군주의 권한이 신으로부터 부여받는 것(왕권신수설)이 아니라 사람들 간의 합의에 따라 조정될 수 있다는 점을 처음으로 보여준 역사적 사건이다. 마그나 카르타 정신은 오늘날 자유주의 이념을 탄생시킨 시발점이라 할 수 있다.

절대왕정은 마그나 카르타 이후에도 위력을 발휘하였다. 전제군주의 권력은 마그나 카르타 이후 473년이 지난 1688년 영국의 명예혁명(Glorious Revolution)으로 막을 내렸다. 영국의 전제군주 제임스 2세(James Ⅱ)는 영국을 가톨릭 국가로 만들기 위해 절대 왕권을 휘둘렀으나 귀족과 프로테스탄트(신교도)의 저항에 굴복해 프랑스로 망명하였다. 이후 제임스 왕의 딸 메리 2세와 사위인 윌리엄 3세가 공동 국왕에 즉위해 절대군주의 권한을 제한하는 권리장전을 승인했다. 영국의 절대주의는 의회가 군주의 권력을 제한하는 입헌군주제를 시행함으로써 종식되었다. 피를 흘리지 않고 체제를 바꿨다고 해서 명예혁명이라 한다. 자유주의는 명예혁명 이후 나타난 정치철학이다. 그러나 자유주의 철학이 형성된 이면에는 마틴 루터의 종교개혁(1517년) 이후 베스트팔렌 조약(1648년)까지 유럽 전역에서 치러진 130년간의 종교전쟁이 있다. 가톨릭과 프로테스탄트 간의 전쟁에서 프로테스탄트가 최종 승리함으로써 비로소 개인의 종교 선택의 자유가 인정되었다. 종교 선택의 자유는 근대적 자유 관념의 효시라고 할 수 있다.

자유주의는 열린 사회, 자유 사회의 이상을 실현하려는 이념이다. 자유주의는 개인의 권리와 의무를 논의의 출발점으로 한다. 자유주의는 사람을 공동체의 구성원이 아니라 인간이라는 한 개인(individual as a person)으로 본다. 자유주의는 개인과 개인 간의 계약론적 관계를 설정하고 근대 국민국가를 성립시키는 이념적 기초가 되었다. 근대 사회의 다원적 이념과 가치를 포용하는 기반이 된 것이다. 로크는 개인의 생명과 자유 재산에 타인이 관여할 수 없다는 자연권 사상을 주장했다. 로크의 자유주의에 따르면 개인은 생명, 자유, 재산에 대해 절대적인 권리를 가지고 있으며, 이런 개인의 권리를 보호하는 것이 국가의 존재 이유라고 보았다. 로크의 자유주의는 개인의 권리를 하늘이 부여한 천부인권, 자연권이라고 본다는 점에서 절대주의 국가 시절의 왕권신수설을 정면으로 반박한 것이다. 로크의 자유주의는 근대국가의 발전과 함께 19~20세기 서구의 중심적인 정치사상으로 발전하였다. 17세기에 시작된 영국의 근대 자유주의 철학은 20세기 제2차 세계대전 이후 미국을 거치면서 세계적인 정치사상으로 확립되었다.

자유주의 이념은 로크에서 시작해 '보이지 않는 손'(invisible hand)의 시장원리를 제안한 애덤 스미스(Adam Smith), 공리주의자인 존 스튜어트 밀(John Stuart Mill), 이사야 벌린(Isaiah Berlin), 프리드리히 하이에크(Friedrich Hayek), 밀턴 프리드먼(Milton Friedman)으로 이어졌다. 이후 자유주의 철학은 로버트 노직(Robert Nozick)의 자유지상주의와 존 롤스(John Rawls), 로널드 드워킨(Ronald Dworkin), 아마르티아 센(Amartya Sen)의 평등주의적 자유주의로 2원화 되었다. 오늘날 경제적 자유를 강조하는 신자유주의, 능력주의(meritocracy)는 자유지상주의를 계승한 것이다.

자유주의는 개인(individual)의 선택과 권리에서 모든 논의가 출발한다. 개인의 다양성을 인정함으로써 사회 가치의 다원성을 전제한다. 개인은 누구나 자신(self)의 지배자가 되어야 한다고 본다. 자유(freedom)는 외부로부터 간섭(interference)이 없는 상태이다. 따라서 미리 정해진 어떤 결과에 따라갈 자유는 진정한 자유가 아니다. 자유주의 가운데 자유지상주의(libertarianism)는 생명, 자유, 재산의 자연권적 특성을 강조하는 데 반해서, 평등주의적 자유주의(egalitarian liberalism)는 기본적 자유에 대한 불가침성을 강조하면서도 기회균등의 원칙, 차등의 원칙을 통해 개인 간의 상대적 평등성을 지향한다. 오늘날 자유지상주의는 경제적 영역에서, 평등주의적 자유주의는 사회적·정치적 영역에서 강조되고 있다. 이 책 제2장에서는 로버트 노직(Robert Nozick)을 통해 자유지상주의 사상과 언론철학을, 제3장에서는 존 롤스(John Rawls)의 평등주의적 자유주의 정치철학과 언론철학을 살펴본다.

자유주의가 강조하는 자유의 개념은 벌린이 구분한 소극적 자유(negative freedom, ~으로부터의 자유)와 적극적 자유(positive freedom, ~을 실천하고 행위하는 자유)라는 이분법에 기초하고 있다. 자유주의 정치 이념은 이중 소극적 자유를 우선시한다. 적극적 자유는 자유의 한 유형이기는 하나 자유주의에서는 중요하게 다루지 않는다. 자유주의는 개인의 사적 영역을 강조하며 타인의 간섭으로부터의 자유, 즉 소극적 자유 개념을 발전시켰다. 자유지상주의에서 상정하는 자유 개념은 자연상태에서의 자연적 자유에 가깝다. 즉 외부로부터의 간섭의 부재와 함께 선택 범위도 스스로 정하는 것을 의미한다. 자유주의에서 자유는 외부로부터 간섭과 지배가 없을 뿐 아니라 선택 범위를 정함에도 간섭이 없는 상태이다.

국가의 간섭으로부터 개인의 권리와 개성을 자유롭게 지키고 누린다는 자유 개념은 근대 이후 보편적 권리로 인식되었다. 자유지상주의가 전제하는 소극적 자유 개념은 인간을 사회적 존재라는 관점에서 바라보지 않는다. 국가와 같은 결사체(association)는 필요에 의해 계약으로 구성된다. 공적 영역이 비대해지면서 국가는 시민과 사회를 억압하고 간섭하는 불편한 존재 또는 필요 악(necessary evil)으로 인식되었다. 자유지상주의는 개인과 국가의 관계에서 원자화된 개인과 이런 질서를 유지하고 보장하는 최소한의 국가 기구(야경국가)를 상정한다. 인민(people)은 개별화된 개인의 집합체일 뿐 집단적 정체성을 갖지 않는다.

존 롤스, 로널드 드워킨의 평등주의적 자유주의는 자유지상주의에서 한 걸음 더 나아가 집단적 정체성이 있는 공동체가 여러 개 존재하는 사회를 가정한다. 평등주의적 자유주의 철학이 전제하는 사회는 다양한 공동체가 공존하는 다원주의 사회이다. 국가는 이런 다양성을 보장하는 가운데 개인의 기본권을 보호하고 복지정책을 수행한다. 평등주의적 자유주의는 개인의 자유 문제뿐 아니라, 사람들 간의 평등 문제도 중요하게 다뤘다는 점에서 평등주의적 자유주의라고 불린다. 여기서 말하는 평등의 문제는 결국 사람이 살아가는 세상에 자유의 문제와 함께 공동체주의적 특성이 있음을 확인하고 수용한 것이라고 할 수 있다.

공화주의와 공동체주의의 역사는 자유주의보다 오래됐다. 양자는 공동체(공화국)의 공공선 추구를 사회 정의의 제1의 원리로 삼는다는 점에서 같다.[10] 공화

10) 공화국은 서양과 동양에서 왕의 폭정을 몰아낸 역사적 경험을 통해 생겨난 관념이다. 공화국은 국가가 국왕과 특정 집단의 소유물이 아닌, 공중 모두의 것이라는 뜻이다. 서양에서는 로마인들이 기원전 509년 폭정을 일삼던 왕을 몰아낸 뒤 국가를 레스 푸블리카(res publica)라 불렀다. 여기서 'res'는 구체적인 사물(concrete thing)을 의미하고 'publica'는 공공을 의미하는 영어의 public과 같은 뜻이다. 이후 유럽 각국에서 이 의미를 그대로 사용하였다. 오늘날 공화국을 의미하는 republic은 라틴어 res publica

주의와 공동체주의는 개인의 권리와 자유를 공동체의 공공선 관점에서 바라볼 것을 강조한다. 이는 자유주의가 개인의 권리와 자유 자체를 주목하는 것과 대비된다. 공화주의와 공동체주의는 공화국과 공동체를 유지할 개인의 의무를 상대적으로 더 중요하게 생각한다. 개인의 권리가 아니라 공공선을 기준으로한 정치와 정의를 강조한다. 그리스 도시국가 아테네는 아리스토텔레스의 철학을 바탕으로 공화주의 정치원리를 확립했다. 그리스 공화주의는 이후 로마 공화주의로 이어졌다. 공화주의 전통은 중세 시대에 존재감이 희미해졌다가 르네상스 시기 이탈리아의 마키아벨리에 의해 복원되었다. 공화주의 정치철학은 이후 18세기 후반 미국혁명과 프랑스혁명의 공공철학이 되었다. 그러나 19세기 후반 이후 20세기 중반까지 자유주의 철학에 밀려 입지가 약화되었다. 그러다가 20세기 중반 유럽의 전체주의와 개인주의적 자유주의가 초래한 사회적 병리 현상이 나타난 후 다시 소환되었다고 할 수 있다.

오늘날 공화주의는 로마 공화정을 승계한 공화주의와 그리스 아테네 전통을 이어받은 공화주의로 구분된다. 양자는 공화주의로 이름은 같지만, 개인과 공동체의 역할을 보는 관점에서 차이가 크다. 오늘날 로마 공화주의 전통을 승계한 공화주의 철학은 공화주의(republicanism), 신공화주의(neo-republicanism), 신로마 공화주의(neo-roman republicanism) 등으로 불린다. 대표적인 이론가는 필립 페팃(Philip Pettit), 퀜틴 스키너(Quentin Skinner), 모리치오 비롤리(Maurizio Viroli) 등이다. 이들의 관심사는 견제와 균형 원리에 따라 공화국(res publica)을 건설하고 또 개인의 자유를 확보하는 것이다. 공동체주의보다 개인의 자유를 중요하게 생각한다. 개인의 자유 침해는 사회 내부의 법, 규정에 따른 비지배적

---

에서 파생한 말이다(김경희, 공화주의의 역사, 책세상, 2009 참조). 동양에서 공화(共和)라는 말은 중국 서주(西周)시대 여왕(厲王)이 폭정을 일삼다가 기원전 841년 백성들의 난으로 쫓겨나고 재상이던 소공(召公)과 주공(周公)이 왕을 대신하여 14년간 정무를 함께 통치한 것에서 유래한다. 즉 왕이 없는 상태에서 신하들이 공동으로 섭정을 한 상태를 공화라고 불렀다. 중국의 쑨원(孫文)은 1911년 신해혁명(辛亥革命)을 일으키면서 중화민국의 주권은 국민 전체에 속한다는 공화제를 제창하였다. 쑨원은 공화국의 원형을 사마천 사기의 공화시기에서 찾았다(사마천, 신동준 역, 사기본기, 위즈덤하우스, 2015 참조).

특성을 지녀야 한다고 본다.

이 책 제4장에서는 필립 페팃의 이론을 중심으로 공화주의 철학을 살펴본다. 이 책은 페팃 이론을 페팃이 부르는 대로 공화주의라 칭한다.[11)]

그리스 아테네 공화주의를 승계한 정치철학은 공동체주의(communitarianism), 고전적 공화주의(classical republicanism), 공동체주의적 공화주의(communitarian republicanism), 시민적 공화주의(civic republicanism) 등으로 불린다. 대표적인 이론가는 마이클 샌델(Michael Sandel), 찰스 테일러(Charles Taylor), 알래스데어 매킨타이어(Alasdair MacIntyre), 마이클 왈쩌(Michael Walzer) 등이다. 아테네 민주주의는 다수 대중에 해당하는 데모스(demos)가 실질적으로 권력의 우위를 차지한 정치체제(cracy)이다. 즉 다수인 데모스의 지배는 정당한 것으로 받아들여졌다. 아테네 정치전통은 공동체의 자기통치를 실현하는 데 관심이 큰 공동체주의로 이어졌다.[12)] 공동체주의 정치철학은 공공선 달성을 국가의 최고 목표로 생각한다. 개인의 자유는 그 자체가 목적이 아니다. 중요한 것은 공동체의 공공선이다. 개인의 자유는 공공선을 추구하는 가운데 얻는 것이다. 공동체주의에서 생각하는 개인의 진정한 자유는 간섭의 부재나 법에 의한 자유의 제한이 아니라 공공선을 달성하는 가운데 성취되는 것이다. 공동체주의 전통은 공동체, 사회, 국가의 자유를 개인의 자유에 우선시한다. 공공선을 위해 개인의 선택에 국가가 간섭하는 것은 필요하고 또 어떨 때는 당연하다고 믿는다.[13)] 또한 공동체주의는 시민적 덕성과 정치참여를 통해 서로 연대하는 형성적 정치, 형성적 자유를 강조한다. 형성적이라는 의미는 협의와 토의를 통해 시민적 덕성을 육성시킬 수 있다는 뜻이다.

---

11) 페팃 이론은 한국에 신공화주의(neo-republicanism)로 소개되었다. 그리스 공화주의와 구별 짓기 위해 그렇게 한 것 같다. 그러나 신공화주의라고 해도 혼란은 여전하다. 이 책은 페팃 이론을 원래 저자가 붙였던 이름대로, 신공화주의에서 접두어 '신'을 떼고 공화주의라 부른다.

12) 김우창, 박성우, 주경철, 이상익, 최장집 공저(2017) 국가와 윤리. 글항아리, 희랍 고전시대의 국가 이념: 아테네 민주주의를 중심으로(박성우).

13) Viroli, Maurizio. 김경희, 김동규 역(2012) 공화주의. 인간사랑, p.108.

로마 공화주의는 그리스 아테네 공화주의를 공동체주의로 본다. 왜냐하면 아테네 공화정은 로마 공화정과 비교할 때, 개인의 자유를 보호하는 데 일차적 관심을 두지 않기 때문이다. 아테네 공화주의는 공공선 달성에 큰 관심이 있다. 예를 들어, 도시·국가 간에 전쟁이 벌어질 경우, 시민은 공공선을 위해 가족을 뒤로하고 전장에 나가는 덕목이 요구된다. 공동체주의는 공동체의 공공선을 강조하고 연고적 자아, 구성원 간 연대, 참여를 통한 자치 등에 주목한다. 샌델은 자유주의가 시민들에게 선택과 권리를 보장하지만, 바로 그 자유주의 때문에 20세기 후반 이후 미국 사회의 활력이 오히려 떨어졌다고 비판한다. 각자가 가진 자유의 양은 증대했음에도 불구하고, 빈부격차 등으로 인해 자기 삶을 뜻대로 통제하지 못하는 사람이 늘어난 것은 자유주의의 병폐 때문이라고 지적한다. 미국의 건국이념인 아메리칸 드림(American dream)에 대한 믿음이 약화된 것을 공동체주의를 통해 복원할 것을 주장한다. 아메리칸 드림은 누구나 열심히 노력하면 잘 살 수 있으며 계층 상승이 보장된다는 것인데, 현실에서는 열심히 일해도 소득 격차가 벌어지고 있다고 비판한다.

샌델은 오늘날 미국 사회에서 외로움을 호소하는 사람이 늘었다고 본다. 무엇이 좋은 것인지 모른 채 방황하는 사람이 증가했다고 진단한다. 사회적·경제적 압력이 자아를 억누르고 있어 공동체가 위축되고 있다고 본다. 공동체가 상실되면서 개인 간의 갈등 여지는 오히려 늘었다. 시민적·종교적·인종적 공동체는 사람들에게 더 이상 정체성과 소속감을 제공하지 못한다. 이런 이유로 민주주의에 대한 미국 시민의 분노와 불만, 좌절은 커지고 있다. 공동체주의는 시민들이 관심사를 자유롭게 소통하고 논의할 정치적·사회적 공간을 부흥시켜야 한다고 본다.[14] 샌델은 자유주의 철학이 미국의 사회적·경제적 발전을 더 이상 선도하지 못한다고 비판한다.[15] 샌델은 자유주의 철학이 가져온 문제점과 병폐를 해소하기 위해 공공철학을 공동체주의로 대체할 것을 주장한다.[16]

---

14) Arendt, Hannah(1998) The Human Condition. University of Chicago.
15) Sandel(1998) DD, pp.294-297; Sandel(2008) 공동체주의와 공공성. p.115.
16) 조승래(2013) 마이클 샌델의 공화주의. 대구사학 112, p.162.

샌델은 개인의 선택과 자유를 존중하는 가운데 공동체의 공공선을 강조한다는 점에서 자유주의적 입장을 감안한 공동체주의 사상가라 할 수 있다. 샌델은 자기의 이론을 시민적 공화주의(civic republicanism)라 부른다. 샌델 철학은 극단적 공동체주의와 구별한다는 의미에서 공동체주의적 공화주의(communitarian republicanism)로 불리기도 한다. 그러나 이름을 무엇이라고 붙이든 샌델 철학이 개인과 공동체의 관계에서 공공선을 중시하는 공동체주의 특성이 강한 것은 분명하다. 이 책은 제5장에서는 샌델의 공동체주의를 다룬다. 그러나 샌델 이론을 문화적 관습, 관행, 가치체계를 강제하는 극단적 공동체주의와는 구별하였다.[17)]

## 3 언론철학과 언론자유: 사례 분석

우리 사회가 언론의 자유와 표현의 자유가 문제될 때마다 혼란을 겪는 가장 큰 이유는 공유하는 언론철학이 정립되어 있지 않기 때문이다. 언론자유의 구체적인 내용은 정파와 조직의 이익에 맞춰 아전인수 격으로 해석되고 있다. 철학과 원칙이 아니라 이익을 앞세우다 보니 언론철학에 대한 합의 영역은 갈수록 줄어든다. 합의의 영역을 찾아 그것을 확장시키려는 것이 아니라 정파적 이익이나 여론의 흐름에 맞춰 내용을 채워넣는 경향이 관례화되었다. 대통령 선거 결과에 따라 여당과 야당의 처지가 바뀌면 언론정책은 손바닥 뒤집듯 쉽게 바뀐다. 공영방송 운영 체제를 둘러싸고 여당일 때와 야당일 때 입장이 달라진다. 가짜뉴스를 처리하는 정책도 그때그때 변한다. 언론정책이 합당한 언론철학에 근거하지 못하고 있기 때문이다. 언론정책이 정치적 이해타산의 도구(tool)로 활용된다는 증거이다. 그러다보니 언론정책을 둘러싸고 합의와 이해의 영역은 줄어들고, 상호 대치와 상대방 폄하의 영역은 확대된다. 언론자유에 대한 주

17) 극단적 공동체주의는 국가와 공동체의 가치체계를 강제하고 명령하는 체제이다. 개인에게 국가나 공동체의 목표를 자발적 또는 강제적으로 내면화하는 심리적 기제가 활발하게 작동한다. 이슬람 국가의 반정부단체나 이슬람 근본주의, 나치 독일, 북한 등이 해당한다.

장이 철학적 기반을 바탕으로 하지 못하거나 일방적이기 때문에 늘 혼란스럽다. 언론자유가 어떤 철학적 맥락에서 논의되는지 방향을 잃어버리는 경우가 많다. 정치철학과 언론철학을 본격적으로 논의하기에 앞서 이해를 돕기 위해 구체적 사례를 통해 각 정치철학과 언론철학의 입장을 분석한다. 여기서는 공영방송을 둘러싼 논의, 전국장애인차별철폐연대 시위, 공동체주의 철학에 바탕한 언론자유 해석, 가짜뉴스 대처 방안 등을 살펴본다.

첫째, 우리의 공영방송 운영과 관련해 다양한 형태의 언론자유가 거론되고 있다. 자유주의 전통에서 보면, 공영방송의 자유는 1차적으로 제작진의 편성, 제작, 보도에 있어서 국가와 정부, 정당, 광고주, 시민 단체 등으로부터 간섭받지 않을 자유를 의미한다. 공영방송 제작진이 주장하는 자율성은 외부의 간섭에서 벗어나 스스로 제작과 편성을 할 수 있도록 해 달라는 것이다. 공영방송 제작진의 간섭 배제요구는 자유지상주의 관점에서 보면 타당한 주장이라 할 수 있다. 자유지상주의 언론철학에서 보면, 공영방송의 언론자유는 공영방송 편성과 제작에 공영방송 구성원 스스로가 지배력을 행사하는 것이다. 이런 자유지상주의 언론관은 특히 민영방송과 신문, 인터넷 매체에 적용할 여지가 많은 언론철학이라 할 수 있다.

그러나 평등주의적 자유주의 입장에서 본 언론자유는 제작진의 양심의 자유를 실천하는 자유이면서 동시에 시청자인 시민이 갖는 기본적 권리의 불가침성과 평등성을 보장하는 자유이다. 롤스의 평등주의적 자유주의에서 말하는 기본권의 불가침성, 기본권의 평등성은 누구든 사회 현상에 관해 말할 수 있는 불가침의 권리가 있으며 그러한 권리는 모두에게 평등하게 주어져야 한다. 평등주의적 자유주의가 강조하는 자유는 간섭의 부재뿐 아니라 선택 범위의 자발적 선택을 포함한 권리가 모두에게 평등하게 적용되는 상태이다. 롤스 철학은 공영방송 구성원의 표현의 자유 못지않게, 시민의 표현의 자유가 간섭받지 않고 보장되는지 살필 것을 요구한다. 언론의 자유와 표현의 자유는 제작자뿐 아니라 수용자에게도 양심의 자유에 버금가는 필수적 기본권이다. 또한 시민의 언론자유는 사회 현상에 대해 충분하고 균형잡힌 정보를 제공받는 것이다. 즉 시청자가 정보를 제공받는 데 누구도 간섭할 수 없는 자유를 말한다. 시민의 언론자유는 알 권리를 충족하기 위해 스스로 선택의 범위를 정할 수 있는 자유이다. 공영방송의 보도가 시민의 선택의 자유를 높이는 데 다양한 선택지를 제공하고 있는지 살펴볼 필요가 있다. 공영방송 제작자가 시민들이 공영방송을 통해 무엇을 보고 느낄지에 대한 선택 범위를 다양하게 제공하지 않는 것은 시청자의 언론자유를 침해하는 것이기 때문이다.

공화주의 철학에서 보면, 공영방송의 언론자유는 먼저 외부로부터 임의적 간섭이 없는 상태를 요구한다. 정부를 비롯한 외부의 임의적·자의적 간섭에 대항할 수 있는 제도적 장치가 작동되는 상태이다. 공영방송 인사와 제작, 운영, 편성에 대한 외부의 간섭은 법률과 규정에 따라 이뤄져야 한다. 정부의 간섭이 비지배가 되기 위해, 언론의 워치독(watchdog) 기능이 제대로 작동하는 것이 중요하다. 공화주의 철학은 동시에 제작자도 제작 내용에 임의적으로 간섭하지 않을 것을 요구한다. 시청자의 언론자유 또는 알 권리가 공영방송 구성원들의 자의성이나 자비심에 의존하는 것은 언론자유를 침해하는 것이다. 방송사 마음대로 방송 내용을 정하고 프레임 설정이 가능한 것은 제작자의 자의적 간섭 기제가 작동한다는 뜻이다. 공화주의 철학에 따르면, 시청자의 언론자유는 제작자의 임의성(비록 그것이 선의라 할지라도)에서 벗어날 것을 요구한다. 공화주의가 요구하는 언론철학은 공영방송이 견제와 균형의 원리에 따라 헌정적 질서를 존중하는 가운데 시민의 비지배 자유를 보호, 증대하는 것이다.

우리의 공영방송은 정권이 바뀜에 따라 보도 관점과 프레임에 변화가 있어왔다. 그러나 우리 사회의 수용자는 다양한 이념적 스펙트럼을 가지고 있다. 공영방송이 특정 프레임을 선택하는 것은 시청자에게 다양한 선택의 기회를 제공하지 못하는 결과가 된다. 다양한 프레임을 제시하지 못하는 것은 시민 입장에서 보면 선택의 범위가 제한되어 소극적 자유가 침해당하는 것이다. 'KBS수신료거부운동'은 공영방송의 임의적 지배에 대한 시민사회의 저항이다. 진보 (또는 보수) 정부에서 진보적 (또는 보수적) 성향의 시청자는 비지배 자유를 누린다고 할 수 있지만, 보수 (또는 진보) 성향의 시청자는 임의적 지배 상태에 놓이게 된다. 그러나 선거를 통해 구성된 정부는 각종 정책을 정할 권한을 사회로부터 위임받았다고 할 수 있다. 공영방송 정책도 포괄적 위임의 대상이 된다고 볼 수 있다. 공화주의 철학은 정부가 정당한 입법 조치를 통해 공영방송 운영에 관여할 통로가 있음을 인정한다. 이를 통해 공영방송의 임의적·자의적 방송운영에 간섭할 권한이 있다고 할 수 있다. 그러나 공영방송의 특성상 그러한 간섭이 정부 또는 정당의 특수한 정치적 이익을 반영하는 것인지, 공중과 시청자의 보편적 이해관계를 위한 것인지 구별할 필요가 있다. 공영방송 지배체제 문제나 수신료 문제 등은 이런 이유로 정부가 주도할 것이 아니라, 다양한 정치사회적 의견이 제시되는 가운데 공론장에서 논의되어야 한다. 오늘날 대표적인 공영방송인 영국의 BBC가 저널리즘 원칙으로 '적절한 불편부당성'(due impartiality)과 독립성, 다양한 접근권 보장을 강조하는 바탕에는 공화주의 철학이 반영돼 있다. 이는 공영방송이 특정 정파의 의견이 아니라 공화국(republic) 각 계층의 이익과 입장을 대변해야 한다는 것이다.[18)]

이에 반해 공동체주의에서 보면 언론의 자유와 표현의 자유는 개인의 권리가 아니다. 공동체의 공공선을 달성하는 데 필요한 사회적 자유이자 권리에 해당하는 것이다. 이때 언론의 자유는 개인의 독립적 권리가 아니라 공동체 내에서 위임하는 권한이다. 따라서 필요하다면 개인과 집단의 자유를 간섭할 수 있다. 예를 들어 공영방송이 사회적 약자의 어려움을 구제하는 것은 공동체의 존립을 위해 필요하다고 보고, 그러한 관점에서 제작과 편성에 임하는 것이다. 오늘날 공영방송의 많은 구성원은 공공선 추구를 공영방송의 중요한 역할로 인식하고 있다. 그러나 그들이 이야기하는 공공선이 구체적으로 무엇이며, 또 그것을 누가, 어떻게 결정하는 것이 타당한지에 대해 분명한 입장을 가지고 있지 못한 것 같다. 또한 공영방송이 공공선을 추구한다는 것이 정치철학과 언론철학의 관점에서 어떤 사회적 의미를 갖는지도 충분히 이해하지 못하는 것으로 보인다.

오늘날 공영방송 구성원이 주장하는 제작 자율성, 언론자유 주장의 철학적 기반은 결국 자유지상주의와 공동체주의가 섞여 있다고 할 수 있다. 그러나 공

18) Pettit(2012) OPT, pp.230-239.

영방송의 물적기반은 개인의 것이 아니라 공적 자산이다. 또한 공영방송은 위상이 법적으로 보장된 공적 매체이다. 따라서 공영방송이 추구할 언론자유가 어떤 언론철학을 기반으로 하는지 사회적 논의 과정을 거칠 필요가 있다. 이 과정에서 공영방송은 공적 매체라는 점에서 민영매체와 달리 구성원의 자유에 못지않게 시청자의 선택의 자유, 알 권리도 중요한 가치를 지닌다는 점을 감안할 필요가 있다. 평등주의적 자유주의와 공화주의가 요구하는 언론자유의 의미를 성찰할 필요가 있다. 전 세계 모든 공영방송에서 공영방송 운영을 둘러싸고 갈등이 있다. 그렇다고 공영방송을 버리고 상업방송으로 전환하거나, 검증되지 않은 실험을 통해 공영방송을 운영할 수는 없다고 본다. 공영방송이 지향하는 공적 가치가 여전히 중요한 만큼 공화주의 원리에 따라 정책 방향성을 정한뒤 세부적 사항은 공론장에서 비지배적 방식으로 논의하는 것이 필요하다. 공영방송의 언론자유와 언론철학에 대해서는 이 책 제6장 결론 부분에서 자세히 논의한다.

둘째, 전국장애인차별철폐연대(이하 전장연)는 2021년부터 수년째 서울과 수도권 지하철 일대에서 시위를 벌였다. 전장연 관계자들은 표현의 자유와 집회의 자유를 통해 장애인의 이동권 보장과 예산 확보를 호소했다. 그러나 시위과정에서 지하철 객차 출입문과 스크린도어 사이에 휠체어 바퀴를 넣어 운행을 지연시켜 승객이 회사나 학교에 지각하거나 약속 시간에 늦는 피해가 나타나고 있다.

전장연의 시위는 표현의 자유라는 관점에서 살펴볼 필요가 있다. 전장연의 시위는 표현의 자유에 해당하는가? 전장연의 표현의 자유로 인해 발생하는 피해는 어떻게 구제할 것인가? 전장연의 목적을 위해 다수 시민이 희생하는 것은 괜찮은가? 자유지상주의와 평등주의적 자유주의 관점에서 보면 전장연의 표현의 자유는 원칙적으로 보장되어야 한다. 특히 롤스 입장에서 보면 사회적 약자인 장애인에 대한 예산 증액 요구는 각자의 운(luck)을 중립화할 것을 요구한다는 점에서 표현 자체는 정당한 것이라 할 수 있다. 그러나 자유지상주의와 평등주의적 자유주의가 보장하는 언론자유는 타인에게 직접적인 피해를 주지 않는 경우이다. 전장연의 시위로 피해를 입은 사람은 이동의 자유가 침해당했다고 할 수 있다. 전장연이 지금과 같은 방식으로 표현의 자유를 주장하는 것은 자유지상주의와 평등주의적 자유주의 관점에서 타인의 신체의 자유를 침해하는 것에 해당한다.

전장연의 시위는 우리 사회의 복지사각지대에 대해 문제를 제기한 것이다. 정부 정책의 미비점을 지적했다는 점에서 시민사회의 견제적 민주주의가 작동한 것이라고 볼 수 있다. 다시 말해, 전장연의 지하철 시위는 장애인 복지 대책을 요구하는 표현의 자유가 구체적으로 작동한 것에 해당한다. 그러나 전장연의 지하철 시위가 집회와 시위 관련 규정에 따라 진행됐다면 공화주의적 표현의 자유로 이해할 수 있다. 예를 들어 전장연이 시위를 계획하는 구체적인 지하철역 장소와 시간을 사전에 공지해, 다른 사람들이 시위에 대비할 수 있다면 전장연 시위의 자의성과 임의성은 경감될 수 있다. 지하철 이용자들이 시위 관련 정보를 사전에 알게 된다면 참여 또는 회피 중 하나를 선택할 수 있기 때문이다. 이렇게 되면 전장연이 시위를 통해 행사하는 표현의 자유가 갖는 자의성·임의성은 상당부분 해소될 수 있다.

그러나 출근길 기습 시위는 다른 사람의 거주이전의 자유, 신체의 자유, 이동의 자유에 대해 자의적으로 간섭할 소지가 크다. 아침 시간 지하철에는 출근하는 직장인이나 등교하는 학생 또는 개인 용무로 이동 중인 시민 등이 많이 이용하기 때문에 전장연의 게릴라성 시위로 인하여 지하철 승객들은 적지 않은 피해를 입게 된다. 지하철 출발이 지연되면 직장인이나 학생의 지각은 불을 보듯 뻔하다. 시민들이 전장연의 시위로 입게 될 손해에 대한 회피가능성(avoidability)이 있다면 시민들은 비지배 상태라 할 수 있다. 그러나 출근길 지하철의 경우 불특정 다수인이 이용하며, 그들에게 대체 교통수단이 마땅하지 않을 것이라는 점에서 회피가능성이 높다고 보기는 어렵다. 따라서 전장연의 지금과 같은 방식의 표현의 자유는 공화주의 관점에서도 수용되기 어렵다.

그러나 공동체주의적 관점에서는 다른 판단이 나올 수 있다고 본다. 전장연의 표현의 자유는 소수자인 장애인의 인권을 보호하고 신장할 것을 요구한다는 점에서 우리 사회의 공적 가치를 높이기 위한 선한 행동이다. 따라서 공동체주의 관점의 언론철학은 타인에게 피해가 있더라도 관용을 가지고 그들의 표현의 자유를 존중하는 것이 타당하다고 볼 수 있다. 전장연의 시위가 언제까지 계속될지 알 수 없다. 그럼에도 우리 사회가 전장연의 주장에 대응하는 방식은 대단히 중요하다고 생각한다. 전장연 시위는 우리 사회가 지향하는 사회적 정의(justice)의 구체적인 내용뿐 아니라 우리 사회가 인정하는 표현의 자유의 범위가 어디까지인지에 대한 직접적인 문제제기이기 때문이다.

셋째, 우리 사회에서는 공동체주의 철학을 바탕으로 언론의 자유와 표현의 자유를 해석하려는 시도가 잇따라 나타나고 있다. 2021년 국회에서 논란을 빚었던 「언론중재 및 피해구제 등에 관한 법률」(이하 언론중재법) 개정안이 대표적이다. 언론중재법 개정안은 "고의 또는 중대한 과실로 인한 허위, 조작 보도로 재산상 손해를 입히거나 인격권 침해, 정신적 고통"이 있을 경우 언론사가 손해액의 5배까지 징벌적 손해배상을 하도록 한 것이다. 당시 언론중재법 개정안이 담고 있던 함의는 가짜뉴스에 대한 사회적 제재를 미리 정해 언론보도에 대한 자기검열을 강화하도록 한 것이다. 그러나 가짜뉴스에 대한 개념정립과 해석에 대해 논란이 있는 상태에서 징벌적으로 언론을 규제하려 한 것은 결국 공공선 증진, 가짜뉴스 철폐를 명분으로 언론에 대한 제재를 강화한 처사에 해당한다. 개정안은 상임위 통과 후 본회의에 상정되지 못했다. 언론중재법 개정안을 둘러싼 논란은 결국 언론의 자유와 표현의 자유를 개인의 자유로 볼 것인지 아니면 사회가 용인하는 범위 내에서 실천 가능한 사회적 자유로 볼 것인지에 대한 의견차이였다.

공동체주의 관점에서 표현의 자유를 바라본 또 다른 입법은 「5 · 18민주화운동 등에 관한 특별법」(약칭: 5 · 18민주화운동법)이다. 국회는 2021년 신설한 동법 제8조 제1항 제2호와 제3호에서 5 · 18민주화운동에 대한 허위사실을 전시물을 통해 전시, 게시 또는 공연물을 상영하거나 토론회, 간담회, 기자회견, 집회, 가두연설 등에서 발언하는 것에 대해 5년 이하의 징역 또는 5천만원 이하의 벌금에 처할 수 있도록 하였다.[19] 5 · 18민주화운동법은 5 · 18민주화운동과 관련해 허위사실을 유포한 사람에 대해 처벌하도록 규정하지만, 구체적으로 어떤 허위적 사실관계에 대한 처벌을 목표로 하는지 분명하지 않다. 또한 역사적 사실에 대한 참과 거짓의 다툼에 국가가 진실의 이름으로 개입할 길을 열어주었다. 법률로 입법되지는 않았지만 2021년 국회에서 발의된 역사왜곡방지 법안은 일본 제국주의를 찬양하는 행위와 3.1운동, 4.19 민주화 운동에 대한 사실을 왜곡하는 행위 등에 대해서도 처벌할 법적 근거를 담고 있다.

위의 사례들은 공동체주의 가치를 바탕으로 언론의 자유와 표현의 자유를 규제하거나 규제하려 한 공통점이 있다. 공동체주의는 사회적 목표를 증진하는데 필요하다면 언론자유를 간섭하는 것이 정의로운 것이라고 본다. 그것이 비록 역사적 사실에 대한 다툼일지라도 법률로 규제하는 것이 정당하다고 본 것이다. 공동체주의는 언론의 자유와 표현의 자유를 공공선의 관점에서 조명하고 평가한다. 공공선을 제고할 수 있다면, 국가는 언론의 자유와 표현의 자유에 간섭하는 것이 가능하며 또 필요하다는 입장이다.

넷째, 오늘날 정치적 양극화가 확대됨에 따라 당파적 이해관계에 기반한 가짜뉴스 생산과 유통이 전 세계적으로 확산되고 있다. 동시에 가짜뉴스를 전달하고 유포하는 기술발전의 속도도 빨라지고 있다. 가짜뉴스 대처 방안에 대해서도 각 정치철학은 다른 해법을 제시하고 있다. 자유주의(자유지상주의와 평등주의적 자유주의) 철학은 허위 조작 시비가 있는 뉴스라도 공론장에서 논쟁과 토론

---

19) 5 · 18민주화운동 등에 관한 특별법 전문은 아래를 참조하라.
<https://www.law.go.kr/lsInfoP.do?lsiSeq=228079&viewCls=lsRvsDocInfoR#>
제8조(5 · 18민주화운동에 대한 허위사실 유포 금지)
① 다음 각 호의 어느 하나에 해당하는 방법으로 5 · 18민주화운동에 대한 허위의 사실을 유포한 자는 5년 이하의 징역 또는 5천만원 이하의 벌금에 처한다.
1. 신문, 잡지, 방송, 그 밖에 출판물 또는 「정보통신망 이용촉진 및 정보보호 등에 관한 법률」 제2조제1항제1호에 따른 정보통신망의 이용
2. 전시물 또는 공연물의 전시 · 게시 또는 상영
3. 그 밖에 공연히 진행한 토론회, 간담회, 기자회견, 집회, 가두연설 등에서의 발언
② 제1항의 행위가 예술 · 학문, 연구 · 학설, 시사사건이나 역사의 진행과정에 관한 보도를 위한 것이거나 그 밖에 이와 유사한 목적을 위한 경우에는 처벌하지 아니한다.

을 거친다면 대부분의 문제가 해결될 수 있다고 본다. 자유주의 철학은 언론의 자유와 표현의 자유를 침범할 수 없는 기본권으로 본다. 따라서 자유주의 관점에서 보면 허위 보도, 가짜뉴스를 규제한다는 것은 비록 그 내용이 거짓이라 하더라도 표현의 자유에 대한 제한이라고 본다. 뉴스는 사회적 관심과 경제적 이익을 추구하려는 인간의 욕망과 관련되어 있기에 애초부터 흠잡을 데 없이 완벽할 수는 없다고 보기 때문이다. 따라서 뉴스 보도에 문제가 있거나 있을 수 있다면 규제하고 간섭할 것이 아니라 진실하고 정확한 뉴스가 나올 수 있는 언론 환경을 마련하는 데 초점을 모을 것을 강조한다. 예를 들어, 2008년 광우병 파동 당시 MBC PD 수첩 보도에는 허위사실이 적지 않았다. 그러나 대법원은 잘못된 보도가 있다 하더라도 다른 보도를 통해 정정할 기회가 있다고 보고 표현의 자유를 인정하였다. 정치권력에 대한 비판적 보도에 일부 허위사실이 있다 하더라도 언론이 갖는 언론의 자유와 표현의 자유의 본질적인 내용을 규제할 수는 없다는 자유주의 철학을 반영한 결과이다.

공동체주의와 공화주의 철학은 '말할 가치가 있거나 들을 가치가 있는 뉴스'를 중점적으로 유통시키고, 그렇지 않은 뉴스에 대해서는 언론의 자유를 인정하지 않거나 제한하자는 입장이다. 공화주의는 가짜뉴스 대처에 입법이라는 비지배 방식의 규제를 요구한다는 점에서 공동체주의와 차이가 있다. 공화주의는 뉴스 보도에 대한 국가의 규제가 비지배적으로 이뤄진다면 규제 자체를 반대하지 않는다. 이에 반해 공동체주의는 언론의 자유와 표현의 자유를 사회적 자유라는 관점에서 해석하고 규제하는 것이 필요하며, 그렇게 하는 것이 정의롭다는 입장이다.

전국언론노동조합, 민주언론시민연합, 민주사회를 위한 변호사모임, 언론개혁시민연대 등 범진보진영 31개 단체가 참여하는 미디어개혁시민네트워크는 2021년 <미디어정책최종보고서>에서 시민의 커뮤니케이션 권리 강화를 위한 미디어 공공성 제고를 강조했다.[20] 이 보고서는 시민의 커뮤니케이션 기본권을

20) 미디어개혁시민네트워크(2021)의 <미디어정책최종보고서>를 참조하라. <http://www.ccdm.or.kr/xe/publish/301683>

새롭게 개념화하는 등 주목할 내용을 담고 있다. 특징적인 점은 커뮤니케이션 권리를 개인의 권리가 아니라, 개인과 공동체 모두의 권리로 규정(커뮤니케이션 선언 제1장 제2조)하고, 국가와 미디어 사업자(공영미디어를 포함한 미디어, 채널, 플랫폼 사업자)에 대해 개인과 공동체의 커뮤니케이션 권리에 부합하는 서비스를 제공할 책무(제1장 제4조)를 요구하고 있다는 점이다. 커뮤니케이션 권리 주체로 인정된 공동체는 구체적 대상이 분명하지 않지만 시민사회를 포괄하는 개념으로 보인다. 또한 자유를 소극적(negative)으로 해석하지 않고, 무엇인가를 달성할 적극적(positive) 개념으로 보고 있다. 권리 주체로 개인을 넘어서, 시민사회와 공동체를 제시하고 있는 점은 이론적 기반이 공동체주의의 특성을 띤다는 점을 보여준다. 나아가 공공선을 위한 국가, 공영미디어, 플랫폼 사업자, 전자 커뮤니케이션 프로그램 등의 책임을 명시적으로 적시한 점은 커뮤니케이션 권리를 자유주의적 전통이 인식하는 표현의 자유로서의 기본적 자유가 아니라, 공동체의 목표를 달성하기 위한 사회적 자유(공적 자유)로 인식하고 있음을 보여준다. 나아가 국가와 미디어 사업자에게 커뮤니케이션 공공성 강화를 요구하는 점은 공동체주의에서 제시하는 공공선 실현과 일맥상통하는 것으로 보인다.

지금까지 논의한 사례에서 나타난 것처럼, 자유주의 철학은 언론의 자유와 표현의 자유에 대해 개인의 선택의 자유와 국가 중립성을 전제로 한다. 개인 각자는 여러가지 가치 중에서 좋고 나쁜 것을 스스로 판단할 자유를 갖는다. 좋은 삶이 무엇인지 또 무엇을 말해야 하는지에 대해 개인이 스스로 선택하도록 하는 것이 사회 발전의 출발점이라고 본다. 따라서 언론의 자유와 표현의 자유는 각자 좋다고 생각하는 것을 추구하는 데 있어서 필수불가결한 자유에 해당한다. 이에 반해 공동체주의는 공동체의 도덕적 이상인 공공선을 추구하는 것을 최고의 가치로 삼는다. 무엇이 좋은 것인지는 개인이 정하는 것이 아니라 참여와 협의를 통해 국가와 공동체에서 찾는다. 따라서 언론의 자유와 표현의 자유는 공동체의 이상, 공공선 추구와 상호 조화롭게 확보되어야 한다. 또한 국가와 정부, 공동체 입장에서 보면 잘못됐거나 좋지 않다고 판단되는 방향이나 목표를 개인이나 사회가 추구하도록 허용할 수 없다고 본다. 그렇게 하는 것이 공동체 발전을 이룩하는 것이라고 보기 때문이다. 이에 반해 공화주의는 자유주의와 공동체주의 모두를 비판하면서 임의적 간섭을 배제하는 가운데 개인의 자유와 공동체의 자유를 상호 조화있게 확보할 것을 요구한다.

# 제2장

# 자유지상주의

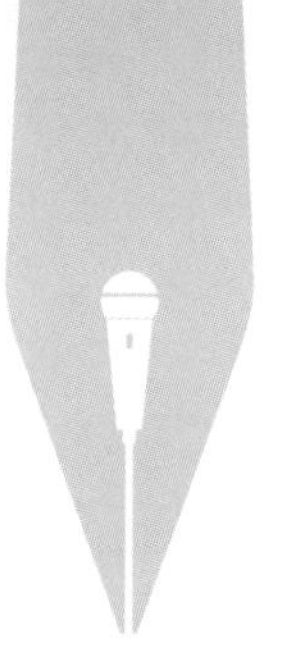

제2장

# 자유지상주의

## 1 노직의 문제제기

로버트 노직(Robert Nozick)

로버트 노직(Robert Nozick: 1938~2002)은 미국 컬럼비아 대학교를 졸업하고 프린스턴 대학교에서 철학 박사학위를 받았다. 31살이 되던 1969년 하버드 대학교 철학과 교수로 부임했다. 2002년 위암으로 사망할 때까지 하버드 대학교 교수로 지냈다. 철학자 노직은 순수 철학을 연구하며 평생 6권의 책을 남겼다. 오늘날 자유지상주의(libertarianism) 철학의 고전으로 평가받는 『Anarchy, State, and Utopia(1974, 이하 ASU)』는 노직의 유일한 정치철학 서적이다. 그는 ASU로 1975년 미국도서상(National Book Award)을 받았다. 노직은 ASU에서 하버드 대학교 철학과 동료인 존 롤스가 정의론(1971)에서 제기한 평등주의적 자유주의를 정면으로 비판했다. 노직은 분배적 복지 혜택을 명분으로 국가 역할과 책임이 증대되는 것은 오히려 개인의 자유를 침해하는 것이라고 주장했다. 노직은 고전적 자유주의의 현대적 부활이라 할 수 있는 자유지상주의적 민주주의(libertarian democracy)를 제시하였다.[1] 자유지상주의가 재등장한 배경에는 서구의 복지국가 시스템이 정부 권력의 비대화를 통해 진행되는 데 대한 비판적 인식이 자리잡고 있다.

노직의 자유지상주의는 근대 산업혁명을 계기로 발생한 자유방임주의(laissez-faire)에서 유래된 것이다. 자유지상주의는 개인을 내버려 두면 각자가 능력을 최대한 발휘해 생산성이 증대될 것으로 보았다. 개인 간의 이해관계는 시장의 가격 지표로 인해 조화에 이르게 되며, 이를 통해 개인의 행복과 국가의 번영이 이뤄진다고 보았다. 자유지상주의는 직접적으로는 통화주의자인 프리드리히 하이에크(Friedrich Hayek: 1899~1992, 오스트리아 태생 영국의 경제 및 정치 철학자)의 사상에 많은 영향을 받았다.[2] 하이에크는 자유주의 이론 정립에 기여한 공로로 1974년 노벨경제학상을 받았다. 하이에크는 사회주의와 전체주의 국가의 정부주도 계획경제를 비판한다. 시장에 대한 정보는 시장 참여자들이 가

1) 노직의 철학은 근대 자유 개념의 출발점을 제공한 존 로크(John Locke)의 고전적 자유주의, 자유지상주의, 절대적 권리론을 계승한 것이다. 이 책은 중세 신 중심에서 근대 인간 중심으로 철학의 지평을 바꾼 자유지상주의 철학을 먼저 살펴보는 것이 이후에 펼쳐지는 여러 정치철학을 비교 성찰할 수 있다고 보고, 자유지상주의, 평등주의적 자유주의, 공화주의, 공동체주의 순서로 목차를 구성했다.

2) 하이에크와 케인즈는 1930년대 세계 대공황 당시 정부의 시장 개입을 둘러싸고 논쟁을 벌였다. 하이에크는 시장의 자유로운 가격기능을, 케인즈는 정부 개입을 통한 인위적 조절을 주장하였다. 미국이 케인즈 이론을 채택하면서 수정자본주의가 시작되었다. 미국의 테네시강개발유역계획(TVA)은 정부 개입을 통해 시장의 유효수요를 창출한 사례이다. 하이에크는 미국 시카고대학교 교수 등을 거치면서 자유주의 사상가가 된다. 밀턴 프리드먼(Milton Friedman)과 함께 통화주의 경제학을 발전시켰다. 케인즈 이론에 바탕을 둔 국가 개입론이 1970년대 이후 쇠퇴하면서 신자유주의가 대두하였다.

장 잘 안다는 점에서 정부가 시장에 개입하는 행위는 결과적으로 시장 왜곡현상을 초래한다고 보았다. 존 메이너드 케인즈(John Maynard Keynes)의 정부주도 유효수요론에 대항해 시장중심의 자유시장 경제 체제를 옹호하였다. 하이에크의 『굴종의 길(The Road to Serfdom, 1944)』은 유럽의 파시즘, 전체주의, 계획경제의 허구성을 통렬하게 비판한 것이다. 정부의 계획경제는 개인의 자유를 억압하게 되어 국민을 노예의 길로 이끌 가능성이 있음을 경고하였다. 오늘날 신자유주의 경제이론은 존 로크, 애덤 스미스, 프리드리히 하이에크 등이 제시한 고전적 자유주의의 부활이며, 노직의 자유지상주의를 재현한 것이라 볼 수 있다. 신자유주의는 고전적 자유주의와 자유지상주의가 주장하는 개인의 자유와 소극적 정부를 지지하며, 경쟁과 선택, 자유 원리를 강조한다.

노직과 하이에크의 자유지상주의는 공동체와 전체를 강조하는 공동체주의와 사회주의에 비해서 개인의 순수한 자유를 강조한다. 자유지상주의는 그러나 자산가들의 계급적·경제적 자유를 옹호하는 이데올로기라고 비판받는다. 자유지상주의는 오늘날 경제적 신자유주의라는 틀에 갇혀 이념적 정체성을 확장하지 못하고 있다. 자유지상주의는 그럼에도 인간의 기본적 본성인 자유에 대해 간결하지만 명확한 논거를 제공한다는 점에서 여전히 중요한 철학적 기반을 제공한다고 할 수 있다.

이에 반해 롤스의 평등주의적 자유주의는 수정자본주의 사회에 맞게 자유주의 이론을 변형해 발전시킨 것이다. 오늘날 자유주의를 이야기할 때 노직과 롤스의 이론이 뒤섞여 논의되는 경우가 많다. 노직과 롤스가 미국의 자유주의를 대표하는 사상가임에는 분명하지만, 이 책에서 설명하는 것처럼 두 사람의 철학은 분명히 구분할 필요가 있다. 노직의 자유지상주의는 고전적 자유주의에 해당한다. 이에 반해 롤스의 평등주의적 자유주의는 기본적 자유의 평등성과 기회균등의 원칙, 차등의 원칙을 정의의 원리로 수용한 점에서 공동체주의적 특성을 반영하고 있다.

## 2 자유지상주의의 주요 내용

### 1) 생명, 자유, 재산에 대한 절대적 권리론

#### 개인과 자유

근대는 중세 신 중심의 시대가 인간 중심 시대로 전환하면서 시작되었다. 1517년 유럽의 종교개혁 이후 계속된 가톨릭과 신교의 갈등은 1648년 베스트팔렌 조약에서 개인의 종교 선택 자유를 보장함으로써 종식되었다. 근대적 의미의 자유 개념은 가톨릭과 신교 간의 전쟁에서 수백만 명이 목숨을 잃고 나서야 비로소 개인의 권리로 보장받게 되었다. 개인의 자유, 천부인권을 중시하는 자유지상주의는 자유주의 사상의 효시라고 할 수 있다.

자유지상주의는 개인(individual as a person)의 이성과 자유를 최고의 가치로 삼는다. 사회는 이런 개인들의 집합(association)에 불과하다. 따라서 자유지상주의가 전제하는 사회는 집단적 정체성이 없는 구성체이다. 사람은 물론 주위 사람과 소통하고 교류한다. 타인과의 관계망은 개인의 정체성과 자의식 형성에 영향을 미친다. 그러나 자유지상주의는 다른 사람과의 관계망이나 연대감이 개인의 자유를 직접 규제하고 제한한다고 생각하지 않는다. 개인은 필요하다면 언제든 사회적 관계를 해체하고 분리할 수 있다. 개체중심주의는 운명을 공유하는 공동체의 역할이나 가치를 인정하지 않는다. 이는 공동체주의, 공화주의와 구별되는 점이다. 개인은 자유롭게 옮겨 다니고 원하는 곳에 정착할 수 있다. 유럽에서 온 이민자들은 미국 서부 일대를 돌아본 뒤 마음에 맞는 마을(town)에 터를 잡았다. 초기 개척시대에 사람들은 서로 신뢰하지 않았다. 개인의 이익과 자유, 간섭 없는 상태를 중요하게 생각했다. 자유지상주의 철학에서 국가는 최소한의 권한이 인정된다. 개인의 기본적 권리를 보호하고 개인 간 권리 충돌을 조정하는 정도의 작은 권한이 인정되었다.

자유지상주의 철학에서 개인은 타인으로부터 독립된 존재이다. 개인은 자기중심적이며 사적 이익에 집중한다. 노직은 이런 전제를 통해 개인은 자기의 생명(신체), 자유(양심), 재산에 절대적 권리를 갖는다고 보았다. 개인의 생명, 자유, 재산을 침해하는 행위는 용납될 수 없다. 개인은 스스로의 자유의지를 통해 살아간다. 자유지상주의에서 정의란 각자 권리를 침해하지 않으면서 자발적 교환이 가능한 상태이다. 정의란 합법적이고 정당한 소유권이 배타적으로 유지되는 것이다. '나 자신은 오직 나'일 뿐이라는 명제를 통해서 각자 적극적 자유를 추구한다. 개인의 행위는 타인의 권리를 침해하지 않는 한 원칙적으로 모든 것이 정당하다. 이런 정당한 행위를 방해하는 시도는 자유에 대한 부당한 침해로 간주된다.

자유지상주의에 따르면 자유는 외부로부터 간섭이 없는 상태, 즉 간섭의 부재 또는 불간섭(non-interference)의 상태이다. 자유는 선택의 범위를 스스로 정하는 것이다. 동서남북 어느 방향으로 갈 것인지 스스로 정할 때 비로소 생명과 신체의 자유가 확보된다. 자유에 대한 자유지상주의의 이런 고전적 입장은 개인은 모두가 자기(self)의 지배자가 되어야 한다는 생각을 전제한다. 자유는 타인과의 관계를 통해 형성되는 것이 아니라 즉자적으로 가지는 자연적 자유(natural liberty)이다. 자유를 소극적 자유(~으로부터의 자유, 구속과 강제에서 벗어나는 자유)와 적극적 자유(~을 실천하고 행위하는 자유, 하고 싶은 것을 하는 자유)로 나눈 벌린의 구분을 적용하면 소극적 자유 개념에 해당한다.

자유지상주의 입장에서 보면 대리모 제도, 장기매매, 정자 판매, 매혈 등은 원칙적으로 허용되어야 한다.[3] 왜냐하면 자기 신체는 자기 것이기에 타인의 권리를 침해하지 않는 한 자유롭게 사용하고 처분할 수 있기 때문이다. 이런 자유를 도덕이나 공적 목표를 이유로 규제할 수 없다. 타인에게 피해를 주지 않으면서 각자 자기 것을 자유롭게 판단할 수 있을 때 정의는 실현된다고 보기 때문이다. 자유지상주의는 공동체주의, 공화주의, 평등주의적 자유주의가 지적하는 사회복지나 공동이익으로서의 공공선, 기회균등의 원칙과 차등의 원칙은 모두 개인의 자유와 권리를 침해하는 것으로 본다.

3) Sandel, Michael. 이창신 역(2010) 정의란 무엇인가. 김영사.

노직의 자유지상주의는 로크의 자연권 사상에서 유래했다.[4] 로크에 따르면 인간은 자유롭고, 평등하며, 독립적으로 창조되었다. 개인은 자기의 생명, 자유, 재산의 주인이다. 따라서 다른 사람의 생명, 자유, 재산에 임의로 피해를 주어서는 안 된다. 개인의 권리는 신이 부여한 자연권이라는 점에서 절대적이며, 양도 불가하다.[5]

로크의 권리론은 1688년 영국 명예혁명에서 전제정치를 무너뜨린 이론적 기반이 되었다. 명예혁명 이후 개인의 생명과 자유, 재산은 전제 국왕의 소유가 아니었다. 쫓겨난 제임스 2세를 승계한 윌리엄 3세와 메리는 의회의 '권리장전'을 승인하였다. 이들은 권리장전을 통해 개인의 천부인권을 보장하고, 의회가 정한 법에 따라 국가를 통치하는 데 동의하였다. 영국의 명예혁명은 절대주의가 막을 내리고 자유주의가 시작되는 출발점으로 평가된다.

명예혁명 이후 절대국가에서 군림하던 국왕의 권리는 더 이상 존재하지 않았다. 왕의 권리는 신으로부터 부여받은 것이 아니라, 계약과 합의를 통해 형성된 것이기 때문이다. 개인은 자기의 생명(신체)과 자유(양심), 재산(소유물)을 움직이고 처분하는 데 있어서 왕으로부터 허가받거나 다른 사람에 의지할 필요가 없어졌다. 인간은 자연상태에서 완전히 자유로운 존재로 인식되었다. 로크는 "샘물은 모든 사람의 소유이지만, 물동이 안의 물은 담아낸 사람의 것이다", "사냥으로 토끼를 잡았다면 토끼는 잡은 사람의 소유물이다", "개인은 자기를 파멸시키려고 위협하는 것을 제거할 권리를 갖는다"며 침범불가한 자연적 권리를 강조했다.[6]

노직의 자유지상주의가 주장하는 개인의 절대적 권리는 타인의 권리를 침해하는 자유를 의미하는 것은 아니다. 노직은 개인은 자연상태에서 '도덕적 법'(moral law)에 따라 타인의 권리를 존중해야 한다고 강조한다. 노직은 "각자는 자기의 칼을 원하는 곳에 둘 수 있다. 그러나 타인의 가슴을 찌를 자유는 없다"라며 개인의 절대적 자유가 타인의 권리를 침해하는 것을 용인하지 않는

4) Altschull, Herbert. 양승목 역(2001) 현대언론사상사. 나남.

5) Nozick(1974) ASU, p.ix.

6) Locke, John. 남경태 역(2012) 존 로크 시민정부. 효형출판.

다.[7] 노직에게 있어서 타인의 정당한 선택의 자유를 제한하는 자유는 인정되지 않는다.

자유지상주의가 전제하는 자연상태는 기본적으로 모두가 평등한 상태이다. 모든 사람이 타인의 권위에 복종하지 않고 스스로 자유를 갖는다는 점에서 평등하다. 로크의 자연상태는 '만인에 대한 만인의 투쟁'이라는 홉스식의 야만적 상태가 아니다.[8] 토마스 홉스(Thomas Hobbes)의 자연상태에서 인간은 '만인에 대한 만인의 투쟁상태'로 살아간다. 인간은 인간에 대해 늑대와 같은 존재이다. 그러나 로크의 자연상태는 자연법에 따라 이성을 갖고 타인의 생명, 자유, 재산을 손상시켜서는 안 되는 상황을 전제한다. 로크에게 있어서 인간은 타인의 생명과 자유를 존중해야만 한다. 타인의 권리도 자신의 권리처럼 절대자로부터 부여받은 것이기 때문이다.[9]

### 재산권

자유지상주의에 따르면 재산권은 자연적 권리이자 절대적 권리이다. 따라서 개인은 누구나 재산을 무제한 축적하거나 또는 아무것도 갖지 않을 권리가 있다. 이런 재산권 획득과 행사에 있어서 국가 규제는 최소한에 그쳐야 한다. 개인의 재산권은 개인이 행복을 추구하기 위한 수단으로 인식된다. 따라서 가능하다면 재산은 많으면 많을수록 좋다고 본다. 개인의 재산권은 누구도 침해할 수 없는 정당한 권리이다.

---

7) Nozick(1974) ASU, p.171.

8) 홉스의 자연상태에서 인간은 끝없는 투쟁 속에서 살아간다. 인간은 죽음에 대해 공포를 갖고 있다. 삶은 고독하고 비참하고 괴로운 것이다. 사람들은 자연상태를 견디지 못하기 때문에 통치자(국가, 리바이어던)에게 자신의 권리를 자발적으로 양도한다. 홉스는 절대 권력인 통치자(국가)의 힘과 권위 안에서 개인이 보호받는다는 계약이 체결되면서 근대 국가가 탄생한다고 보았다. 홉스의 절대군주론은 시민과의 계약에 바탕해 성립됐다는 점에서 중세 왕권신수설에 기반한 절대군주론과 다르다. 홉스의 생각은 개인이 군주의 부당한 권한행사에 저항할 수 있으며 군주는 대리인이라는 점에서 중세 절대국가론의 전제와 다르다. Hobbes, Thomas. 김용환 역(2005) 리바이어던. 살림출판사.

9) Wolff, Jonathan(1996) Robert Nozick: Property, Justice and the Minimal State, Polity Press. pp.29-35.

노직은 로크의 권리론을 '정의의 권원이론'(entitlement theory of justice)으로 발전시켰다. 노직에 따르면, 정의(justice)란 각자 자기 소유의 권리를 확인하고 지키는 것이다.[10] 권원(權原)이란 권리의 원천이란 뜻으로, 정당한 자격을 의미한다. 즉 정의는 가질 자격이 있는 권원에게 그 권리를 주는 것이다. 정당한 권리를 가진 사람이 권원원칙에 따라 권리를 자유롭게 처분하고 이전할 수 있는 것이 정의이다. 따라서 개인은 자연상태에서 생명, 자유, 재산을 원하는 대로 처분할 수 있다.

노직의 소유권적 권리론은 <표 1>에 제시한 것처럼 3가지 원칙으로 구성된다.[11] 개인이 소유물을 정당하게 취득했다면, 재화에 대한 권리행사와 이전에 대해 완전한(exhaustive) 권리를 갖는다. 누구도 타인의 정당한 재화에 대해 권원을 주장하지 못한다. 개인 사유지에서 고고학적 가치가 있는 유물이 발견된다면 유물은 누구의 것인가? 노직은 사적 재산권이 고고학적 가치에 우선한다고 본다. 권원이론에 따르면, 개인은 토지에 대해 배타적 권리를 가지기 때문이다. 자유지상주의 철학에서, 재산권은 국가 이전에 확립된 권리이다. 권리는 사회나 정부와 무관하게 독립적으로 행사되는 절대적인 것이다. 노직의 권원이론은 국가나 공동체보다 더 본질적인 원칙에 해당한다. 따라서 최초의 권리 소유와 취득이 정당하게 이뤄졌다면, 후속해서 발생하는 자발적 교환과 이전 역시 정당한 것이다. 정의로운 상태에서 자발적으로 결정된 것은 그것이 무엇이든 정의롭다고 본다. 그러나 최초의 취득이 사기나 강제로 이뤄졌다면 교정되는 것이 정의로운 것이다.

10) Nozick(1974) ASU, p.150.

11) Nozick(1974) ASU, pp.151-160.

**표 1 | 노직의 소유권적 권리론의 3원칙**

| | | |
|---|---|---|
| 1 | 최초 소유의 정의 원칙<br>(principle of just initial acquisition) | 정당한 소유가 성립하려면 소유를 발생시킨 최초의 획득이 정당해야 한다. 정당하게 재화를 소유·취득한 자는 그 재화에 대한 권원을 갖는다. |
| 2 | 자유 이전의 원칙<br>(principle of free transfer) | 자유로운 이전 원리에 따라 재화의 권원을 가진 자로부터 소유물을 획득·취득한 사람은 재화에 대한 권원을 가진다. |
| 3 | 교정의 원칙<br>(principle of rectification) | 소유물이 정의롭지 못하게 획득·이전됐다면 자기 소유권 원칙을 행사할 수 없다. 그러한 부정의는 교정되어야 한다. |

### 세금을 통한 소득재분배

노직은 하버드 대학교 철학과 동료였던 롤스의 소득재분배 원칙을 비판한다. 노직의 자유지상주의에 따르면, 복지국가에서 세금 징수는 국가가 개인의 재산권을 강제적으로 빼앗는 것과 같다. 노직은 롤스의 분배정책은 결국 세금이란 이름으로 부자에게서 돈을 빼앗아 가난한 사람을 돕는 것에 불과하다고 지적한다. 노직은 롤스의 정의론이 평등과 최소수혜자 원칙을 제시하지만 결국 개인의 권리와 권한을 침범하는 것에 불과하다고 본다. 노직에게 있어서 세금부과는 다른 사람을 위해 일하도록 강제하는 것과 같다. 예를 들어 A가 n시간을 일해 얻은 수입 An을 세금으로 거둬 B에게 제공하는 것은 결국 국가가 A에게 n시간 강제 노역을 시키는 것과 같다고 주장한다. 노직은 '능력이 있음에도 게으른 실업자'에게 국가가 세금을 재분배하는 것은 부당하다고 보았다.

지난 2013년 미국에서 일어난 조세저항운동인 'TEA(taxed enough already) party 운동'은 노직의 자유지상주의 철학을 반영한 것이다. TEA party 운동은 1773년 식민지 시절에 영국정부의 무리한 징세에 분노한 보스턴 시민들이 수입 홍차(tea)를 바다에 던져버린 '보스턴 차 사건'(Boston Tea Party)을 본 딴 조세저항운동이었다. TEA party 운동으로 미국 전역에서 수백 개의 티파티 그룹이 조직되었다. 오바마 행정부가 추진하던 '큰 정부'에 대한 반대운동이었다.

노직은 롤스의 차등원칙이 재산권에 대한 부당한 침해라고 지적한다. 롤스에 따르면 사회에서 많은 이익을 얻는 최대수혜자는 최소수혜자의 이익을 개선하는 데 세금을 부담해야 한다. 롤스의 차등원칙은 자유시장제도 존재를 전제하면서 경제적 약자 등 가난한 자의 복지증진을 수반해야 한다는 재분배론적 평등주의를 담고 있다. 그러나 노직의 자기소유권 이론에서 보면, 징세는 개인 자유에 대한 심각한 간섭에 해당한다. 재분배를 위한 정부의 강제 정책은 개인 삶에 대한 끝없는 간섭일뿐이다.[12] 자유지상주의에 따르면 롤스의 복지국가는 권력만능의 확장국가(extensive state)이다. 노직은 "최소국가를 넘는 확장적 국가는 특정한 일을 강요받지 않을 개인의 권리를 침해한다"고 주장한다.[13]

롤스의 평등주의적 자유주의가 분배 정의에 치중했다면, 노직의 자유지상주의는 개인 재산의 절대적 소유권을 기반으로 정의론을 구축했다. 자유지상주의 이론에서 국가는 개인의 재산을 보호하는 것 외에 별다른 기능을 하지 않는다. 노직에게 있어서 복지국가는 최소국가의 권한을 넘어서는 것이다. 자유지상주의에 따르면, 도덕적 옳음과 법에 따른 강제를 구별하는 것이 중요하다. 자유지상주의 철학은 도덕적 옳음을 국가의 간섭이나 강제없이 자발적으로 추구할 것을 강조한다. 노직의 자유지상주의는 부유한 사람이 사적인 재분배를 통해 가난한 사람을 도와주는 것은 도덕적이며 바람직하다고 보았다. 노직은 가진 자의 자선행위(자발적 기부)를 중요한 도덕적 의무로 보았다.[14] 19세기 미국에서 생겨난 고아원, 요양원, 사립중·고교, 사립대학 등은 최소국가 시대에 개인이

---

12) Nozick(1974) ASU, pp.163-169; Wolff, Jonathan(1996) Robert Nozick. p.72.
13) Nozick(1974) ASU, p.ix.
14) Nozick(1974) ASU, pp.265-268.

박애심을 바탕으로 자발적으로 사적 재분배에 나선 결과이다.[15] 자유지상주의는 부유한 사람들에게 세금징수를 강제할 수 없다고 주장하지만, 그렇다고 가난한 자의 상황을 외면할 것을 주장하지는 않는다. 도로 위에 쓰러져 잠자고 있는 사람을 지나쳐 버리는 것은 도덕적으로 용서할 수 없는 것이다. 그러나 국가가 가난한 사람을 돕기 위해 나설 수는 없다. 개인은 도움을 받을 수는 있지만, 그것을 권리로 주장할 수는 없다고 본다.

노직은 ASU를 출간할 당시 미국 프로농구(NBA) 최고스타였던 체임벌린 사례를 들었다.[16] 프로농구팀이 체임벌린을 스카우트하기 위해 홈 경기 티켓 가격을 25센트 더 받아 체임벌린에게 준다고 하자. 입장객이 한 해 100만 명이면 그는 25만 달러라는 큰 돈을 벌게 된다. 노직은 관중들이 자발적으로 동의한 결과라면 체임벌린이 돈을 버는 것은 (비록 그 금액이 엄청나다 해도) 정당한 것으로 보았다.

노직은 또 눈 추첨(eye lottery)을 사례로 든다.[17] 이식수술 기술발달로 100% 성공률로 눈을 이식한다고 하자. 노직은 눈이 없는 사람을 위해 정상인의 안구를 재분배하는 것은 정의가 아니라고 지적한다. 건강한 눈을 가진 사람의 한쪽 눈을 떼어 눈이 보이지 않는 사람에게 주어야 할 것인가? 자기 눈을 기부하겠다고 자원하는 사람이 있을 수 있다. 그러나 충분한 자원자가 없다면 어떻게 할 것인가? 국가가 강제할 수 있는가? 추첨을 통해 안구를 기부하도록 강요할 수 있는가? 눈을 이식받은 사람은 잘 보게 되어 좋을 것이다. 그러나 눈 추첨을 해서 안구를 재분배하는 일이 정당하다고 볼 수 없다는 것이 노직의 주장이다. 사람은 각자 자기 눈에 대해 절대적 소유권을 갖기 때문이다. 국가가 만일 눈 재분배를 강행한다면 그것은 특정인의 권리가 타인을 위해 희생되는 것이다. 이런 재분배는 허용될 수 없다. 신체의 권리는 절대적이다. 따라서 타인을 살리기 위해 동의 없이 개인의 신체나 생명을 훼손할 수는 없다.

---

15) Wolff, Jonathan(1996) Robert Nozick. p.72.
16) Nozick(1974) ASU, pp.160-162; 미국 농구선수 윌턴 체임벌린(Wilton Chamberlain)은 키 216cm 장신 센터로 NBA 역사상 가장 뛰어난 선수 중 한 명으로 평가받는다.
17) Nozick(1974) ASU, pp.206-213.

헌혈은 자발적으로 피를 뽑아 필요한 사람에게 제공하고 비상시에 돌려받는 것이다. 헌혈처럼 동의에 기반해 소유물을 주는 것은 정당하다. 그러나 국가가 헌혈을 강요하는 것은 정당하지 않다는 것이 노직의 논거이다. 노직은 자기소유권 이론을 통해, 신체나 생명뿐 아니라 자기소유의 재산을 타인의 상황 개선을 위해 강제적 재분배의 대상으로 할 수 없음을 주장한다. 노직은 최소수혜자의 이익을 향상시키지 않는 한 최대수혜자의 이익을 증진시킬 수 없다는 롤스의 차등의 원칙 적용을 비판한다. 노직에게 있어서 롤스의 재분배정책은 최소수혜자의 이익을 보장하는 방편으로 최대수혜자를 이용하는 것일 뿐이다.[18)]

노직이 자기 소유권이론을 처음 주장한 것은 아니다. 자유주의 사상가인 로크, 칸트 등이 앞서 제시하였다. 그러나 노직은 자기 소유권 권리를 특별히 강조한 사람이라 볼 수 있다. 그의 논리에 따르면 복지국가가 시행하는 소득 재분배 정책은 개인의 권리를 침해하는 것에 불과하다. 물론 롤스도 반박의 논리를 제공한다. 롤스에 따르면, 노직이 절대적 소유물이라고 제시하는 생명, 자유, 재산에 대한 권리는 사회적·자연적 행운 등을 통해 형성된 것일 수 있다. 만일 상당부분 운(fortune)에 의해 형성된 것이라면 절대적 소유권을 옹호할 수 없다. 재벌 2세가 엄청난 재산을 상속받는다고 할 때 그 상속에는 우연적 요소가 가미된 것이다. 재벌 2세가 부모를 잘 만난 것일 뿐 부모의 재산 형성에 직접 기여한 것은 없다고 보기 때문이다. 롤스가 보기에 이런 것은 우연히 복권 1등에 당첨된 것과 같다. 운이 좋아 복권에 당첨됐다면 상당한 정도의 세금을 내는 것이 당연하다는 것이 롤스의 생각이다. 따라서 복권 1등 당첨이라는 결과는 개인의 자연적 자산이 아니라 사회적 자산으로 보아야 한다는 것이 롤스의 논지이다. 노직은 이에 대해 국가가 강제하지 않는 자발적인 기부와 박애정신을 강조한다. 국가가 개입하는 것은 개인의 생명, 자유, 재산의 불가침성을 침해하는 것으로 보기 때문이다.

---

18) Wolff, Jonathan(1996) Robert Nozick. p.93.

노직은 공리주의(utilitarianism)적 입장을 지지하지 않는다.[19] 공리주의가 생각하는 공리의 극대화는 직관적 호소력을 갖지만, 노직의 입장에서 보면 공리주의는 개인의 권리와 독립성을 보장하지 못하는 치명적인 결함이 있다. 자유지상주의는 사회적 효용이 아니라, 권리의 정당한 권원이 어디에 있는지가 중요하다고 보기 때문이다. 자유지상주의는 공리(효용)의 증대보다 개인의 권리를 중시하다. 노직은 공리주의가 사람을 타인을 위한 자원(resource)이나 수단으로 이용하는 것은 윤리적으로 잘못된 것이라고 비판한다. 즉 다른 사람을 위하여 한 사람의 행복을 희생시키는 것은 올바른 것이 아니다.[20] 개인은 국가라 할지라도 마음대로 할 수 없는 절대적인 권리를 가지고 있기 때문이다. 아무리 많은 사회적 복지를 추구한다 하더라도 개인의 정당한 권리를 무시할 수 없기 때문이다.

노직은 공리주의가 개인의 독립성을 존중하지 않는 도덕적 과오를 범한다고 비판한다. 즉 다른 사람을 위하여 한 사람의 행복을 희생시키는 것은 잘못이다. 또한 사회 전체의 복지를 위해서 개인의 권리를 희생시킬 수는 없다. 타인의 공리, 쾌락을 위해 다른 사람에게 고통을 줄 수는 없다고 보기 때문이다.

노직의 자유지상주의는 또한 공동체와의 연대감을 통해 사회적 개인을 규정하는 공동체주의에 비판적이다. 개인이 다양한 공동체에서 복합적인 경험을 한다는 점을 감안한다면 공동체에서의 사회적 정체성으로 개인의 행동과 역할을 일반화하는 것은 매우 단순한 분석이라고 본다.[21] 또한 개인은 사회적 맥락 속

---

19) 공리주의는 자유주의에서 분화한 이론이다. 18세기 후반 영국에서 생겨났다. 제레미 벤담(Jeremy Bentham, 1748~1832), 제임스 밀(James Mill, 1773~1836), 존 스튜어트 밀(John Stuart Mill, 1806~1873) 등에 의해 발전했다. 공리주의는 행위의 정당성을 유용성, 만족, 행복의 크기에 따라 결정한다. 개인은 자기 이익을 추구하는 존재이다. 따라서 구성원 전체 이익의 합이 최대화되는 행위는 공중의 이익이며, 올바른 행위가 된다. 최대 다수에게 최대의 행복을 가져다주는 좋은(good, 선) 선택이 옳은(right, 정의) 것이 된다. 따라서 공리주의에 따르면 다수의 더 큰 이익을 위해 특정인에게 비용을 부담시키는 것은 옳은 일이 된다. 재분배를 통해 최대다수의 최대행복을 증진할 수 있다면 그것은 정의로운 것이다.

20) Nozick(1974) ASU, pp.32-33.

21) 권용혁(2012)은 다문화 가정 연구를 통해 개인의 정체성을 특정 공동체와의 관계 속에 규정할 때 다문화 구성원들의 복합적 상황을 포착하기 어렵다고 지적한다. 그는 재

에서 터득한 공동체적 정체성을 스스로 재구성할 수 있는 존재라는 점에서 자아정체성을 연대감의 종속변수로 규정하는 것은 합당하지 않다고 비판한다. 공동체적 가치와 개체적 가치가 충돌할 경우에 이에 대한 보편적 해법을 정하는 것도 단순하지 않다고 반박한다.

### 2) 최소국가

자유지상주의에 따르면, 좋은 국가는 국가의 역할을 최소로 함으로써 개인의 권리를 최대한 보호하는 것을 목표로 한다. 타인의 생명과 자유, 재산권을 침해하지 않으면서 개인의 권리, 자유, 존엄성을 보장하는 정치체제이다. 이런 정치체제는 최소국가(minimal state)에 어울린다. 노직의 최소국가는 무정부주의와 포괄적 국가주의의 중간 단계의 형태이다.[22] 무정부주의(anarchy)는 국가 개입 자체를 반대한다. 포괄적 국가(extensive state)는 복지국가를 지향한다는 점에서 노직의 최소국가와 거리가 있다.

노직은 국가가 포괄적 정책을 집행하는 것은 결국 개인의 권리를 침해하는 것이라고 보았다. 국가의 기능은 보호, 분쟁 조정 기능에 그쳐야 한다고 보았다. 노직의 자유지상주의에 따르면 외부로부터 시민의 권리가 위협받을 때 보호하는 국방 경찰 기능이나 개인 간 권리 다툼이 있을 시 조정하는 법원 기능이 국가의 중심 업무여야 한다. 국가는 필요한 최소한의 세금을 징수해 이런 최소국가 업무에 사용해야 한다.

따라서 국가의 확장적 정책은 필요하지 않다고 보았다. 국가가 사회적 약자를 보호하는 것(의료 혜택, 실업, 구휼), 국민들에게 의무 교육을 부과하는 것, 특정 약물을 금지하는 방식으로 개인의 보건 영역에 관여하는 것 등은 최소국가

---

일교포의 경우에 남북 본국지향, 일본지향, 코스모폴리탄 지향 등의 복합적 정체성을 구성한다는 점을 발견했다. 다문화가정과 재일교포 사례를 통해 개인과 공동체의 관계는 평면적이거나 단순한 것이 아니라 대단히 중첩적, 복합적이라고 밝혔다. 동시에 개인은 복합적 자기규정 속에서 미래지향적 모델을 만들 수 있다고 보았다.

22) Wolff, Jonathan(1996) Robert Nozick. p.15.

의 기능을 넘어선 것이다.

자유지상주의에 따르면, 보조금, 장려금, 복지 비용, 금리 혜택, 임대료 지원, 공공 복지 등을 통해 국가로부터 혜택을 받는 것은 결국 타인의 몫을 사용하는 것에 해당한다. 이는 국가가 사람들에게 더 나은 복지를 제공한다는 명분으로 다른 사람의 몫을 세금이라는 이름으로 강제 징수하는 것에 불과하다. 노직은 강제적인 재분배는 정의롭지 못한 것이라고 본다.[23] 노직은 평등주의적 자유주의와 공리주의, 공동체주의 등이 재산 소유 과정에 대한 역사적 검토를 하지 않고 각각 분배(distribution), 효용(utility), 필요(need) 기준이라는 고정된 패턴(pattern)에 맞춰 사회적 정의를 임의로 판단한다고 비판한다. 이런 정형화된 패턴은 결국 개인의 자유를 침해하는 것에 불과하기 때문에, 사회적 정의와 양립할 수 없다고 주장한다.

자유지상주의에 따른 최소국가는 최소한의 보호 서비스를 제공한다. 최소국가가 제공하는 보호 서비스 비용은 그러나 균등하게 부담되는 것은 아니다. 어떤 사람은 국가 운영에 더 많은 비용(세금)을 내고, 또 어떤 사람은 상대적으로 적은 비용을 부담한다. 이 점을 감안하면 최소국가에서도 어느 정도의 재분배 기능이 수행된다고 할 수 있다. 노직은 이 정도의 재분배 기능은 최소국가에서 용인될 수 있는 정당한 것이라고 보았다. 이는 롤스가 차등의 원칙을 통해 제시하는 가난한 자의 복지와 평등을 위한 것과는 다르다. 노직의 재분배는 자유지상주의자들이 자기의 자연권(생명, 자유, 재산)을 보호하기 위해 보상차원에서 국가에 지불하는 비용에 해당한다.

노직은 국가가 상호 계약에 따라 의식적으로 만들어지는 것이 아니라 '보이지 않는 손'(invisible hand)에 의해 자연스럽게 형성된다고 보았다. 따라서 노직에게 있어서 국가 형성 과정은 롤스나 홉스, 로크 등이 제시하는 계약론과 다르다. 롤스나 홉스, 로크는 국가를 계약에 의한 의식적인 결과물로 간주한다. 이들에 따르면 국가는 구성원 간 합의의 결과이다. 이에 반해 노직의 최소국가론은 자연권 사상, 야경국가론, 고전적 자유주의, 애덤 스미스의 보이지 않는 시

---

23) Wolff, Jonathan(1996) Robert Nozick. p.18.

장 이론을 계승한 것이다. <표 2>는 노직의 최소국가 형성과정을 발전단계에 따라 정리한 것이다.

**표 2 | 노직의 최소국가 발전 단계**

| 발전단계 | 단계별 상황 |
|---|---|
| 1단계 | 권리를 가진 사람들이 자연상태(state of nature)에 살고 있다. |
| 2단계 | 사람들은 자신을 보호하기 위해 자발적으로 보호 결사체(protective association)를 형성한다. |
| 3단계 | 보호 결사체는 지역으로 나눠져 있으며, 통합 과정을 거쳐 극소국가(ultra-minimal state)를 형성한다. 참여하지 않는 사람은 국가의 보호를 받지 못한다. |
| 4단계 | 극소국가는 독립적으로 살아가는 독립인에게 보상(안전을 제공하면서 사적 보복 금지를 상호 교환)함으로써 모든 개인을 흡수한다. 비로소 최소국가(minimal state)가 성립한다. |

제1단계: 천부인권의 권리를 가진 사람들이 자연상태(state of nature)에 살고 있다. 자연상태에서 개인은 국가가 없기에 권리를 보장받지 못한다. 권리 보호를 위한 제도와 강제력이 존재하지 않기 때문이다. 개인이 자연상태에서 자연권을 갖는다 해도 이를 보장할 사회적 제도가 없다면 자연권은 유명무실할 가능성이 크다. 천부인권인 자연권은 생명, 자유, 재산에 대한 권리 침해에 방어할 권리를 포함한다. 자연상태는 홉스의 지적처럼, 각자의 권리를 보호하기 위한 사적 집행을 허용한다. 개인의 사적 정의 집행은 위험한 결과를 초래할 수 있다. 자연상태는 정글의 법칙이 적용된다. 폭력과 혼란, 투쟁, 갈등이 난무한다.[24] 무정부 자연상태는 무법의 세계이다. 폭력, 공포, 절도, 사기, 인권 침해

24) 장동익(2017) 로버트 노직, 무정부 국가 유토피아. 커뮤니케이션북스, pp.12-35.

가 지속된다. 개인의 자연권 권원은 잘 보장받지 못할 가능성이 높다. 이런 자연상태에서 개인의 권리 보호는 어렵다. 무정부 자연상태는 사람들에게 국가의 필요성을 일깨워준다.

제2단계: 노직은 사람들이 무정부 자연상태 공포에서 벗어나기 위해 자발적으로 '보호 결사체'(protective association)를 구성한다고 보았다. 개인은 자연상태에서 권리 침해를 보호받기 위해 힘을 합쳐 협회를 만든다. 정의롭지 못한 대우를 받는 사람을 보호하기 위하여 '공적인 정신'이 형성되는 시기이다. 보호 결사체가 생기면 개인 간의 사적 제재에 의존하는 처벌, 보복, 복수의 문제를 공적인 장에서 해결할 수 있게 된다. 민간 회사가 계약에 의해 상업용 보안 경비 서비스를 제공하는 것이 유사한 사례이다.

결사체 유지에는 비용 부담이 필요하다. 그러나 결사체 구성으로 얻는 장점이 더 크다. 보호 결사체는 지역별로 작은 규모로 여러 개 존재하다가 시간이 지남에 따라 시장의 힘에 의해 '지배적 보호 결사체'(dominant protective association)로 통합된다. 시장에서 보호 서비스에 대한 수요와 공급은 '보이지 않는 손'(invisible hand)인 가격 기능에 의해 조정된다. 지배적 보호 결사체는 지역 내 대다수 사람이 동일한 보호 결사체에 속한 경우이다. 그러나 지역 내 모든 사람이 가입한 상태는 아니다.[25] 권리를 독립적으로 행사하는 독립인(independents, 무정부주의자)이 존재한다. 지배적 보호 결사체는 보호 서비스를 차등화해 고객에게 판매할 수 있다. 이 상태에서 권리보호는 마치 시장에서 교환되는 상품과 같다. 수요와 공급에 따른 상호 계약은 가격 기능에 의해 조절된다.

제3단계: 개별 보호 결사체는 시장 기능에 의해 규모가 큰 지배적 보호 결사체로 전환되고, 지배적 보호 결사체는 규모의 경제를 통해 통합함으로써 독점적 지배체제인 극소국가(ultra-minimal state)가 등장한다. 보호 결사체, 지배적 보호 결사체는 규모의 경제 원리에 따라 통폐합된다. 개별 결사체는 합병의 동기를 가질 것이다. 경비를 절감할 수 있고 또 더 넓은 영역을 담당한다면 분쟁과 갈등을 조정하기 쉬워진다.

---

25) Nozick(1974) ASU, pp.12-25.

극소국가는 힘의 독점이라는 측면에서 강제력을 가진 지배적 조직체이다. 극소국가는 지배적 보호 결사체와 최소국가(야경 국가)의 중간 정도에 해당한다. 국가의 조건을 갖췄지만 제대로 된 국가라고 하기는 어렵다. 국가로 성립되기 위해서는 강제력 독점뿐 아니라 모든 사람에 대한 보호 서비스 제공이라는 조건이 필요하다. 극소국가는 강제력을 독점한 지배적 조직체를 확립했을 뿐이다.[26] 이 단계에서는 보호계약을 구입한 사람에게만 보호 서비스를 제공한다.

제4단계: 극소국가 단계에는 영역 내에 보호 서비스를 제공받지 않는 독립인이 존재할 수 있다. 극소국가는 무정부주의자인 독립인에게 보호 서비스를 제공하지 않는다. 극소국가와 독립인은 상호 무관한 존재이다. 극소국가가 독립인을 물리력으로 억제할 수 있지만, 저항이 있을 수 있다. 따라서 독립인과 극소국가 간에는 갈등이 일어날 소지가 있다. 독립인은 스스로의 자연권을 주장할 것이기 때문이다. 노직은 이때 독립인이 자연적 권리 행사를 포기하고, 국가는 보호 서비스를 보상으로 제공함으로써 국가체제 내로 편입시킨다면 상호 이익이 될 것으로 보았다.[27] 국가가 독립인에게 보상을 제공함으로써 비로소 최소국가가 성립한다.[28] 독립인이 자연권 행사를 포기함으로써 국가는 모든 구성원에 대해 강제력을 갖게 된다.

---

26) Nozick(1974) ASU, p.113; 장동익(2017) 로버트 노직, 무정부 국가 유토피아. pp.24-28.

27) 노직은 독립인의 국가 체제 편입을 간질병(뇌전증) 환자 사례로 설명한다. 간질병 환자가 자동차를 운전한다면 사회는 교통사고 위험성을 제거하기 위해 운전을 금지시킬 수 있다. 따라서 간질병 환자의 운전을 금하는 것은 온당하다고 할 수 있다. 그러나 간질병 환자에게 운전을 금할 때는 불이익을 보상해줘야 한다. 예를 들어 국가는 간질병 환자에게 택시를 탈 수 있는 비용을 보상하거나 필요하다면 운전사를 고용하도록 해야 한다. 이렇게 되면 서로에게 이익이 발생한다. Wolff, Jonathan(1996) Robert Nozick. pp.51-52.

28) Nozick(1974) ASU, pp.54-85; 장동익(2017) 로버트 노직, 무정부 국가 유토피아. pp.38-39.

### 3) 유토피아

자유지상주의 이론에 따르면, 개인은 좋은 삶에 대해 서로 다른 생각을 갖고 있다. 노직에게 있어서 최선의 삶은 각자 지향하는 삶을 추구하는 것이다. 각자 합리적인 결정을 통해 선택한 삶이 바로 최선의 세계, 유토피아(utopia)이다. 각자 자유와 권리를 존중받으면서 원하는 좋은 삶의 방식을 추구하는 것이다. 따라서 노직에게 유토피아는 어떤 고정된 형태가 아니라 각자의 다양한 가치관을 담아낼 수 있는 유동적인 형태이다. 국가는 그렇기 때문에 가치 지향적이지 않은 중립의 형태를 보인다. 국가는 시민들에게 어떤 삶이 좋은 삶인지 제시하지 않는다. 무엇이 좋은 삶인지는 전적으로 개인이 선택할 문제이다. 자유지상주의는 어떤 유형의 삶도 타인의 권리를 침해하지 않는다면 허용되어야 하며 금지하지 말아야 한다고 본다.

노직이 비판하는 것은 국가가 개인의 권리를 강제하는 경우이다. 국가가 개인에게 포괄적 의무를 부과하면 할수록 개인은 각자 희망하는 삶을 살아가기 어렵게 된다. 이런 체제에서는 많은 것이 개인에게 의무로 부과되고 금지될 것이다. 개인의 권리를 중시하는 노직의 소유권적 정의론은 최소국가를 통해 현실화될 수 있다. 노직의 최소국가론은 이런 다원적 유토피아를 이룰 수 있는 토대(framework)를 제공한다. 종교적 공동체 생활을 하는 미국 아미쉬(amish)들에게 집단 거주공간을 인정하는 것은 그들의 자발적 좋음을 인정한 것이다. 미국 연방대법원은 1972년 국가가 아미쉬에게 의무교육을 강요할 수 없다고 보았다.[29] 종교의 자유와 교육받을 권리가 충돌하는 상황에서 연방대법원은 종교의 자유와 문화적 다양성이 중요하다고 판결했다.

---

29) 아미쉬는 미국 개신교의 한 종파이다. 주로 펜실베이니아주, 인디애나주 등에 거주한다. 외부세계와 단절하며 성경 원문에 충실한 엄격한 공동체 생활을 한다. 노동을 중시하고, 부를 모으지 않는 소박한 삶을 지향한다. 자동차, 전기제품, 컴퓨터 등 현대문명을 거부한다. 종교적 이유로 정부로부터의 지원을 거부한다. 자녀들을 8학년(한국의 중학교 2학년에 해당) 이상 학교에 보내지 않는다.

노직의 아이디어는 미국 서부시대 개척 마을(town)의 상황을 잘 설명한다.[30] 서부 개척 마을에서는 각자 어디서 왔는지 또 어떤 생각을 하는지 알지 못했다. 주민은 자신과 가족의 권리, 재산에 관심을 두었다. 공동체에는 별 의미를 두지 않았다. 같은 마을에 정착한 사람일지라도 자신의 권리를 침해할지 모르는 불신의 대상으로 간주하였다. 타인은 의심의 대상이었다. 그래서 서부 개척시대 마을은 상당히 살벌한 곳이었다. 외지인이 마을을 찾아오면 모두가 큰 관심을 가지고 지켜보았다. 그러나 공동체의 일원으로 받아들이지는 않았다. 각자의 권리와 자유만을 중시했기 때문이다. 그러나 언제까지 무정부상태로 마을을 유지할 수는 없었다. 외지인이나 무소속인(independents, 독립인)의 무법행위를 막을 수 있는 최소국가가 필요했다. 최소국가는 마을 보안관(sheriff)을 통해 최소한의 법적 질서를 유지했다.

자유지상주의는 개인의 권리와 자유, 재산의 절대적 특성을 상호 존중한다. 개인은 각자 원하는 방식의 좋은 삶을 자유롭게 추구할 수 있다. 각자 숙고를 통해 선택한 삶이 바로 유토피아다. 개인은 자신의 유토피아를 지향할 권리를 갖는다. 국가는 어떤 것이 바람직한 유토피아인지에 대해 중립을 지킨다. 대신 개인 간의 분쟁을 해결하기 위한 최소국가 형태를 갖춘다. 따라서 자유지상주의는 소득 재분배 정책 같은 국가의 적극적인 역할을 강조하는 것에 반대한다.

30) 미국이 영국으로부터 독립(1776)하기 전에는 사람들이 주로 동부지역에 거주하였다. 그러나 애팔래치아 산맥을 넘어 서부로 통하는 길이 개척된 이후 유럽에서 넘어온 이주민들이 대륙 안쪽 서부지역으로 대거 이동했다. 최정운(1997) 미국의 자유주의: 롤스(Rawls)와 노직(Nozick)의 논쟁. p.207.

## 3 자유지상주의와 언론자유

자유지상주의가 추구하는 언론자유관은 개인은 누구나 양심에 따라 말할 자유가 있으며 국가는 이런 천부적 권리를 강제로 침해할 수 없다는 것이다. 또한 비록 그것이 틀린 내용일지라도 개인의 말할 자유를 인정하는 것이 사회에 더 큰 도움이 된다고 본다. 노직의 언론자유관은 존 밀턴(John Milton, 1608-1674), 존 로크(John Locke, 1632-1704), 존 스튜어트 밀(John Stuart Mill, 1806-1873)의 자유주의 언론자유관을 계승한 것이다.

### 1) 사상의 자유시장론과 위해의 원칙

자유지상주의는 로크적 자유관에 기반해 표현의 자유를 자연권, 천부인권으로 본다. 따라서 국가를 포함한 누구도 개인의 표현의 자유의 본질적 내용을 침해할 수 없다. 노직이 구상하는 유토피아는 표현의 자유에 대한 개인의 권리가 확보된 상태이다. 자유지상주의 관점의 표현의 자유는 1644년 발간된 밀턴의 『아레오파지티카(Areopagitica)』에 뿌리를 두고 있다.[31] 밀턴의 주장을 담은 아레오파지티카는 개인의 표현의 자유를 역사상 처음으로 주장한 저서로 평가된다. 자유지상주의를 비롯한 자유주의 사상이 중시하는 표현의 자유는 17세기 밀턴에서 시작되었다.

밀턴은 결혼생활이 파탄나면서 이혼을 결심했다. 밀턴은 자신의 이혼이 적법하다는 주장을 담은 『이혼의 교의와 질서』를 집필했지만 의회는 이혼을 허가하지 않고 오히려 출판물을 검열하려 했다. 당시 영국에서 이혼은 국왕과 가톨릭의 허가가 필요했다. 밀턴은 출판 검열이 부당하다는 주장을 담은 『아레오파지티카』를 집필하였다.[32] 밀턴은 책에서 양심의 자유와 양심에 자유에 따라 말할

---

31) 존 밀턴은 영국의 시인이다. 장편 서사시 『실낙원(Paradise Lost)』 작가로 유명하다.

32) 책 제목은 『Areopagitica: A Speech of Mr. John Milton for the Liberty of Unlicensed Printing to the Parliament of England(아레오파지티카: 허가받지 않고 인쇄할 자유를 위해 영국 의회에 보내는 존 밀턴의 글)』이다. 아레오파지티카는 고대

수 있는 자유를 주장했다. 밀턴의 이런 주장은 당시 절대주의 체제하의 영국 상황에서 왕권신수설에 대한 도전에 해당했다. 밀턴의 주장은 표현의 자유를 공론장에서 제기한 최초의 사건이다. 밀턴의 주장은 형식적으로는 이혼이라는 사생활과 관련된 것이지만, 실질적으로는 절대군주의 견제와 간섭으로부터 양심의 자유를 지키고 그러한 양심을 외부로 표출하는 표현의 자유를 요구한 것이었다.[33)]

밀턴은 표현의 자유는 하나님(신, God)이 인간에게 부여한 이성을 실현하는 것에 해당하기 때문에 가톨릭 교회나 국왕이 검열할 수 없다고 주장했다. 그는 개인은 하나님이 주신 이성을 바탕으로 생각하고 추론하기 때문에 이런 이성의 작동을 제한하는 것은 신의 의지에 대한 도전이자 위협에 해당한다고 보았다. 사람이 이성을 통해 무엇을 말하고 표현한다는 것은 신이 내려준 특별한 선물이기에 누구도 사전에 검열할 수 없다고 생각했다. 그래서 밀턴은 누구나 간섭없이 공개적으로 생각을 표현할 수 있도록 해야 한다고 강조한 것이다. 참과 거짓이 서로 경쟁할 기회를 막아서는 안 된다고 요구한 것이다. 비록 거짓된 의견일지라도 말할 기회 자체를 박탈하는 것은 신의 의지를 거역하는 것이며 동시에 진실을 발견하는 데 도움이 되지 않는다는 주장이다.[34)]

밀턴 이후 자유지상주의 관점의 표현의 자유 주장은 로크, 밀로 이어졌다. 자유주의 사상가들이 강조하는 표현의 자유는 누구도 침해하지 못하는 자연권이며 사상의 자유시장(free market of opinion) 원리로 설명할 수 있다.[35)] 즉 표현의

---

희랍 시대의 법정을 지칭하는 그리스어 'areopagus'(아레오파구스)에서 파생된 말이다. 임상원(1998) 아레오파지티카: 존 밀턴의 언론출판자유에 대한 선언. 나남.

33) 영국에서는 일찍이 1215년 마그나카르타(Magna Carta, 대헌장)를 통해 절대왕정이 시민의 자유를 보장하기로 합의한 적이 있다. 마그나카르타 합의안은 이후 상당기간 제대로 지켜지지 않았지만 중요한 역사적 경험이라고 할 수 있다.

34) Schwarzlose, Richard(1989) The Marketplace of Ideas: A Measure of Free Expression. Journalism Monograph 118, pp.3-7; 밀턴은 사상의 자유시장이라는 용어를 사용하지 않았다. 그러나 밀턴이 아레오파지티카에서 참과 거짓이 자유롭게 대결하도록 허용하자는 주장은 사상의 자유시장 개념을 압축적으로 제시한 것이라 볼 수 있다.

35) Shapiro, Steven(2018) Reflections on Charlottesville. Stanford Journal of Civil Rights & Civil Liberties XIV, pp.45-55.

자유는 인간의 기본권이기 때문에 설혹 그것이 잘못된 내용일지라도 규제하거나 제한할 수 없다. 또한 사상의 자유시장 이론은 거짓과 참이 공개적으로 논쟁할 수 있도록 하자는 것이다. 이에 반해 자유로운 논쟁을 허용하지 않고 규제를 하기 시작하면, 진위(眞僞, 참과 거짓)가 불분명한 의견들은 공론의 장에 제시되지도 못한 채 사라져 버리는 위축효과(chilling effect)가 발생할 것으로 보았다.

자유지상주의가 중요시하는 자유의 관념은 유럽 각국이 16~17세기에 치렀던 종교전쟁을 거치며 형성되었다. 백 년에 걸친 가톨릭과 프로테스탄트 간의 종교전쟁은 결국 각자가 믿는 종교의 절대성을 보장받기 위한 것이었다. 그러나 종교전쟁으로 수백만 명 이상이 목숨을 잃게 되자 유럽 사람들은 특정 종교의 절대성을 고집한다면 상호 간의 충돌은 영원히 해결될 수 없다는 점을 깨닫게 되었다. 자유주의 철학이 담고 있는 사상의 자유시장 이론은 결국 유럽인들이 종교전쟁이라는 희생을 치르면서 깨달은 관용의 정신, 말할 자유, 표현의 자유를 이론화한 것이다. 그것은 모두에게 최적의 합리성을 보장할 수 있는 이상(ideal)을 추구할 것이 아니라 충돌하는 가치와 이익이 공존하는 잠정 협정(modus vivendi)을 모색하는 것이 모두에게 더 많은 이익을 준다는 생각에 바탕을 둔 것이다. 따라서 사상의 자유시장 이론에 따르면, 정부가 가짜뉴스(disinformation, misinformation)를 이유로 다른 사람들의 생각을 바꾸려 하거나 그 근원을 발본색원(拔本塞源)하려 하면 사회적 손실은 훨씬 크게 된다.[36] 거짓보도라 할지라도 그것을 진실이라고 믿는 사람이 있다면 그런 보도 자체를 막는 행위는 진실과 참의 발견을 오히려 방해할 수 있다고 본다. 대신 가짜 뉴스가 왜 거짓인지 대응하고 반박하는 참 뉴스가 계속 제시될 수 있도록 하는 것이 오히려 장기적으로 진실의 발견에 도움이 될 수 있다고 본다.

밀은 의원내각제 등 민주주의가 자리를 잡던 19세기 영국 상황에서 표현의 자유와 관련해 중요한 이론적 근거를 제공하였다. 밀의 근본적인 문제의식은 다수의 자유와 소수의 자유가 충돌할 때, 소수자의 자유를 어떻게 보호할 것인

---

36) 가짜뉴스는 미디어를 통해 전파된 조작된 허위 보도이다. 가짜뉴스 가운데 의도성 없는 실수는 'misinformation'이라고 하며, 의도적인 허위보도는 'disinformation'이라고 한다.

가 하는 점이었다. 밀의 아버지 제임스 밀이 주장한 양적 공리주의에 따르면, 다수와 소수의 대결에서는 언제나 다수의 의견이 지배하는 것이 타당하다. 그러나 밀은 소수자의 표현의 자유가 억압받지 않도록 사회가 보호해야 한다는 질적 공리주의를 제창하였다. 밀은 소수자일지라도 생각의 존엄성, 타인에 대한 관용, 개인 행위의 동기를 중요하게 봐야 한다고 믿었다. 그는 어느 것이 옳은지 모르거나 명확하지 않은 사안에 대하여 누구나 소수 의견을 제시할 수 있다고 보았다. 소수의 견해가 나중에 다수의 견해에 비해 옳은 것으로 판명될 수 있기에 현재 다수라고 해서 소수를 탄압해서는 안 된다고 생각했다. 언론의 자유를 통해 사회가 발전할 수 있기 때문에 소수 의견일지라도 그것을 표현할 자유를 인정해야 한다고 강조했다. 밀은 소수자에게 행해지는 다수의 압제(tyranny of the majority)를 경계했다. 즉 여론과 같은 비공식적 방법을 통해 다수가 소수자를 위협할 가능성을 염려했다.[37] 밀은 단순한 양적 공리주의가 아니라 인간의 자유와 존엄을 충족하는 질적 공리주의로 세상을 바라보는 것이 결국 더 많은 사회적 공리를 가져다줄 것으로 믿었다. 그는 비록 공리주의자였지만, 다수의 공리, 다수결주의의 문제점을 지적하면서 개인의 자유, 표현의 자유의 중요성을 강조한 사상가이다.

밀이 『자유론』에서 제시한 문제의식은 개인의 표현의 자유에 대해 사회가 어떻게 개입하고 강제할 것인가 하는 점이다. 즉 자유의지와 자기실현 욕구의 결과인 개인의 생각과 행위에 대해 사회가 어떤 방식으로 대우할 수 있는가 하는 문제이다.[38] 밀은 인간의 무오류성을 주장하는 독선은 진리를 박해하는 가장 큰 해악이라고 보았다. 인간의 인식에는 과오, 실수, 실책, 결점이 가득하다고 본 것이다. 따라서 표현의 자유를 통한 의견 제시에 대해 오류라고 봉쇄해버리면 결국 진실 추구를 향한 노력이 침해되는 결과로 이어진다. 밀이 사상의 자유시장에서 표현의 자유가 광범위하게 인정되어야 한다고 주장한 이유가 여기에 있다. 그는 "한 사람을 제외한 모든 인류가 같은 생각일지라도 인류가 그 사람

---

37) Mill, John Stuart(2016) OL, pp.20-21.

38) Mill, John Stuart(2016) OL, pp.20-21; Mill, John Stuart. 류지한 역(2021) 밀의 공리주의. 울력, pp.164-72.

의 생각을 잠재우는 것은 정당하지 않다"고 주장하면서 국가와 정부, 여론이 개인의 자유로운 생각과 표현에 대해 강제력을 행사하는 데 반대하였다.[39] 밀은 어떤 의견을 표현하는 것을 못하게 하는 것은 인류 전체뿐 아니라 그 의견의 찬성자와 반대자 모두에게 손해라고 강조한다. 밀은 "만일 억압받는 의견이 참이라면 거짓을 진실로 바꿀 기회가 박탈되는 것이다. 만일 억압받는 의견이 거짓이라면, 사람들이 (기존에) 가진 진실이 거짓(억압받는 거짓 의견)과 부딪히면서 명백하게 진실이라는 것을 인식할 기회를 놓쳐버린다"고 지적하면서, 표현의 자유를 억압하는 권력과 정부, 다수결의 무오류성을 비판한다.[40] 밀의 이런 지적은 진실은 결국 거짓과의 대비를 통해서 확인할 수 있다는 말이다.

존 스튜어트 밀(John Stuart Mill)

밀에 따르면 진정한 참은 해당 의제에 대해 상호 토론함으로써 발견할 수 있다. 밀은 사람은 누구나 실수할 수 있기에 자유로운 토론과 비판을 통해야만 사회가 발전하고 진보할 수 있다고 믿었다. 따라서 밀에게 있어서 사상과 표현의 자유는 모든 자유를 가능하게 하는 기본적인 자유에 해당한다. 누구나 오류가능성이 있음을 전제하기 때문에 비판과 토론을 관용(tolerance)하는 열린 마음이 필요하다. 토론과 비판을 거쳐야만 잘못을 시정할 수 있다고 보았기 때문이다.[41]

---

39) Mill, John Stuart(2016) OL, p.32.
40) Mill, John Stuart(2016) OL, p.33, p.60, pp.72-74.
41) 이근식(2006) 존 스튜어트 밀의 진보적 자유주의. 기파랑, pp.261-262.

밀은 관용에 기초한 토론과 비판이 결국 사회발전의 원동력이 된다고 생각했다. 관용은 각자가 비록 받아들이지 않더라도 타인이 말하고 표현할 자유를 허용함으로써 타인과 공존할 수 있는 토대를 쌓는 정신이다. 이때 관용은 그 자체가 권리(right)는 아니다. 권리는 신(God, 창조주)이 개인에게 부여한 양도불가한 것이기 때문이다. 따라서 관용은 자유의 양보에 해당한다. 개인은 결국 자기의 자유를 양보하는 관용정신을 발휘함으로써, 자기의 의견을 자유롭게 표현할 권리를 인정받게 된다. 절대주의 전통에서는 자유의 양보를 통한 관용의 정신이 통용되지 않았다. 전제군주의 생각은 의견이 아니라 진리로 간주되었다. 그러나 자유지상주의를 비롯한 자유주의 전통은 다원주의를 기반으로 한 관용의 정신을 바탕으로 한다. 밀이 제시하는 표현의 자유는 인간의 자유를 존중하면서 동시에 인간 인식의 한계를 인정하고 관용할 때 보호될 수 있다. 다시 말해, 표현의 자유는 타인의 생각을 수용하지 않아도 그것을 말할 수 있는 자유를 허용함으로써 상호 공존의 터전을 마련하는 것이다.

밀은 표현의 자유의 중요성을 강조했지만, 기본적으로 공리주의자였다. 그는 질적 공리주의를 주장하였다. 공리주의가 주장하는 것처럼 사회적 자산을 최종적으로는 다수결에 따라 나누는 것이 타당하다고 본 사람이다. 그러나 밀의 위대성은 소수자의 생각을 다수의 이름으로 지배하고 억압하는 것은 횡포라고 지적한 점에 있다. 밀이 강조한 표현의 자유는 사실 자유지상주의가 전제하는 자연권, 천부적 권리가 아니다. 밀은 사회적 효용성을 높일 수단으로 개인의 표현의 자유를 강조한 것이다. 밀에게 있어서 표현의 자유는 참과 거짓을 구분해 진실을 추구하고 사회적 효용성을 높이는 도구적 성격이 강하다. 이에 반해 밀턴, 로크, 노직, 롤스 등의 자유주의자들이 생각하는 표현의 자유는 불가침적인 인간의 기본권에 해당한다. 이런 기본적 차이에도 불구하고 밀이 강조한 표현의 자유의 실질적 의미는 자유주의에서 생각하는 것과 유사하다. 이런 이유로 밀이 강조한 표현의 자유의 중요성은 자유지상주의와 평등주의적 자유주의에 의해 적극적으로 수용되고 발전되었다.

밀은 또한 표현의 자유에 대한 규제 조건을 고민한 인물이다. 그는 언론자유에 대한 규제 준칙으로 '위해의 원칙'(harm principle)을 제시하였다. 위해의 원칙에 따르면 표현의 자유는 타인에게 위해 또는 피해를 끼치지 않는 한 침범받지 않고 절대적으로 보호받아야 한다. 물론 밀은 표현의 자유를 무한정 허용할 수 없다는 점에 동의했다. 그러나 표현의 자유를 규제하려면 직접적인 위해라는 정당한 이유가 있어야 한다는 점을 지적하였다. 직접적인 위해가 발생하지 않는다면 표현의 자유는 무한대로 인정되어야 한다는 것이다. 이런 위해의 원칙은 마치 누구나 마음대로 주먹을 휘두를 자유가 있지만, 그 주먹은 반드시 다른 사람의 얼굴 앞에서 멈춰야 함을 의미한다. 자기 주먹을 마음껏 휘두르는 것은 자유지만, 다른 사람에게 손해를 끼쳐서는 안 된다는 뜻이다.

위해의 원칙은 타인의 표현에 대해 아무리 좋은 의도일지라도 말로 설득해야 하지 처벌하거나 강요해서는 안 된다는 의미를 담고 있다. 물론 거짓말을 하는 것은 명예훼손 대상이 될 수 있다. 그러나 사실을 진술하는 것 자체는 명예훼손 대상이 될 수 없다. 개인은 다른 사람에게 피해를 주지 않는 한 생각과 행동을 표현하는 데 있어서 어떠한 강제도 있어선 안 된다는 것이다. 그러나 어떤 표현이 특정한 행동으로 이어져 피해가 직접적으로 발생하면 '위해의 원칙'을 바탕으로 표현의 자유에 대한 규제 가능성이 있다고 보았다.[42)]

밀에게 있어서 타인의 표현의 자유에 대해 정당하게 간섭하는 경우는 위해가 발생한 경우이다. 밀은 옥수수 중개상의 폭리를 사례로 든다. 옥수수 중개상이 생산자와 공급자 사이에서 폭리를 취했다고 누군가 의견을 제시하는 것은 누구도 견제할 수 없는 절대적 자유에 해당한다. 그러나 군중을 선동해 옥수수 중개상 집에 난입하는 행위는 표현의 자유 이름으로 보호할 수 없다. 난입을 통해 곡물상에게 직접적인 피해를 끼쳤다면 처벌이 불가피하다. 밀의 위해의 원칙에 따르면 개인의 의견 표현이 다른 사람에게 위해를 초래하게 되면 제재하는 것이 정당하다.

---

42) Mill, John Stuart(2016) OL, p.26, pp.77-78.

밀의 위해의 원칙은 국가 개입이 정당화될 수 있는 경우는 다른 사람에 대한 해악이 있을 때 한한다는 뜻을 담고 있다. 위해의 원칙은 밀 이후 자유주의 사상가들이 자유주의를 옹호할 때 내세우는 핵심 원리가 되었다. 그러나 위해의 원칙을 오늘날 표현의 자유를 제한할 때 원용할 준칙으로 보는 것에는 부정적인 의견이 많다. 왜냐하면 어떤 도덕적인 공격(moral offense)에는 대개 어느 정도의 심리적 압박이 동반되기 때문이다. 이런 경우 구체적으로 어떤 위해가 있었는지 판단할 방법이 마땅치 않다. 심리적 위해까지 해악으로 인정한다면 위해 자체를 판정하는 것이 모호해진다. 부작위에 의한 위해를 판정하기는 더욱 모호하다. 고의성이 개입했는지를 알기도 쉽지 않다.

위해의 원칙은 오늘날 위해의 유무가 아니라, 위해의 크기, 발생 공간, 위해의 발생 맥락, 회피가능성 등을 종합적으로 감안해 적용되고 있다.[43] 예를 들어, 불쾌한 발언으로 상대방을 자극할지라도 그것을 단순히 언급하는 정도에 그친다면 위해를 이유로 표현의 자유를 제한하거나 금지할 수 없다고 보고 있다. 또한 공격적 발언일지라도 발생한 공간의 성격에 따라 제한 근거는 달라진다. 공격적 발언이 공적인 공간에서 이뤄진다면 사적인 공간에 비해 표현의 자유 인정 정도가 줄어든다. 즉 여러 사람이 있는 공적 공간에서 행해지는 발언은 두 사람이 소곤소곤 말을 나눈 것에 비해 위중하게 다뤄진다. 상대방이 불편한 자극을 쉽게 피할 수 있다고 한다면 표현의 자유를 이유로 발언을 제한하기 어렵다. 광장에서 어떤 사람이 자기의 정치적 입장을 큰 소리로 이야기해도 듣기 싫어서 피해갈 수 있다면 위해의 정도가 작다고 보는 것이다. 그러나 좁은 골목에서 그런 발언을 해 불특정 다수가 쉽게 피할 수 없다면 위해는 같은 내용이라도 크다고 할 수 있다.

외설적인 도서를 서점에서 판매할 때 사람들이 출판물에 접할 기회가 줄어들도록 한쪽 구석에 진열한다면(회피가능성이 크다면) 외설적 내용을 이유로 표현의 자유를 제한하기는 어렵다. 같은 논리로 성적 음란물을 인터넷 유료서비스

43) 자세한 내용은 Feinberg, Joel(1994) Freedom and fulfillment. Princeton University Press; Harcourt, Bernard E.(1999) The Collapse of the Harm Principle. The Journal of Criminal Law and Criminology 90(1), pp.109-194 참조.

로 제공한다면 보통 사람 입장에서 회피가능성이 상대적으로 높다고 보아야 한다. 그러나 반대로 많은 사람이 통행하는 지하철 구내에 음란물을 전시하는 것은 불특정 다수에게 회피할 수 없는 불편함을 준다는 점에서 표현의 자유 인정 폭은 상대적으로 좁다. 같은 모욕적 표현일지라도 소수자(인종, 종교, 성별)에 대한 표현은 다수자에 대한 발언에 비해 표현의 자유가 더 제한될 수 있다. 어떤 행위와 발언이 상대방에게 모욕적으로 들렸다면, 다수자와 비교해 소수자에게 행한 것이 더 위중하다고 판단된다. 공인에 대한 비판에는 다른 일반 시민에 비해 광범위한 표현의 자유를 적용하고 있다.[44] 특히 정치적인 내용이면 양심의 자유와 직접적으로 관련되는 경우가 많다고 보기에 상대적으로 표현의 자유를 폭넓게 인정하고 있다.

### 2) 자유지상주의 언론자유

자유지상주의 철학은 앞에서 살펴본 것처럼 개인의 생명, 자유, 재산을 절대적 권리로 파악한다. 따라서 개인 자유의 본질적 요소인 언론의 자유와 표현의 자유는 누구도 침범할 수 없는 절대적 권리에 해당한다. 사람은 표현의 자유를 통해 간섭받지 않고 자기 생각을 제시할 수 있는 자연권을 갖는다. 그러므로 누

---

44) 래리 플린트(Larry Flynt)와 제리 폴웰(Jerry Falwell) 판결(Hustler Magazine, Inc. v. Falwell, 485 U.S. 46, 1988)은 자유주의 관점의 표현의 자유를 제시한 것으로 유명하다. 포르노 잡지 허슬러 창간자인 플린트는 유명한 미국 기독교 근본주의자 폴웰 목사가 근친상간하는 패러디 광고를 잡지에 실었다. 제목은 '제리 폴웰이 첫경험에 대해 말하다'(Jerry Falwell Talks About His First Time)였다. 그러면서 광고 아래에 '풍자물이니까 심각하게 생각하지 마세요'라고 아주 작게 써놓았다. 폴웰 목사는 명예훼손을 이유로 소송을 제기했으며, 플린트는 표현의 자유를 주장했다. 미국 연방대법원은 공적 인물이 자신을 풍자하는 캐리커처, 만화 광고를 이유로 불법 행위 책임을 주장하는 것을 인정할 수 없다며 플린트에 대해 무죄판결을 내렸다. 공인에 대한 풍자는 고통이나 불편함이 있더라도 표현의 자유에 의해 보호된다는 판결이다. 패러디 광고가 사실이 아니라고 미리 밝혔기 때문에 공적 인물을 풍자하는 것을 불법으로 볼 수 없다는 의미이다. 연방대법원은 공인이 입는 정신적 피해보다 표현의 자유가 더 중요하다고 본 것이다.

구나 자유롭게 말할 수 있고 그 말은 또 자유롭게 유통될 수 있어야 한다. 자유지상주의 언론철학은 사상의 자유시장에서 말(speech)에 대한 치유는 말(speech)로 할 수 있도록 자유를 허용해야 한다고 강조한다. 개인이 갖는 언론자유는 각자가 선택할 수 있는 권리이며 동시에 타인으로부터 강제되지 않아야 한다. 국가는 이런 개인의 자유를 침해할 수 없다. 공공의 복지를 위한다는 명분으로 개인의 표현의 자유를 강제하거나 침해할 수 없다. 만일 개인의 표현의 자유가 국가나 정부, 타인에 의해 침해된다면 그것은 마땅히 교정되어야 하는 것이 정의이다.

자유지상주의가 바라보는 언론의 자유와 표현의 자유를 나눠서 정리하면 다음과 같다. 첫째, 개인은 각자 원하는 삶을 이상향(유토피아)으로 정하고 그러한 삶을 자유롭게 추구하는 존재이다. 따라서 표현의 자유에 대한 타인의 간섭과 침해는 인정되기 어렵다. 개인이 갖는 표현의 자유는 자연권의 하나이다. 개인에게 좋은 것은 언론의 자유와 표현의 자유를 통해 각자 원하는 방식의 삶을 추구하는 것이다. 이 과정에서 개인 간의 자발적인 협동과 도움이 일어날 수 있다. 이것이 노직이 이야기하는 유토피아의 삶이다. 자유지상주의가 경계하는 것은 공동체가 공공선을 이유로 언론의 자유와 표현의 자유를 비롯한 개인의 자연권을 간섭하고 침해하는 것이다. 국가의 간섭은 아무리 좋은 목표를 지향한다고 하더라도 필연적으로 개인의 자연권을 침해할 수밖에 없다. 자유지상주의가 지향하는 언론자유는 스스로 원하는 방식대로 표현하고 소통하는 것이다. 사회적 정의는 이런 전제를 바탕으로 자발적인 협력체계가 이뤄질 때 달성된다.

둘째, 자유지상주의는 언론의 자유와 표현의 자유에 대한 국가의 간섭을 허용하지 않는다. 국가가 어떤 선(善)을 내세우며 개인의 삶에 관여하는 것은 확장적 국가에서 나타나는 전형적인 간섭에 해당한다고 본다. 자유지상주의에서 표현의 자유는 양보할 수 없는 기본적·절대적 원리이다. 따라서 표현의 자유를 비롯한 개인의 자연권을 확보하는 것이 국가가 해야 할 가장 중요한 일이다. 하늘이 내려준 자연권에는 표현의 자유뿐 아니라 생명(신체)의 자유, 재산의 자유를 포함한다. 언론의 자유와 표현의 자유가 인간으로서 갖는 자연권이라는 뜻은 국가나 공동체, 사회가 인정할 때 성립하는 권리가 아니라는 점이다. 이는 국가가 성립되기 이전부터 인간이 인간으로서 누리는 당연한 권리로 본다.

셋째, 밀이 제시한 위해의 원칙이 보호하는 표현의 자유는 평화적으로 생각을 표현하는 것이다. 자유지상주의가 인정하는 표현의 자유는 어떤 표현을 통해 타인에게 폭력을 행사하는 것은 용인하지 않는다. 미국 연방대법원 판례는 혐오표현(hate speech)일지라도 폭력행위를 동반하지 않는다면 발언 자체는 용인한다고 하였다. 자유지상주의가 주목하는 점은 혐오표현 내용 자체를 인정한다는 것이 아니라 혐오스러운 발언일지라도 표현의 자유를 보장하고 인정해야 한다는 것이다. 누구나 자신이 믿는 양심을 평화적인 방법으로 표현할 수 있다는 점을 지적하는 것이다. 자유지상주의는 혐오표현이 민주주의를 위협한다는 데 공감하지 않는다. 반민주적 생각과 의견일지라도 그런 것들을 표현할 자유를 규제하는 것이 더 위험할 수 있다고 반박한다.

자유지상주의는 표현의 자유와 관련해 단순하지만 매우 분명한 원리를 제공한다. 타인의 권리를 침해하지 않는다면 생명, 자유, 재산에 대해 마음대로 말할 권리가 있다는 것이다. 자유지상주의 철학은 오늘날 자유민주주의 국가를 지탱하는 하나의 이념적 이상이다. 그러나 자유지상주의 언론자유관이 제공하는 사상의 자유시장론이 사람들의 진실 확보 욕구, 알 권리, 정보 욕구를 제대로 충족하고 있는지는 살펴보아야 한다. 자유시장주의는 언론의 자유와 표현의 자유를 인간의 자연권으로 본다. 말과 말, 사상과 사상이 자유롭게 논쟁을 벌인다면, 진실은 더 진실되게 평가될 수 있다고 전제한다. 아침에 해가 뜨면 밤 안개가 걷혀 사물이 선명해지듯, 자유시장에서 논쟁을 거쳐 진실과 허위가 제 모습을 드러내도록 하자고 한다. 선과 악이 치열하게 다툰다면 진리의 자동 조정 장치에 의해 최종적으로 선이 승리할 것으로 생각한다.

그러나 밀이 이야기하듯 관용의 정신을 바탕으로 말하고 토론할 경우 진실과 선이 궁극적으로 승리할 것이라는 믿음은 오늘날 제대로 이뤄지지 못하고 있다. 그러한 믿음은 자유지상주의가 전제하듯 사상의 자유시장이 제대로 작동될 때 가능하다. 오늘날 자유민주주의 사회의 소통에는 많은 노이즈(noise)가 존재한다. 이런 노이즈는 소통 자체가 잘 일어나지 못하도록 한다는 점에서 소통을 원천적으로 방해할 뿐 아니라 제대로 된 의사소통을 차단해 상호 신뢰를 저하시킬 수 있다. 또한 사회적 소통 체제가 구조적으로 소통을 방해하는 노이즈를 양산하기도 한다. 먼저 진실과 허위를 제대로 구분하기 어렵다. 어떤 관점에서 사실관계를 보는가에 따라 사실관계는 다른 이름의 진실로 제공된다. 하나의 진실이 아니라 여러 개의 진실이 공존하고 있다. 이른바 탈 진실(post-truth)의 시대이다. 또한 각자 믿는 바를 진실로 생각하는 확증편향이 강화되고 있다. 자유의 양보, 즉 관용을 통해 타인의 의견을 존중하거나 인정하지 않는 경향도 만연하다. 뉴미디어 정보통신체제는 참과 거짓에 대한 정보 유통 자체를 구조적으로 재단한다. AI(인공지능)가 정보를 제공하는 시대에 말과 글을 통해 시장에서 자유롭게 논쟁하는 것만으로 진실을 확보하기는 더더욱 어렵게 됐다. 정보의 불균등한 배분, 정보를 이용하는 기술적 숙련도의 차이로 사상의 시장에서 참과 거짓을 제대로 구분하기는 한계가 있다.

자유지상주의에서 제기하는 표현의 자유는 사회적 효율성에 기반한 것이 아니라 개인의 자연적 권리에 기반한 것이다. 그러나 오늘날 미국의 대법원 판례도 표현의 자유는 자유지상주의적 관점이 아니라 롤스의 평등주의적 자유주의 관점에서 제시되는 경우가 많다. 오늘날 자유민주주의 헌정질서는 표현의 자유를 자연적·절대적 권리로 보지는 않는다. 그러나 자유지상주의가 제공한 사상의 자유시장 원리론은 언론의 자유와 표현의 자유 이론의 원리를 명료하게 제공하였다. 자유지상주의의 표현의 자유관은 평등주의적 자유주의, 공화주의, 공동체주의가 제시하는 표현의 자유관을 이해하고 비교하는 기준을 제시한 것이다. 롤스의 평등주의적 자유주의는 표현의 자유를 개인이 갖는 양심의 자유의 대외적 표현으로 봄으로써 표현의 자유를 절대적 권리로 보는 자유지상주의 표현의 자유관을 계승했다고 할 수 있다. 그러나 롤스는 표현의 자유를 절대적 권리가 아니라 다원주의 사회에서 개인이 갖는 불가침적이며 모두에게 평등한 권리로 보았다. 롤스는 표현의 자유를 노직의 절대적 권리관에 대비해 불가침적 권리로 봄으로써 아주 제한적 조건하에서는 표현의 자유가 상대적 권리로 전환될 수 있음을 제시하였다. 롤스는 '공동의 이익'에 저해된다면 불가침적 성격의 표현의 자유가 자유민주주의 국가에서 제한될 수 있다고 보았다. 롤스는 자유지상주의가 강조하는 표현의 자유의 본질적 의미를 훼손시키지 않으면서 자유민주주의 국가 현실에 맞게 그 뜻을 확장시켰다고 볼 수 있다. 롤스의 언론자유관에 대한 내용은 제3장 롤스 편에서 논의할 것이다.

## 4 자유지상주의에 대한 평가와 영향

오늘날 사회 정의와 사회철학을 다루는 서적은 대부분 노직의 자유지상주의를 인용한다. 노직의 철학적 입장은 개인의 가치를 지나치게 강조하는 극단적인 입장(extremism) 또는 편협한 입장(one-eyed idea)이라는 비판을 받는다. 그러나 노직의 자유지상주의 이론은 공공선이나 평등주의를 강조하는 철학에 맞서 개인의 자유를 강하게 옹호한다는 점에서 단순하지만 힘 있는 철학적 기반을 제공한다는 평가를 받는다. 울프는 "정치철학에서 노직을 따르는 학자들이 극소수임에도 불구하고 노직은 시민의 자기소유권, 자유시장 이론을 강력하고 굳건하게 제시했다"고 평가한다.[45] 노직의 자유지상주의는 개인 소유권을 사회적 필요나 사회적 효용의 개념으로 설명해서는 안 된다는 점을 강조한 것이다. 노직의 절대적 소유권론은 공리주의, 평등주의, 복지주의 모두와 뚜렷하게 대비되는 논거이다.

자유지상주의는 오늘날 신자유주의 또는 고전적 자유주의의 이론적 근거가 되고 있다. 1980년대 영국의 대처리즘과 레이건 이후 미국의 신자유주의 풍조의 이론적 기반을 제공했다. 노직의 철학은 존 로크, 애덤 스미스, 프리드리히 하이에크 등의 고전적 자유주의를 계승한 것이다. 생명, 자유, 재산에 대한 로크의 자연권 사상과 야경국가론, 애덤 스미스의 '보이지 않는 손'에 의한 시장 기능을 이론적으로 발전시켰다. 프리드리히 하이에크나 밀턴 프리드만의 경제

---

45) Wolff, Jonathan(1996) Robert Nozick. p.90.

적 자유주의 철학을 계승하고 있다. 노직의 자유지상주의는 오늘날 경제적 자유주의를 설명하는 이론적 근거가 되고 있다. 누구나 자신의 독립적인 경제활동을 통해 얻는 자산과 권리에 대해 침해받지 않을 권리가 있다. 즉 개인은 경제 행위와 관련해, 선택의 자유, 노동의 자유, 소유의 자유, 재산의 자유, 투자의 자유, 거래의 자유, 사업 수행의 자유 등을 갖는다. 자유지상주의는 각자 이익을 추구하면 보이지 않는 손(invisible hand, 시장원리)에 의해 이해관계가 자동 조절되어 모두가 이익을 볼 것이라고 보았다. 정부의 기본적인 역할은 신체의 자유, 표현의 자유를 바탕으로 한 노동의 자유, 소유의 자유, 재산의 자유 등이 부당하게 외부로부터 간섭받지 않도록 보호하는 것이다. 자유지상주의는 오늘날 미국의 보수주의, 공화당의 정치 이념에 가깝다.

노직의 자유지상주의는 이론의 단순함과 설득력에도 불구하고 오늘날 개인과 공동체의 관계에 포괄적으로 적용할 공공철학으로 수용되기 위해서는 몇 가지 교정이나 수정이 필요하다.[46] 자유지상주의는 복지국가 원리를 부정하고 가난한 사람의 결핍을 외면하는 기득권자의 논리로 비치는 경우가 많다. 기업주가 낮은 임금과 열악한 근로 조건을 제시하면서 근로자에게 일할 생각이 있는지 묻는다고 하자. 근로자가 스스로를 보호할 사회적 보완책이 없다면 결과적으로 근로자는 저임금에서 일하도록 강제될 것이다. 자유롭게 체결된 계약일지라도 사실상 강요된 자유는 정의롭다고 하기 어렵다. 자발적 교환에 해당한다 해도 타인의 무지와 어려움을 이용해 폭리를 취하는 계약이라면 정당하다고 하기 어렵다. 따라서 권원이론에 의한 당사자 간의 자유로운 이전 계약을 오늘날 그대로 수용하기 위해서는 많은 사회적 조건이 첨부되어야 할 것이다.[47]

자유지상주의는 또 각자의 권리를 강조함에 따라 이기심과 경쟁을 조장하고 분열을 일으킨다는 비판을 받는다. 국가의 증세를 반대하며, 개인의 자발적 자선행위를 강조한다.[48] 노직은 19세기 미국의 사립대학, 고아원, 양로원 등이 종

46) Wolff, Jonathan(1996) Robert Nozick. pp.90-105.

47) 목광수(2012) 로버트 노직의 아나키, 국가, 그리고 유토피아. 철학과 현실 3, pp.219-226.

48) Nozick(1974) ASU; 장동익(2017) 로버트 노직, 무정부 국가 유토피아 참조. 마이크로소프트 창업자인 빌 게이츠와 전 부인인 멀린다가 평생 사회에 기부한 금액은 590

교단체나 개인의 자발적 기부로 시작된 곳이 많았음을 지적한다. 또한 최소국가에서 나타날 수 있는 각종 폐해(가격 독점, 협상력 독점, 영역 확장 등)에 대해서는 시장의 자율적인 가격 기능을 강조한다. 그러나 인류의 역사적 경험은 사적소유권이 확대되는 경우에 다수의 자유가 침해된 사례가 적지 않다. 노직의 자유지상주의는 공동체의 공공선 주장에 비중을 두지 않는다. 이처럼 오늘날 자유지상주의는 국가나 공동체의 적극적 역할을 강조하는 입장과 거리가 있다. 9대1, 8대2의 사회로 불리는 불평등 상황에서 사적소유의 권리를 정당하다고 인정하고 복지적 정책을 채택하지 않는다면 결국 불평등을 심화하는 결과로 이어질 것이다.[49)]

자유지상주의는 재산의 권원이론(소유권적 권리론)과 관련해, 최초 소유가 정당하면 후속 이전(transfer)은 정의로운 것이라고 주장한다. 그러나 이런 논거는 오늘날 곳곳에서 저항에 직면하고 있다. 예를 들어 과거의 부정의를 증명하기 어렵다는 이유로 묻어두는 것은 온당하지 않다. 또 현재의 소유물 근원을 추적해 보면 적지 않은 부분이 거짓으로 획득된 것일 수 있다. 노직의 주장처럼 부정의하게 취득된 소유물에 대한 교정의 원리를 적용하기 쉽지 않은 사례도 적지 않다. 미국의 토지 대부분이 아메리칸 인디언(American indian)의 소유라 할 수 있다. 만일 아메리칸 인디언이 영토 소유권을 주장할 경우 부당하다고 할 논거가 있는지 의문이 든다. 또한 이에 대해 교정의 원칙을 적용한다면 어떤 결과가 나타날지도 의문이다. 따라서 이런 역사적 경험을 제쳐놓고 후손들이 재산에 대한 절대적 소유권을 주장하는 것이 정의롭다고 하는 것은 아전인수일 가능성이 크다.

노직의 자유지상주의는 같은 자유주의 계열인 롤스의 평등주의적 자유주의를 비판하기 위해 제시된 것이다.[50)] 두 이론은 분석의 수준을 개인에 맞추고, 개인

---

억 달러(약 76조 원)이며, 워런 버핏은 480억 달러에 달한다고 한다. IT Daily(2023.2.6) 기부왕 빌 게이츠의 '부자들을 향한 메시지' <http://www.itdaily.kr/news/articleView.html?idxno=212519>

49) 최정운(1997) 미국의 자유주의: 롤스(Rawls)와 노직(Nozick)의 논쟁. pp.196-198.

50) 장동진, 김만권(2000) 노직의 자유지상주의: 노직의 자유의 이상. 정치사상연구 3(11), pp.195-220.

의 불간섭 자유와 선택의 자유를 궁극적 목표로 본다는 점에서 자유주의 전통에 기반한 이론으로 묶을 수 있다. 그러나 두 이론 사이에는 본질적 차이가 있다. 자유지상주의는 경제적 불평등과 빈익빈 부익부라는 계층적 갈등에 대해서는 소극적이고 미온적이다. 경제적 양극화 현상에 대해 해소책을 제시하지 못했다. 따라서 세계화 흐름에 따라 신자유주의 공공철학 입지를 강화하는 데 기여했다고 할 수 있겠지만, 공공선과 평등의 문제를 해결할 대안은 제시하지 못했다는 비판을 받는다. 오늘날의 민주주의는 공동체와 개인의 밀접한 관련성에 기반하고 있다는 점에서 소극적 자유를 강조하는 자유지상주의는 개인과 공동체의 관계를 설명하는 데 한계가 있다고 할 수 있다. 이런 점에서 노직의 자유지상주의는 평등주의적 자유주의와도 뚜렷하게 구별된다.

롤스는 개인이 갖는 기본적 권리의 평등성을 보장하는 것을 정의(justice)의 주요 과제라고 보고 이를 위해 국가 기능 확대를 지지한다. 정부에 의한 사회복지정책은 정의로운 것으로 본다. 사유재산에 대한 국가의 제한과 규제는 롤스의 기회균등의 원칙, 차등의 원칙에 따라 정당화된다. 노직의 자유지상주의는 롤스와 개인의 자유, 국가의 역할, 사회적 정의 등에서 기본적 입장을 달리한다.

오늘날 한국 사회에서 자유주의라는 이름으로 많은 논쟁이 제시되고 있다. 그러나 같은 자유주의 계열이라고 할 수 있는 자유지상주의와 평등주의적 자유주의가 혼용되는 경우가 적지 않다. 따라서 자유주의라고 지적할 경우, 어떤 자유주의를 지칭하는 것인지 분명히 구별할 필요가 있다. 이 책 곳곳에서 논의하겠지만, 표현의 자유를 포함한 개인의 자유를 어떻게 볼 것인가 하는 점에서 자유지상주의, 평등주의적 자유주의, 공동체주의는 그 전제와 규제의 명분에 있어서 큰 차이가 있음을 감안할 필요가 있다.

오늘날 사상의 자유시장에서 논쟁과 토론을 벌이는 것만으로 진실을 확보할 수 있다고 믿기는 점점 어려워지고 있다. 논쟁과 토론을 위해 공론장을 활성화하는 것은 필요하지만, 그것만으로 거짓과 허위가 쉽게 사라진다고 할 수 없다. 사상의 자유시장 기능이 작동하기 위해서는 먼저 정보의 자유로운 유통, 공론장의 활성화, 관용과 존중, 상호 신뢰 등이 필요하다. 그러나 오늘날 우리의 소통 현실은 앞에서 논의한 것처럼 사상의 자유시장이 제대로 작동하지 않는 시장 실패(market failure) 상황이 나타나고 있다. 이런 어려움으로 인해 오늘날 자유지상주의 언론자유관을 자유민주주의 국가의 합당한 언론철학으로 수용하기는 어렵다고 생각한다. 그럼에도 불구하고 자유지상주의 언론자유관은 표현의 자유를 인간의 자연권, 절대적 권리로 봄으로써 표현의 자유를 향한 인간의 열망과 의지를 확인하는 것이라는 점에서 의미가 있다고 생각한다.

제3장

# 평등주의적 자유주의

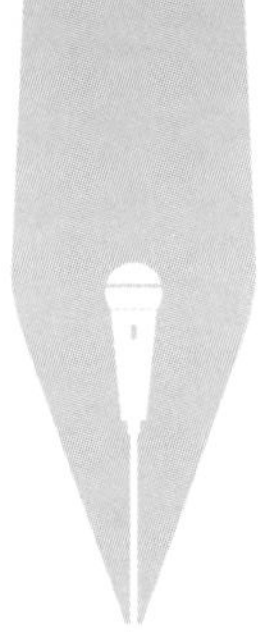

# 제3장

# 평등주의적 자유주의

## 1 롤스의 문제제기

존 롤스(John Rawls)

존 롤스(John Rawls, 1921~2002)는 20세기 가장 영향력 있는 정치철학자 가운데 한 명으로 평가된다. 롤스는 미국 프린스턴 대학교에서 철학 전공으로 석사, 박사 학위를 받았다. 영국 옥스퍼드대, 미국 코넬대학교, MIT 교수를 거쳐 1962년부터 1991년까지 하버드 대학교 철학과 교수로 재직했다. 자유지상주의와 공동체주의 철학으로 롤스를 비판한 로버트 노직과 마이클 샌델은 롤스의 하버드 대학교 동료 교수였다. 롤스의 평생 연구주제는 정의(justice)였다. 대표작은 『A Theory of Justice(1971, 이하 TJ)』, 『Political Liberalism(1993, 이하 PL)』, 『A Theory of Justice: Revised Edition(1999, 이하 RTJ)』,『The Law of Peoples(1999)』, 『Justice as Fairness: Restatement(2001, 이하 JFR)』이다.[1] 그의 정의론은 30여 개 언어로 번역되고, 수십만 권 이상이 판매되었다. 롤스의 정의론이 남긴 사상적 유산과 방법론적 접근, 실질적 내용은 인류에게 큰 자산으로 평가된다.[2] 롤스 철학은 20세기 미국의 사회과학 전반에 큰 영향을 미쳤다. 오늘날 대한민국을 포함해 전 세계 자유민주주의 국가들은 미국의 정치철학 전통을 상당부분 수용했다. 따라서 우리 사회의 정의 관념에 롤스의 정의 원칙도 상당 부분 투영되어 있다고 할 수 있다.[3]

롤스 철학은 평등주의적 자유주의(egalitarian liberalism)로 불린다. 그의 정의론은 자유주의와 평등주의 특성이 결합되어 있다. 표현의 자유, 양심의 자유를 정의의 제1원칙에서 강조했다는 점에서 기본적으로 개인적 자유의 우선성이라는 자유주의 전통을 중요하게 생각했다. 롤스는 동시에 개인 자유의 평등성도 중시한 철학자이다. 롤스의 이런 평등주의적 자유주의 사상은 같은 자유주의 철학자로 분류되는 로널드 드워킨(Ronald Dworkin)과 유사하다. 드워킨은 국가가 개인에 대해 평등한 기회를 보장하고 각 개인의 자유로운 판단을 존중하며 자원(resource)의 공정한 배분을 정치적 이상으로 삼았다는 점에서 롤스와 같은 평등주의적 자유주의자라 할 수 있다.[4]

롤스 철학은 자유지상주의 입장에서 보면 다분히 공동체주의적 특성을 갖는 것으로 이해할 수 있다. 자유뿐 아니라 평등도 중시했다는 점에서, 자유지상주

1) 롤스의 『정의론』은 TJ와 RTJ 두 권이 있다. RTJ(1999)는 첫 번째 책 TJ(1971)의 개정판이다. 이 책은 『정의론』 두 권 중에서 RTJ를 주로 참고했다. JFR은 롤스가 죽기 전 대학원 강의 노트와 자료를 편집한 것이다.

2) 황경식, 박정순(2009) 롤스의 정의론과 그 이후. 철학과 현실사; 이종은(2015) 사회정의란 무엇인가; 이종은(2016) 존 롤스. 커뮤니케이션북스; 박정순(2019) 존 롤스의 정의론: 전개와 변천. 철학과 현실사 등 참조.

3) Lovett, Frank. 김요한 역(2013) 롤스의 『정의론』 입문. 서광사, p.259.

4) Dworkin, Ronald. 박경신 역(2015) 로널드 드워킨 정의론. 민음사, p.29.

의가 지향하는 개인적 자유와 권리의 절대성과는 구분된다. 그러나 완전한 평등을 주창하는 평등주의와도 다르다. 롤스는 시민의 동등한 기본적 자유를 옹호하고, 다른 한편으로는 기회균등의 원칙, 차등의 원칙으로 사회적 불평등의 정도를 보정하려 노력하였다. 그의 정의론은 자유의 우선성이라는 자유주의 전통을 확인하면서 동시에 분배적 평등을 강조한 것이다. 그러나 공동체주의나 공화주의 입장에서 보면 롤스는 기본적으로 간섭의 부재라는 자유주의 맥락을 중시하는 철학자이다.

롤스 철학을 이해하기 위해서는 그의 개인적 경험을 살펴볼 필요가 있다. 롤스는 미국 동부 메릴랜드주 볼티모어시의 유복한 가정에서 태어났다. 그러나 유년기, 청년기를 통해 삶과 죽음, 운명, 우연성에 대해 특별한 경험을 했다. 아버지 윌리엄 리 롤스(William Lee Rawls)는 성공한 변호사였으며, 볼티모어시 변호사협회 회장, 볼티모어 법대 교수를 지냈다. 어머니 애나 아벨 롤스(Anna Abell Rawls)는 부유한 가문 출신이었다. 이 부부에게는 5명의 아들이 있었는데, 롤스는 그중 둘째였다. 롤스가 7살이 되던 1928년 5살 동생과 3살 동생이 사망했다. 모두 롤스가 옮긴 전염병에 걸려 죽었다. 그해 겨울 롤스가 디프테리아에 걸렸는데, 동생 바비느가 감염되어 죽었다. 동생 토미는 롤스로부터 폐렴이 전염되어 사망하였다.[5] 롤스가 자란 볼티모어시는 당시 흑인 인구가 40%에 달하는 흑인 밀집 거주지역이었다. 롤스는 흑인 친구들을 집에 데리고 오거나, 친구 집을 방문하기도 했다. 동생들의 죽음과 유년기 흑인 친구들과의 교제를 통해 롤스는 삶의 우연성을 체험했다고 고백했다. 병원균을 옮긴 롤스 자신은 살았지만, 동생 두 명은 죽었다. 어떤 사람은 가난한 흑인 가정에 태어나고 어떤 사람은 유복한 백인 가정에 태어났다. 이것은 개인 의지와는 무관한 우연적인 것이다. 롤스의 눈에 비친 볼티모어 흑인들의 힘든 삶은 또 인권 문제를 고민하는 계기가 되었다.

---

5) Pogge, Thomas(2007) John Rawls:His Life and Theory of Justice, Oxford Univ. Press, pp.4-7. Pogge의 책은 롤스의 성장 이력을 비교적 자세하게 적고 있다.

롤스는 프린스턴 대학교 철학과를 졸업한 뒤 제2차 세계대전 당시인 1943년 미 육군 병사로 입대해 필리핀 루손 지역 첩보정찰부대에서 근무했다. 일본군 통신을 감청하고 분석하는 임무였다. 이때 롤스는 삶의 우연성을 다시 한번 경험한다. 태평양 전쟁이 막바지에 달하던 1945년 5월 선임하사가 2명의 병사를 급히 찾았다. 한 사람은 부상병을 위해 수혈을 해야 했다. 다른 사람은 적진 가까이 가서 정찰 임무를 맡을 예정이었다. 마침 부상병의 혈액형이 롤스와 같아서 롤스는 병원으로 갔다. 동료 병사는 정찰에 투입되었다. 그러나 정찰 나간 차량이 일본군 박격포 공격을 받으면서 동료 병사는 현장에서 사망했다. 롤스는 유년기 동생들의 죽음, 볼티모어 흑인 친구들과의 교제, 필리핀에서 전우의 죽음 그리고 홀로코스트(독일 히틀러에 의한 유대인 집단학살 사건) 등을 통해 인간 삶의 우연성에 주목하게 됐다고 회상한다.[6] 롤스는 원래 대학을 졸업하고 가톨릭 사제를 꿈꿨다. 그러나 철학 공부로 진로를 바꾼 데에는 이런 개인적 경험이 큰 영향을 미쳤다. 롤스의 정의론이 담고 있는 주제들은 대부분 1950-60년대에 형성된 것이다. 1950년대 말 미국에서 시작된 흑인 민권운동(civil rights movement)은 롤스의 철학적 성찰을 성숙하게 하는 계기가 되었다. 롤스의 개인적 경험과 시대적 상황은 롤스에게 관념적이거나 사변적 철학보다는 실천적 의제를 탐구하도록 했다고 할 수 있다.[7]

### 1) 정의와 권리

롤스는 평생 정의(Justice)를 주제로 연구했다. 롤스는 사회제도의 첫 번째 덕목을 정의라고 보았다. 롤스에게 정의는 도덕적으로 최선, 최고의 기준이다. 롤스는 정의 관념이 민주주의 사회와 시민 생활에서 중심 역할을 해야 한다고 보았다. 롤스는 효율성이나 전통적 가치, 도덕적 가치를 추구하는 것보다 사회 정의를 달성하는 것을 최고의 가치로 생각했다. 롤스는 사회가 구성원의 좋음(the

---

6) Pogge, Thomas(2007) John Rawls:His Life and Theory of Justice, pp.11-15.
7) Pogge, Thomas(2007) John Rawls:His Life and Theory of Justice, p.27.

good, 善, 이익)을 증진할 공정한 체계로 구성된다면, 그 사회제도는 정당화될 수 있다고 본다. 그는 효율적이거나 비효율적인 것, 전통적 가치를 보장하거나 그렇지 않은 것, 도덕적 가치를 유지하거나 그렇지 않은 것에 비해서 사회 정의를 지키는 것이 사회제도의 가장 중요한 과제라고 보았다. 롤스는 법과 제도가 효율적으로 잘 짜여 있어도 정의롭지 못하면 개혁되거나 폐기되어야 한다고 보았다. 롤스에게 있어서 정의의 문제는 효율성, 정당성, 사회 안정성을 뛰어넘는 최고의 가치이다.[8)]

> "사상 체계의 제1덕목이 진리라고 한다면, 사회제도의 제1덕목은 정의이다. 이론이 아무리 좋고 단순할지라도 진리가 아니면 배척되거나 수정되어야 한다. 법이나 제도가 아무리 효율적이고 정연할지라도 정의롭지 못하면 폐기되거나 수정되어야 한다."[9)]

문제는 개인의 경우 정의의 문제보다 이익 배분에 더 많은 관심을 두고 있다는 점이다. 따라서 개인의 이익 배분을 정의롭게 하기 위해서는 어떤 합의된 원칙이 필요하다. 정의 원칙은 개인의 권리와 의무, 이익과 분배의 방식을 결정하는 역할을 하기 때문이다. 롤스의 정의론은 이런 원칙에 대해 실질적 내용을 제안한다. 사회 정의에 대한 현실적인 합의 기준은 사회 존립의 선결 조건이기도 하다.

롤스 철학은 사람은 누구나 양도할 수 없는 어떤 근본적인 권리를 갖고 있다는 점에서 시작한다. 그의 철학은 로크 이후 근대 자유주의 정치사상이 확인한 개인 권리의 불가침성(inviolability)에서 출발한다. 롤스의 권리 불가침성은 구체적으로 칸트의 의무론적 정의론을 계승한 것이다.[10)] 칸트는 '타인의 인격을 수단으로 취급하지 말고 목적 자체로 대우하라' 또는 '각자의 행동준칙이 항상 보

---

8) 정당성(legitimacy)은 시민들이 정책과 규정을 수용해야 하는 이유에 해당한다. 사회적 정당성은 법질서를 준수하는 최소한의 도덕적 기준이라 할 수 있다. 안정성(stability)은 정당성이 확보된 법의 성격에 대한 것이다.

9) Rawls(1999) RTJ, p.3.

10) 홍성우(2005) 자유주의와 공동체주의 윤리학. 선학사, pp.334-335.

편적 법칙의 원리로서도 타당할 수 있도록 행위하라'는 정언명령을 강조하였다. 칸트의 이런 정언명령은 무조건적인 명령에 해당한다.

> "사람은 사회 전체의 복지를 위해서라도 침범할 수 없는 불가침적인 권리를 갖는다. 그러므로 정의는 타인들이 갖게 될 좀 더 큰 선을 위하여 소수의 자유를 뺏는 것이 옳다는 것을 부정한다."[11)]

롤스의 이 말은 모든 행위에서 자기든 타인이든 수단이 아니라 목적으로 대우해야 한다는 칸트의 정언명령을 강조한 것이다. 결국 다수결의 논리가 아니라 양심의 법칙과 의무를 따르는 것이 정의의 윤리적 토대가 된다고 본 것이다. 롤스의 정의론은 칸트의 정언명령을 윤리적 바탕으로 하고 있다.

### 2) 사람의 행운은 노력의 결과인가

롤스는 가족이나 지능, 재능, 건강 등은 대부분 행운(luck, fortune)에 의존하는 경우가 많다고 생각했다. 그는 유년기 볼티모어에서 겪었던 흑인 친구들과의 교류, 전염병으로 인한 동생들의 죽음 그리고 제2차 세계대전 참전 경험 등을 통해 이런 생각을 많이 했다. 롤스는 개인의 성취에는 운명이나 운, 사회적 혜택 등이 복합적으로 작용한다고 보았다. 롤스가 자유지상주의에 동의하지 않는 대목이 이 부분이다. 자유지상주의는 모든 결과를 온전히 각자의 자유행위에 따른 것으로 보기 때문이다.

롤스의 문제의식은 본인의 의지와 무관하게 결정된 운의 결과를 중립화할 방법을 찾는 것이다. 본인 선택에 따른 결과물이 아닌 것은 사회에 환원되어야 한다고 보았다. 대학수학능력시험(수능) 만점자의 경우 당사자가 평소에 노력을 많이 했을 것이다. 그러나 본인의 노력으로 수능 만점을 모두 설명할 수는 없다. 타고난 지적 재능과 신체적 건강, 부모의 경제적 지원, 학교 선생님의 가르침, 학원의 도움 등은 모두 개인이 선택한 결과로 보기 어렵다. 태어나 보니 부

---

11) Rawls(1999) RTJ, p.3.

모가 재벌이거나 가난한 사람일 수 있다. 이런 운명은 개인이 통제할 수 없는 것이다. 롤스는 제2차 세계대전 당시 미국 정부의 징병 정책이 정의롭지 못하다고 보았다. 국방부는 대학생의 경우 학교 성적이 낮은 사람 위주로 징집하였다. 학점이 좋은 학생은 26세까지 입영을 연기할 수 있었다. 수업에서 과락 성적을 받은 학생은 곧바로 입영조치를 당했다. 교수가 학점부여권한을 갖고 학생들에게 강력한 통제력을 행사할 수 있었던 시기였다. 롤스는 성적이 좋은 학생은 부유한 부모로부터 좋은 교육 환경을 제공받을 가능성이 크다는 점에서 학점으로 입영 연기 또는 징집을 결정하는 것은 정의롭지 못하다고 생각했다.[12] 개인의 삶에 주어진 우연적인 요소가 사회적 평가의 기준이 되는 것은 정의롭지 못하다고 본 것이다. 예를 들어 피부색이나 성별, 출신지역으로 차별하고 혐오하는 것은 부정의한 것이라고 보았다.

롤스의 정의론은 정의가 무엇인가에 대해 직접적인 해답을 제시한 것이 아니다. 롤스는 각자의 행운이나 운을 중립화할 수 있는 공정하고 합리적인 사회 구조를 마련하는 것이 정의에 이르는 길이라고 보았다. 자유지상주의처럼 개인 간의 계약이나 시장원리 같은 자율적 메커니즘에 따라서 운이 조정되도록 하는 것은 적절하지 않다고 보았다. 재벌 2세와 거지 2세가 상호 합의해 서로의 운을 중립화할 가능성은 실제 없을 것이라고 보았다. 롤스의 공정으로서의 정의론(justice as fairness)은 운의 중립화를 통해 개인의 자유와 평등을 조화시키면서 각자 가치있는 삶을 살 수 있는 원칙을 제시한 것이다.

롤스의 평등주의적 자유주의 철학에서 분석의 수준(level of analysis)은 집단이나 공동체가 아니라 개인이다. 롤스는 개인 자체를 독립된 세계로 보았다. 각자가 좋은 삶을 추구하는 것은 당연하며, 구체적으로 무엇이 좋은 것인지는 각자 알아서 판단할 문제라고 보았다. 누구도 공동체라는 이름으로 어떤 특정한 삶을 살아갈 것을 강요해서는 안 된다는 것이 롤스 철학의 전제이다. 롤스는 "자아는 목적에 선행한다"고 강조한다.[13] 이 말은 개인이 겪는 삶의 여정에 공

---

12) Pogge, Thomas(2007) John Rawls: His Life and Theory of Justice. pp.20-21.
13) Rawls(1971) TJ, p.560.

동체의 목표나 목적은 후순위라는 뜻이다. 동시에 개인의 자유와 권리는 공동체 참여를 통해서 보장받는 것이 아니라는 의미이다. 인간으로서 갖는 기본적 권리를 상호 확인하고 보장하는 것이 중요하다고 보았다. 개인이 갖는 사적 영역을 공동체의 이름으로 침범할 수 없도록 법적 절차를 확립하는 것이 필요하다고 보았다. 롤스의 평등주의적 자유주의 철학은 개인(individual)을 논의의 출발점으로 본다. 이런 점에서 사람을 시민(citizen), 공민(public)으로 바라보는 공화주의 또는 공동체주의와 구별된다.

### 3) 공리주의에 대한 비판

롤스가 『정의론』을 출간할 당시 서구사회에는 공리주의가 팽배했다.[14] 공리주의는 유용성이나 효용, 만족을 가치와 자원의 배분 기준으로 삼는다. 공리주의는 각 사람의 행복을 동등한 것으로 보고 행복의 합 크기에 따라 좋음과 나쁨을 평가한다. 더 많은 유용성을 제공하는 행위는 정의로운 것이다. 사회적 이익이 보장된다면 합의나 약속은 깨질 수 있다. 공리주의는 정치 문제를 해결하는 데 실천적 대안을 제시한다. 공리주의는 자유주의에서 분화한 급진적 이론이라고 할 수 있다. 그러나 공리주의는 사회 전체의 이익을 판단의 기준으로 삼는 문제점이 있다. 개인의 가치와 요구는 반영하지 못한다. 따라서 도덕적, 윤리적으로 용인될 수 없는 결과를 도출할 수 있다. 롤스는 공리주의가 행복의 사회적 총량을 기준으로 사회적 정의를 판단하기 때문에 개인의 기본적인 권리와 자유를 제대로 보장하지 못한다고 비판한다. 롤스는 공리주의가 초래할 수 있는 개인의 자유 침해 가능성에 주목하였다.[15] 롤스는 공리주의 비판을 통해 정의론의 논거를 전개한다. 롤스는 공리주의가 개인적 차원의 기본권을 외면하는

14) 공리주의는 19세기 중반 이후 100여 년간 서구 사회의 지배적 철학이었다. 사회정의는 공리를 기준으로 정해졌다고 할 수 있다. 공공정책에서 각 정책방안의 계량적 가치를 환산하는 비용편익분석(cost-benefit analysis)은 공리주의의 대표적 사례이다. 최정운(1997) 미국의 자유주의: 롤스(Rawls)와 노직(Nozick)의 논쟁. pp.187-189.

15) Rawls(1999) RTJ, preface, p.xii.

전체주의적 특성이 있다고 보았다. 공리주의가 다수의 복지를 명분으로 개인의 정당한 배분을 방해할 가능성이 있다고 본 것이다.

롤스가 지적한 공리주의의 문제점은 개인의 자유와 기본권의 가치가 사회 전체의 이익 때문에 희생될 가능성이 있다는 점이다. 롤스는 『정의론』에서 인간의 기본권은 사회 전체의 복지 때문에 침해될 수 없는 불가침적인 것이라는 점을 분명히 했다. 롤스는 공리주의가 다수결주의로 정의를 정당화하기 위해서는 먼저 개인의 기본적 자유(양심의 자유, 사상의 자유, 언론과 집회의 자유 등)가 보장되어야 한다고 보았다.[16] 따라서 롤스의 정의론은 공리주의에 대한 대안으로 제시됐다고 할 수 있다. 롤스 정의론은 규범적 차원의 윤리적 기초를 제시했을 뿐 아니라 동시에 사회정의의 실천적 기초를 제공한 것이다.[17]

### 4) 자유지상주의에 대한 비판

제2장에서 살펴본 자유지상주의(libertarianism)는 타인의 권리를 침해하지 않는 한 국가는 개인의 권리에 대해 간섭해서는 안 된다고 보았다. 자유지상주의는 자유시장의 원리와 개인의 자유와 권리를 강조한다. 국가의 임무는 개인의 권리를 보호하는 것이다. 국가는 정당하고 적법하게 취득된 재산 운영에 임의로 간섭할 수 없다. 자유지상주의자 노직은 생명, 자유, 재산의 절대적 권리를 강조한다. 이에 반해 롤스는 정당하게 취득한 재산일지라도 한계를 두는 것이 정의롭다고 본다. 롤스는 개인의 절대적 자유뿐 아니라 사회적 약자에 대한 배려, 평등의 개념도 중요하다고 보았다. 정부의 세금부과에 대해 롤스는 복지와 평등을 위해 불가피하다고 본다. 그러나 자유지상주의는 정부의 세금부과가 개인 재산권에 대한 강탈의 성격이 크다고 보았다. 자유지상주의는 불평등과 차별을 자연스러운 것으로 받아들이기 때문이다.[18]

---

16) Rawls(1999) RTJ, p.313, p.318.
17) Lovett, Frank. 김요한 역(2013) 롤스의 『정의론』 입문. p.8.
18) Lovett, Frank. 김요한 역(2013) 롤스의 『정의론』 입문. p.159.

롤스의 평등주의적 자유주의와 자유지상주의가 충돌하는 지점은 정부의 복지권, 즉 배분과 관련된 점이다. 롤스의 정의 제2원칙인 기회균등의 원칙과 차등의 원칙은 사회적 정의를 위해 개인의 자유를 제한하는 것이다. 즉 시민적 자유와 정치적 자유를 옹호하면서도, 사회적 약자에 대한 복지를 보장하고, 이를 위해 사회적 재화의 합당한 분배를 제안한다. 또한 롤스는 자유지상주의가 다수의 이익을 중시하는 경제적 공리주의의 모습을 보일 수 있다고 비판한다. 경제적 배분에서 다수결주의로 정의를 판단한다면 사회적 약자에 대한 기회나 배분은 언제나 후순위로 밀릴 것으로 본 것이다. 따라서 공리주의가 최대 다수의 최대 행복을 사회적 정의로 주장하기 위해서는 공공의 이익과 사적 이익을 조화시킬 필요가 있다고 보았다. 자유지상주의에 대한 롤스의 문제제기는 오늘날 신자유주의에 대한 주요 비판 지점이다. <표 3>은 이상의 논의를 바탕으로 평등주의적 자유주의와 자유지상주의를 비교한 내용이다.

**표 3 | 평등주의적 자유주의와 자유지상주의의 비교**

| | 평등주의적 자유주의 | 자유지상주의 |
|---|---|---|
| 정부의 복지권 | O | X |
| 개인의 자유 제한 | O | X |
| 정부의 세금부과 | 세금부과는 계약사항으로 강제 노역이 아니다. | 세금부과는 소득을 강탈하기 때문에 강제 노역과 같다. |

## 2 평등주의적 자유주의의 주요 내용

### 1) 롤스 정의론의 구조

롤스의 정의론은 정의를 찾아가는 방법과 길을 알려준 것이다. 그는 구체적인 교리나 이념, 세계관, 가치관을 정의라고 제시한 것이 아니다. 롤스의 정의론은 정의를 찾아가는 방법과 구조, 체계에 대한 가정과 전제를 제시한 것임을 기억할 필요가 있다. 롤스 정의론의 구조는 3단계로 이뤄져 있다. 사람들은 먼저 원초적 입장, 무지의 베일 상태에 있으며 앞으로 살아갈 사회에 적용할 정의 원칙을 논의한다(Ⅰ단계). 사람들은 공정한 협력 조건을 어떻게 만들 것인가를 두고 모든 경우의 수를 비교한 후 합의안을 만들어 계약한다. 원초적 입장에서 사람들이 합의한 내용은 정의의 원칙(정의의 제1원칙, 제2원칙 제1항, 제2원칙 제2항)이 된다(Ⅱ단계). 이어서 정의 원칙에 따라 헌법, 법률, 사법체계를 구성한다. 시민들은 다원적인 생각과 입장의 차이를 인정한 상태에서 주어진 절차에 따라 도덕적 숙고와 합의 과정을 거쳐 각자의 생각을 투표를 통해 표시한다. 이런 과정을 통해 정의 원칙에 따른 사회의 기본 구조가 형성된다(Ⅲ단계).

롤스가 말하는 사회의 기본 구조(basic structure)는 정의 원칙에 의거한 구체적인 사회체계와 개인의 권리, 의무 내용, 경제적 자산의 배분 방식에 관한 것이다. 예를 들어 헌법, 법률, 사적 소유구조, 경제체제(경쟁적 시장체제) 등이다.[19] 개인의 삶에 체계적으로 영향을 미치는 일련의 사회적 제도와 관행들이다. 사회의 기본 구조는 이런 점에서 '사회의 중요한 기관들이 근본적인 권리와 의무를 배분하고 협동을 통해 발생한 이익의 분배를 결정하는 방식'이라고 할 수 있다.[20] 사회의 기본 구조는 세부적으로 입헌적 단계, 입법적 단계, 사법적 단계로 구성된다. <표 4>는 롤스 정의론의 3단계 구조를 정리한 것이다.

---

19) Rawls(2001) JFR, pp.10-12.

20) Rawls(1999) RTJ, p.6.

**표 4 | 롤스 정의론의 3단계 구조**

| 단계 | 단계별 상황 |
|---|---|
| Ⅰ단계 | 원초적 입장, 무지의 베일 상황에서 정의 원칙을 논의 |
| Ⅱ단계 | 공정으로서의 정의 원칙 채택<br>제1원칙: 기본권의 불가침성 및 권리의 평등성<br>제2원칙 제1항: 기회균등의 원칙<br>제2원칙 제2항: 차등의 원칙 |
| Ⅲ단계 | 사회의 기본 구조 설정<br>① 입헌적 단계<br>② 입법적 단계<br>③ 사법적 단계 |

롤스 정의론의 성립 방식은 구성주의(constructivism)에 기반한다. 각자는 앞으로 어떤 인물이 될지 모르며, 미래에 대한 전망도 불확실하다. 각자는 미래를 예측할 수 없고 통제할 수 없다. 따라서 사람들은 이성과 대화를 통해 사회현상에 대한 원칙들을 합의하고 사회의 기본 구조를 구성해 나간다. 롤스의 정의 원칙은 사람들이 자발적으로 협의해 구성한 산물이다.

롤스 정의론은 <표 4>의 Ⅰ, Ⅱ, Ⅲ 단계를 거쳐 완성된다. 각 단계의 구체적 내용은 다음 페이지 2) 롤스 정의론의 원칙 부분에서 자세하게 설명한다. 이런 구성적 과정에서 당사자들은 서로 간의 도덕적 약속에 헌신할 의무를 지닌다. 정의 원칙에 대한 합의가 시민들 사이에 폭넓게 공유될수록 사회는 안정적인 질서를 유지한다.[21] 롤스가 가정하는 3단계의 사회 계약은 국가의 형태에 대한 것이 아니라, 사회의 기본 구조에 대한 합의이다.[22] 롤스는 자발적 합의에

21) Pogge, Thomas(2007) John Rawls. pp.42-43.

22) Rawls(1993) PL, pp.10-11; Rawls(2001) JFR, p.10, p.163.

기초한 기본 구조가 작동하는 사회를 '정치적 자유주의'라고 하였다. 정치적 자유주의는 정의 원칙과 사회의 기본 구조에 의해서 형성된 정치, 사회, 경제 제도의 구성 원리이다. 이런 정치적 자유주의가 적용되는 사회는 합당한 다원주의의 사회, 중첩된 합의, 공적 이성, 공정한 협력체계로서의 사회 그리고 반성적 균형의 특징을 갖는다. 롤스의 정의 원칙과 정치적 자유주의는 가족이나 기업, 자발적 결사체 같은 비정치적 영역에는 적용되지 않는다는 점을 유념할 필요가 있다. 가족과 기업, 노동조합, 교회, 대학 등은 정의 원칙에 따라 생겨나는 여러가지 제약(예를 들어 소득세, 재산세, 학비 보조 등)에 영향을 받을 뿐이다. 롤스의 정의 원칙이 제시하는 기본권의 불가침성, 평등성, 기회균등의 원칙, 차등의 원칙 등은 비정치적 결사체의 운영원리로는 채택될 수 없는 것이다.

### 2) 롤스 정의론의 원칙

#### 원초적 입장(original position)

롤스 정의론은 '공정으로서의 정의'(justice as fairness)론이라고 불린다. 롤스 철학은 사회 정의의 구체적인 이념과 기준을 밝힌 것이 아니라 정의에 이르는 공정한 방법을 제시해 그것이 지켜진다면 사회적 정의가 달성된 것이라고 보았기에 붙여진 이름이다. 계약을 통해 상호 합의의 원칙을 정하고 운영하는 과정이 공정하다면 그것이 곧 정의라고 전제하였다.

롤스가 말하는 사회 계약론은 자연상태와 원초적 계약이라는 두 개의 관념을 결합한 것이다.[23] 자연상태는 정치권력과 사회제도가 형성되기 이전에 존재하는 상상의 시대이다. 자연상태라는 개념은 사람들의 생활에서 자연적인 것과 후천적인 것을 구별하는 관념이다. 기회균등의 원칙과 차등의 원칙에서 논하는 사회적·경제적 혜택은 자연상태 이후에 생겨난 후천적인 것이다. 따라서 자연상태 이후의 후천적 의제들은 합의를 통해 재분배될 수 있는 것이다. 그러나 자연상태에서 개인이 갖는 자유와 권리는 나눌 수 없다. 양심의 자유와 표현의 자

23) Lovett, Frank. 김요한 역(2013) 롤스의『정의론』입문. pp.24-25.

유 등은 인간이 자연상태에서 갖는 고유한 권리이다. 인간이 조물주(하나님, 신)로부터 물려받은 고유한 본성이다. 따라서 사람은 누구도 자유와 권리의 본질적인 부분을 침해할 수 없다고 본 것이다. 사회적 이익을 위해서 정치제도가 성립되기 이전에 존재했던 자연적 권리를 규제할 수 없다고 보았다. 원초적 계약이라는 관념은 사회적 통치 행위가 원초적 계약에 근거한다는 생각에 바탕을 두고 있다. 국가는 원초적 상황에서 정해진 원칙에 따라 통치할 것에 동의하고, 시민은 이런 명령(정의로운 통치)에 복종할 것을 약속하는 것이 사회적 정의를 실현하는 방안이다. 롤스 정의론은 이런 점에서 "로크, 루소, 칸트에 의해 제시된 전통적인 사회 계약론을 일반화하고 추상화한 것"이다.[24)]

롤스는 자연상태와 사회 계약 전통을 이어받아 '공정으로서의 정의' 원칙을 세웠다. 사람들은 계약과 합의에 따라 맹약을 체결한다. 그의 정의론은 국가 형성 이전의 원초적 입장을 가정한 것이다. 원초적 입장은 가설적, 비역사적 실험 상황이다. 참여자들은 개인과 집단의 이해관계와 편견에서 벗어나 기존의 정의관을 모두 비교하고 평가한 뒤 가장 좋은 것을 선택한다. 각자는 무지의 베일에 가려져 있어서, 자신의 특수한 상황에 대해 알지 못한다. 원초적 입장에서 각자는 앞으로 어떤 상태에 처하게 될지 모른다. IQ가 높은 사람일지 아니면 그 반대일지 알지 못한다. 부잣집에서 태어날지, 가난한 집에서 태어날지도 모른다. 그러나 이기심을 향한 사람들의 일반적인 특성은 이해하고 있다.[25)] 원초적 입장에서는 아래에서 설명하는 것처럼 객관적 조건(무지의 베일)과 주관적 조건(상호 무관심성, 이기적 합리성)이 동시에 존재한다고 전제한다.

24) 로크적 사회계약은 자유롭고 평등한 개인들이 자신의 관심과 이익을 확보해 줄 최소국가 성립에 합의한 것이다. 이는 개인들이 상호 이익을 위해 차선책으로 왕정체제라는 구속에 합의한다는 홉스(Hobbes)적 계약론과 다르다. Rawls(1999) RTJ, p.xviii; 주동률(2008) 가장 합당한 자유주의를 위하여: 롤스 정의론의 배경, 내용, 특징과 논점들. 철학과 현실 2008년 6월호, p.245 참조.

25) Rawls(1999) RTJ, p.109.

### 객관적 조건

원초적 입장에서 개인은 무지의 베일(veil of ignorance)에 가려져 있다. 사람들은 자신의 상황(예를 들어 지적능력, 재능, 체력, 인종, 성별, 나이, 소질, 가치관, 심리적 특징, 소득, 재산 등)에 대해 알지 못한다. 이를 확인할 방법도 없다. 나아가 각자 미래의 목표, 구체적 인생 계획도 알지 못한다.[26] 각자가 갖게 될 신념체계도 확실하지 않다. 정치구조와 계급구조, 경제 수준에 대해서도 알지 못한다. 이처럼 원초적 입장에서 자아(self)는 자아의 목적에 선행한다.[27] 자기에게 어떤 조건이 유리한지 알 수 없다. 각자는 자신의 상황에 대해 모른다. 그렇지만 각자는 정의의 원칙과 사회의 기본 구조에 대해 합의할 것을 압박받는 상태에 놓여있다. 시민들은 각자가 △ 포괄적 교리가 다를 가능성이 있다는 점, △ 기본재(primary goods)에 관심이 있다는 점,[28] △ 자원이 풍족하지 않아서 어느 정도 부족할 것이라는 점,[29] △ 사회적 삶에 관한 상식과 논쟁적이지 않은 과학의 일반적 결론에 대해서는 알고 있다고 가정한다.

### 주관적 조건

개인은 무지의 베일에 가려있어도 나름 합리적 생각을 하고 있다. 개인은 자기 중심적으로 자기 이익을 추구하는 합리적 존재이다.[30] 개인은 좋은 것(善,

---

26) Rawls(1999) RTJ, p.123; Rawls(2001) JFR, pp.106-107.

27) Rawls(1999) RTJ, p.491.

28) 기본재는 사회 구조를 형성하고 유지하는 데 필요한 조건과 수단을 지칭한다. 재화(goods)라고 하지만 상품이나 물품만을 의미하지 않는다. 기본재에는 정의의 제1원칙과 관련된 기본적 자유(사상과 양심의 자유, 이동의 자유, 직업선택의 자유, 공직담임권, 소득과 부, 자존감을 위한 사회적 기본 제도)와 정의 제2원칙과 관련된 사회적·경제적 재화가 포함된다. Rawls(1993) PL, pp.308-309; Rawls(2001) JFR, pp.58-59 참조. 롤스가 제시한 primary goods를 장동진(1998)과 김요한(2013)은 기본재라 번역하였다. 그러나 이종은(2016)은 primary goods를 일의적 선(一義的 善)이라고 했다. 각자 선에 대해 생각이 다른 상태에서, 가장 먼저 따져봐야 할 우선 순위가 있음을 강조한 것이다.

29) 적정 자원이 부족하다는 것은 개인이 각자의 기본적 욕망을 충족하기 위해 합리성을 갖추게 되는 사회적 환경이라고 할 수 있다.

30) Rawls(1999) RTJ, pp.123-125. 여기서 개인이 합리적 존재라는 뜻은 이익과 손해를

the good)에 대해 서로 다른 생각을 갖고 있다. 선에 대한 관념이 다르다는 것은 각자 자신의 욕구를 추구함을 의미한다. 롤스는 사람들이 선에 대해 상이한 관념을 가지는 것을 '합당한 다원주의'라고 불렀다. 롤스는 합리적 인간형을 비용과 편익을 비교하는 합리적 선택 이론(rational choice model)으로 설명한다. 합리적 인간은 목표를 설정하고 목표를 달성하는 선택지에 대해 일관된 선호체계를 갖는다. 각 선택지는 목적을 이루는 정도와 비용과 편익으로 설명될 수 있다. 개인은 인간 심리와 사회 조직의 일반적 법칙을 알고 있다. 롤스는 개인이 합리적 선택행위에 있어서 시기심, 수치심과 같은 정서적 감정에 영향을 받지 않는다고 전제한다. 동시에 개인은 다른 사람들에 대해서는 잘 알지 못한다. 타인의 이익에는 무관심하다. 타인에 대해 질투와 동정심을 갖지 않는다. 롤스는 이런 개인의 주관적 특성을 '상호 무관심한 합리성'(mutually disinterested rationality)이라 불렀다.[31]

## 원초적 입장에 있는 개인

원초적 입장에서 개인은 스스로에 대해 잘 알지 못한다. 그러나 각자 자기중심적으로 이익을 추구한다고 전제한다. 개인은 타인을 위해서 자신의 이익을 희생하지 않는다. 이런 전제를 통해 추정할 수 있는 것은 원초적 입장의 사람들이 사회적 원칙을 정하는 데 있어서 합리적 선택을 할 것이라는 점이다. 개인은 가능한 여러가지 대안 중에서 장기적, 종합적으로 최선의 결과를 보장하는 원칙을 채택하고 합의할 것이다. 즉 어느 편에도 치우치지 않는 불편부당성(impartiality)에 근거해 판단할 것이다.

합의 당사자들은 각자의 미래 상황(개인의 특징, 신분, 선호, 건강 등)을 모르기 때문에 '최대 이익, 최소 손실'의 방안을 선택하지 않을 것이다. 왜냐하면 수인의 딜레마(prisoner's dilemma)[32] 상황에서 보듯이 '최대 이익, 최소 손실'의 방안은 다른 당사자의 이익 추구적 행동과 충돌해 실제 채택될 확률이 높지 않다.

---

우선적으로 따진다는 의미이다.

31) Rawls(1999) RTJ, p.125.

32) Rawls(1999) RTJ, p.238.

각자는 서로 불신하기에 상호 협력 구도로 상황을 변경하는 것은 불가능하다. 개인은 자기중심적이고 자기 이익을 극대화한다는 전제하에 행동하기 때문이다.[33] 예를 들어 계급제 사회를 가정하면 최대의 이익은 왕족이나 귀족으로 태어나는 것이지만, 최악의 경우 노예로 태어날 수 있다. 운 좋게 왕족이나 귀족으로 태어난다면 삶의 조건이 윤택할 수 있다. 그러나 노예로 태어난다면 대단히 어려운 상황에 놓이게 될 것임을 추측할 수 있다. 그래서 롤스는 사람들이 확률이 낮은 왕족이나 노예로 태어날 것을 가정하지 않고, 모두가 평등한 시민으로 태어나는 방안을 선호할 것이라고 보았다.

<표 5>가 제시하는 수인의 딜레마 상황은 이를 잘 설명해 준다. 2명의 용의자 A, B가 중대 범죄(은행 강도) 혐의로 체포되었다고 하자. 경찰은 증거가 명확하지 않아 용의자가 자백하지 않는 한 기소할 수 없는 상황이다. 용의자 2명은 죄를 자백하지 않고 무죄를 주장하면 짧은 기간(1년) 감옥에 있다가 석방될 수 있다. 그러나 A, B 중 한 사람이 자백과 함께 공범을 지목하고 다른 사람은 부인할 때 실토한 사람은 석방되고 부인한 사람은 장기(20년)간 복역하게 된다. A, B 두 사람 모두 자백하면 중간 정도의 기간(10년)동안 복역한다. 이런 상황에서 최고의 선택은 가상적으로는 각자 무죄를 주장하는 것이다. 그러나 상대방에 대한 불신 때문에 최종적으로는 피해를 최소화하는 자백을 선택한다는 것이 수인의 딜레마 이론이 제안하는 내용이다. 상호 간의 불신으로 인해 최대의 이익을 보장받는 방안이 아니라, 피해가 최소인 방안을 찾게 된다. 인간은 기본적으로 위험 회피적(risk-averse) 본성을 가지고 있으며, 피해를 극소화하는 방안 중에서 이익을 극대화 전략을 선택하는 것이 합리적이라는 것이 수인의 딜레마의 제안이다. 당사자들은 손실 또는 위험을 회피하는 방안을 강구한다. 이익을 극대화하는 방안은 그만큼 위험부담이 크기에 쉽게 선택하기 어렵다.

수인의 딜레마 상황을 통해 보면 최소 이익, 최대 손실 방안은 다른 당사자들의 이익 추구적 행동과 충돌해 실제 채택될 확률이 높지 않다. 따라서 합의 당사자들은 손실 또는 위험을 회피하는 방안을 강구할 것이다. 결국 각자 최대 이

33) 권용혁(2012) 개인과 공동체. 사회와 철학 23, pp.4-6.

익은 얻지 못하지만, 최악의 상황일지라도 인생 계획을 위한 기본적 조건은 확보하는 방안에 이르게 된다. 개인은 가능한 선택지 중에서 각각의 선택이 초래할 최악의 결과가 가장 다행한 방안을 선택할 것으로 간주된다. 각 개인은 공리주의적 방식에도 동의하지 않을 것이다. 자기가 어떤 길로 가는지 모르는 상황에서, 다수가 좋아하는 방식을 정의라고 합의할 수 없을 것이다. 원초적 입장에서의 선택은 한 번의 선택으로 자기 자신을 포함해 후손들의 장래를 결정하는 중대한 선택이므로 신중하게 결정할 것이다. 롤스는 수인의 딜레마 상황에서 합리적 선택이 이뤄지듯이 원초적 입장에서 당사자들은 정의의 원칙에 어렵지 않게 합의할 것이라고 보았다.

**표 5 | 게임이론 사례: 수인의 딜레마**

| | | 은행강도 B | |
|---|---|---|---|
| | | 자백+공범지목 | 무죄주장 |
| 은행강도 A | 자백+공범지목 | 10년형<br>10년형 | 20년형<br>무죄방면 |
| | 무죄주장 | 무죄방면<br>20년형 | 1년<br>1년 |

* 세부 내용은 은행강도 A와 은행강도 B가 자백+공범지목 또는 무죄주장을 할 경우에 경찰로부터 제안받은 처벌 수위를 나타낸다.

롤스의 이론이 전제하는 개인은 자기중심적, 합리적 개인이다. 롤스의 분석단위인 개인은 상호 연대감으로 연결된 공동체주의의 개인과는 가치관과 행동양식이 다르다. 최정운은 롤스가 원초적 입장에서 사회 정의에 대해 생각하는 순간은 "고향을 떠난 고독한 이민자들이 이민선의 갑판에서 희망의 땅을 그리며 두근거리는 마음으로 이상향을 고대하던 순간을 연상케한다"고 비유하였다.[34] 롤스가 제시한 원초적 입장은 배를 타고 낯선 대서양 망망대해를 넘어오는 이민자의 심정과 비슷하다는 설명이다. 유럽에서 건너온 이민자들은 미국이라는 신세계에 입국하기 전 대서양 바다 위에서 새로운 미래를 꿈꾼다. 이민 동기는 각자 다르겠지만, 미국이라는 신대륙에서 행복한 삶을 살겠다는 마음가짐은 모두 같다. 그들은 자기가 정착할 곳의 생활 환경과 상황에 대해 알지 못하는 무지의 상태라는 점에서 같다. 롤스가 제시한 원초적 입장에 부합한다고 할 수 있다. 이는 입영열차를 탄 신병의 상황과 유사하다. 열차 안의 신병은 모두 배속될 군 부대와 그곳에서 마주칠 군 생활(근무 환경, 상사, 동료 등)에 대해 무지의 상태이다. 그러나 군 생활을 건강하게 잘 마치겠다는 생각은 모두 같을 것이다.

사회는 상충되는 이익과 요구가 뒤섞인 다원적 공간이다. 시민들은 그럼에도 합당한 시민(reasonable citizens)들이다. 즉 시민들은 동료 시민과 협력하며 살아가기를 바란다. 롤스는 이런 과정을 거치게 되면 시민들은 편협한 개별적 이해나 역사적 우연성을 벗어나, 재화의 배분방식에 있어서 도덕적 우위를 가진 공정으로서의 정의관에 동의할 것이라고 보았다. 롤스 철학에 있어서 개인은 자유주의가 전제하는 개체중심의 계약론적 전통을 수용한다. 각자는 자기의 이익을 추구하는 합리적 판단을 한다. 그러나 롤스의 계약론적 관점에서 개인은 사적 이익만을 추구하는 존재가 아니라 정의 원칙에 따라 공정한 합리적 판단을 한다는 점에서 홉스와 로크 철학과 구분된다.

34) 최정운(1997) 미국의 자유주의: 롤스(Rawls)와 노직(Nozick)의 논쟁. p.207.

롤스에게 있어서 원초적 합의는 실제 상황이 아니다. 역사적 사실이거나 경험적 현실이 아니다.[35] 롤스는 가상의 참여자들이 역사상 존재했던 모든 가능한 정의 원칙을 꼼꼼히 비교한 뒤 최적의 정의관을 찾을 것이라고 가정하였다. 이런 과정을 거쳐 참여자들이 만장일치로 어떤 정의 원칙에 합의할 것으로 보았다. 이를 통해 생겨난 기본 합의는 결국 최종, 최고, 완전, 보편의 권능을 갖게 된다고 보았다. 롤스는 자신의 정의관이 이런 과정을 거쳤기 때문에 민주주의 사회에서 가장 합당한 도덕적 기초를 바탕으로 한다고 강조하였다. 롤스의 정의 원칙은 구체적으로 정치적·사회적·경제적 사항에 대한 합의이다. 제1원칙은 정치적 자유와 평등, 제2원칙 제1항은 사회적 자유와 평등 그리고 제2원칙 제2항은 경제적 자유와 평등에 관한 것이다. 롤스는 3가지 정의 원칙이 프랑스 시민혁명(1789~1794)에서 제시된 자유, 평등, 박애 정신과 각각 관련된다고 보았다. 즉 프랑스 혁명에서 주창된 자유는 제1원칙의 기본권의 절대 불가침성을, 평등은 제1원칙의 기본권의 평등성과 제2원칙의 기회균등의 원칙을, 그리고 박애는 제3원칙 차등의 원칙에 부합된다.[36]

### 정의의 원칙

롤스는 원초적 입장에 있는 개인들은 각자 기본적 자유에 있어서 불가침(inviolable)의 권리를 가지며, 그 기본적 자유는 모두에게 평등(equal)하다는데 합의할 것이라고 보았다. 그렇게 하는 것이 각자에게 가장 유리할 것이라고 보기 때문이다. 사람들은 앞으로 어떤 사회 경제적 운명에 처할지 모르고(무지의 베일) 또 가치의 우열관계에 대해서도 모르기 때문에 특정한 종교적, 도덕적 교리에 의해서 혹은 다른 사람의 자유에 의해 제약되는 것을 원하지 않을 것이다. 따라서 모든 철학적, 종교적, 윤리적 교리를 검토한다고 했을 때, 자유의 불가침성과 평등성을 선택하는 것이 각자에게 최선의 방안이라고 보았다. 원초적 입장에 있는 각자는 앞으로 어떤 사회적 신분이 될지 모르기 때문에 기본적 자

35) Rawls(2001) JFR, pp.16-17.

36) Rawls(1999) RTJ, pp.90-91: 박정순(2019) 존 롤스의 정의론: 전개와 변천. p.46.

유가 모두 평등하다는 데도 쉽게 합의할 것이라고 보았다. 평등원칙에 따른 모든 사람의 동등한 정치적 자유 보장은 합의와 맹약이라는 점에서 흥정의 대상이 될 수 없다.[37] 경제적 총합이 크다고 해도 일부 사람의 기본 권리를 본질적으로 침해하는 방안은 수용될 수 없다. 마찬가지로 사회가 갖게될 행복의 총량이 증가한다 하더라도 인권 침해적 제도는 도입할 수 없다. 기본 권리의 보장에 있어서 공리주의적 접근법은 수용될 수 없다. 또한 기본권의 본질적 요소를 침해하는 것도 용인될 수 없다. 이런 점에서 보면, 평등주의적 자유주의는 자유를 소극적 자유 관점에서 본 것에 해당한다. 이때 자유의 의미는 외부로부터의 간섭이 없는 상태에서 선택 범위를 당사자 스스로가 정하는 것이다.

자유와 권리의 불가침성과 평등성은 자신뿐 아니라 다른 사람에게도 똑같이 적용된다. 즉 개인의 기본적 권리는 자연권에 기초한다는 점에서 불가침의 특징을 가지며, 그러한 자유와 권리의 특성은 모두에게 평등하게 분배(equal distribution)한다는 원칙이다. 이런 자유의 불가침성과 평등성은 롤스 정의론에서 절대적 가치를 갖는다. 개인 자유의 우선성을 강조했다는 점에서 롤스 정의론은 자유주의 전통을 계승한 것이다. 가톨릭 종교 교리를 마녀사냥을 통해 옹호하고 이단을 처벌했던 중세시대와 비교할 때, 자유주의 철학은 모든 사람이 양도불가능한 자유와 권리를 가지고 있음을 확인했다는 점에서 근대 사회를 유지해 온 핵심적 가치라 할 수 있다.

### 제1원칙: 기본적 자유의 불가침성과 평등성

제1원칙은 기본적 자유(basic liberty)의 불가침성과 이런 원리의 평등한 배분을 의미한다.[38] 롤스가 제1원칙에서 제기한 기본적 권리는 누구도 침범할 수 없으며, 이는 모두에게 평등하게 적용된다. 기본적 자유의 불가침성과 평등성은

---

37) Rawls(1999) RTJ, p.25, pp.212-213.

38) Rawls(1999) RTJ, p.53, p.266. 롤스의 정의 원칙은 칸트의 정언명령(categorical imperatives)을 윤리적 토대로 한 것이다. 칸트는 정언명령을 통해 자유롭고, 평등하며, 합리적 본성을 가진 인간에게 적용할 의무론적 원칙을 제시했다. Rawls(1999) RTJ, pp.221-227 참조.

원초적 입장에서 모두가 사회적 정의를 실현하기 위해 합의한 것이다. 기본적 자유는 모두에게 적용되는 자연권에 해당한다.[39)]

> 제1원칙: 각자는 평등한 기본적 자유들의 충분히 적절한 체계에 대해 동일한 불가침의 권리를 가지며, 이 체제는 모두가 동일한 자유들의 체제를 갖는 것과 양립한다.[40)]

롤스에게 있어서 제1원칙은 특히 정치적 자유를 규정하는 근본 원칙에 해당한다. 롤스가 평등한 기본적 자유로 제시한 자유는 자유주의 이념이 일반적으로 채택하고 있는 자유들이다.[41)] 롤스가 제시한 6가지 기본적 자유는 사상의 자유와 양심의 자유, 표현(언론)의 자유와 결사의 자유, 정치적 자유(투표권, 참정권), 신체의 자유, 사적 재산을 소유할 자유, 법치에 의해 포괄되는 권리와 자유이다.[42)] 이들 가운데 신체의 자유와 사적 재산을 소유할 자유를 제외한 나머지 자유 – 사상의 자유와 양심의 자유, 표현(언론)의 자유와 결사의 자유, 정치적 자유(투표권과 참정권), 법치에 의해 포괄되는 권리와 자유 – 는 모두 정치적 자유에 해당한다. 따라서 롤스의 정의 제1원칙은 정치적 자유와 그것의 평등에 관한 것이라 볼 수 있다. 이는 개인이 갖는 정치적 자유는 누구에게나 불가침적 성격을 가지며, 그러한 권리는 모두에게 평등해야 한다는 뜻이다. 여기서 말하는 평등은 결과의 평등이 아니라 정치적, 법적 권리의 평등을 의미한다. 즉 각자 타고난 능력과 소질이 다를지라도 그것을 이유로 기본적 자유를 누리는 정도가 달라서는 안 된다. 사람은 누구나 각자 원하는 바가 있다. 각자가 원하는 것은 (그것이 비록 하찮게 보일지라도) 본인에게는 대단히 소중하다는 것을 서로 인정해야 한다는 의미를 담고 있다. 롤스가 말한 자유의 의미는 "~을 하거나, ~을

---

39) Rawls(1999) RTJ, pp.442-443.

40) 롤스가 JFR에서 제시한 영어 원문은 다음과 같다. Each person has the same indefeasible claim to a fully adequate scheme of equal basic liberties, which scheme is compatible with the same scheme of liberty for all. Rawls(2001) JFR, p.42.

41) Rawls(2001) JFR, p.44.

42) Rawls(1999) RTJ, p.53; Rawls(2001) JFR, p.45.

하지 않을 때 제약이나 타인의 간섭이 없는 상태"이다.[43] 이는 이사야 벌린이 구분한 두 가지 자유 가운데 소극적 자유에 해당한다.[44]

롤스는 삶의 목표(좋음, 숙고된 합리성) 추구가 정의의 제1원칙(기본적 자유의 불가침성과 평등성)의 제약 속에 이뤄져야 한다는 데 사람들이 쉽게 동의할 것으로 보았다.[45] 공정으로서의 정의관은 이런 절차적 공정성을 통해서 정의의 원칙을 공개적으로 합의한 것이다. 공개적이라는 것은 사회 정의 관념이 공적(public) 논의의 대상이 되며, 정의의 원칙이 성립되면 모두가 예외없이 동일하게 적용받게 된다는 뜻이다.[46] 또한 공정으로서의 정의관은 당사자들이 폭넓게 장기적인 요인들을 종합적으로 고려한다고 전제한다.[47] 즉 개인들은 당장 눈에 보이는 협소한 이익을 먼저 차지하기 위해 갈등하지 않는다. 원초적 입장에서 장기적인 상황을 종합적으로 고려하는 충분한 합리성을 갖고 있음을 전제한다.

자유의 우선성과 평등성 원칙이 의미하는 것은 경제적 혹은 사회적 지위와 무관하게 모든 시민이 정치적 자유의 가치를 평등하게 누릴 수 있어야 한다는 것이다. 이러한 공정한 기회 관념은 정의 원칙의 공정한 기회균등 관념에 상응

43) Rawls(1999) RTJ, p.177.

44) 이사야 벌린(Isaiah Berlin, 1909~1997)은 자유주의 정치철학 이론가이다. 벌린의 논문 "자유의 두가지 개념"(Two Concepts of Liberty, 1958)은 옥스포드대학교 교수 취임 강의였다. 벌린은 자유를 소극적 자유와 적극적 자유로 구분했다. 양자는 별개의 독립적인 자유의 개념이다. 소극적 자유는 외부 간섭의 부재와 함께 선택의 범위를 타인의 간섭에서 벗어나 스스로 정하는 권한을 갖는 것이다. 적극적 자유는 스스로 자율적으로 적극적인 권한을 행사해 어떤 역할을 하는 것이다. 벌린은 소극적 자유의 성취가 자유주의에서 강조하는 자유의 기본적인 특성이라고 지적했다. 벌린이 제시하는 소극적(negative)이라는 말의 뜻은 간섭이 없는 상태이다. 적극적(positive)이라는 말은 무엇을 적극적으로 요구한다는 뜻을 담고 있다. Berlin(1958) Two Concepts of Liberty. pp.7-19.

45) Rawls(1999) RTJ, pp.11-12, pp.183-186, p.493.

46) Rawls(1999) RTJ, p.4. 어떤 행위가 관련자에게만 직접적인 영향을 미친다면 그 행위는 사적(private) 성격을 갖는 것이다. 그러나 어떤 행위의 결과가 직접적인 관련자를 넘어 다른 사람에게까지도 영향을 미친다면 그것은 공적(public) 행동이 된다. 친구간 대화가 사적 행위라면, 정치인의 토론은 공적 행위에 해당한다.

47) Lovett, Frank. 김요한 역(2013) 롤스의『정의론』입문. p.77.

하는 것이다. 또한 사람들이 원초적 입장에서 정의 원칙들을 채택할 때 앞에서 논의한 내용을 충분히 고려했다는 점을 유념할 필요가 있다. 예를 들어 재벌 총수와 보통 시민은 세금 납부액에서 일반적으로 차이가 크다고 할 수 있다. 그러나 재벌 총수든 일반 시민이든 기본적 자유는 누구도 침범할 수 없는 불가침성을 갖는다. 그리고 그러한 권리의 보호 정도는 예외없이 평등해야 한다. 따라서 재벌 총수가 세금을 아무리 많이 낸다고 하더라도 기본적 자유의 크기가 다른 시민보다 클 수는 없다. 세금을 많이 낸다고 해서 투표권을 더 많이 줄 수는 없기 때문이다.

롤스가 제시한 정치적 자유의 평등한 가치를 실현할 수 있는 언론 또는 미디어 제도를 생각해 볼 수 있다. 예를 들어 공공매체에 대해 보다 동등한 접근을 보장하는 제도 개혁, 장애인 등 소수자를 위한 미디어 서비스 개발, 지역 뉴스 강화, 공공기관 운영에서 시민이 정치적 자유를 평등하게 누리도록 보장하는 것 등을 생각해 볼 수 있다.[48] 정리하면 정치적 자유가 다른 사회적·경제적 수단에 압도되거나 종속되지 않도록 합당한 언론과 미디어 제도를 확보하는 것이 필요하다. 그렇다고 해서 파워 트위터리언(power twitterian)처럼 트위터에서 적극적으로 의사를 표현하는 사람이나 트위터에서 침묵하는 사람을 서로 차별할 수는 없다. 롤스의 정의 제1원칙은 출발의 평등성을 의미하는 것이지, 결과의 평등성을 요구하는 것은 아니기 때문이다. 이제까지 논의한 것처럼 국가는 각 개인이 표현의 자유를 평등하게 누릴 수 있는 제도적 장치를 마련하는 노력이 필요하다. 그러나 표현의 내용과 빈도에 대해 규제할 수는 없다. 말하지 않는 자유도 표현의 자유의 범주로 보호되어야 한다.[49]

---

48) Rawls(2001) JFR, pp.148-149.

49) 평등주의적 자유주의 철학에서 제시하는 언론의 자유 제한에 관한 내용은 제3장 3절에서 논의한다.

### 제2원칙: 기회균등의 원칙과 차등의 원칙

사회란 정치적으로 평등한 사람의 모임이지만, 모두가 같은 자질과 역할을 부여받을 수는 없다. 기본적 자유에는 평등 원칙이 적용되지만 사회적·경제적 불평등은 불가피하게 발생할 것이다. 일을 풀어가는 경제적 효율성에 차이가 있을 수 있다. 기술 격차 등으로 인해서 소득과 재산, 권위와 책임은 불평등해진다. 이런 불평등성에 어떻게 대처할 것인가? 롤스는 사회적·경제적 불평등에 대한 대응 방안을 정의의 제2원칙으로 제시한다. 롤스에 따르면, 자유의 원리에 따라 재산과 권위의 불평등은 불가피하다. 그러나 사회 내의 덜 혜택받는 사람에게 불평등을 보상할 상응하는 이익을 줄 수 있을 때는(즉 그들의 처지를 개선한다면) 그런 불평등을 허용하는 것이 정의에 부합하는 것이다.[50)]

롤스의 정의 제2원칙은 기회균등의 원칙과 차등의 원칙으로 개인의 능력과 역할, 배분을 사전적 그리고 사후적으로 조정하는 내용이다. 즉 기회균등의 원칙은 사회적 지위와 역할이 '공정한 기회균등'(fair equality of opportunity)의 원칙에 따라 모든 사람에게 제공될 수 있도록 사회적 불평등이 조정되어야 함을 의미한다. 차등(difference, 불평등)의 원칙은 경제적 차이가 발생할 때 방치할 것이 아니라, 불리한 처지인 최소수혜자에게 이익이 나도록 경제적 불평등을 조정, 축소하자는 것이다. 따라서 롤스에게 정의의 제2원칙은 사회 경제적 불평등(역할과 능력의 불평등)이 발생한다면, 기회균등의 원칙과 차등의 원칙을 통해 불평등을 조정해 나갈 것을 요구하는 것이다. 정의의 제2원칙은 공공선을 어느 정도 배려하는 공동체주의적 특성을 갖고 있다. 재산의 절대적 권리를 강조하는 노직의 자유지상주의와 구분되는 점이다.

롤스의 정의 제2원칙은 사회적 또는 경제적 불평등을 수수방관해 방치하거나 아니면 그러한 불평등을 완전히 해소하자는 것이 아니다. 사회적 지위와 신분, 소득, 재산의 불평등이 있을 수 있음을 인정하면서, 그러한 불평등의 정도를 개선하는 것이 정의 원칙에 부합한다는 의미이다. 기회균등의 원칙은 사후적 조정이 아니라 역할간의 불평등이 발생하지 않도록 선제적으로 대응하는 것이다.

---

50) Rawls(1999) RTJ, pp.130-131.

차등의 원칙은 사전적 또는 사후적으로 불평등의 정도를 완화하는 것이다. 특히 경제적 최소수혜자에게 이익이 되는 방향으로 조정함을 의미한다. 원초적 입장의 사람들은 제1원칙에 이어 제2원칙에도 만장일치로 합의할 것이다. 롤스의 평등주의적 자유주의에서 정의의 제1원칙과 제2원칙은 모든 구성원이 자발적으로 협력하기 위한 기본 조건에 해당한다는 점을 기억할 필요가 있다. 롤스가 제시한 정의의 제2원칙은 다음과 같다.[51][52]

51) Rawls(2001) JFR, pp.42-43. 롤스가 JFR에서 제시한 영어 원문은 다음과 같다. Social and economic inequality are to satisfy two conditions: first, they are to be attached to offices and positions open to all under conditions of fair equality of opportunity; and second, they are to be the greatest benefits of the least-advantaged members of society.

52) 롤스가 JFR에서는 삭제했지만, 첫 번째『정의론』책인 TJ에서 정의로운 저축 원칙(just saving principle)을 제2원칙에 포함시켰음을 주목할 필요가 있다. TJ에 제시한 원문은 다음과 같다. Social and economic inequalities are to be arranged so that they are both: (a) to the greatest benefit of the least advantaged, consistent with the just savings principle, and (b) attached to offices and positions open to all under conditions of fair equality of opportunity(사회적·경제적 불평등은 a) 정의로운 저축 원칙에 부합하면서, 최소수혜자에게 최대이익이 되도록 조정되어야 하고, b) 공정한 기회균등의 조건 아래, 모든 사람에게 개방된 직책과 직위가 연결될 수 있도록 조정되어야 한다). 정의로운 저축 원칙은 한 세대가 다음 세대에 저축을 어느 정도 넘겨주는가에 관한 것이다. 롤스는 정의 원칙이 현 세대 최소수혜자뿐 아니라, 미래 세대 최소수혜자에게도 동일하게 적용되어야 한다고 보았다. 즉 원초적 입장에서 누구도 어느 세대에 태어날 것인지를 모르기 때문에, 현재와 미래 세대에 속한 사람은 동시대인과 같이 서로 의무와 책임을 다 하는 것이다. 따라서 현 세대는 미래 세대를 위해 요구되는 저축을 먼저 떼어두고 현존 최소수혜자의 전망을 극대화해야 한다. 롤스의 정의로운 저축 원칙을 지구 환경보호운동에 적용하면, 현 세대는 지구 환경을 살기 좋게 가꿔 미래 세대에 물려줄 책임이 있다고 할 수 있다. 롤스의 정의로운 저축 원칙은 나아가 지구기후변화, 생물 다양성 유지, 화석연료 같은 재생 불능 자원 소비 등의 전지구적 현안에도 적용할 수 있다. 정의로운 저축 원칙에 대해서는 Rawls(1971) TJ, pp.251-266 참조.

> 제2원칙: 사회적·경제적 불평등은 다음의 두 조건을 충족시켜야 한다. 첫째, 그것은 공정한 기회균등의 조건하에 모두에게 열려 있는 직책과 지위에 결부되는 것이어야 한다. 둘째, 그것은 사회의 최소수혜자들의 최대 이익에 부합해야 한다.

제2원칙 중 제1항은 기회균등의 원칙에 관한 것이다. 즉 정의의 제1원칙을 실천함에 있어서 불평등이 있다면 그것을 해소할 기회가 공정하게 제공되어야 함을 의미한다. 즉 각자에게 직위와 직책을 가질 기회가 공평하게 보장될 수 있도록 사회제도가 갖추어져야 한다. 이는 형식적인 기회균등을 보장하는 것이 아니라 모두에게 실질적으로 공정한 기회(fair chance)가 제공되어야 함을 의미한다.[53] 개인의 능력을 천부인권, 자연권으로 보고 그러한 능력을 발휘한 결과에 대한 절대적 권리를 주장하는 자유지상주의의 권리 및 기회 보장과는 다른 내용이다. 제2원칙 제1항은 자연상태에서 주어진 형식적인 기회균등의 결함을 고치는 것이다. 사회적·경제적으로 불우한 위치에 있는 사람에게 더 넓은 범위에서 바람직한 대안이 열려 있을 수 있도록 사회제도를 운영하는 것이다. 신체적 능력이 떨어지거나 사회적으로 불리한 지위에서 태어난 사람에게 더 많은 관심을 기울여 진정한 기회균등이 이뤄지도록 하자는 것이다. 예를 들어 지체장애 아동에게 더 많은 교육 자원을 지출하는 것은 기회균등의 원칙을 이행하는 것이다.[54] 롤스는 보편적인 공교육 체계를 통해 사회적 우연성이나 천부적 행운의 영향을 줄여야 한다고 강조했다.[55]

기회균등의 원칙은 동일한 수준의 재능과 능력, 의욕을 가진 사람이라면 출신 계급과 무관하게 동일한 성공의 전망과 기회를 가질 수 있도록 하자는 것이다. 사회 모든 분야에서 유사한 수준의 재능과 능력, 동기를 가진 사람은 태어난 소득계층(최초의 사회적 지위)에 관계없이 대체로 동일한 성공의 전망을 할 수 있어야 한다.[56] 공정한 기회균등의 원칙은 공직과 사회적 지위를 차지할 기회

53) Rawls(2001) JFR, p.43.
54) Rawls(1999) RTJ, p.86.
55) Rawls(1999) RTJ, p.63.
56) Rawls(2001) JFR, pp.43-44; 홍성우(2005) 자유주의와 공동체주의 윤리학. p.249.

가 형식적이 아니라, 실질적으로 제공될 것을 요구한다. 비슷한 능력과 포부를 가진 사람들의 기대치는 인종, 성별, 종교, 계급에 영향을 받아서는 안 된다는 뜻이다. 사회적 배경이 장애요인이 되어서는 안 된다는 의미이다. 출발선상의 평등뿐 아니라 경쟁 과정에서 실질적인 기회균등이 달성될 수 있도록 사회가 노력하는 것이 정의 원칙에 부합한다는 취지이다.

공정한 기회균등은 다양한 집단에 속한 사람들의 삶의 전망들이 문화환경, 경제환경과 같은 사회적 요인에 의해 심각하게 영향을 받지 않도록 조정하는 것이다. 기회균등의 원칙을 실현할 방안으로는 △ 공공교육의 확대(의무교육 확대, 대도시와 지방 교육기회 동등권 보장, 낙후지 공공 도서관 운영, 대학생에 대한 장학금 지급, 재정이 부족한 사립학교에 정부 교육 보조금 지급, 직업 교육 실시), △ 소수자입학 우대정책(affirmative action),[57] △ 의료보장제, △ 사회적 최소 경제 소득 보장(가족수당, 질병 수당, 고용 보조, 네거티브 소득세율), △ 차별대우금지법 등이 있다.[58]

우리나라의 대학생 국가 장학금은 롤스의 기회균등의 원칙을 적용한 사례이다. 국가장학금 제도는 2012년에 처음 시행돼 매년 3조 원 가량이 지원되고 있다. 공식 명칭은 소득연계형 국가장학금이다. 소득인정액이 낮은 분위에 해당하고 최소 성적을 유지한 대학생이 장학금 혜택을 받고 있다. 또 대학 입시에서 농어촌특별전형을 통해 농어촌지역 고교 졸업생에 입학 기회를 넓히거나 정부가 직업교육을 제공하는 것도 기회균등의 원칙이 적용된 예시이다.

제2원칙 제2항은 차등의 원칙에 대한 것이다. 롤스의 평등주의적 자유주의는 개인의 재산권을 보장한다. 그러나 동시에 자유지상주의가 초래할 불평등 상태

57) 미국 대학은 다양한 문화적 배경을 가진 사람이 쉽게 입학할 수 있는 소수자입학 우대정책을 채택하고 있다. 인구를 감안한 인종 간 쿼터도 있다. 흑인이면서 경제적으로 어려운 집안 출신은 대학입학과 장학금 혜택이 상대적으로 유리하다. 미국 사립대학은 기회균등의 원칙을 유지하기 위해 부유층에 대해 대학 기부를 적극적으로 권유하고 있다. 롤스가 제시한 기회균등의 원칙은 샌델의 공동체주의와 유사한 점이 많다. 예를 들어 샌델은 자유지상주의의 능력주의(meritocracy)가 겉으로는 공정한 것처럼 보이지만 사람들에게 능력을 펼칠 기회가 실제 공정하게 돌아가지 않는다고 비판한다. 샌델은 롤스처럼 소수자입학 우대정책이 필요하다고 강조한다. 그러나 미국 연방대법원이 2023년 6월 29일 소수자입학 우대정책을 위헌으로 판결해 향후 큰 변화가 예상된다.

58) 홍성우(2005) 자유주의와 공동체주의 윤리학. p.250.

를 치유하기 위해 공적인 개입을 허용한다. 차등의 원칙은 경제 활동이 자유주의 원리에 따라 이뤄질 경우 생겨날 차등을 해소시키는 원리이다. 결국 개인의 자유 권리를 유지하면서 동시에 불평등이라는 전통적 자유주의의 구조적 결함을 치유하는 이론이다. 차등의 원칙은 경제적 불평등이 있다면, 가장 불리한 위치에 있는 사람의 상태를 개선하는 방향으로 국가가 불평등을 재조정할 것을 요구한다.

이런 차등의 원칙은 기회균등의 원칙과 충돌할 수 있다. 공정한 기회균등을 위한 사회적 자원의 배분은 사회 전체의 경제 생산성을 떨어뜨려 차등의 원칙 적용에서 최소수혜자에게 돌아갈 공동 자원을 감소시킬 수 있다는 비판이 있을 수 있다. 그러나 이런 주장은 언제나 사실이라고는 할 수 없다. 왜냐하면 기회균등을 통해 더 많은 사회적 생산이 가능할 수도 있기 때문이다.[59]

차등의 원칙은 보상(redress), 호혜성, 박애(fraternity), 효율적 자원배분이라는 다양한 함의를 담고 있다. 이를 나눠서 설명하면 다음과 같다. 첫째, 차등의 원칙은 부당한 불평등(불운)은 사회가 보상해야 한다는 내용을 담고 있다. 출생으로 인해서 신체적 핸디캡이 있거나 천부적 재능이 불평등한 상태를 방치하는 것은 불공정하다. 불운을 중립화하거나 그에 대해 보상하는 방향으로 사회제도가 개선되어야 한다.[60] 최저임금제는 최소수혜자 집단의 기대치를 증진하는 방향으로 이익을 분배하는 사회적 제도이다.[61] 누진적 소득세와 재산세, 상속세, 의료보호, 사회복지제도는 차등의 원칙을 적용한 사례이다. 소득, 재산, 상속에 대한 누진적 과세는 불운한 사람에게 이득이 되고 또 기회균등과도 양립할 수 있다. 예를 들어 복권에서 1등 당첨된 사람에게 상당한 수준의 세금을 부과하는 것은 운의 중립화라는 점에서 공정한 것이다. 복권에 당첨되지 못한 사람의 불운을 중립화되는 쪽으로 세금이 사용될 수 있기 때문이다. 사회복지 제도는 사회적 약자에게 최소한의 복지를 보장하는 것이다. 기초생활보장제를 통해 최저 생활을 보장하는 공공부조는 차등의 원칙을 적용한 것이다. 지난 2014년 서

59) Lovett, Frank. 김요한 역(2013) 롤스의 『정의론』 입문. p.200.
60) Rawls(1999) RTJ, pp.86-87.
61) Rawls(1999) RTJ, p.252.

울 송파 세모녀 자살사건은 우리의 선별적 복지제도에 사각지대가 있음을 알려준 것이다. 지난 2022년 기준 세계 최고 부자인 테슬라 최고 경영자 일론 머스크는 2021년 한 해 동안 110억 달러의 세금을 냈다고 한다.[62] 이는 당시 환율 기준으로 우리 돈 13조 원이 넘는 금액이다.

둘째, 차등의 원칙은 유리한 사람과 불리한 사람 모두에게 상호 호혜적 이익을 강조한다. 어떤 차등(불평등)이 유리한 사람(더 혜택받는 사람, 사회적 강자, 행운인 사람)뿐 아니라 불리한 사람(덜 혜택받는 사람, 사회적 약자, 불운한 사람)의 이익도 효율적으로 보장한다면 그러한 차등은 정의로운 것으로 채택될 수 있다는 뜻이다. 어떤 경제적, 사회적 불평등이 불운한 사람의 처지를 개선할 수 있다면, 유리한 소수의 사람이 더 큰 이익을 취하는 사회 경제적 불평등 상태를 수용할 수 있다.[63] 따라서 차등의 원칙에 따른 배분은 서로에게 이익이다. 차등의 원칙에 의거해 모두를 좀 더 평등하게 할 수 있는 불평등 상태는 모두에게 공동선(common good)이 된다. 이런 차등은 유리한 사람과 불리한 사람 모두에게 이익을 주어 결과적으로 사회 전체의 선(the good of all)을 증진시킨다. 유리하고 불리한 가치 또는 재화는 자유와 기회, 소득, 재산, 자존감을 포괄한다.[64] 그러나 차등의 원칙에 따른다 하더라도 사회적 약자는 정의의 제1원칙 기본적 자유의 불가침과 평등, 제2원칙의 제1항 기회균등의 원칙이 공유되는 상태임을 유의해야 한다. 차등의 불평등을 개선하려는 노력은 상호 합의하에 진행되어야 한다. 왜냐하면 평등한 자유의 불가침성과 우선성 원리에 따라 개인이 생산활동에종사하는 것을 강제할 수 없기 때문이다.[65]

62) 연합뉴스(2021.12.20) 머스크 "올해 세금 13조원 넘게 낸다" … 美역대 최대 납세 될 듯 <https://www.yna.co.kr/view/AKR20211220116000009>; 일론 머스크의 재산은 2022년 현재 2100억 달러로 세계 제1의 부자로 평가된다. 한경글로벌마켓(2022.7.3.) '272조원' 머스크, 세계 최고 부호자리 지켰다 … 한국 부자는 몇 위? <https://www.hankyung.com/international/article/202207032840i>.

63) Rawls(2001) JFR, pp.122-123.

64) Rawls(1999) RTJ, p.54.

65) Rawls(2001) JFR, p.64.

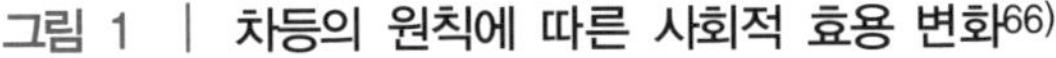

그림 1 | 차등의 원칙에 따른 사회적 효용 변화[66)]

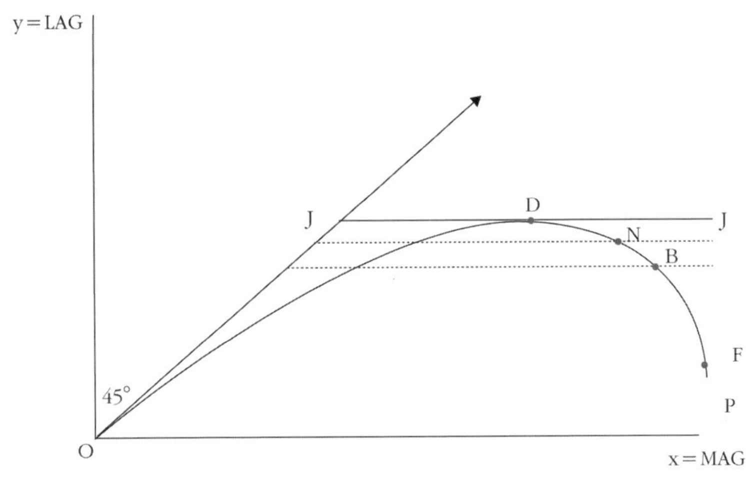


이익의 호혜성 관념은 한쪽의 이익이 곧 상대방의 손실을 의미하는 제로섬(zero-sum) 상황이 아니다. 즉 더 혜택받는 사람의 이익을 감소시키면서 덜 혜택받는 사람의 이익을 증대시키는 것이 아니다. <그림 1>은 상호 호혜에 따른 차등의 원칙을 도식적으로 설명한 것이다.[67)] OP는 경제정책(또는 경제체제) 곡선을 나타낸다. 경제정책을 변화시키거나 경제체제가 바뀜에 따라서 X축과 Y축의 이익 기대치는 달라진다. OP에서 O~D 구간은 MAG(More advantaged group, 더 혜택받는 그룹)와 LAG(Less advantaged group, 덜 혜택받는 그룹)의 이익 증가분이 각각 (+)인 상태이다. 경제정책이 OP에서 D점을 향해갈수록 MAG와 LAG의 이익은 서로 증가한다. 제로섬처럼, MAG의 희생을 통하거나 벌을 줘서 LAG가 이익을 보는 상태가 아니다. 직선 OJ는 45°선으로 MAG와 LAG 간의 이익 배분이 1:1로 균등하게 이뤄지는 상황이다. OP가 OJ 아래에 위치한다는 것은 MAG가 LAG에 비해 상대적으로 더 많이 배분받는다는 것을 의미한다. OP가 OJ 위쪽에 위치한다면 경제활동을 할수록 LAG가 MAG에 비

66) Rawls(2001) JFR, p.62에서 인용.
67) Rawls(2001) JFR, pp.61-64.

해 더 많이 배분받는 경우이다. MAG가 자기 이익추구를 우선시하는 합리적 행위자라면 OP가 OJ 위에 있을 경우에 생산활동을 중단할 가능성이 높다.

<그림 1>에 나타난 것처럼, 롤스의 차등의 원칙이 제시하는 최적의 정책 선택 지점은 OP에서 Y축의 값이 극대화되는 D이다. D는 MAG의 이익이 늘어나는 가운데 LAG의 이익 전망도 극대화할 수 있다. D는 파레토 효율 지점이자 허용가능한 최적의 불평등 상태이다.[68] 그러나 D 이후는 사회적 갈등구간에 해당한다. B, F로 이동하는 정책을 선택하게 되면 비록 MAG의 이익은 증가하지만, LAG 이익은 감소한다. 따라서 D 이후의 상태는 롤스의 정의 원칙이 수용할 수 없는 구간이다. 상호 호혜적이지 않기 때문이다. 따라서 롤스의 정의 원칙에 따르면, 최적의 사회적 생산은 D에서 멈춰야 한다.

D 이후의 상황이 갖는 사회적 의미를 구체적으로 살펴보면 다음과 같다. 먼저 B는 사회적 효용함수를 감안하면 사회 전체에 가장 높은 효용을 제공하는 지점이다. 사회효용함수를 감안한 효용의 총합(MAG와 LAG 이익의 합)이 가장 큰 지점이다. 따라서 D~B 구간을 따라 이동하는 정책을 취하면 사회 전체 효용은 조금씩 증대한다. 그러나 배분의 관점에서 보면 MAG 이익은 증가하고 LAG 이익은 감소한다. 사회적 효용의 극대화를 요구하는 공리주의에 따르면 생산은 B 지점에서 이루어져야 한다. B~F 구간은 사회 전체의 효용이 감소하는 가운데, MAG 이익은 소폭 증가하고 LAC의 이익은 대폭 떨어진다. MAG 이익만 고려한다면 생산은 F가 최적화된 지점이다. 봉건적, 전제적 배분 상태에서 채택될 수 있다. F 이후는 사회 전체 효용뿐 아니라 MAG와 LAG의 이익도 함께 감소한다. <표 6>은 <그림 1> 도형의 내용을 상세히 보충 설명한 것이다.

68) 파레토 효율 지점은 이탈리아 경제학자 빌프레도 파레토가 고안한 자원배분의 가장 효율적인 상태를 말한다. 파레토 최적 지점은 어떤 사람의 효용을 증가시키는 것이 다른 사람의 효용을 감소시키지 않고서는 더 이상 불가능할 정도로 자원이 효율적으로 배분되어 있는 상태이다.

**표 6 | 차등의 원칙 설명**

| | |
|---|---|
| X축 | MAG(More advantaged group, 더 혜택받는 그룹)의 수익 |
| Y축 | LAG(Less advantaged group, 덜 혜택받는 그룹)의 수익 |
| OJ | MAG와 LAG 간의 이익 균등 배분선 |
| OP | 경제정책 선택 가능 곡선[69]<br>O~D 구간: 사회 전체 효용 증대, MAG LAG 모두 이익 증대<br>D~B 구간: 사회 전체 효용 증대, MAG 이익 증가, LAG 이익 감소<br>B~F 구간: 사회 전체 효용 감소, MAG 이익 증가, LAG 이익 감소<br>F이후: 사회 전체 효용 감소, MAG LAG 모두 이익 감소 |
| D | LAG 이익 극대화 되는 파레토 효율 지점<br>차등의 원칙 적용시 선택되는 지점, 허용가능한 최적의 불평등 상태<br>정의로운 기본 구조가 지속적으로 지지되고 재생산될 수 있는 정상상태 |
| B | 사회 효용함수 감안하면 사회 전체에 가장 높은 효용 제공 상태 |
| F | MAG에게 가장 많은 배분을 주는 지점<br>LAG 몫이 적은 봉건적 배분 상태 |
| JJ | LAG에게 가장 많은 이익을 주는 가상의 균등 정의선 |

69) OP 곡선이 OJ 아래인 것은 MAG가 상대적으로 더 배분받음을 의미한다. 시장에서 기술개발 또는 혁신이 이뤄질 경우 OP 곡선은 우상향할 것이다.

차등의 원칙은 이익이 모두에게 발생할 때 실현될 수 있다. 즉 MAG만 이익을 보고 LAG에게 이익이 없는 경우는 수용될 수 없다. 이는 <그림 1>의 D 지점에서 분배에 대한 사회적 합의가 이뤄져야 함을 의미한다. 더 많은 혜택을 받는 사람이 소득과 부의 분배를 D~F 구간으로 옮기자고 주장할 수는 있다. 그렇게 하는 것이 그들에게 더 많은 이익을 줄 수 있기 때문이다. D~F 구간에서 배분할 경우 MAG의 몫은 D 지점과 비교할 때 커지고 LAG의 몫은 줄어든다. 결국 상호 이익을 보장하지 않는다. 이는 원초적 상태에서 합의한 차등의 원칙이 깨짐을 의미한다. 각자 우연성에 따라 어떤 위치에 설지 모르는 상태에서 합의한 내용은 상호 신뢰를 통해 만든 내용이다. 차등의 원칙은 <그림 1>의 D~F 구간으로 경제정책을 옮기지 않기로 합의한 것이다. 롤스 정의관은 D 이후로 생산을 변경하자는 재협상 요구는 평등주의적 자유주의 정의 관념에 반하는 것으로 본다.[70]

롤스의 차등의 원칙이 제시하는 호혜성 관념은 개인의 천부적 재능을 사회의 공동 소유물로 본다는 것이 아니라 천부적 재능의 분포를 공동 자산(common asset)으로 간주한다는 뜻이다.[71] 자유주의 철학에 따르면 개인의 재능은 각자의 소유이지, 공동체의 소유물이 될 수 없다. 롤스가 차등의 원칙을 통해 공동 자산으로 본 것은 능력이나 재능의 분포(distribution of native endowments)이다.[72] 이것은 비교우위에 따른 천부적 재능의 분포를 의미한다. 예를 들어 IQ 150 이상 높은 지능인 사람의 두뇌를 사회가 공유하자는 것이 아니다. IQ가 어떻게 되든 상대적으로 우세한 지능의 사람이 더 많은 이익을 얻도록 장려하고, 그 업적물을 호혜적 차등의 원칙에 따라 배분하는 것이 정의 원칙에 합당하다는 뜻이다. 사회 내에서 상대적으로 더 뛰어난 분포에 속하는 자질을 사회적 자산으로 판단하는 것이다. 사람들 간의 재능의 차이는 자연스러운 것이며, 이런 재능의 비교우위에 따른 이익의 실현물을 상호 호혜적으로 배분하는 것이 롤스의 차등의 원칙이다. 재능의 소유와 발휘는 정의의 제1원칙에서 기본적 권리의

70) Rawls(2001) JFR, pp.124-126.
71) Rawls(2001) JFR, pp.75-76.
72) Rawls(1999) RTJ, p.87; Rawls(2001) JFR, pp.73-74, p.158.

불가침성으로 보장하였다. 각자는 이기심, 합리성에 따라 각자의 재능을 발전시킬 자유가 있음을 유념할 필요가 있다.

셋째, 차등의 원칙은 또한 박애 정신을 담고있다. 우연한 행운이나 천부적 재능은 모든 사람(최소수혜자를 포함하여)에게 도움을 주는 방식으로 그 혜택을 사용하려고 한다.[73] 롤스의 차등의 원칙은 각자 누리는 행운을 중립화하는 쪽으로 이익을 배분되는 것이 정의 원칙에 부합한다고 본다. 따라서 재능을 타고난 사람은 자기의 장점을 불운한 사람의 교육과 훈련 비용을 위해 나누는 것이 타당하다.[74] 롤스의 철학에 따르면, 계급사회(caste society)는 결코 정의롭지 못하다. 왜냐하면, 계급사회에서는 이익을 상호 호혜적으로 나누지 않고 특정 계급이 독점하기 때문이다. 이처럼 롤스 정의론은 자연적·사회적 운을 사용할 경우에 공동의 이익을 증진하는 쪽으로 이용할 것을 합의한 것이다. 롤스에게 있어서 정의로운 사회는 박애(fraternity)의 원칙을 충족시키는 체제이다. 큰 이익을 보는 사람은 불우한 처지에 있는 사람과 그 이익을 나누는 원칙을 실천하는 사회이다. 복권 1등 당첨자에게 높은 세율의 세금을 부과하는 것이나 재벌가의 상속에 높은 세율을 책정하는 것은 차등의 원칙을 적용한 것이라 할 수 있다.

롤스의 차등의 원칙은 롤스의 자유주의가 전제하는 상호 무관심한 개인과 개인 간의 관계를 넘어서 사회를 하나의 공동체로 만들어갈 수 있는 가능성을 제시한다. 이런 점에서 보면, 롤스의 정의 원칙은 마이클 샌델의 공동체주의가 비판하는 것처럼 자신의 이익만을 추구하는 비정하고 차가운 개인을 상정한 것이 아니다. 차등의 원칙은 평등주의적 자유주의에 기반한 롤스 철학이 박애와 배려를 통해 하나의 공동체를 만들어 갈 토대를 제공한 것으로 이해할 수 있다.

넷째, 차등의 원칙은 동시에 효율성 원칙과도 양립될 수 있다. 롤스에 따르면 사람들은 원초적 입장에서 파레토 최적화에 의한 효율적인 자원 배분에 합의하였다. 차등의 원칙은 더 큰 이익을 보는 그룹(MAG)이 혜택을 덜 보는 그룹(LAG)에 비해 더 가져가더라도 그것이 LAG의 이익을 보장한다면 차이를 인정

---

73) Rawls(2001) JFR, p.124.

74) Rawls(1999) RTJ, p.87.

할 수 있다고 본 것이다. MAG의 몫은 LAG에게 최대한의 이익을 보장한 뒤 남는 부분이다. 이에 반해 자유지상주의에서 개인 재능의 결과는 그 개인이 모두 차지하는 것이 정의이다. 공동체주의에서는 국가가 개인 재능의 결과에 대해 공공선을 명분으로 개입해 권위적으로 배분할 길이 열려 있다. 그러나 롤스의 평등주의적 자유주의 체제에서는 재능을 더 가진 사람이 재능을 덜 가진 사람에게 혜택을 나눠준다면 자신의 몫을 가지는 것이 정의라고 본다. 바로 이런 이유로 보면, 차등의 원칙은 공동체주의가 주장하는 것처럼 공공선을 위해 자원배분의 왜곡을 용인하는 것이 아니라 지속 가능한 발전 목표를 견지하면서 자원 배분의 효율성을 성취하는 방안이다. 롤스는 차등의 원칙이 자유주의적 복지국가 체제에 부합한다고 보았다. 사회주의적 자원배분 체계와는 거리가 있다. 롤스는 차등의 원칙을 통해 평등을 지향하지만, 결과의 평등을 목표로 하지 않는다. 차등원칙은 평등을 지향하지만 동시에 불평등의 상태를 인정하는 것이다. 평등과 불평등, 평등과 효율 사이에 균형을 잡으려는 노력에 해당한다.

그러나 롤스의 차등의 원칙은 혜택을 덜 보는 그룹(LAG)에게 무작정 많이 나눠주는 것이 아니다. 파레토 최적화를 이뤄 선순환을 이룰 수 있는 만큼 나눠주는 것이다. 따라서 롤스의 정의론은 차등의 원칙을 통해 평등을 지향하고 있지만, 결과에서 평등을 목표로 삼은 것은 아님을 분명히 할 필요가 있다. 어떻게 보면 롤스의 차등의 원칙은 평등을 지향하지만 결과적으로 사회 내의 불평등을 정당화하는 기능을 수행한다고 할 수 있다. 소유의 불평등을 허용하는 정당한 불평등론을 지향하기 때문이다. 혜택을 덜 보는 그룹(LAG)에게 장기적으로 이익이 되는 한 소유의 불평등은 정당하며 사회적으로 허용된다는 점을 강조한다. 정리하면 롤스의 정의 원칙은 자유와 평등을 조화시키면서 각자 가치있는 삶을 살아갈 수 있는 원칙을 제시한 것이다. 롤스의 정의 원칙은 평등과 불평등, 평등과 효율 양자 어디에도 치우치지 않는 가운데 균형을 잡으려 한 것이다. 공동체주의는 바로 이런 이유 때문에 롤스 이론이 사회적 불평등을 결과적으로 정당화한다고 비판한다.

### 정의 원칙들의 우선 관계

롤스의 정의 원칙 간에는 서열관계가 존재한다. 롤스는 제1원칙 기본권의 불가침성과 평등성이 가장 우선적으로 적용되어야 한다고 보았다. 제1원칙이 충족된 후에 제2원칙의 제1항 공정한 기회균등의 원칙을 적용할 수 있으며, 그다음에 제2항 차등의 원칙을 수용할 수 있다. 정의 원칙의 서열을 우선성을 기준으로 순차적으로 표시하면 1 > 2① > 2②이다. 정의 원칙의 우선성 관계를 더 자세히 설명하면 다음과 같다.

첫째, 롤스의 정의 제1원칙 자유의 우선성은 기본권의 불가침성과 평등성을 의미한다. 정의 원칙들의 우선성 서열에 따라서, 제1원칙이 요구하는 평등한 기본적 자유에 대한 제한은 사회적·경제적 이해관계에 따라 정당화될 수 없다. 예를 들어 소수자가 믿는 종교라는 이유로 더 작은 크기의 양심의 자유를 허용할 수는 없다. 왜냐하면 양심의 자유는 모든 사람에게 똑같이 평등하게 주어져야 하기 때문이다. 이런 점에서 보면 종교적 불관용과 인종차별은 정의롭지 못한 것이다. 또한 경제력과 권위의 불평등을 용인하는 사회적 구조는 기본권의 불가침성과 평등성의 원칙을 준수하는 가운데 허용될 수 있다.

경제성장과 효율성 제고에 지장을 준다는 이유로 구성원이 가지는 불가침의 자유를 제한하는 것은 정의의 원칙에 어긋난다. 예를 들어 군 징집은 시민의 기본적 자유인 신체의 자유에 대한 국가의 간섭에 해당한다. 국가는 전쟁 등과 같은 비상사태에 대비해 개인의 신체의 자유를 침해하는 징병제도를 운영할 수 있다. 롤스는 국가가 사회적 효율을 명분으로 특정인이나 특정 집단에 대한 징집을 면제하거나 연기하는 것은 정당하지 못하다고 보았다. 롤스의 정의론에 따르면, 세계적인 아이돌 그룹 방탄소년단(BTS)의 병역의무를 면제하지 않기로 한 결정은 정의로운 것이라고 할 수 있다. BTS 멤버들에게 병역면제 특혜를 제공한다면 그들은 더 많은 국내외 활동을 이어갈 수 있을 것이다. 그들의 활동은 전 세계 K-POP 한류 열풍을 확산시킬 수 있다. 그렇게 되면 한국에 대한 이미지를 높여 국위선양에 도움이 된다고 볼 수 있다. BTS 멤버를 군대에 보내는 것은 국가적 손실이자 낭비에 해당한다고 주장할 수 있다.

그러나 롤스는 사회적·경제적 효율성을 이유로 정의의 제1원칙에 해당하는 기본적 자유(신체의 자유)를 불평등하게 대우하는 것은 정의롭지 못하다고 강조한다.[75] 사회에 더 많은 이익이 있다고 해서 기본적 자유의 평등성을 부정하는 것은 정의 원칙의 우선적 관계를 위배하는 것이다. 기본적 자유의 우선성은 모두에게 평등하게 적용되어야 하기 때문이다. 롤스에게 있어서 기본적 자유는 사회적·경제적 고려가 아니라 다른 기본적 자유의 침해를 막기 위한 경우에 한해 규제될 수 있다.[76] 기본적 자유에 대한 제한이 허용되는 경우는 기본적 자유 그 자체를 보호할 때이다.

종교의 자유가 합당한 종교 모두에 평등하게 적용되지 않는다면 그것은 사회 전체적 차원에서 결과적으로 기본권 침해로 이어지게 될 것이다. 처음에는 소수자의 종교에 대한 제한이 이뤄지다가 결국에는 대다수 종교에 대한 자유 침해로 이어질 수 있기 때문이다. 롤스는 경제적 사회적 효율성을 정의의 기본 논리로 수용하게 되면 결과적으로 공리주의적 관점에서 정의의 문제를 판단하게 된다는 점을 지적한다.

둘째, 롤스가 정의의 제1원칙에서 제시한 기본권의 불가침성과 평등성에 해당하는 권리 중 정치적 자유에 해당하는 자유는 사상의 자유와 양심의 자유, 표현(언론)의 자유와 결사의 자유, 정치적 자유(투표권과 참정권), 신체의 자유, 사적 재산을 소유할 자유, 법치에 의해 포괄되는 기본 권리와 자유를 포함한다. 이는 정의의 제1원칙이 요구하는 정치적 자유의 불가침성과 평등성을 사회적·경제적 필요에 따라 제한할 수 없다는 점을 분명히 한 것이다. 소수자가 믿는 신념이라 할지라도 양심의 자유를 조금 작게 허용할 수는 없다. 양심의 자유는 불가침이며, 모두에게 똑같이 평등하게 주어져야 한다.[77] 이런 점에서 보면, 소수자에 대한 불관용과 차별은 정의롭지 못한 것이다. 타인의 정치적 교리를 신뢰하지 않더라도 타인의 정치적 신념은 존중받아야 한다는 점을 알려준다. 롤스는 이처럼 정치적 자유에 가장 높은 권능을 부여하였다. 사회적 자유에 대한 기회균

75) Rawls(2001) JFR, p.47.
76) Rawls(2001) JFR, p.111.
77) Rawls(2001) JFR, p.105.

등의 원칙과 경제적 자유에 대한 차등의 원칙은 정치적 자유에 비해 낮은 순위를 갖는다고 보았다. 따라서 롤스의 정의 원칙은 정치적 자유, 사회적 자유, 경제적 자유의 순서대로 자유의 우선성이 있다고 본 것이다. 롤스는 정치적 자유는 원초적 입장에서 가장 중요하고 시급하게 다루어야 할 입헌적 대상에 해당하며, 기회균등의 원칙과 차등의 원칙은 입헌적 대상에 대한 합의 후에 논의할 후순위 입법 대상으로 보았다.[78] 이처럼 롤스가 제시하는 사회의 기본 구조는 기본적 자유의 우선성을 지키는 가운데 마련되어야 한다. 사회적·경제적 불평등은 이런 토대를 인정한 후에 논의될 수 있다.

셋째, 자유의 우선성 원칙은 누구도 정의의 원칙이 정한 기본적 자유의 평등성을 넘어서는 권리를 갖지 않는다는 점을 의미한다. 기본적 자유의 평등성을 부인하게 된다면 결과적으로 사회 구성원 모두가 손해를 보게 된다.[79] 롤스 정의론이 적용되는 사회는 기본적인 자유와 권리 배분에 있어서 평등하다는 점을 인정하는 체제이다.

또한 기회균등의 원칙은 차등의 원칙에 우선한다. 즉 정의의 제2원칙인 기회균등의 원칙과 차등의 원칙이 충돌할 경우에는 기회균등의 원칙이 우선적으로 적용되어야 한다. 기회균등의 원칙이 충분히 이뤄진 후에야 효율성을 추구하거나 편익 총량을 극대화하는 방안이 합리화될 수 있다. 기회균등은 기회가 적은 사람의 기회를 높이는 방향으로 적용되어야 한다.

넷째, 롤스의 정의 원칙은 상호 갈등적인 자유와 평등의 가치를 조화시키려고 노력한 것이다. 자유지상주의의 입장에서 보면 정의의 제2원칙은 개인의 자유와 권리를 제도적으로 침해하는 것이다. 또한 평등주의 입장에서 보면 롤스 정의론은 자본주의 착취계급의 사회가 존립할 수 있는 근거를 제공하는 것이다. 롤스의 제1원칙과 제2원칙은 자유지상주의자와 급진적 평등주의 양쪽으로부터 비판받고 있다. 그러나 개인의 자유의 우선성을 확보한 이후에 사회경제적 불평등을 개선하고자 노력했다는 점에서 자유와 평등의 가치를 상호 타협 가능한 상태로 만드는 방안이라고 할 수 있다.

---

78) 박정순(2019) 존 롤스의 정의론: 전개와 변천. p.157.

79) Rawls(1999) RTJ, pp.476-477.

### 3) 정치적 자유주의의 특성

롤스는 『정의론(TJ, RTJ)』에서 자유주의적 철학을 제시한 데 이어, 후속 『정치적 자유주의(PL)』에서 자유민주주의 정치체제를 안정적으로 유지할 수 있는 보다 명료한 방안을 제시하였다. 롤스의 정치적 자유주의(political liberalism)는 공정으로서의 정의 원칙을 정치적 영역에 적용한 것이다. 또한 롤스는 정치적 자유주의가 시간적·공간적 경계를 초월하는 포괄적 교리(comprehensive doctrine)가 아니라고 했다. 정치적 자유주의는 입헌민주주의와 자유민주주의 사회에 한정해 적용할 수 있는 정치적 합의에 해당한다고 보았다.[80)]

롤스는 『정의론』에서 제시한 정의 원칙이 자유주의의 일반 이론으로 이해된 것은 잘못된 것이라고 말한다. 롤스의 이런 설명은 공동체주의자인 마이클 샌델의 비판에 대한 해명 차원에서 이뤄졌다. 샌델은 롤스가 『정의론』에서 자아(self)가 목적에 우선한다고 전제하는 것은 마치 롤스 주장이 포괄적 교리에 준하는 진리성을 담는 것처럼 보인다고 비판하였다.[81)] 인간의 존재가 구체적 삶의 목적에 우선한다는 전제(원초적 입장)에 대해 샌델 등의 공동체주의자들은 롤스 정의론을 포괄적 교리나 일반 이론으로 인정할 수 없다고 비판하였다.

롤스는 후기 저작인 『정치적 자유주의(PL)』와 『공정으로서의 정의: 재서술(JFR)』에서 자신의 정의론은 근대 민주주의 사회에 한정된 것이라고 설명한다.[82)] 롤스는 자신의 정의론이 사회의 기본 구조를 둘러싼 정치적인 것에 초점

80) Rawls(1993) PL, pp.11-15; Rawls(2001) JFR, pp.11-12; Pogge, Thomas(2007) John Rawls: His Life and Theory of justice. p.35. 포괄적 교리는 시공을 초월하여 사람들에게 꿈과 이상, 가치에 대한 기준을 종합적으로 제공한다. 정의관, 진리관, 생사관, 형이상학적 세계관, 도덕 원칙, 정치적 원칙이 포함된다. 기독교, 불교, 자유주의, 맑스주의 등이 포괄적 교리의 예시이다. 또한 롤스는 정치적 영역과 비정치적 영역을 구분한다. 정치적 영역은 사회의 기본 구조로서 사회적·정치적·경제적 제도이다. 비정치적 영역은 가족, 개인적 영역, 자발적 결사체, 기업 등이다. 롤스는 정치적 자유주의는 정치적 영역에 적용할 수 있으며, 비정치적 영역에는 적용되지 않는다고 보았다.

81) Sandell(1982) LLJ, pp.93-95.

82) Rawls(1993) PL, pp.11-15; Rawls(2001) JFR, pp.26-27.

을 맞춘 것이라며, 도덕적 측면에서는 초월적인 가치를 제공하지 않았다고 그 한계를 인정한다. 따라서 롤스의 정의론은 시공을 초월한 포괄적 교리가 아니라, 시기적으로는 근대 그리고 체제적으로는 민주주의 사회에 적용할 수 있다. 중세시대나 근대 이후 사회주의 국가 등에는 적용할 수 없다.[83] 롤스는 자유주의와 입헌 민주적 전통이 취약한 제3세계, 독재국가, 사회주의 국가 체제에는 자신의 정의 원칙을 적용할 수 없다고 보았다.

롤스 정의론은 역사적 시간과 지리적 공간을 초월하는 일반적 원리를 제시한 것은 아니라고 비판받는다. 그러나 근대 민주주의 사회에는 적용 가능한 보편적 이론이라 볼 수 있다.[84] 롤스 정의론은 또 특정한 가치나 담론을 제시하지 않기에 사회변화의 방향성이 없다고 지적된다.[85] 그러나 롤스가 전제하는 합당한 다원주의를 고려할 때 롤스의 정의론은 합의를 이룰 수 없는 다원적 이념 간의 공존 원리를 설정했다는 점에서 철학적 의미가 있다고 할 수 있다.

롤스의 정치적 자유주의는 다양한 신념체계가 공존하는 사회에서 어떻게 정의를 이룰 것인지에 대한 방안을 제시한 것이다. 그의 정치적 자유주의는 자유민주주의 국가에서 다양한 종교적, 철학적, 도덕적 신념체계가 중첩적 합의를 통해 정치적 정의를 이룩해 가는 방안을 제공한다.[86] 그것은 자신의 권리가 존경받듯이 타인의 권리에도 관심을 가질 것을 요구한다. 자신의 생각만이 우월하다고 고집해서는 정치적 자유주의를 확립할 수 없다. 정치적 자유주의는 다양한 교리들이 상호 협력적으로 공존할 방안을 제시한 것이다.

롤스의 정의론은 다원적 현실 속에서 사회적 통합의 기반을 마련할 수 있는 구성적, 절차적 정의를 나타낸 것이다.[87] 롤스 정의론은 다양한 형태의 포괄적 교리들이 상호 공존할 방법과 원칙을 제시한 것이다. 롤스는 무엇이 정의인지 스스로 답하지 않았다. 롤스에게 있어서 정의는 공정하고 합리적인 절차를 통

83) Rawls(2001) JFR, p.14.
84) 박정순(2019) 존 롤스의 정의론: 전개와 변천. pp.121-130.
85) Lovett, Frank. 김요한 역(2013) 롤스의 『정의론』 입문. p.258.
86) Rawls(2001) JFR, p.9.
87) Rawls, John. 황경식 역(2003) 정의론. 이학사, p.758.

해 모두가 받아들일 수 있는 합의안을 마련하고 그것을 실천하는 것이다. '공정으로서의 정의'(justice as fairness)는 이런 롤스 정의론을 함축적으로 집약한 말이다.

롤스 정의론은 입헌 민주주의(constitutional democracy) 전통을 전제로 한다. 롤스에게 있어서 정의의 역할은 사회 조직의 협동 체계를 통해 산출되는 재화를 공정하게 분배하는 기능을 담당한다. 따라서 롤스의 정의론은 안정되고 정의로운 사회를 오랜 기간 유지하는 방안을 제시한 실천적 원리라고 할 수 있다. 이런 원리는 결국 각자 자기의 가치체계와 교의를 지키면서 상호 차이점에 동의할 수 있는 정당화의 근거가 된다. 하나의 도덕적 교의를 만들어 내는 것이 아니라, 모든 사람이 합의할 수 있는 정치적 개념의 정의 방안을 (서로 다른 이유에서 동의한다 할지라도) 찾는 것이다. 정리하면 롤스의 정의론은 어떤 교의, 교리, 이념을 제시하고 그것을 실천하는 것이 아니라 사회적 정의를 찾아가는 방식을 제시한 것이라는 점에서 비정초적(non-foundational)이다.[88] 롤스 정의론은 구체적인 목적과 가치가 아니라 목적과 목적, 가치와 가치가 상호 공존할 수 있는 원리와 방식을 제시한 것이다.

롤스에 따르면 근대민주주의 체제에는 종교적, 철학적, 도덕적 교리에 있어서 다양한 반대 의견이 존재했다. 근대사회는 기독교, 유대교, 무슬림, 힌두교, 불교, 유교 또는 무신론이라는 다양한 형태의 다원적 교리가 존재하는 공간이다. 그런데 이런 다원적 사고를 통합하는 것은 근본적으로 불가능에 가깝다. 각각의 교리는 한때 우월적 위상을 차지할지 모르지만 시간의 흐름에 따라 부침이 있을 수 있다. 이런 상황에서 민주주의 체제가 담당할 가장 큰 과제는 합당한 다원주의 사회라는 사실을 인정하고, 상호 다름을 존중(respect)하면서 사회적 갈등을 안정적으로 관리하는 것이다.

롤스는 하나의 사회에서 모든 사람이 동일한 가치체계를 공유할 수는 없다고 보았다. 롤스는 종교적, 철학적, 도덕적 다양성을 설명하기 위해 중세와 근세

88) 정초주의, 토대주의는 인식론의 하나로, 어떤 것을 알기 위해서는 틀림없이 확실하고 믿을 수 있는 어떤 토대에서 연역적으로 시작해야 한다는 입장이다.

유럽의 사례를 들었다. 중세유럽은 로마 가톨릭에 기반한 종교 공동체였다. 로마 가톨릭은 종교재판을 통해 다른 종교적 분파를 이단(異端, 정통 교리에서 벗어나 다른 교리를 주장하는 집단)으로 규정했다. 이단에게는 박해와 억압을 가했다.

마틴 루터의 종교개혁(1517년) 이후 16~17세기 유럽에서는 이단논쟁이 절정에 달했다. 이단자는 불태우거나 강물에 던져 죽였다. 종교 공동체 안에서 마녀사냥이라는 집단적 광기는 정의롭고 정당한 것으로 받아들여졌다. 마귀와 마녀를 지목해 죽이는 것은 가족과 신앙을 지키는 정의로 간주되었다. 신교(프로테스탄트)와 구교(가톨릭) 간 종교전쟁으로 수백만 명이 죽었다.

롤스는 종교재판과 종교전쟁이 우연히 일어난 일이 아니라고 지적한다.[89] 롤스에 따르면 종교전쟁은 종교적 가치를 지키기 위해 자의적으로 폭력을 사용한 것이었다. 이교도나 무단한 사람을 이단으로 몰아 억압한 행위였다. 근대 자유주의 철학은 종교재판과 종교전쟁을 거치면서 다른 사람이 자신과 다른 종교를 가질 권리가 있음을 인정한 데서 출발한다. 자유주의는 자기의 절대적 종교관을 타인에게 강요하지 않는 다원주의에 기반한다. 자유주의는 각자 믿는 종교의 절대성을 타인에게 강요한다면 전쟁과 충돌은 절대 멈추지 않을 것임을 받아들인 결과이다. 자유주의 철학은 상대방의 종교를 인정함으로써 평화와 협력의 기틀을 마련하는 데 동의하면서 생겨난 것이다. 롤스는 신앙뿐 아니라 철학적, 도덕적, 세속적 신념체계에도 이 논리가 적용된다고 보았다. 자유주의 이론은 타인의 선택 자유를 인정하면서 생겨난 것이다.

롤스는 정치적 자유주의가 갖는 특성으로 다음 5가지(① 합당한 다원주의의 사회, ② 중첩적 합의, ③ 공적 이성의 관념, ④ 공정한 협력체계로서의 사회, ⑤ 반성적 균형)를 제시했다. 롤스가 정의론과 정치적 자유주의 관념을 통해 중요하게 생각한 것은 시민의 상호 존중과 공정한 협력조건을 마련하는 것이다. 정치적 자유주의의 목표는 상호 다양성을 인정하는 가운데 갈등과 충돌을 관리하면서 사회를 안정적인 체제로 만드는 것이다.[90]

---

89) Rawls(2001) JFR, p.34.

90) Nussbaum, Martha(2015) Extending Political Liberalism. pp.8-15.

### 합당한 다원주의의 사회

롤스는 사회와 공동체를 구별한다. 롤스에 따르면, 자유민주주의 사회는 하나의 공동체(community)로 이뤄지지 않는다. 공동체를 포괄적 신념체계를 전체적, 부분적으로 공유하는 집단이라고 한다면, 자유민주주의 사회는 다양한 공동체로 이루어진다.[91] 그렇기 때문에 자유민주주의 사회는 하나의 공동체가 될 수는 없다. 롤스는 자유민주주의 사회의 본질적인 원리를 합당한 다원주의(reasonable pluralism)로 보았다. 다양한 공동체에서 드러나는 다양성은 신념에 대한 근본적인 의견 차이에 관한 것이다. 개인이 갖는 삶의 목적과 목표도 다양하고 다원적이다. 그 차이는 근본적이다. 공동체 간 차이는 타협 불가능한 정도라고 이해된다. 따라서 국가가 무엇이 좋고, 나쁜지를 권위적으로 제시하는 것은 불가능한 상황이다.

롤스의 정치적 자유주의가 상정하는 사회는 집단적 정체성이 뚜렷한 공동체가 다수 존재하는 곳이다. 사회는 다원화된 개인과 다양한 공동체로 구성되며, 국가는 이를 전제로 각자의 자유와 권리를 보장하고 사회적 정의를 모색한다. 사회와 국가는 장기적으로 상호 분리된다. 개인과 개인 간에 연대적 의무는 강조되지 않으며, 상호 합의된 정의 원칙에 따라 행동할 것이 요구된다. 개인의 공동체에 대한 의무감이나 사회적 선은 원초적 입장에서 합의하는 사회적 계약에 비해 후순위의 위상을 갖는다. 국가는 다원적 가치 가운데 특정한 가치를 우대하지 않는다. 정치적 자유주의는 이런 상황에서 중첩적 합의, 상호 관용 등을 통해 사회 정의 원칙을 실천하는 체제이다. 미국의 뉴욕시를 생각해 보자. 뉴욕은 이민자가 모인 곳이다. 뉴욕 시민의 1/3 이상은 다른 나라에서 태어나 미국으로 이민 온 사람이다. 거기에다 장단기체류를 목적으로 전 세계에서 관광객이 찾아온다. 뉴욕시의 공용어는 영어이다. 그러나 전 세계 거의 모든 언어가 사용된다. 코리아 타운, 차이나 타운, 리틀 이탈리아뿐 아니라 유대인, 남미인, 아프리카, 슬라브 등 다양한 문화적 공동체가 공존하고 있다.

---

91) Rawls(2001) JFR, pp.21-22.

롤스는 자유민주주의 사회가 갖는 다원성을 '선에 대한 합당한 다원주의라는 사실'(fact of reasonable pluralism about the good)이라고 했다.[92] 즉 자유민주주의 사회는 종교적, 철학적, 도덕적 가치관에 있어서 무엇이 좋은지를 놓고 구성원들 사이에 양립할 수 없을 정도의 견해차가 있다고 전제한다. 구성원 모두가 동의하는 공동의 가치는 존재하지 않으며, 존재할 수도 없다. 여기서 롤스의 강조점은 단순한 다원주의가 아니다. 합당한 다원주의이다. 롤스는 합당함(reasonableness)이 합리성(rationality)에 우선한다고 보았다. 합당함은 이치에 맞음을 의미한다. 원칙과 기준이 합당하고 온당하다고 판단되면 개인은 비록 동의하지 않더라도 그 결과를 인정하고 받아들인다. 이에 반해 합리성은 개인의 타산적 동기이다. 목적(목표)에 견주어 어느 정도의 비용을 지출했는가가 가르는 기준이다. 합리성을 적용할 때 도덕적 관념은 배제된다. 그러나 합당함을 적용하면 그 결과는 달라진다. 예를 들어 종교적 영역의 경우에 보편적인 신앙이나 종교가 아닌 신비적 종교, 밀교(密敎), 사교(邪敎)는 합당한 다원주의에 포함되기 어렵다.

롤스에게 있어서, 자유민주주의 사회는 구성원이 단일한 포괄적 교리를 공유하는 공동체가 아니다.[93] 자유민주주의 사회는 개인이 동의하지 않는 종교적, 도덕적 가치라 할지라도 사람들이 그것을 진심으로 받아들인다면 인정하고 존중할 수밖에 없는 체제이다. 무신론자라 하더라도 불교, 기독교가 갖는 내세관과 종교관을 존중하는 것과 같다. 예를 들어 극단적인 이슬람 공동체주의는 롤스가 제시하는 합당한 다원성을 수용하지 않는다. 그들은 배타적인 이슬람 공동체 건설을 지향한다. 인도계 영국 소설가 아흐메드 살만 루슈디(Ahmed Salman Rushdie, 1947~) 사례는 대표적이다. 루슈디의 1988년 소설 『악마의 시』는 이슬람 신성모독 논란을 일으켰다. 시아파 지도자 루홀라 호메이니(Ruhollah Khomeini)는 루슈디 처형을 명했으며, 이슬람 원리주의 단체는 현상금을 걸었다. 루슈디는 은둔 중이던 2022년 뉴욕에서 암살 시도를 받은 것으로 알려졌다. 이슬람 원리주의 무장조직과 서방 세계와의 갈등이 끊이지 않는 이유는 합당한

92) Rawls(1993) PL, p.xvi; Rawls(2001) JFR, p.3.
93) Rawls(2001) JFR, p.34.

다원성을 인정할 것인지에 대한 견해 차이 때문이다. 극단적인 공동체주의는 합당한 다원성을 인정하지 않는다.

자유민주주의 사회는 다양한 교리와 근본주의가 공존하기 위해 서로가 다름을 인정하는 체제이다. 불편함이 있어도 인내하고 감수하는 사회이다. 개인은 각자의 종교적, 도덕적 공동체 안에서 좋은 삶을 보장받는다고 믿는다. 그러나 사회 전체적으로 보면 복수의 가치관이 공존한다. 국가나 정부는 무엇이 좋고 우월하며 또 선한 것인지 결정할 수 없다. 롤스는 자유민주적 정치사회는 단일한 도덕적 가치에 기반할 수 없다고 믿었다. 따라서 서로 다름을 인정하면서 공적 이성을 통해 공존을 모색할 수밖에 없다. 롤스는 자유민주주의 체제에서 모든 구성원이 수용하는 공공선(public good)의 존재를 원칙적으로 인정하지 않는다. 합당한 다원주의 사회에는 다양한 선관(善觀, the conceptions of the good)이 존재한다.[94] 구성원 모두에게 적용할 수 있는 공공선은 원칙적으로 있을 수 없다고 본다. 롤스는 이러한 합당한 다원주의의 원리가 적용되는 체제를 정치적 자유주의라고 불렀다.

이런 합당한 다원성은 공공선이나 도덕적 가치를 중시하는 공동체주의와는 근본적으로 차이가 있는 점이다. 롤스는 정의 원칙에서 제시한 것처럼, 개인의 기본적 자유가 불가침적으로 존중되고 권리가 평등하게 부여되는 가운데 각자 자유롭게 자신의 목표를 향해 달려갈 때 사회의 공동선(common good)이 증진될 수 있다고 보았다.[95] 롤스에게 공동선은 개인의 사적 이익이 합쳐진 것이다.

---

94) Rawls(1993) PL, p.356.

95) 공공선(the public good)과 공동선(the common good)을 구분할 필요가 있다. 공공선은 분리할 수 없는 공적 선을 의미한다. 사적 선(the private good), 사회적 선(the social good)의 반대 개념이다. 국가나 정부 차원의 공적인 특성을 갖는다. 이에 반해 공동선은 개별적 이익을 합친 집단의 공동이익이다. 반대말은 개인의 선(the individual good)이다. 공동선은 개별성을 유지하면서 합쳐질 수 있다. 아파트 주차장은 입주민 모두가 이용할 수 있는 공동재산이다. 개별적으로 분할할 수도 있다. 그러나 외부 사람이 임의로 이용할 수 없는 경우가 많다. 따라서 아파트 주차장은 사회적 공공선이라고 할 수는 없다. 공공선은 개별성을 뛰어넘어 전체를 위해 봉사한다는 개념이다. 고속도로, 하천 등의 공공재산은 분할해 사용할 수 없다. 공공선에 해당한다. 공리주의에서는 여러 개의 공동선이 존재할 수 있다. 다수 집단의 뜻과 이익을 반영하는 공동선이 공

평등주의적 자유주의 철학에는 모두가 지향할 공공선은 존재하지 않는다. 개인의 사적 이익이 모여, 그것이 모두에게 공동이익(common interest)이 될 수 있다면, 공동이익은 결과적으로 공공선으로 간주될 수 있을 뿐이다. 자유주의 전통은 구성원의 자유를 먼저 보장하면서 집단의 공동선을 추구하는 반면에, 공동체주의와 공화주의 전통은 공동체 전체의 이익을 도모하는 공공선을 강조한다. 자유주의 전통은 공동체주의가 제시하는 공공선을 원칙적으로 논의의 대상으로 삼지 않는다. 공리주의에서는 최대다수에게 최대이익을 주는 방안이 공공선으로 간주된다.

합당한 다원주의라는 사실은 롤스 정의론과 정치적 자유주의의 핵심 전제이다. 롤스에게 있어서 합당한 다원주의 사회는 다양한 포괄적 교리들에 대한 관용을 자기 입장의 일부로 받아들인 입장이 공존하는 곳이다. 다양한 종교적 교리가 있다고 하자. 기독교, 불교, 이슬람교, 유교 등 다양한 종교들이 개인의 자발적 선택에 따라 공존한다. 무교도 있을 것이다. 중요한 점은 특정 종교를 믿는 신도 수에 따라 그 종교에 대한 사회적 대우를 결정해서는 안 된다는 점이다. 합당한 다원주의 사회는 합당한 종교 모두 기본적 권리를 평등하게 누리는 곳이다. 합당한 다원주의는 상호 간에 합당한 신념과 도덕관을 존중할 것을 요청한다. 합당한 다원주의 사회는 정치적, 도덕적, 종교적으로 반대하는 의견일지라도 상대방이 그런 생각을 갖고 또 표현할 수 있는 권리를 인정한다. 마세도는 롤스가 다원주의를 주장한 이유는 "(가치관의 차이로 인한) 갈등을 두려워하거나 회피하려는 것이 아니라, 오히려 합당한 사람들의 뜻을 존중하려는 의미"라고 평가한다.[96] <표 7>은 롤스가 제시한 합당한 다원주의의 특징을 정리한 것이다.[97]

---

공선으로 간주된다. 모두의 이익을 반영하지 않지만 다수의 이름으로 특정한 공동선이 공공선으로 채택된다. 이런 경우 소수 집단의 공동선을 반영하는 방안은 별도로 존재한다고 할 수 있다.

96) Macedo(1995) Liberal Civic Education and Religious Fundamentalism, Ethics. 105(3), pp.468-496.

97) Pogge, Thomas(2007) John Rawls. pp.34-35.

**표 7 | 합당한 다원주의의 특징**

| |
|---|
| a. 사회 내 가치체계는 다원적으로 존재한다. 각각의 가치체계는 나름대로 합당한 도덕적, 철학적, 윤리적, 심미적, 종교적 세계관을 갖고 있다. |
| b. 각각의 가치체계가 공유하는 가치와 목적은 없다. 세계관의 차이는 깊고, 화해 불가능하며, 양립할 수 없는 정도이다. |
| c. 다원성은 영구적이라고 볼 수 있다. 다원성을 해소하기 위해 도덕적으로 수용할 수 없는 집단적 폭력이 발생하기도 했다. 중세시대 기독교와 이슬람 간의 십자군전쟁이 대표적 사례이다. |

그렇다면 합당한 다원주의 사회에서 관용의 정신은 어디까지 허용할 것인가? 칼 포퍼(Karl Popper)는 『열린 사회와 그 적들(The Open Society and Its Enemies)』에서 제한없이 관용하는 것은 관용하지 않는 사람들을 관용함으로써 결과적으로 불관용이 승리하는 '관용의 역설'(paradox of tolerance)에 이를 수 있음을 경고했다. 포퍼는 "만일 우리가 불관용의 맹공격에 대항해 관용적 사회를 지킬 각오가 되어있지 않다면, 관용하는 사람과 관용적 정신은 파괴될 것이다 … 우리는 관용의 이름으로 불관용을 관용하지 않겠다는 권리를 주장해야 한다"고 지적한 바 있다.98)

그러나 롤스의 합당한 다원주의는 불관용의 철학과 사상에 대해 불관용의 정신을 적용하는 것에 대해서 반대한다. 롤스의 정의 원칙은 불관용을 주장하는 이들이라도 그들이 다원주의 사회에서 갖고 있는 기본적 자유 – 예를 들어 표현의 자유 – 를 합당한 방법으로 말할 수 있는 기본적 권리가 있음을 인정한다. 듣기 좋은 말뿐 아니라 듣기 싫은 말에 대해서도 관용의 정신을 허락하자는 것이다. 헌법적 테두리 안이라면, 표현할 수 있는 권리를 각자의 기본적 권리로 인정해야 한다. 롤스에게 있어서 관용의 정신은 관용과 불관용 사이에서 균형감각을 갖는 것이 중요하다. 예를 들어 2021년 1월 미국 대통령 선거 이후 극우 보수주의자들이 워싱턴 의회 의사당을 습격한 사건은 폭력적 수단을 통해 표현의 자유를 표출한 것이다. 그러한 행위가 사회적으로 관용되지 않았던 것

98) 칼 포퍼(2006) 열린 사회와 그 적들 1. 민음사, pp.457-458.

은 대통령 선거 결과에 대한 불복 주장 때문이 아니었다. 폭력적 방법으로 자신들의 의견을 관철시키려 한 것을 용인할 수 없었기 때문이다.[99] 헌법적 테두리는 헌법 질서 속에서 합당함이 인정될 수 있어야 한다는 것을 의미한다. 그리고 그러한 합당함은 종교적, 철학적, 도덕적 신념체계를 통해 진실(truth)을 확보하기 위해 적절하게 구성되어 있어야 하기 때문이다.

자유주의 전통에서 시민은 공동체의 사회적 맥락이나 연고적 관계에 종속된다고 보지 않는다. 개인은 태어나면서 특정한 정치사회를 선택한 것이 아니다. 사람들은 어떤 정치사회에 자발적으로 편입한 것이 아니며, 어떤 역사적 시간에 공존할 뿐이다. 우연적인 요인에 의해 특정한 정치사회에 던져진 것이다. 따라서 개인에게 공동체의 공공선을 강요하는 것은 원칙적으로 개인의 선택의 자유에 대한 간섭에 해당한다.[100] 이슬람 전통에서 공동체의 공공선을 명분으로 여성에 대해 고등 교육을 금지하고 복장을 단속하는 것은 자유주의 철학에서는 받아들일 수 없는 것이다. 왜냐하면 이슬람 사회에 태어났더라도 각 개인은 공공선이라는 이름의 이슬람 관습에 동의한 것이 아니기 때문이다. 자유주의자의 눈에 공동체주의의 히잡(hijab, 머리를 두르는 스카프) 착용은 문화와 관습이라는 이름으로 강요되는 억압에 해당한다.

합당한 다원주의 사회에서 존재하는 각 집단 간의 근본적인 차이점을 극복하는 방법은 정치사회를 공정한 협력체계로 운영될 수 있도록 만드는 것이다. 롤스는 자유민주주의 사회를 다원주의 속에서 운영되는 것이라고 하였다. 그래서 롤스는 다원주의 사회에서 서로가 합의할 수 있는 사회의 기본 구조의 원리를 만들 수 있을지를 고민하였다. 롤스가 제시하는 옳음(the right)의 우선성 원칙은 바로 좋음(the good)에 대한 다원적 현실을 반영한 것이다. 다원주의 사회에서 사람들은 좋음에 대해 다양한 의견을 갖는다. 이는 좋음에 대해 일치된 의견을 갖지 못함을 의미한다. 롤스는 따라서 사람들이 정의의 원칙에 따르는 옳음을 좋음에 비해 우선시하는 데 어렵지 않게 합의할 것이라고 보았다.

---

99) 손영준(2021) 정치철학의 관점에서 본 표현의 자유 제한 - 트럼프 SNS 계정 정지 사태 어떻게 볼까. 관훈저널 158, pp.77-83.

100) Rawls(2001) JFR, p.4.

### 중첩적 합의와 공적 이성

롤스 정의관에 따르면, 합당한 다원주의 가치체계에서는 모두가 합의할 수 있는 포괄적 교리가 존재하지 않는다. 다원주의 사회에서 국가가 특정한 교의를 강요하려면 강제적, 물리적 힘이 필요하다. 그러나 민주주의 사회에서 국가가 강제력을 일상적으로 동원하는 것은 사실상 불가능하다. 그렇다면 실천적인 차원에서 사회적 합의는 어떻게 이룰 수 있을까? 롤스는 사회적 의제별로 합의안을 만들어가는 과정을 중첩적 합의(overlapping consensus) 개념으로 설명한다.

중첩적 합의는 서로 다른 포괄적 교리(종교적, 철학적, 도덕적 세계관)를 믿는 시민들이 – 서로 같거나 다른 이유에서 – 사회의 기본 구조(헌법과 법률)에 대해 정치적으로 정의롭다는 합의를 이루는 것이다. 중첩된 합의 개념은 마치 벤 다이어그램(venn diagram)에서 3개의 원 A, B, C(각각을 특정한 교리체계를 수용하는 공동체라고 가정하자) 모두에 속하는 교집합(A∩B∩C)을 이해하는 것과 같다. 교집합 부분을 합의안으로 택하게 되면 공동체 A, B, C는 각자 자기의 뜻을 완전히 관철할 수는 없다. 그러나 부분적 합의일지라도 교집합 부분을 합의안으로 받아들이면 각자는 자기의 가치체계 교의를 지키면서 동의할 수 있는 공적인 정당화의 근거를 갖게 된다. 즉 모두가 동의하는 단일의 합리적 교의를 만들어 내는 것이 아니라, 모든 사람이 합의할 수 있는 정의 – 비록 서로 다른 이유에서 동의한다 할지라도 – 를 끊임없이 찾아내는 것이다. 다양한 교리의 사람이 중첩적 합의에 동의한다는 것은 합의안이 잠정 협정(modus vivendi)일지라도 수용한다는 뜻이다. 이는 다원주의 사회에서 개인이 각자의 선관(善觀)을 필요에 따라 수정할 가능성이 있음을 상호 인정하는 것이다. 수정 가능성이 있어야 중첩적 합의를 발전시킬 수 있기 때문이다. 개인 각자는 양심의 자유를 바탕으로 선관을 진실하게 변경한 것이기 때문에, 중첩적 합의안은 도덕적으로 정당하며, 정치적으로 안정적인 것으로 인정된다.[101]

101) Rawls(1993) PL, pp.164-168; Kymlicka, Will. 장동진, 장휘, 우정렬, 백성욱 역 (2008) 현대정치철학의 이해. 동명사, pp.320-342.

다원주의 사회에서는 합당한 중첩적 합의를 통해 사회적 정의를 확보해 간다. 다양한 종교가 공존하는 사회에서 특정 종교를 이단으로 지적하면 엄청난 사회적 갈등이 발생한다. 국가 권력을 이용해서 국교(國敎)를 만들 수 있는 상황이 아니라면 사람들은 종교적 자유와 관련해 포괄적 신념체계를 상호 관용으로 인정할 수밖에 없게 된다. 이처럼 다양한 교리를 가진 사람들이 사회의 기본적인 질서에 대해 중첩적으로 합의한다는 것은 합의안이 비록 일시적일지라도 받아들인다는 뜻이다. 이는 합의가 결렬될 때 발생할 중대한 이익의 침해보다는 중재안을 받아들이는 것이 상호 이익이라고 보기 때문이다. 이런 협정은 다원적 참여자들이 실행 가능한 정치적 정의관에 대해 최소한이라도 합의하는 것이 상호 이익이라고 믿는 한 질서있는 공존을 가능하게 한다.[102] 중첩된 합의는 원초적 입장에서 이뤄지는 것이 아니다. 사회의 기본적 구조에 대한 입헌적·입법적 단계에서 발생한다. 질서정연한 사회(well-ordered society)에서는 '합당한 중첩적 합의'에 의해 정치적 관점이 승인될 수 있다. 질서정연한 사회란 정의의 원칙들을 모든 시민이 받아들이고, 동료 시민도 그렇다는 사실을 알며, 모든 시민이 사회의 기본 구조가 정의롭다는 사실을 아는 사회이다. 이런 절차를 거쳐 사회적·정치적 갈등은 해소되고 통합의 기반이 생긴다.[103]

롤스는 정치적 자유주의 체제에서는 합당한 포괄적 교리들의 중첩적 합의에 따라 합의안이 지지되는 것이 필요하다고 보았다. 중요한 가치들의 결합은 각자가 합당하다고 받아들일 방법으로 수용될 것이다.[104] 질서정연한 사회는 서로의 주장을 인정하면서 중첩적 합의(overlapping consensus)를 만들어 간다. 롤스는 선에 대한 합당한 다원주의의 사실을 전제할 때 동일한 포괄적 신념체계를 모두가 수용하는 정도의 질서정연한 사회는 사실상 불가능하다고 하였다. 세계관의 차이가 워낙 커서 상호 화해하기 힘들 정도라고 전제하기 때문이다.

---

102) Rawls(2001) JFR, pp.32-38; Pogge, Thomas(2007) John Rawls. pp.35-36.

103) Rawls(1993) PL, pp.150-154; Rawls(1999) RTJ, p.340. 또한 질서정연한 사회는 가치체계가 다원적이며, 물리력을 동원할 수 없는 사회이다.

104) Rawls(1993) PL, pp.176-177; Rawls, John. 장동진 역(1998) 정치적 자유주의. 동명사, p.269.

그러나 서로 다른 신념체계를 갖더라도 시민들은 정치적 정의관에 대한 중첩적 합의를 통해 결과적으로 질서정연한 사회를 만들 수 있다.[105] 롤스의 중첩적 합의는 사회의 다원성이라는 사실을 인정하면서 개인과 공동체(사회)가 조화를 모색하는 과정이다.

공적 이성(public reason)은 롤스 정의관을 바탕으로 공중의 좋음(the good of the public)을 찾아가는 사회의 지적, 도덕적 능력을 의미한다.[106] 정치적 자유주의는 서로 다른 당파적 의견을 갖는 것을 전제한다. 롤스는 시민들이 상호 존중하는 가운데 각자 의견을 제시하고 타인의 의견을 수용하는 사회적 소통에 공적 이성이 작동한다고 보았다.[107] 사람들은 각자의 방식과 믿음, 가치를 통해서 상대방을 설득한다. 공적 이성을 통해 어떤 정치적 판단을 인정하는 것이 합당하다고 믿게 하거나 확신시키는 것이다. 의견이 일치하지 않는 사람들이 상호 설득하는 과정을 거치게 되면 사회 전체적으로 공적 이성이 제대로 작동하는 것이라 할 수 있다. 롤스의 공정으로서의 정의관이 자유민주주의 사회에 뿌리내리려면 각자 자신의 숙고된 신념뿐 아니라 타인들의 숙고된 신념도 수용할 수 있어야 한다. 공적 이성은 사회적 의제에 대해 합의하고, 토론을 통해 이견을 좁히며, 투표를 통해 최종적인 정치적 권력을 행사하는 가운데 작동한다.[108] 정치적 자유주의 사회에서 각 집단은 대결 지향적 논쟁을 지양하고 공적 이성에 기반한 토론과 타협, 양보를 통해 정치적 자유주의 사회에서 중첩적 합의에 도달한다.

---

105) Rawls(2001) JFR, pp.8-9.

106) 김은희(2010) 롤스의 공적 이성 개념의 한계와 중첩적 합의개념의 재조명. 철학 103, pp.241-274.

107) 정당이나 당파 간에 의견이 다를 수 있다. 성숙한 자유민주주의 사회에서는 이 경우 중첩적 합의를 통해 한시적인 잠정 협정(modus vivendi)을 마련한다. 이는 다당제 의회에서 논쟁과 협상을 통해 합의안을 끝없이 수정 보완하는 것과 유사하다. Bonotti, Matteo(2017) Partisanship and political liberalism in diverse societies. Oxford University Press.

108) Rawls, John. 장동진 역(1998) 정치적 자유주의. pp.262-317.

롤스의 정치적 자유주의와 정의론이 전제하는 합당한 다원주의 사회에서는 공적 이성이 작동할 경우에 어떤 사안이라도 1개 이상의 합당한 답변이 허용된다. 이는 정치적 가치에 대해 입장 차이가 있을 수 있기 때문이다. 그러나 보다 본질적으로는 다원적 생각을 자유롭게 제시할 수 있는 표현의 자유가 바로 불가침적 특성을 가지는 기본적 자유의 하나이기 때문이다.[109] 우리는 여기서 롤스가 개인이 가진 기본적 자유의 본질적 내용에 대해서는 공동체가 침해할 수 없다고 정의의 제1원칙에서 강조했음을 상기할 필요가 있다. 공적 이성은 헌법상 기본 요건들과 기본적 정의의 문제의 경우에 사회 구성원 모두가 상호 합치하는 방향으로 작동할 것을 요청하지만 실제 그러한 이상(ideal)을 달성하기는 사실상 불가능하다. 이 경우 다양한 공적 이성에 대한 상호 존중이 필요할 수 있다. 또 협의와 논의, 투표를 통해 다양한 이견과 문제를 조정하고 풀어갈 수 있다. 공적 이성의 내용과 범위는 역사적·사회적 조건에 따라 변한다. 상이한 교리와 관습들을 가진 상이한 조건하에서 공적 이성은 상이한 방법으로 성취될 수 있다. 특정 교리나 공동체에 유리한 환경에서는 자기의 입장을 적극적으로 제시하는 관점을 채택하고, 그렇지 않은 환경에서는 자기의 입장을 소극적으로 방어하는 관점을 채택함으로써 공적 이성의 이상을 실천의 차원에서 성취할 수 있다. 정치적 자유주의 사회에서, 정치적 정의관과 공적 이성을 상호 존중하는 태도는 상호 협력적 관계이다.[110] 따라서 민주주의 체제에서 공적 이성은 상호 신념이 다를지라도 사회를 유지하기 위해 갖는 협동적 태도를 포함한다. 합당한(reasonable) 다원주의 사회에서 공적 이성은 교리 간의 평화로운 공존을 모색하고 협력을 달성하는 역할을 담당한다.

109) Rawls, John. 장동진 역(1998) 정치적 자유주의. p.298.
110) Rawls, John. 장동진 역(1998) 정치적 자유주의. p.313.

### 공정한 협력체계와 배분 원칙

롤스가 생각하는 민주주의 사회는 여러 공동체가 공정한 협력 원칙에 따라 공존하는 곳이다.[111] 공정한 협력체계로서의 사회(society as a fair system of cooperation)는 공적으로 승인된 규칙과 절차에 의해 인도되는 사회이다. 공적인 승인은 사람들이 자신들의 행동을 규제하는 규칙과 절차에 자발적으로 동의함을 의미한다. 협동은 기본적으로 개별 참여자에게 합리적 이익이나 선을 위한 것이다. 개인은 정해진 규칙 안에서 협동을 통해 자신의 이익을 합리적으로 추구할 수 있다. 이런 체계가 실현되는 곳이 '질서정연한 사회'이다. 국가는 공정한 협력체계 속에서 중립을 지킬 것이 요구된다. 어떻게 사는 것이 좋은 삶인지 또 무엇이 좋은 것인지에 대해 국가는 답변하지 않는다. 예를 들어 롤스 철학은 낙태 문제와 표현의 자유, 종교적 자유 등의 문제에 있어서 국가는 특정한 선관을 공공선으로 지지하지 않고, 중립을 지킬 것을 요구한다.

롤스에게 있어서 공정한 협력체계로서의 사회는 자유롭고 평등한 시민과 공적 정의관에 의해 효과적으로 규제되는 사회이다.[112] 자유민주주의 사회는 가치체계의 다원주의가 합당하다고 전제한다. 민주주의 사회는 모두가 공유하는 가치와 목적이 존재하지 않는다. 롤스를 비롯한 자유주의 사상가들은 근대 다원적인 사회에서 구성원 모두가 공유할 수 있는 실질적인 공공선은 있을 수 없다고 보았다. 롤스가 보기에 민주주의 사회는 여러 개의 공동체로 구성되어 있다. 구성원 모두를 아우르는 하나의 공동체는 실현 불가능하다. 그럼에도 인간은 사회의 기본 구조에 관한 체계를 공유하는 한, 상호 충돌하는 생각에도 불구하고 조화있게 살 수 있다. 즉 사람은 포괄적인 종교적, 도덕적 세계관 또는 선관을 공유하지 않더라도 사회 구조에 관한 기본 토대를 공유함으로써 상호 공존할 수 있다. 롤스는 이런 다원주의를 배경으로, 사회의 기본 구조를 고민하였다.

롤스의 정의론은 결과의 절대적 평등을 지향하는 것이 아니다.[113] 이 점에서 결과의 평등을 주장하는 사회주의 이념과 구분된다. 정의의 제2원칙(기회균등의

---

111) Rawls(1993) PL, pp.36-38; Rawls(2001) JFR, pp.6-7, pp.22-23.

112) Rawls(2001) JFR, p.5.

113) 이종은(2013) 롤스와 응분. 한국정치연구 22(1), p.243.

원칙, 차등의 원칙)은 평등과 효율을 동시에 중시하자는 생각이다. 롤스의 차등의 원칙은 완화된 의미에서의 평등주의이다. 자연적 상태보다는 더 평등한 배분을 선호하는 것이다. 그렇게 해서 최소수혜자에게 자원을 배분하려 한다. 그러나 자원 배분이 무제한으로 이뤄지는 것은 아니다. 배분은 파레토 법칙 한계 내에서 최적 사회 생산성을 달성할 수 있는 범위 내에서 이뤄진다. 파레토의 법칙에 따라 재능 있는 자가 조금 더 가져가게 된다.[114] 롤스의 정의론이 실제 사회제도 속에서 실천되고 있는 것이 적지 않다. 롤스의 기회균등의 원칙과 차등의 원칙은 사회적 불평등의 축소를 지향한다. 한국의 '국민건강보험제도'는 대표적 사례이다.[115] 국민건강보험제도는 롤스가 제기한 기회균등의 원칙과 차등의 원칙을 의료 분야에 적용한 것이다. 시민은 각자 어떤 건강상 문제가 있을지 모른다. 개인은 소득과 능력에 합당한 의료보험비를 사전에 부담한다. 이를 바탕으로 질병과 장애 때문에 기회를 갖지 못하는 사람과 경제적 자산이 부족한 사람에게 의료적 혜택을 제공하는 사회적 제도가 국민건강보험제도이다.

롤스에 대한 공화주의와 공동체주의의 비판이 있지만, 롤스는 크게 개의치 않은 것 같다. 사실 마이클 샌델의 공동체주의 철학은 롤스 철학을 비판하면서 시작한 것이다. 그러나 롤스는 샌델의 지적에 민감하게 반응하지 않은 것 같다. 롤스는 자신의 평등주의적 자유주의 이론이 공동체주의와 공화주의가 요구하는 평등의 가치를 상당 부분 수용했다고 생각한 것 같다.

---

114) 제3장 제2절 <그림 1>에서 기울기가 45°인 직선 OJ는 더 혜택받는 그룹과 덜 혜택받는 그룹 간의 균등한 배분을 의미한다. 가상의 생산분배 곡선 OP가 45°선 아래라는 것은 더 혜택받는 그룹의 몫이 덜 혜택받는 그룹에 비해 상대적으로 크다는 것을 의미한다. 가상의 생산분배 곡선이 45°선 위라면 생산할수록 더 혜택받는 그룹보다 덜 혜택받는 그룹이 더 많이 가져간다. 롤스는 이 경우 더 혜택받는 그룹이 생산 의욕과 동기를 잃게 될 것으로 보았다.

115) 박상혁(2008) 자유주의 의료정의론에 대한 오해와 이해. 동서철학연구 48.

### 반성적 균형

개인은 정치적 정의를 판단함에 있어서 숙고된 판단(considered judgment)을 한다. 숙고된 판단은 이성의 힘과 정의의 감각이 충실히 작동할 때 이뤄지는 것이다.[116] 그러나 개인의 숙고된 판단은 종종 다른 사람의 판단과 충돌한다. 반성적 균형(reflective equilibrium, 성찰적 균형)이란 개인의 특정한 정치적 판단과 일반적인 정치적 견해 그리고 추상적인 정치 신념이 성찰(reflection)을 통해 상호 균형을 만들어 가는 상태를 의미한다. 즉 반성적 균형은 특정한 정치적 판단이 일반적인 정치적 견해와 일치하고, 일반적인 정치적 견해가 추상적인 신념에 일치하도록 수렴하는 상태를 의미한다. 이는 개인에 있어서 당연한 것처럼 보일 수 있지만, 실제로 이를 달성하기는 쉽지 않다. 구체적인 정치적 판단과 일반적 정치적 견해 그리고 추상적인 정치적 신념이 완벽하게 일치하는 것은 특히 도덕의 문제에서 달성 불가능한 것일지 모른다.

롤스는 포괄적 교리에서 기초적인 공리 원칙과 개인의 신념, 행동이 일치할 필요가 없으며 단지 반성적 균형을 통해 수렴할 수 있으면 충분하다고 보았다. 또한 이성적인 다원주의 사회에서 각 포괄적 교리들 간에는 어떤 특별 대우나 우선성, 차별성이 있을 수 없다고 보았다.

### 도덕적 응분

아리스토텔레스는 도덕적 응분(desert, 당연한 보상, 가질 만한 정당한 몫)에 비례하여 배분하는 것이 정의라고 하였다.[117] 각자의 덕성과 도덕적 가치에 따른 나눔은 응분에 따른 배분이다. 롤스의 정의 원칙은 아리스토텔레스의 응분에 따른 배분 원리를 반대한다.[118] 롤스 정의론에 따르면, 정의로운 배분은 정의 원칙에 따른 기대를 만족시켜 주는 것이다. 롤스에게 있어서 개인의 권리는 정

116) Rawls(2001) JFR, p.29.

117) 아리스토텔레스에게 있어서 정의는 응분(각자의 기여, 공헌, 노력)에 비례해 재화, 지위를 배분하는 것이다. 그는 같은 것은 같게 그리고 다른 것은 다르게 배분하는 응분의 원리가 정의의 기초라고 강조한다.

118) Rawls(1999) RTJ, pp.273-277; Rawls(2001) JFR, pp.72-74.

의의 원칙에 따라 발생하는 것이지, 아리스토텔레스가 지적하는 것처럼 응분과 업적에 비례하지 않는다. 롤스는 도덕적 응분(moral desert)이나 도덕적 가치(moral value), 도덕적 덕성(moral virtue)은 정의로운 배분의 기준이 되지 못한다고 보았다. 응분과 가치, 덕성은 정의와 권리 개념에 부차적이며, 배분 몫을 규정하는 데 실질적 역할을 하지 못한다고 하였다. 이는 선(좋음)에 대한 옳음의 우선성을 강조하는 롤스 정의론의 입장과 일맥상통한다. 롤스의 평등주의적 자유주의는 사람의 가치나 도덕률, 삶의 방식이 다른 사람에 비해 도덕적으로 우월하다고 전제하지 않는다. 롤스 철학은 인간 그 자체로 존중하고 각자 선택하는 삶에 대한 평등한 권리를 보장한 것이다.

롤스는 사람은 누구나 자기의 자연적 능력이나 노력, 행운, 타고난 신분구조를 당연한 것(응분)으로 생각해서는 안 된다고 하였다. 그러한 결과는 개인의 것이 아니라 정의의 원칙에 따라 배분하는 것이 공정한 것이라고 보았다. 사람의 도덕적 특성이나 IQ, 천부적 재능 등은 모두 유전적 요인, 사회적 우연, 초기 사회화, 교육의 질에 따라 다르다. 이런 것들은 임의적·자의적 요소가 결정하는 측면이 크다. 롤스는 이런 우연적 요인에 따라 결정되거나 영향을 받은 응분을 근거로 사회적·사회적 자원을 배분할 수는 없다고 보았다.[119] 그러므로 노력과 도덕적 값어치는 어떠한 배분에 있어서 정의와 부정의를 결정하는 적절한 근거가 될 수 없다고 보았다. 롤스의 정의 원칙은 3종류의 우연성에 초점을 맞춘다. 즉 출생의 사회적 계급, 천부적 재능과 재능을 발전시킬 기회 그리고 삶의 전 과정에 나타나는 행운과 불운이다.[120] 롤스의 정의론은 우연성에 영향을 받아 시민들 사이에 불평등이 커진다면 그것은 결국 자유롭고 평등한 시민들 간의 '공정한 협력체계로서의 사회'라는 관념을 훼손하게 될 것이라고 보았다.

그렇다고 롤스가 응분의 원리를 완전히 부정한 것은 아니다. 롤스는 효율과 평등의 조화를 중시했다는 점에서 결과적으로 배분에 있어서 어느 정도의 응분의 대가를 인정한 측면이 있다고 할 수 있다.[121] 롤스는 정의 원칙에 따른 배분

119) Rawls(1999) RTJ, p.274.
120) Rawls(2001) JFR, pp.55-57.
121) Rawls(2001) JFR, pp.77-78; 이종은(2013) 롤스와 응분. p.248.

을 강조하지만, 결과적으로 그의 정의론에 따른 배분은 – 고전적 자유주의자만큼은 아니라도 – 일정 정도 응분에 따라 이뤄지는 것이기 때문이다. 그러나 롤스의 정의론은 삶의 우연성을 중립화하려 했으며 또 응분에 따른 배분을 처음부터 강조한 것이 아니라는 점을 기억할 필요가 있다. 즉 롤스는 합당한 다원주의의 사실을 고려할 때, 응분에 따른 배분을 기본적인 분배 정의관으로 채택할 수 없다고 생각했다. 원초적 입장을 가정해 어떤 사람이 가지고 있을 기술적 능력, 도덕적 응분, 가치, 덕성에 대한 직접적인 보상이나 배분을 처음부터 감안하지 않았다. 공적 삶에서는 도덕적 응분 관념을 피하고 오직 정의의 원칙을 통해 분배 방안을 찾고자 하였다.[122)]

응분 개념에 대한 롤스의 이런 생각은 자유지상주의와 공동체주의 모두가 비판하는 대목이다. 자유지상주의는 생명, 자유, 재산에 대한 절대적 소유권을 주장한다는 점에서 롤스의 정의 원칙에 입각한 재분배 정책을 동의하지 않는다.[123)] 샌델의 공동체주의도 롤스의 자아(self)에 영향을 미치는 사회적 운이나 불운을 적절하게 감안(중립화)해야 한다는 의견을 비판한다. 샌델은 만일 개인이 갖는 긍정적인 응분의 특징을 사회가 제대로 평가하지 않는다면, 반대로 부정적인 응분에 대해서도 같은 기준을 적용해야 할 것이라고 지적한다. 예를 들어, 어떤 범죄자가 죄(부정적인 응분, demerit)를 지어 처벌을 받는다고 할 때 롤스의 논리대로라면 범죄자에게 우연히 영향을 미쳤다고 보이는 부정적인 사회적 요인에도 책임을 물어야 하지 않느냐고 반론을 제기한다.[124)]

---

122) Rawls(2001) JFR, p.73.

123) Wolff, Jonathan (1996) Robert Nozick, p.93.

124) Sandel(1982) Liberalism and the limits of justice, pp.89-92. 샌델의 지적처럼 범죄자의 범죄성에 영향을 미친 사회적 요인에 대해 직접 처분은 못할 수 있다. 그러나 롤스 입장에서 보면 특정 범죄가 사회에 미치게 되는 부정적 영향을 개인의 범죄(불운)에 대한 사회의 공동 책임으로 볼 수 있지 않을까 생각한다. 흉악범의 범죄 행위가 있으면 모방 범죄나 혐오 등의 부정적 효과가 일어난다. 이런 부정적 파급효과는 범죄 행위에 영향을 미친 사회적 요인에 대한 반대 급부라고 볼 수 있을 것이다.

### 4) 옳음과 좋음의 문제

#### 옳음의 우선성

정치란 사람들이 좋은 인생을 살 수 있도록 문제를 해결해주는 기술이자 제도이다. 문제는 어떻게 하는 것이 사람들에게 좋음(the good)을 주는가 하는 점이다. 롤스는 합당한 다원주의 사회에서 좋음을 증진하기 위해서는 먼저 사회를 정의 원칙(옳음)에 따라 공정하게 운영해야 한다고 강조한다.[125] 옳음(the right)은 공정으로서의 정의, 올바름, 정당성, 규정을 준수하는 것이다.[126] 이에 반해 좋음은 선, 행복, 합리성으로서의 선, 가치, 이익을 지칭한다.[127] 롤스의 정의론은 옳음이 좋음에 우선하는 기준임을 규범적으로 제시한 것이다. 구성원의 좋음을 높이기 위해서 먼저 옳음의 원칙을 따를 것을 주문한 것이다.[128]

롤스 철학은 사람들의 좋음(선)을 고려하지 않거나 무시한 것이 아니다. 정의의 원칙이라는 옳음의 문제를 먼저 해결하는 것이 결과적으로 사람들에게 좋음을 줄 수 있다고 본 것이다. 그의 정의 제1원칙은 좋음이라는 이유로 기본권의

---

125) Scanlon(2020) Some Main Points in Rawls' Theory of Justice. The Journal of Ethical Reflections, p.32.

126) Rawls(1993) PL, p.218. 롤스가 논의하는 정당성은 자유주의적 정당성의 원칙(the liberal principle of legitimacy)이다. 자유주의적 정당성의 원칙은 정치권력의 행사가 헌법의 본질적 요건 및 기본적 정의의 원칙과 합치되어야 한다는 것이다.

127) Rawls(1999) RTJ, p.347.

128) Rawls(1999) RTJ, p.26; 옳음과 좋음에 대한 논쟁은 철학적 논의의 중심 과제 중 하나이다. 옳음과 좋음, 잘 산다는 3가지 개념을 구분할 필요가 있다. 옳음은 사람이 살아가는데 어떤 형태의 규정(습관, 규칙, 제도 등)을 따르는 것이 필요하다는 것을 개념화한 것이다. 의무와 규정, 법이 그러한 예시이다. 좋음은 인간이 행복을 추구하고 욕구를 갖는 존재라는 점을 나타낸다. 좋음은 개인의 이익이나 행위의 결과적 측면과 관련된다. 잘 산다(living well)는 개념은 결과가 아니라 과정에서의 자기 존중, 진정성이 충족되는 삶을 의미한다. 존경받는 성직자의 삶은 잘 산 삶이라 할 수 있다. 열심히 살았으나 혹독한 가난을 벗어나지 못했다면 잘 산 삶이지만 결과가 기대에 부응하지 못했다고 할 수 있다. 유산을 상속받은 재벌 2세가 방탕한 삶을 살았다면, 욕구충족이라는 점에서는 좋은 삶일 수 있지만 잘 산 삶이라고 할 수 없다. 아동 학대범의 삶은 잘 살지 못한 삶이며, 동시에 좋지 않은(나쁜) 삶의 전형이라고 할 수 있다. Dworkin, Ronald. 박경신 역(2015) 로널드 드워킨 정의론. 9장 참조.

불가침성과 평등성을 침해해서는 안 됨을 지적한 것이다. 제1원칙을 지킨다는 것은 옳음을 좋음에 비해 우위에 둔다는 것이다. 정의의 제2원칙은 사람들의 좋음을 가능하면 덜 불평등하게 증진시킬 것을 강조한 것이다. 개인은 정의 제2원칙 기회균등의 원칙과 차등의 원칙을 기반으로 각자의 합리성(이기적 목표)을 추구한다. 무엇이 좋은지는 각자 숙고된 합리성에 따라 정한다. 제2원칙은 정의 원칙이라는 점에서는 옳음에 해당한다. 그러나 각자 이기적 목표를 추구함을 인정한다는 점에서 좋음을 지향하는 인간의 본성에 동의한 것이다. 제2원칙은 좋음을 지향하는 데 있어서 필요한 조건과 기준을 제시한 것에 해당한다. 동시에 좋음에 대한 각자의 불평등 정도를 균형 있게 만들 필요가 있다는 뜻을 담고 있다. 결국 롤스 철학은 옳음의 우선성을 중시하지만 동시에 좋음의 문제도 옳음의 기준 속에서 균형 있게 살펴본 것이라고 평가할 수 있다.[129)]

롤스의 정의 원칙은 원초적 입장에서 가상의 합의로 만든 것이다. 자아(self)는 자아의 목적에 선행한다. 즉 개인은 원초적 입장에서 무지의 베일에 쌓여있다. 이런 상태에서 롤스는 합의안인 정의 원칙을 제대로 지키는 것이 결국에는 각자에게 좋음을 안겨줄 것이라고 믿었다. 롤스는 다원주의 사회에서 개인과 집단, 공동체가 각자 좋은 것(예를 들어 사적 이익)을 먼저 추구하다 보면 결과적으로 갈등과 충돌로 이어질 것으로 보았다.

정의 원칙 간에는 우선성이 존재한다고 했다. 롤스에게 있어서 어떤 것을 좋음 또는 선이라 한다면, 그것은 옳음의 원칙에 따른 생활방식에 부합할 경우에 인정될 수 있다. 롤스가 옳음이 좋음에 비해 우선적이라고 한 이유는 옳음 그 자

129) 옳음의 우선성을 강조하는 철학자는 칸트, 롤스, 드워킨 등이 있다. 이들은 좋음(이익)을 떠나서 인간이 인간이기 때문에 대우받아야 하는 윤리적 의무론, 도덕규칙을 강조한다. 따라서 약속한 규정에 따르는 올바름을 주문한다. 사람들의 행위가 도덕규칙과 일치하면 옳고(right), 그렇지 않으면 옳지 않다(unright)고 본다. 이에 반해 좋음의 우선성을 강조하는 입장은 공동체주의, 공리주의가 있다. 행위의 옳음과 옳지 않음은 행위가 초래하는 결과(좋음, 나쁨)에 따라 판단된다. 어떤 행위가 좋은(good) 결과를 가져오거나 가져올 것으로 판단되면 옳다(right)고 본다. 좋음을 극대화하는 방안이 옳은 것이다. 공동체주의에 따르면, 공공선을 추구하는 것은 좋은 것이다. 좋은 것은 결국 행동의 방향을 정하기 때문에 옳은 것이 된다.

체를 위한 것도 있겠지만, 그것이 결국 합당한 다원주의 사회에서 각자의 좋음을 확보할 방안으로 보았기 때문이다. 선의 내용에 대한 개인 입장은 다를 수 있다. 다원적인 사회에서 개인은 다양한 능력과 재능, 욕망, 희망, 행복관, 선(좋음)관을 갖고 있다. 각자의 사적 목표는 다원적이라고 전제하기 때문에 단일한 목표를 설정할 수도 없다. 롤스는 이런 사정을 종합적으로 감안해 옳음(정의의 원칙)이 자아(self)에 선행한다고 보았다. 정의의 원칙은 무지의 베일 상황에서 사전에 정해지지만 좋음에 대한 각자의 인생 계획은 개인의 능력과 관심, 선호, 목표, 환경 등을 종합적으로 고려해 결정한다. 정리하면, 롤스의 정의론은 사람들이 다양한 가치체계를 가진다는 점을 감안해, 좋음을 이루기 위한 옳음의 우선성과 옳음의 선행성을 제시한 것이다. 롤스가 강조하는 옳음의 우선성은 좋음의 우선성을 강조하는 샌델 등의 공동체주의와 뚜렷하게 대비되는 점이다.[130]

### 합리성으로서의 좋음

개인은 사적 목적을 추구하는 존재이다. 목적을 달성하기 위해 무엇이 필요한지 알고 있다. 인간은 각자 자기의 좋음을 달성하려 한다는 점에서 합리적(rational) 존재이다. 각자는 여러 선택지에 대한 검토를 통해 욕망을 극대화하는 방안을 알고 있다. 좋음(선)이란 개인이 숙고된 합리성(deliberative rationality)을 바탕으로 여러 선택지 중에서 고른 합리적(rational) 방안이다.[131] 개인은 가능한 많은 자유와 기회, 더 큰 부와 소득을 선택할 것으로 전제된다. 개인의 목표는 다양하다. 개인들 간의 선(좋음)의 내용은 일치하지 않는다. 각자의 선은 각자의 목표와 열정, 욕구에 달려있다.[132] 롤스는 인간의 다양한 목적을 단일한 목적에 종속시키는 것은 합리적 선택의 원칙에 어긋난다고 보았다. 롤스는 합리적 인간이라도 종교적, 철학적, 도덕적 견해에 있어서 의견 일치를 이루기 어렵다고 보았다. 개인의 목적은 상호 경쟁적이지만 결코 보완적이지 않다. 각각의 개인은 사회적 형편을 사적 목적을 달성하는 조건과 수단으로 간주한다. 누

130) 맹주만(2012) 롤스와 샌델, 공동선과 정의감. 철학탐구 32, p.319.
131) Rawls(1999) RTJ, p.370, p.372.
132) Rawls(1999) RTJ, p.505.

구도 타인의 입장, 기호, 방향, 목적을 감안해서 행동하지는 않는다.

롤스가 전제한 사회는 이처럼 사익에 충실한 개인과 집단이 공존하는 사회이다. 롤스는 이를 사적 사회(private society)라고 불렀다.[133] 사회적 이익 배분은 수요 공급의 균형과 각 개체의 전략적 입장(strategic positioning)에 따라 결정된다. 시장에서의 경쟁이론은 사적 사회의 이론적 토대를 제공한다. '보이지 않는 손'(invisible hand)인 가격의 매개변수적 기능은 경쟁을 조화로, 혼란을 질서로 변화시키는 힘이다. 사적 사회에서 개인의 이기심은 비능률을 제거하는 원동력이 된다. 제빵사는 자선이 아니라 수익을 위해 맛있는 빵을 만든다. 롤스는 원초적 입장에서 개인은 이기심에도 불구하고 옳음의 우선성에 합의할 것으로 보았다. 각자 어떤 운명적 삶을 살지 모르기 때문에 위험을 회피하는 차원에서 옳음의 원칙을 먼저 적용하는 것에 동의할 것으로 보았다. 롤스에게 있어서 공정하다는 것은 바로 옳음의 원칙을 준수한 가운데 각자 좋음과 행복을 추구하는 것이다.

롤스는 『정치적 자유주의(PL)』에서 '선에 대한 합당한 다원주의의 사실'(fact of reasonable pluralism about the good)이라는 개념으로 다원성을 설명했다. 사회는 합당하지만(reasonable), 타협 불가능하고 화해 불가능한 신념과 교리가 공존하는 곳이다. 이런 다양한 생각을 상호 협력할 수 있게 하는 것이 정치적 자유주의의 목표이며 롤스 정의론의 핵심 문제의식이다. 롤스는 다양한 선관과 인간 이성의 한계로 인해서 자유민주주의 체제가 사회적 안정성을 달성할 수 있는 방법은 옳음의 우선성(기본적 자유의 불가침성과 평등성)에서 출발해 사회적 정의를 논의하는 것이 타당하다고 강조한다.[134]

개인의 도덕적 덕목이 좋다고 인정받는 것은 옳음의 원칙에 의해 사전에 제한받았을 때 가능하다. 롤스는 도덕적 선성(moral goodness)에 대한 입장을 정하기 위해서는 옳음과 정의 원칙이 사전에 마련되어 있어야 한다고 강조한다. 예를 들어 좋은 판사는 법률 규정과 합치되는 공정한 재판을 하는 사람이다. 그

133) Rawls(1999) RTJ, pp.457-458.

134) Rawls, John. 황경식 역(2003) 정의론. p.760.

는 직책이 요구하는 사법적 덕성을 갖추고 있다. 특정 재판이 옳음의 기준에 근거해 이뤄진다면 그 결과는 판사의 사적인 고려에 좌우되지 않은 정의로운 재판이라고 할 수 있다.[135)]

개인이 합리성을 바탕으로 양심의 자유를 주장할 경우에 옳음과 좋음이 충돌할 소지가 있다. 이 문제는 양심의 자유 주장은 늘 정의로운 것인가 하는 윤리적 딜레마로 이어진다. 롤스는 각자의 양심은 원초적 입장에서 합의한 정의 원칙을 준수하는 가운데 제시될 때 존중받을 수 있다고 보았다. 개인의 양심적 판단(좋음, 선)이 언제나 존중되는 것은 아니라고 본다. 개인이 도덕적 확신을 바탕으로 주장하는 좋음을 사회가 언제나 옳다고 받아들일 수는 없다고 본 것이다.[136)] 각자의 의견이 양심에 기반하고 있기에 각자 양심에 따라 행동하도록 허용되어야 한다고 의견을 제시하는 것은 표현의 자유 차원에서 받아들여질 수 있다. 그러나 정의 원칙에 어긋나는 조건들을 양심의 발로라는 이유로 제안하는 것은 사회에서 동의받기 어렵다.

평화주의 양심을 가진 사람이 군복무 면제를 표현의 자유를 통해 요구하는 것은 허용될 수 있다. 그러나 그러한 요구를 관철시키기 위해 타인에게 불편을 초래하는 행동을 하는 것은 다른 사람의 신체의 자유를 침해하는 것이다. 각 개인은 원초적 입장에서 병역이라는 기본적 의무를 평등하게 수행하기로 합의했다고 보기 때문이다. 기본적 자유의 불가침성과 평등성은 정의의 제1원칙이지만, 타인의 기본적 자유를 제한하면서 자신의 기본적 자유를 주장하는 것은 원초적 입장에서 합의한 옳음의 원칙에 어긋나는 것이다. 롤스는 자유민주주의 체제에서 정의의 원칙이 옳다고 인정하지 않는 사람이 많을수록 사회적 불안정이 커진다고 보았다.[137)]

---

135) Rawls(1999) RTJ, p.355.

136) Rawls(1999) RTJ, pp.454-455.

137) Rawls(1999) RTJ, p.505.

### 공리주의와의 비교

옳음과 좋음에 대한 롤스의 입장은 공리주의와의 차이를 분명하게 설명한다.[138] 공리주의는 효용원칙을 좋은 것으로 본다. 공리주의에서는 좋은 것이 올바른 것이 된다. 다수의 사람이 큰 이익을 보고 소수의 사람이 손해를 보더라도 사회 전체적으로 많은 이익이 생긴다면 그 방안은 정의로운 것이다. 이에 반해 롤스 정의론은 좋음과 선에 선행하는 정의의 우선성을 강조한다. 롤스는 다수의 효용과 행복을 위해 소수의 희생을 정당하다고 여기는 것은 정의롭지 못하다고 보았다. 롤스의 정의 제1원칙에 따르면, 개인이 갖는 기본적 자유는 사회의 더 많은 자유 또는 더 큰 경제적 사회적 이익을 위해서라도 제한될 수 없다. 압도적 다수가 선호한다 하더라도 개인 인권의 본질적인 부분을 침해해서는 안 된다는 의미이다.

사람들에게 오락과 볼거리를 제공하기 위해 콜로세움 경기장 안에 맹수와 검투사 간의 잔인한 대결을 허용하는 것은 롤스에게는 인정될 수 없다. 아무리 가난한 사람이라도 투표권은 한 표가 주어져야 한다. 세금을 많이 내는 재벌이라고 해서 투표권을 100장, 200장 가질 수 없다. 사회 엘리트라고 해서 더 많은 표현의 자유를 누리는 것은 허용될 수 없다. 99마리의 양을 지키기 위해 길 잃은 한 마리 양을 방치하는 것은 공리주의적 사고라고 롤스는 보았다. 롤스의 정의 제1원칙은 제2차 세계대전 중에 발생한 홀로코스트(holocaust, 나치 독일이 자행한 유대인 집단학살)를 비판하는 논거이다. 홀로코스트는 집단과 국가, 다수, 전체의 이름으로 소수자인 유대인의 기본적 자유의 불가침성을 침해한 사건이다. 특정한 인종이나 소수 민족을 강제적으로 제거하려는 인종청소(ethnic cleansing)나 대규모 학살은 그것이 비록 공리주의에 따라 결정된다 해도 롤스의 눈에는 결코 정의롭지 못한 행위이다.

공리주의 관점에서 소수 개인의 경제적 이익을 지나치게 많이 박탈하는 행위는 정의 원칙에 어긋난다고 할 수 있다. 복권 당첨자에게 거액의 당첨금과 함께 상당액의 세금을 징수할 수 있다면, 복권 발행은 인정될 수 있다. 그러나 가난

---

138) Rawls(1999) RTJ, p.396.

한 자를 위한다는 이유로 상금 대부분을 세금으로 징수하는 것은 정당하지 않다. 롤스의 정의 제2원칙(차등의 원칙)에 따르면, 소수자가 경제적 이익을 많이 보는 불평등한 상황일지라도, 그 불평등으로 인해 불운한 사람들의 경제적 상황이 개선된다면 그러한 불평등은 정의 원칙에 부합한다.139)

공리주의적 관점에 대한 롤스의 비판적 입장은 집단적 차원의 선(좋음)을 도모하는 경우에도 반드시 옳음의 원칙(정의의 제1원칙)의 우선성을 확보해야 함을 의미한다. 롤스의 정의 원칙은 사람들이 각자 공적 이성에 기반해 공리주의적 선택을 배제하고, 합당한 다원주의의 원칙, 평등과 상호 존중의 협력적 덕성을 바탕으로 하는 공적 정치문화(public political culture)를 실현하는 데 중점을 둔다. 이를 통해 사회의 안정성과 질서를 확보할 수 있다고 보았다. 롤스에 따르면, 정의로운 사회는 사람들이 공리주의나 사회적 선이 아니라 정의의 원칙을 기준으로 행동 준칙을 정하는 곳이다.

### 롤스 정의론: 개인과 사회의 조화

롤스 정의론은 개인의 자유를 보장하면서 사회적 공동선을 동시에 이룩할 방안을 고민한 것이다. 그의 정의관은 개인의 자유와 평등 원칙을 통해 기본적 자유를 보장하고, 공적 이성을 바탕으로 이기심을 조정하는 공정한 사회 협력체계를 구상한 것이다. 롤스의 철학은 따라서 개인적 수준에서 논의가 시작되었지만, 우연성을 통제하는 상호 협력적 체계 구축을 통해 사회변화의 방향을 제시하는 사회적 지침이라고 할 수 있다.140) 롤스에 따르면, 개인은 각자 개성을 발휘하는 가운데 사회적 통합(social union)을 이룩할 수 있다고 보았다. 롤스는 오케스트라를 예로 들어 사회적 통합 개념을 설명했다.141) 오케스트라 단원은 개별적으로 악기를 연주하거나 혹은 악단을 만들어 협연한다. 정치적 자유주의도 마찬가지이다. 각자는 개인의 좋음을 자유롭고 평등하게 추구한다. 개인은 동시에 가정과 친구관계, 회사, 조직, 단체를 통해 오케스트라 단원처럼 협력적

139) Rawls(1999) RTJ, p.13.
140) Rawls(1999) RTJ, p.232, p.456.
141) Rawls(1999) RTJ, p.459.

관계를 유지한다. 롤스는 사회적 통합체의 최상위에 있는 통합체를 '질서정연한 사회'(well-ordered society)라고 하였다. 질서정연한 사회에서 개인 각자는 자유롭고 평등한 도덕적 인격으로서, 저마다의 본성과 욕구를 갖고 원초적 입장에서 만들어진 정의 원칙에 따라 행동한다.[142] 질서정연한 사회에서 개인은 타인에 의존하지 않고, 본성에 따라 생활을 한다. 개인은 자신에게 의미있는 일을 스스로 찾아갈 뿐 아니라 정의 원칙에 따라 사회적 생활을 수행하는 존재이다.

롤스는 근대 이후 사회체계를 5가지 종류로 구분했다: ① 자유방임적 자본주의 (laissez-faire capitalism), ② 복지 국가자본주의(welfare-state capitalism), ③ 명령경제를 가진 국가사회주의(state socialism with a command economy), ④ 사유재산 민주주의(property owning democracy), ⑤ 자유주의적 사회주의(liberal socialist regime).[143] 롤스는 이 가운데 자유방임적 자본주의와 복지 국가자본주의, 명령경제를 가진 국가사회주의는 자신의 정의관을 수용하지 않는 체제라고 평가했다. 자유방임적 자본주의는 공정한 기회균등과 차등의 원칙이 적용되지 않고 형식적 평등만을 보장하는 자유지상주의 체제라는 점에서, 복지 국가자본주의는 국가가 구성원에게 최소한의 복지수준은 보장하지만 국가가 정치, 경제 통제권을 행사함으로써 시민은 정치적 자유를 평등하게 갖지 못한다.[144] 국가사회주의는 일당 체제가 감독하는 배급경제, 명령경제라는 점에서 롤스 철학과 양립할 수 없다.

이에 반해 롤스는 사유재산 민주주의와 자유주의적 사회주의는 자신의 정의관과 양립할 수 있다고 보았다.[145] 사유재산 민주주의는 민주적 헌법 틀을 바

---

142) Rawls(1999) RTJ, pp.462-463.

143) Rawls(2001) JFR, pp.137-138.

144) 롤스가 제시한 복지 국가자본주의는 복지국가와는 다르다. 복지국가는 20세기 중반 북유럽에서 수정자본주의 영향으로 나타났으며 '요람에서 무덤까지'라는 구호에 걸맞게 국가가 국민 전체의 복지, 행복 추구 증진을 중요한 임무로 보는 체제이다. 이에 반해 복지 국가자본주의는 국가가 국민들에게 일정한 복지 수준은 보장하지만 권위적으로 일상을 통제하는 체제이다.

145) Lovett, Frank (2011) Rawls's A Theory of Justice. 김요한 역(2013) 롤스의 『정의론』 입문. pp.197-198; 박정순(2019) 존 롤스의 정의론: 전개와 변천. p.126.

탕으로 기본적 자유와 공정한 기회균등이 보장되며 경제적 사회적 불평등을 규제해 공정한 협력체계 관념이 성립된 체제이다. 롤스는 그러나 자유주의적 사회주의는 시장 경쟁체제와 사적 소유권을 인정한다는 점에서 정의 원칙과 부합하지만, 상속(inheritance)을 허용하지 않는 사회주의 체제라는 점에서 자신의 정의관에 부합하는지는 판단을 유보한다고 했다. 롤스는 결국 자신의 정의 원칙이 적용되는 사회체제를 사유재산 민주주의라고 본 것이다.

정리하면, 롤스의 정의관은 개인이 일생 동안 겪을 불평등 상황을 전망하면서 우연적 요인이 삶에 미치는 부정적 효과를 사회적으로 통제하려 한 것이다. 롤스는 정의 원칙을 통해 출신 계급이나 천부적 재능, 행운과 불운이라는 우연성 때문에 일어날 개인 간의 불평등성을 보정할 방안을 제시하려 했다. 롤스의 정의관은 자유롭고 평등한 시민이 공정한 협력체계로서의 사회를 구성하며 살아갈 원칙이자 기준에 해당한다고 할 수 있다.[146]

## 3 평등주의적 자유주의와 언론자유

### 1) 사상과 양심의 자유

롤스의 저작을 살펴보면, 그가 정의와 정치적 자유주의를 위해 가장 중요하게 생각한 것은 인간의 정치적 기본권이다. 특히 기본권 중에서도 사상과 양심의 자유, 언론과 표현의 자유에 대해 가장 큰 가치와 비중을 부여했다. 롤스에 따르면 정의의 제1원칙에 해당하는 기본권은 불가침적인 권리로서 구성원 모두가 평등하게 갖는다.[147] 롤스가 중시한 기본적 자유에는 사상과 양심의 자유, 언론의 자유와 표현의 자유, 집회의 자유, 정치 결사 형성의 자유가 포함된다. 롤스는 기본권 중에서 특히 사상과 양심의 자유가 중요하다고 강조했다. 롤스에게 있어서 사상과 양심의 자유는 언론자유의 뿌리에 해당한다. 언론의 자유

146) Rawls(2001) JFR, pp.55-56.
147) Rawls(1999) RTJ, p.179.

와 표현의 자유는 사상과 양심의 자유를 겉으로 드러내는 자유이다. 자세히 설명하면 다음과 같다.

첫째, 롤스는 정의 원칙 간에 우선성에 있어서 일정한 서열관계가 있다고 하였다. 롤스가 제시한 기본적 자유의 우선성은 정의 원칙 중 제1원칙(기본적 자유의 불가침성과 평등성)이 제2원칙(기회균등의 원칙과 차등의 원칙)에 비해 언제나 먼저 충족되어야 할 기준이라는 점을 의미한다. 정의의 제1원칙과 제2원칙 간에는 분명한 역할 구분이 있어야 한다는 뜻이다.

이에 따라 사상과 양심의 자유는 정의의 제2원칙이 지지하는 사회적·경제적 평등에 비해 우선적 지위를 갖는다. 즉 사회적 또는 경제적 이익을 위해서 사상과 양심의 자유를 침해하거나 축소할 수 없다. 사람들이 사상과 양심의 자유를 거래와 교환의 대상으로 간주한다면 공론장은 작동하지 못한다고 본 것이다.[148] 예를 들어 고위 공직자의 양심을 보통 시민에 비해 더 비중 있게 다룰 수 없다. 개인의 양심은 빈부귀천에 관계없이 평등하게 대우받아야 한다. 세금을 많이 낸다고 해서 양심의 자유와 표현의 자유를 보통 사람보다 더 많이 가질 수 없다. 경제적 기여를 더 많이 한다고 해서 다른 사람에 비해 사상의 자유를 더 많이 가질 수는 없다. 롤스의 정의론은 사회적 또는 경제적 이익을 위해서 개인의 기본적 자유를 제한할 수 없다는 점을 분명히 지적한 것이다. 그렇기 때문에 원초적 입장에서 합의 당사자들은 각자의 철학적, 도덕적 선관을 보장할 것을 정의의 제1원칙으로 합의한 것이다. 롤스에게 있어서, 언론의 자유와 표현의 자유를 비롯한 기본적 자유의 우선성은 타협과 절충의 대상이 아니라, 근본적인 합의 사항에 해당한다.[149]

또한 제1원칙이 제시하는 기본적 자유 중에서도 우선적인 관계가 있다고 볼 수 있다. 먼저 사상과 양심의 자유는 모든 정신적 자유의 기초에 해당한다. 즉 사상과 양심의 자유는 정의의 제1원칙에서 제시하는 평등한 투표권, 거주이전의 자유, 재산소유의 자유 등에 비해 더 많은 정치적 무게를 두어야 한다.[150]

148) Rawls(1993) PL, p.312.

149) Rawls(1993) PL, pp.312-314, pp.367-368.

150) Rawls(1999) RTJ, p.201.

둘째, 사상과 양심의 자유는 정의의 원칙이 담고 있는 내용을 다른 사람에게 자유롭게 알리는 것을 보장하는 기본권이다. 즉 정치적 연설의 자유, 언론의 자유, 표현의 자유, 집회의 자유는 사상과 양심의 자유를 바탕으로 실현될 수 있는 자유이다. 사상과 양심의 자유는 시민이 정치적 선관(善觀)을 형성(forming), 수정(revising), 추구(pursuing)할 수 있는 출발점을 제공하기 때문이다.[151]

셋째, 사상과 양심의 자유는 언론의 자유, 표현의 자유, 집회와 결사의 자유와 중첩되는 부분이 있다. 사상과 양심의 자유는 생각을 머릿속에서 내적으로 갖는 자유와 그것을 바깥으로 외적으로 표현하는 자유로 구분할 수 있다. 이렇게 보면 언론의 자유, 표현의 자유, 집회와 결사의 자유는 사상과 양심을 외적으로 나타내는 자유를 의미한다. 롤스는 언론의 자유를 양심의 자유의 한 부분으로 보았다. 롤스의 정의론은 사람이 각자 양심에 따라 살 수 있게 함으로써 인간을 동물이 아니라 인간으로 자리매김하는 데 근본적인 의의가 있다고 할 수 있다.

### 2) 언론자유의 의미

롤스가 제기하는 언론의 자유는 사상과 양심의 자유를 의미있게 실현하고 작동시키기 위한 필수적 자유이자 권리에 해당한다. 롤스가 전제하는 합당한 다원주의의 사회는 정치적, 종교적, 도덕적 교리에 대한 합의와 동의가 쉽게 이뤄지지 않는 사회이다. 롤스는 이런 다원화된 사회에서 정의를 달성하기 위해서는 자유롭고 평등한 시민이 공정하게 협력하는 정치사회를 만들어야 한다고 보았다.

롤스의 공정으로서의 정의관은 합당한 다원주의가 내포하는 것처럼 갈등을 완화하고 시민들 간에 공정한 협력체계와 조건을 구체화한 것이다. 따라서 각자는 합당한 신념체계의 중첩적 합의와 반성적 균형 안에서 승인되는 관념을 갖게 된다. 다원주의 관점에서 롤스의 정의 원칙이 적용되는 사회가 바로 민주주의 사회이다. 롤스에게 있어서 언론의 자유와 표현의 자유는 인간의 절대적 기본권인 사상과 양심의 자유의 내용을 밖으로 드러내는 권리이다. 롤스는 사

151) Rawls(1993) PL, pp.334-335.

상과 양심의 자유를 침해할 수 없듯이 언론의 자유와 표현의 자유에 대해서도 불가침성을 인정했다. 이는 언론의 자유와 표현의 자유에 대해 양심의 자유의 외부적 표현이라는 권능에 합당한 위상을 부여한 것으로 해석할 수 있다. 이처럼 언론의 자유와 표현의 자유는 시민의 핵심적이고, 필수적인 기본권에 해당한다. 따라서 정치권력 행사의 정당성을 가늠하는 핵심적인 기준은 롤스 정의론의 제1원칙이 제시하는 기본적 권리의 불가침성과 평등성을 수용하고 적용하는지 여부이다. 따라서 기본적 권리에 해당하는 표현의 자유, 사상의 자유, 양심의 자유와 같은 시민의 정치적 권리가 정치체제에서 어떻게 지켜지는지 살펴보는 것은 정치권력 운영의 정당성을 가늠하는 기준이라고 할 수 있다.[152)]

롤스가 전제하는 정치적 자유주의는 합당한 교리 간의 다원성을 바탕으로 협력과 공존을 추구하는 원리이다. 합당한 다원주의의 세계는 정치적 선관이 각자의 신념체계에 굳건히 뿌리내리고 있어서 상호 간에 타협과 화해가 원천적으로 불가능한 상황임을 전제한다. 이렇기 때문에 원초적 입장에서 당사자들은 기본적 자유의 불가침성과 양심의 자유의 평등성을 상호 인정하는 것만이 자유를 보장하는 유일한 방법이라는 점을 알고 정의의 제1원칙으로 합의하게 된 것이다. 정치적 자유주의는 이런 다원성을 전제로 다양한 도덕적, 종교적 세계관, 선관이 사회 구조에 관한 기본 토대를 공유함으로써 상호 공존, 협력하는 체계이다. 롤스가 정의의 제1원칙에서 인간의 핵심적인 기본권으로 제시한 언론의 자유가 갖는 의미를 상술하면 다음과 같다.

첫째, 언론의 자유는 모든 시민에게 불가침의 권리로 주어진 것이다. 시민은 양심의 자유와 표현의 자유를 바탕으로 자신의 선관을 가진다.[153)] 개인은 자신의 선관을 추진하기 위해 의견을 제시할 수 있는 사람으로 스스로를 인식한다. 양심의 자유와 표현의 자유는 개인의 정의감 발달과 발현을 위해 가장 기본적인 자유에 해당한다.[154)] 정치적 자유주의가 제기하는 기본적 자유의 침해 불가성은 다양한 종교적, 철학적, 도덕적, 정치적 신념체계를 공적으로 주장하는 것

152) Rawls, John. 장동진 역(1998) 정치적 자유주의. pp.282-286.
153) Rawls(2001) JFR, p.45.
154) Rawls(1993) PL, pp.380-381.

을 금지하거나 사회정책과 사회의 기본 구조의 정의를 둘러싼 사실에 대해 의문을 제기하는 것을 금지해서는 안 된다는 의미이다.[155] 자유주의의 핵심 전제는 시민들이 서로 타협할 수 없을 정도로 떨어져 있는 선관을 각자 가진다는 점이다. 자유주의는 각자 더 큰 자유를 얻기 위해서는 다른 사람에게도 동일한 크기의 자유를 허용해야 한다고 전제한다. 물론 그러한 선관의 임의적 행사는 적절한 정의원리에 의해 규제될 수 있지만(예를 들어 명예훼손 같은 인격권 보호), 정치적 자유주의는 각자가 다양한 선관을 제시할 경우 사회가 얻을 장점이 더 클 것이라는 점을 기본적으로 인정하는 체제이다.[156]

둘째, 언론의 자유는 모든 시민에게 평등하게 주어진 것이다. 시민은 공적 이성을 바탕으로 협의와 토론을 통해 상호 간에 이견을 좁히고 합의(consensus)를 만들 수 있다. 즉 다양한 의견을 가진 집단들은 사상과 표현의 자유를 통해 갈등적 논쟁을 풀어갈 수 있다. 각자 공적 이성(public reason)에 기반해 합리적 토론을 이끌어 나간다면 공존과 관용의 사회를 만들어 갈 수 있다. 공적 이성은 민주 사회에 존재하는 다양한 교리 간에 상호 공존의 기반을 형성한다. 만일 기본적 자유에 해당하는 언론의 자유와 표현의 자유가 모든 개인 간에 평등하게 주어진다는 것을 부인한다면 상호 존중에 입각한 사회적 협력은 불가능하다. 롤스의 정의 원칙과 정치적 자유주의는 사람은 기본적 자유에 있어서 다른 구성원과 똑같은 권리를 갖는다고 전제한다. 따라서 기본적 자유의 평등성 원칙을 인정하는 토대에서, 각 개인이 가장 많은 언론의 자유를 확보할 방법은 하나밖에 없다. 그것은 자기가 얻는 것과 같은 크기의 언론의 자유를 다른 사람이 갖는다는 것을 인정할 때 가능하다.[157] 따라서 언론의 자유가 평등한 기본권이라는 점이 존중되지 않는다면 상호 간의 신뢰와 협의는 이뤄질 수 없다. 불이익을 받는다고 느끼는 사람이 생기면 사회는 논의와 협의, 신뢰가 아니라 상호 충돌과 갈등의 세계로 전환될 것이다.

---

155) Rawls(2001) JFR, pp.104-111.

156) Rawls(1993) PL, p.304.

157) Rawls(1993) PL, pp.337-341.

셋째, 언론자유의 불가침성과 평등성은 개인의 일반적인 권리에 비해 우선적인 지위를 갖는다. 롤스에게 있어서, 언론자유는 롤스 정의론의 3단계 구조(원초적 입장, 정의의 원칙, 사회의 기본 구조 설정)를 뒷받침하는 근본적인 가치이다. 따라서 언론의 자유와 양심의 자유 같은 기본적 자유는 헌법규정에 명시적으로 규정해 제대로 보호받을 수 있도록 해야 한다.158) 그러나 기본적 자유인 언론의 자유가 불가침이라는 것이 곧바로 무소불위의 절대적 자유를 의미하는 것은 아니다. 언론자유가 다른 일반적 권리와 충돌할 때는 우위의 지위를 갖는다. 즉 보통의 사회적·경제적 이익을 위해서 기본적 권리인 언론의 자유와 표현의 자유를 제한할 수는 없다.

그러나 언론의 자유가 다른 기본적 자유와 충돌할 수가 있다. 조명이 꺼진 영화관에서 누군가 연기를 피우면서 거짓말로 '불이야'라고 고함친다면 객석은 순식간에 아수라장으로 변할 수 있다. 관객들은 뒤엉키면서 공포감에 빠질 것이다. 이런 경우는 타인의 신체의 자유(이동의 자유)에 대한 침해에 해당한다. 롤스의 평등주의적 자유주의는 표현의 자유가 다른 기본적 자유와 직접 부딪히게 되면 표현의 자유를 제한할 수 있다고 보았다. 영화관에서 거짓으로 '불이야'라고 외칠 자유는 인정되기 어렵다. 타인의 기본적 자유를 침해하는 언론의 자유는 인정하기 어렵다고 본 것이다.

넷째, 언론자유의 평등성을 개인적 수준의 기본권으로 이해하는 것만으로는 평등주의적 자유주의가 제시하는 언론자유의 진면목을 이해할 수 없다. 롤스는 언론자유 기본권이 형식적이 아닌 실질적으로 평등할 수 있도록 사회적 협의가 필요하다고 강조한다. 특히 언론의 자유와 표현의 자유의 평등성이 실질적으로 성취될 수 있도록 입법과 정책이 필요하다고 보았다. 정보통신기술의 발전으로 디지털 소외계층이 늘어나고 있다. 이 문제를 해결하기 위해서는 국가 차원에서 수용자 친화적 온라인 환경을 만드는 것이 필요하다. 공공매체에 대한 개인의 접근권을 남녀노소 모두가 평등하게 확보할 수 있는 대안 마련이 필요하다. 또한 장애인 등 소수자에 대한 미디어 서비스 확대, 지역 뉴스 강화, 연령과 성

---

158) Rawls(1993) PL, p.338.

별, 직업에 따른 정보 이용 격차(digital divide) 해소, 공공기관에 대한 시민의 평등한 소통 보장이 필요하다.159)

모바일 인터넷 환경이 특정 사회적 계층에게 이익을 주지 않도록 정책적 대안 마련이 필요하다. 정부가 소외계층에 대한 컴퓨터 교육과 보급을 장려해 계층 간 정보격차가 발생하지 않도록 하는 것은 기본적 자유의 평등성을 확보하는 정책에 해당한다. 인공지능(AI)이나 빅데이터(big data), 사물인터넷(IoT), 메타버스(metaverse) 등의 디지털 신기술이 개인 간 기본적 자유의 불평등으로 이어지지 않도록 하는 정책적 방안이 필요하다. 각자가 정보통신이용에 있어서 소외되거나 배제되지 않고 접근하고 이용할 수 있어야 기본적 자유의 불가침성이 실질적으로 달성될 수 있기 때문이다. 고령층이나 저소득층, 농어민, 다문화가정, 장애인, 탈북주민 등 취약계층의 언론의 자유와 표현의 자유가 모바일 디지털 환경에서 개선되고 확보될 정책적 대안 마련이 필요한 이유이다.

디지털 환경은 롤스가 말한 표현의 자유가 이상적으로는 평등하게 실현될 수 있는 공간이다. 페이스북, 트위터, 인스타그램 등 소셜네트워크서비스(SNS)를 통해 누구나 자신의 생각과 양심을 표현할 수 있는 사회적 환경이 만들어지기 때문이다. 온라인 환경은 모두가 동등한 정치적 표현의 자유를 누릴 수 있는 최적의 기술적 조건을 제공하기 때문이다. 이처럼 온라인 환경에서 개인의 평등권을 보장하는 것은 마이클 샌델의 공동체주의(communitarianism) 가치와 중첩되는 부분이 있다. 온라인에서 표현의 자유를 확대하는 것은 공론장을 풍부하게 해 결과적으로 공동체의 가치를 증진하기 때문이다.

우리 사회는 저출산으로 지역 소멸의 위기감이 커지고 있다. 저널리즘 관점에서 보면, 지역이 위축되면 지역 뉴스가 감소한다. 동시에 지역 뉴스가 줄어들면 지역도 쇠퇴한다. 양자는 서로 양(+)의 영향을 미치는 관계이다. 지역 뉴스가 줄어드는 것은 선택의 범위를 제한해 결국 지역인의 언론자유를 침해할 우려가 있다. 자유지상주의에 따르면 지역 뉴스의 위기는 자유로운 선택의 결과이다. 그러나 롤스의 평등주의적 자유주의는 구성원의 기본적 자유의 평등성을

159) Rawls(2001) JFR, pp.149-150.

위해 국가가 기회균등이 이뤄지도록 노력할 것을 요구한다. 기회균등은 사람들의 삶의 전망이 각자 처한 사회적 환경에 크게 영향받지 않도록 조정하는 것이다. 산간오지를 다니는 시외버스 이용자가 적다는 이유로 노선을 폐지하는 것은 자유지상주의 관점의 정의관이다. 승객이 부족해도 정부 보조금을 지급해 노선을(비록 운행 횟수를 줄이더라도) 유지하는 것은 기회균등의 원리가 살아있는 것이다. 같은 논리로 지역의 문화적·사회적 환경의 존속과 발전을 자유지상주의의 시장 논리에 맡겨두면 지역 뉴스는 황폐해질 가능성이 높다. 기회균등의 원리는 지역 뉴스 제작과 이용에 국가가 일정 부분 관여할 필요성을 제기한다. 정부가 지역언론 발전을 지원하는 것은 롤스의 평등주의적 자유주의에서 요구하는 기본적 자유의 평등성을 사회적 차원에서 확보하는 방안이다.

다섯째, 언론자유는 신념체계의 다원성을 유지하기 위해서도 필요하다. 자유민주주의 체제는 상충되고 화해 불가능한 신념체계(교리)가 공존하는 곳이다.[160] 사상과 표현의 자유는 모두에게 평등하게 주어지기 때문에, 사회 정의는 수정 가능성을 인정하는 중첩적 합의를 통해 달성된다. 만일 각 개인이 누리는 표현의 자유의 크기가 다르다면 사회 내에서 공정한 협력체계를 달성하기는 불가능할 것이다. 롤스는 또 신념체계의 다양성은 영원할 것이라고 보았다. 그는 신념체계의 다원성과 다양성은 민주주의 문화가 갖는 영구적 특징이라 보았다. 롤스가 제시한 정치적 자유주의는 다원주의 사회에서 자유롭고 평등한 시민이 공적 이성에 의거해 중첩적 합의에 이르는 실천적 방안을 제시한 것이다.

롤스는 다원주의를 인정하지 않는 주장의 이면에는 국가권력의 억압적 제재가 있다고 보았다. 정치사회 구성원 모두가 단일한 신념체계를 수용한다는 것은, 특정한 생각을 모두에게 강요한 것에 불과할 뿐이라고 보았다. 롤스는 공동체주의가 다원적 가치를 수용하지 않는 것에 동의하지 않는다. 하나의 사회를 하나의 가치로 설명하려는 샌델의 철학에 롤스는 수긍하지 않는다.[161] 평등주의적 자유주의는 공동체주의가 주장하는 단일한 공공선은 존재하지 않는다고

160) Rawls(2001) JFR, pp.33-34.

161) 이종은(2016) 롤스와 공동체주의. 사회과학연구 28(2), p.20.

본다. 롤스에게 있어서 모두에게 좋은 것은 구성원 모두가 정의 원칙을 준수해 행동하는 것이다. 롤스는 표현의 자유를 비롯한 기본적 자유의 불가침과 평등성이 제대로 지켜지는 것을 공공선이라고 보기 때문이다.

여섯째, 개인은 기본적 권리를 활용하는 데 있어서 각자 다를 수 있다. 파워트위터리언이 트위터상에서 더 많이 소통하는 것을 제한할 수는 없다. 사람들간에 소셜네트워크서비스 이용에 차이가 클 수 있다. 그러나 기본적 자유의 하나인 표현의 자유를 사용하지 않는 사람은 권리 위에 잠자는 사람에 해당한다. 이는 결과적으로 정의의 제1원칙 기본적 자유가 모두에게 평등하게 적용되지 못하는 경우에 해당한다. 언론의 자유와 표현의 자유를 사람들이 평등하게 사용하지 않는 경우는 어떻게 볼 것인가?

롤스는 개인이 기본적 자유에 부여하는 자유의 가치(worth of liberty)가 다를 수 있다고 보았다. 그러나 롤스는 침묵하는 개인의 표현의 자유를 국가가 적극적으로 보호할 수는 없다고 보았다. 그럼에도 롤스는 자유의 가치에 대한 개인간의 차이를 극복하기 위해 표현의 자유를 비롯한 기본권의 평등성을 보장할 후속대책 마련이 필요하다고 지적한다. 표현의 자유가 실제 생활에서 공정하게 배분되지 못한다면 그것을 개선하기 위한 정책적, 제도적 노력이 필요하다고 보았다. 이는 결국 언론정책과 미디어 정책에 정의의 제2원칙(기회균등의 원칙, 차등의 원칙) 적용을 강화하는 것이다.[162] 최대수혜자와 최소수혜자가 모두 이익을 높이는 방향으로 미디어 정책을 운영하는 것은 롤스의 정의 원칙에 부합한다고 할 수 있다. 미디어 리터러시(media literacy)[163] 교육 강화, 공영방송 발전방안 마련, 다문화가정 등 사회적 소수자에 대한 미디어교육 강화 등은 롤스의 정의 원칙에 합당한 것이 된다. 이런 정책들은 시민과 소수자의 기본적 자유를 보장하기 위해 국가가 적극 개입하는 경우에 해당한다.

---

162) Rawls(1999) RTJ, pp.179-180; 주동률(2008) 가장 합당한 자유주의를 위하여: 롤스 정의론의 배경, 내용, 특징과 논점들. p.248.

163) 미디어 리터러시는 미디어 정보와 지식을 이해하고, 잘못된 정보를 찾으며 나아가 새로운 정보를 창작할 수 있는 능력을 의미한다.

일곱 번째, 롤스에게 있어서 표현의 자유는 진실을 찾는 도구나 수단이 아니다. 롤스 사상에서 표현의 자유는 개인이 스스로 좋은 삶을 찾기 위해 필요한 기본적 권리에 해당한다. 롤스는 원초적 입장에서 개인은 사적 이익을 추구하는 존재로 보았다. 개인은 스스로의 이익을 추구하고 실현하기 위해서 언론의 자유와 표현의 자유를 비롯한 기본적 자유를 반드시 필요로 한다. 각자 희망하는 좋은 삶을 찾고 발전시키기 위해선 표현의 자유를 포함한 기본적 권리의 불가침성이 확인되어야 한다. 개인은 이런 기본적 자유를 바탕으로 각자 자신의 삶에 무엇이 좋은 방안인지, 무엇이 진실인지 스스로 찾아가는 존재이다.

국가는 축적된 정보를 가지고 있고, 많은 전문가를 보유할 수 있다. 따라서 국가는 더 좋은 것으로 보이는 방안을 제시하면서 시민의 표현의 자유를 제한할 유혹을 느낄 수 있다. 그러나 평등주의적 자유주의에서는 국가가 주도적으로 특정한 사항을 진실(truth)이라고 규정하는 것을 수용하지 않는다. 롤스는 국가조차도 원초적 입장에서는 종교적, 철학적, 도덕적, 윤리적 문제에 대해 어떤 우월적 권위를 갖는 결정을 못 한다고 전제한다. 그렇기 때문에 각 개인은 자신의 삶을 헤쳐나가기 위해서라도 표현의 자유를 포함한 기본적 자유에 대한 불가침성과 평등성을 보장받아야 한다고 보았다. 국가와 정부도 원초적 입장에서는 미래에 대해 모르기는 마찬가지여서 어떤 권위있는 결정을 할 수 없다고 본 것이다. 토마스 스캔론(Thomas Scanlon)은 이를 '제한적 권위의 원칙'(principle of limited authority)이라 불렀다.[164] 이런 연유로 롤스의 평등주의적 자유주의 사상은 정부가 공공선을 내세우거나 진실을 확보한다는 명분을 내세워 개인의 표현의 자유의 본질적인 부분을 침해하는 것은 수용할 수 없다고 본 것이다.

다음에 제시하는 사례들은 평등주의적 자유주의 관점의 표현의 자유를 이해할 수 있는 것들이다. 이를 통해 보면 평등주의적 자유주의와 공동체주의가 바라보는 표현의 자유가 상호 배치될 수 있음을 알 수 있다. 롤스는 표현의 자유를 광범위하게 인정하자는 입장이다. 그러나 공공선을 중시하는 샌델의 공동체주의는 표현의 자유를 필요에 의해 제한할 수 있다고 본다.

---

164) Scanlon, Thomas(1973) Rawls' Theory of Justice. p.1042.

### 스코키와 샬러츠빌에서의 표현의 자유

미국 일리노이주 스코키(Skokie)는 시카고에서 북쪽으로 20km 떨어진 한적한 도시이다. 주민 7만 명 중 3만 명이 유대인이다. 독일 나치의 홀로코스트 유대인 생존자들이 제2차 세계대전 이후 집단 이주해 거주하고 있다. 미국 국가사회당(NSPA: National Socialist Party of America) 소속 신나치주의자들은 1976년 스코키 도심 행진을 계획하였다. 시 당국은 신나치주의자들이 나치 유니폼 복장으로 도심을 행진하는 것을 금지하였다. 시 당국은 30만 달러 책임보험 미가입, 군복 착용 행진을 금지하는 시 조례를 불허 이유로 제시했다. 신나치주의자들은 표현의 자유와 집회의 자유를 주장하며 소송을 제기했다. 일리노이 지방법원은 유대인 마을이라는 특수성을 감안해야 한다며 행진을 불허하였다. 그러나 미국 연방대법원은 표현의 내용이 나치마크를 앞세우는 공격적인 것이라 하더라도 행진 자체를 금지한 것은 수정헌법 제1조(표현의 자유 침해 입법 금지)에 위배한다며 시 당국의 행진 금지명령을 무효화시켰다(Skokie v. Collin, 436 US. 953, 1978). 대법원은 역겨운 표현일지라도 평화적으로 표현하는 것은 제한할 수 없다고 본 것이다. 일리노이 지방법원은 추후 행진을 허용했지만, 실제 행진은 이뤄지지 않았다.

스코키 사건과 유사한 사례가 2017년 미국 버지니아주 샬러츠빌(Charlottesville)에서 일어났다. 백인 우월주의자와 신나치주의자 6천여 명은 미국 남북전쟁 당시 남부연합군 총사령관 로버트 에드워드 리(Robert Edward Lee, 1807~1870) 장군의 동상을 철거하기로 한 샬러츠빌 시의회 결정에 반대하며 횃불 집회를 벌였다. 인종차별에 반발하는 단체도 촛불을 들고 맞불 집회를 가졌다. 시위대와 반 시위대는 물리적으로 충돌하였다. 인종주의자 한 사람이 차량을 몰고 반인종주의 시위대에 돌진해 1명이 죽고, 30명이 부상을 입었다.[165] 시 당국은 안전을 이유로 리

---

165) 버지니아주 샬러츠빌 연방지법 배심원단은 집회주동자들에게 2,400만 달러를 배상하도록 판결했으나, 이후 버지니아 주법에 의거해 배상액을 35만 달러로 대폭 낮췄다. 현재 피해자들은 이 결정에 불복해 재판이 진행 중이다.
<https://www.law.com/2023/01/04/attorneys-mull-appeal-after-24m-punitive-damages-award-in-charlottesville-case-is-capped-at-350k/?slreturn=20230

장군 동상 앞 집회를 금지시켰지만, 지역법원은 표현의 자유 침해를 이유로 시의 결정을 기각하는 판결을 내리고 집회를 허용하였다.[166] 충돌사태가 일어난지 1년 뒤인 2018년 수도 워싱턴에서 이와 유사한 찬반 시위가 다시 열렸다. 샬러츠빌의 리 장군 동상은 2021년 철거되었다.

## 포르노그래피를 통한 표현의 자유

미국 인디애나주 인디애나폴리스시에서는 1984년 반포르노 제한 조례를 둘러싼 논쟁이 있었다. 페미니스트인 캐서린 맥키넌(Catharine MacKinnon)은 인디애나폴리스에서 제기된 포르노그래피 제작과 관련해, 포르노그래피는 여성에 대한 착취일뿐 아니라 남녀관계에 대해 본질적으로 해악을 끼쳐 결국 공동체 가치를 침해한다고 지적하였다.[167] 인디애나폴리스시 당국은 맥키넌의 주장을 수용해 여성을 성적으로 종속적으로 묘사하는 포르노그래피 물품을 제조·판매·유통하는 행위를 엄격하게 제한하는 조례를 제정하였다. 포르노그래피로 인해서 피해를 입었다고 주장하는 여성은 제작사와 유통사를 고소할 수 있도록 하였다. 그러나 미국 연방대법원 항소심은 수정헌법 제1조를 위반했다는 이유로 인디애나폴리스시 조례를 위헌으로 판결하였다. 포르노그래피일지라도 표현의 자유를 인정하였다.[168] 포르노그래피 허용을 둘러싸고 개인의 표현의 자유를 존중하자는 자유주의와 여성을 성적 대상으로 착취하는 것을 반대하는 페미니즘 및 공동체의 공공선을 중시하는 공동체주의 간에는 뚜렷한 입장 차이가 있다.

---

214074802> 참조.

166) Shapiro, Steven(2018) Reflections on Charlottesville. Stanford Journal of Civil Rights & Civil Liberties, XIV, pp.45-55.

167) 포르노그래피는 사람의 성적 행위를 직접적으로 묘사하는 영화나 책, 사진, 만화 등을 지칭한다.

168) Sandel(1998) Democracy's discontent. pp.86-88.

### 징병제 반대 복장을 통한 표현의 자유

미국 연방대법원은 미국 코헨 vs. 캘리포니아주 사건(Cohen vs. California, 403 U.S. 15, 1971)에서 표현의 자유를 확인하였다. 백화점 점원인 19세 폴 코헨(Paul Cohen)은 1968년 베트남 전쟁에 대한 반대 표시로 "Fuck the draft. Stop the war(X 먹어라 징병제, 전쟁을 멈춰라)"라는 문구를 새긴 상의를 입고 로스앤젤레스 카운티 법원 복도를 걷다가 체포되었다. 그는 타인의 권리를 침해하는 모욕적인 행위나 불쾌감을 자극하는 행동을 금지하는 캘리포니아 주법에 따라 30일 구류형을 선고받았다. 쟁점은 "Fuck the draft" 같은 메시지를 금지하는 캘리포니아 주법이 수정헌법 제1조가 보호하는 표현의 자유를 침해하는지 여부였다. 미국 연방대법원은 그 욕설이 도발적이기는 하지만 특정인을 겨냥한 것이 아니고 그 문구로 인해 특정한 물리적 행동을 하게 되었다는 증거가 없다는 이유로 무죄를 선고했다.[169)]

평등주의적 자유주의는 위의 사례에서 제시된 것처럼 어떤 표현이 인권을 침해하거나 공격적, 외설적, 혐오적이어서 많은 사람이 동의하지 않을지라도, 표현이나 의견을 평화적으로 제시하는 것은 수정헌법 제1조에 따라 규제할 수 없다는 입장이다.[170)] 롤스는 표현의 자유는 양심의 자유의 외부적 제시라는 점에서 표현 행위 그 자체에 대해서는 원칙적으로 제한할 수 없다고 보고 있다. 이런 입장은 현재 미국 연방대법원의 판결 경향과 유사하다. 즉 미국 연방대법원은 인종이나 민족, 성별, 종교, 장애 등을 이유로 상대방을 비하하는 표현에 대해 그것이 혐오스럽기는 하지만 그런 생각을 표현할 자유는 보호하고 있다.[171)] 미국 스탠퍼드대학교의 대프니 켈러(Daphne Keller)는 외설적이고, 폭력적이며, 혐오스러운 내용이지만 수정헌법에 의해 표현이 법적으로 보장되는 것을 "합법

169) Sandel(1998) Democracy's discontent. p.80.

170) 혐오표현(hate speech)은 사회 내의 소수자 또는 소수자 집단을 극단적으로 부정하거나 차별적인 감정을 나타내는 것이다.

171) Matal v. Tam, 582 U.S. Supreme Court(2017). 그러나 표현에 인용되는 사실관계가 거짓인 경우에는 그러한 사실관계를 수정 또는 보완하려고 노력하는 것이 진실성(truthfulness)있는 보도라 할 수 있다.

적이지만 끔찍한(lawful but awful)” 유형의 표현이라고 규정한다.[172] 롤스는 공동선을 이유로 혐오표현을 포함한 표현의 자유를 규제하는 것은 적절하지 않다고 보았다. 개인이 가진 불가침의 권리인 표현의 자유를 임의적으로 제한할 수 없다고 보기 때문이다. 평등주의적 자유주의는 혐오표현 자체는 바람직하지 않지만, 혐오표현을 규제한다면 사회가 받게 될 해악이 더 클 것으로 본다. 혐오표현으로 소수자가 받을 고통에 사회가 묵인하자는 것은 아니지만, 각자가 스스로의 의견을 평화적으로 표현할 자유 자체를 부인할 수는 없다는 입장이다. 롤스는 다원주의 사회에서 국가가 특정한 입장을 지지하려면 강제력을 동원할 수밖에 없을 것이라고 하였다. 국가의 개입은 필연적으로 정치적 반대자를 억압하는 데 활용될 것으로 보기 때문이다.

이에 반해 공동체주의는 반인권적인 내용에 대해서는 표현의 자유를 인정하지 않는 것이 공공선이며 사회적으로 정당하다고 본다.[173] 평등주의적 자유주의는 그러나 공동체주의가 강조하는 공공선 주장은 결국 반대하는 사람에게 반대할 자유를 허용하지 않는 것에 불과하다고 반박한다. 하나의 방안을 공공선으로 규정하고 다른 의견을 인정하지 않는 것은 그 자체가 정치적 통제라고 보는 것이다. 이처럼 평등주의적 자유주의와 공동체주의는 혐오표현에 대한 허용 여부를 둘러싸고 뚜렷한 입장 차이를 보인다. 현재 온라인상의 폭력적, 외설적, 혐오적 표현은 구글, 페이스북, 네이버 등의 디지털 사업자들이 자체 필터링을 통해 규제하고 있다. 그러나 민간 사업자들이 표현의 자유를 제한하는 것이 타당한지는 또 다른 논란의 대상이다.

---

172) Keller, Daphne(2022) Lawful but Awful? Control over Legal Speech by Platforms, Governments, and Internet Users. University of Chicago Law Review Online 참조.

173) 자세한 내용은 이 책의 제5장 참조.

### 3) 언론자유의 제한

#### 일반적인 원칙

롤스 철학에서 개인의 표현의 자유는 침해 불가능한 기본권이다. 롤스는 원초적 입장에서 참여자들이 합의한 정의의 원칙을 어떤 정치적 필요에 따라 제안하는 것은 원칙적으로 롤스 정의론이 상정하는 사회의 기본 구조에 대한 근본적인 침해에 해당한다고 본다.[174]

롤스에게 있어서 표현의 자유가 절대적 자유는 아니다. 필요하다면 예외적으로 제한(restriction)하거나 규제(regulation)할 수 있다. 그러나 롤스에게 있어서 양심의 자유, 언론의 자유, 표현의 자유를 포함한 기본적 자유는 모든 정신적 사고의 원천이라는 점에서 제한을 위해서는 대단히 신중한 판단이 필요하다.

평등주의적 자유주의에 따르면 특정한 종교적, 철학적, 정치적 신념체계를 주장하는 것을 금지하거나, 헌법과 정부 정책들에 의문을 제기하는 것을 제한할 수는 없다. 그런 주장을 제한하는 것은 합당한 다원주의 전제를 부인하는 것이다. 그러나 자유 토론에 앞서 순서를 정해 누가 먼저 말할 것인가를 정하는 것은 정당한 규제에 해당한다. 세미나에서 발언권을 얻는 방법을 정하고, 발언 순서와 시간을 정하는 것은 허용될 수 있다. 대통령 연두 기자회견에서 질문 권한을 얻는 방법을 정하고 질문할 영역과 순서에 대해 개괄적 기준을 정하는 것은 표현의 자유를 원활하게 증진하는 방법이라고 할 수 있다. 표현의 자유를 보호하고 증진하기 위해서 표현의 시간, 장소, 방법, 수단 등을 규제할 수 있다.[175] 물론 표현의 자유는 불가침 권리라는 점에서 정당한 규제일지라도 신중한 접근이 필요하다.

롤스는 언론의 자유와 표현의 자유 등의 기본적 자유는 다른 기본적 자유와 충돌하는 경우에 한해 예외적으로 제한할 수 있다고 보았다. 기본적 자유가 다른 기본적 자유와 충돌하는 경우가 있을 수 있다. 표현의 자유를 제한하는 경우

174) Rawls(1993) PL, p.358.

175) Rawls(1999) RTJ, p.219; Rawls(1993) PL, p.296; Rawls(2001) JFR, p.114.

는 오로지 다른 기본적 자유를 보호하기 위한 경우에 한해서 인정될 수 있다.[176] 언론자유를 제한할 수 있는 예외적 경우란 기본권 제한을 받는 사람뿐 아니라 사회 구성원 모두가 이익을 볼 수 있는 상태이다. 특정 정파나 조직, 집단의 이익을 도모하는 것이 아니다. 따라서 이런 경우는 개인이 선택할 수 없으며, 개인 간 경쟁도 허용되지 않는 상황이다. 롤스는 언론의 자유를 포함해 기본적 자유를 제한하는 기준을 '공동이익 원칙'(principle of common interest)이라 불렀다. 구성원 모두가 이익을 볼 수 있는 경우에 한해 언론자유를 제한할 수 있다고 보았다. 이런 경우는 △ 전쟁 등의 국가 비상시에 안보와 사회 질서를 유지하기 위한 경우(국방, 안보), △ 공중 모두의 이익과 복지를 유지하기 위한 경우(고속도로, 발전소 등의 사회간접자본 시설), △ 공중위생, 안전을 위해 효율적 보건 수단이 필요한 경우이다. 롤스는 공동이익(common interest)에 부합하는 3가지 경우에 한해서 표현의 자유를 비롯한 개인의 기본적 자유가 제한될 수 있다고 보았다.[177]

롤스 철학은 공동체주의가 강조하는 공공선의 존재를 인정하지 않음을 기억할 필요가 있다. 그는 다원주의 사회에서 모두가 인정하는 좋음, 선관, 공공선은 없다고 보았다. 따라서 평등주의적 자유주의에서는 공공선을 이유로 언론의 자유와 표현의 자유를 포함한 개인의 기본권을 제한할 수 없다.[178] 롤스는 공공선의 추구가 결과적으로 개인의 자유와 권리를 침해할 수 있다고 본다. 롤스가 공동이익 원칙에서 제시한 공동이익은 모두가 이익을 보는 경우이다. 모두의 사적 이익(private interest)이 합쳐질 때 공동이익이 된다. 롤스에게 공동이익은 어떤 사람에게는 좋고, 다른 사람에게는 불편한 그런 상황이 아니다. 롤스는 공동이익을 결과적으로 공동선으로 간주한 것이지, 모든 공중이 지향할 공적 가치인 공공선을 전제하지 않는다.

코로나19 바이러스가 만연한 상황에서 도심에서 집회의 자유를 제한한 것은 공동이익을 위한 것이라 볼 수 있다. 코로나19 바이러스가 기승을 부리고 있는

176) Rawls(1999) RTJ, p.56, p.214, p.219; Rawls(2001) JFR, pp.111-112.
177) Rawls(1999) RTJ, pp.83-85.
178) Rawls(1993) PL, p.356.

상황에서 다중이 모이는 집회를 개최한다면 사람들의 건강과 보건, 위생에 위해를 가할 수 있다는 점에서 집회의 자유(표현의 자유의 연장이다) 제한은 정당한 것이다. 코로나 당시 병원 출입자에게 신속항원 PCR검사 음성 결과를 요구한 것은 의료진과 환자, 보호자 모두의 건강을 지키려는 조치이다. 흡연자가 건물 내에서 흡연권을 주장해도 수용되지 않는 이유는 건물 내 흡연행위가 타인(흡연자, 비흡연자 포함)의 기본적 자유의 하나인 생명의 자유(건강)를 위협하기 때문이다. 마약류 등의 향정신성 물질 이용을 단속하는 것도 공공의 안녕을 위한 것이다. 마약을 하게 되면 당사자뿐 아니라 사회 구성원 모두가 해를 입게 된다. 따라서 마약의 사용은 의사의 처방이나 법에 정해진 연구 등의 타당한 경우에 허용될 수 있다.[179)]

전쟁 상태에서 적국을 위해 스파이 활동을 하는 사람의 표현의 자유를 포함한 기본권을 제한하는 것도 같은 이치이다. 스파이 활동이 양심의 자유에 따른 행위이기에 제한할 수 없다고 주장할 수는 있다. 롤스는 양심의 자유를 지키기 위해 전쟁을 반대한다는 정도의 단순한 발언은 표현의 자유라는 점에서 인정되어야 한다고 본다. 그러나 전쟁 반대를 위한 표현의 자유가 집단적 집회로 전환해 모두의 기본권에 대해 직접적으로 위협을 가하거나 그럴 소지가 있는 적극적인 행위로 이어진다면 구성원의 공동이익을 침해하는 것으로 간주해 제한할 수 있다고 보았다. 또한 합당한 절차에 따라 가동 중인 사회간접자본 시설에 대해 그 운영을 반대한다는 의견을 제시할 수는 있지만, 집단적 표현의 자유를 활용해 운영을 방해하는 것은 인정되기 어렵다.

롤스는 표현의 자유를 제한하는 것이 정당한 것으로 받아들여지려면, 제한의 목적이 공동이익 원칙에 부합해야 한다고 하였다. 즉 개인의 표현의 자유가 제한되려면, 1) 사회의 기본적 자유권 체계 전체가 위험에 처할 가능성이 있거나, 2) 보다 큰 부정의 또는 자유의 상실을 막기 위한 경우여야 한다.[180)] 결국 롤스에게 있어서 표현의 자유 제한이 정당한 경우는 제한하지 않고 그대로 둘 경우

179) 음주운전을 엄격히 금하는 것도 같은 맥락이다. 음주운전은 당사자뿐 아니라 사회 구성원 모두에게 큰 위험을 야기해 공동의 이익을 침해하기 때문이다.

180) Rawls(1999) RTJ, p.179, pp.188-189, p.193.

구성원 모두에게 직접적인 손해(공동의 이익을 침해)가 된다는 근거가 분명하고, 제한의 수단이 구성원 모두에게 동의받을 수 있을 때이다.[181] 이를 다르게 표현하면 정파의 정치적 이익이나 집단의 특수 이익을 위해서 언론의 자유와 표현의 자유라는 기본적 자유를 제한할 수는 없으며 그렇게 해서도 안 된다는 뜻이다. 롤스를 포함해 자유주의 철학에서 표현의 자유가 제한되는 경우는 위에서 살펴본 것처럼 대단히 예외적인 경우이다. 표현의 자유 제한은 표현 자체만으로 판단할 것이 아니라, 사상과 양심의 자유라는 폭넓은 관점과 다른 정치적 기본권의 보호와 연계해 종합적으로 논의해야 한다. 롤스에게 있어서 표현의 자유는 양심의 자유, 사상의 자유와 함께 이해해야 하는 '정치적 자유주의'의 핵심적인 권리에 해당한다.

### 선동적 명예훼손의 경우

롤스는 혁명적 주장이나 교리를 담은 선동적 명예훼손(seditious libel)일지라도 그것이 즉각적인 행동을 선동하는 것이 아니라 정치적 표현에 해당하는 경우에는 표현의 자유를 원칙적으로 인정해야 한다고 보았다.[182] 롤스는 처벌 가능성 있는 모욕적 선동일지라도 단순한 주장만으로는 처벌할 수 없다고 보았다. 사회적 차원의 표현과 언명은 무엇을 부추기는 행위라는 점에서 정도의 차이가 있지만 모두 광의의 선동에 해당한다고 본 것이다. 특히 롤스는 언론과 출판을 통해 선동적인 명예훼손이 있었다 하더라도 그 발언만으로 처벌할 수는 없다고 보았다.[183] 선동적인 명예훼손을 이유로 표현의 자유를 제한하는 것을 허용하게 되면 민주주의 사회의 기본 가치가 훼손될 소지가 크다고 보았기 때문이다.

롤스는 선동적 명예훼손과 관련해 표현의 자유를 생각해 볼 사례로 브란덴버그 사건(Brandenburg v. Ohio, 395 U.S. 444, 1969)과 셍크(Charles Schenck) 사건

---

181) Scanlon, Thomas(1973) Rawls' Theory of Justice, University of Pennsylvania Law Review 121(5), p.1067.

182) Rawls(1993) PL, p.342. 선동은 감정적 자극을 통해 다른 사람을 부추겨 어떤 행동에 나서도록 하는 것이다.

183) 이승선(2013) 표현 자유 확장의 판결. 커뮤니케이션북스.

(Schenck v. United states 249 U.S. 47, 1919)을 들었다.[184]

브란덴버그 사건은 인종차별주의 단체와 관련된 사안이다. 미국 오하이오주 백인우월주의단체(KKK: Ku Klux Klan) 간부였던 클래어런스 브란덴버그(Clarence Brandenburg)는 1964년 여름 오하이오주 신시내티 지역 TV방송국 기자를 초대한 가운데 KKK 집회를 열었다.[185] 집회에서 일부 참가자들이 백인을 상징하는 흰 복면과 가운을 입고 십자가를 불태웠다. 집회에서는 강압적 수단을 써서라도 "흑인은 아프리카로, 유대인은 이스라엘로" 돌려보내자는 표현이 있었다. 정부가 자신들의 요구를 따르지 않으면 흑인과 유대인에 대해 보복할지 모른다는 발언도 있었다. 이 내용은 TV를 통해 미국 전역에 방송되었다. 집회 책임자였던 브란덴버그는 폭력을 선동한 혐의로 기소되어 지역법원에서 유죄를 선고받았다. 그러나 연방대법원은 KKK단원이 집회에서 폭력을 고무(advocate)했지만 즉각적인 행동을 선동(incite)하지 않았고 또 '폭력이나 법률 위반에 대한 추상인 옹호'(abstract advocacy of force or law violation)를 이유로 처벌할 수는 없다며 무죄판결을 내렸다.

솅크 사건은 표현의 자유가 '실질적인 해악'(substantive evils)을 초래할 정도로 '명백하고 현존하는 위험'(clear and present danger)을 발생시킨다면 보호받지 못하는 경우에 해당한다. 미국 필라델피아주 사회당 사무총장이었던 찰스 솅크(Charles Schenck)는 제1차 세계대전 당시 미국 청년 1만 5천 명에게 군 징집에 불응할 것을 요청하는 전단지를 발송하였다. 대법관 올리버 홈스(Oliver Holmes)를 포함한 미국 연방대법원은 「간첩법(Espionage Act, 1917)」과 「선동법(Sedition Act, 1918)」을 적용해 솅크 사건에 대해 만장일치로 유죄를 선고하였다. 대법원은 솅크의 전단지 발송과 전쟁반대 선동 행위는 범죄를 야기할 수 있는 '명백하고 현존하는 위험'에 해당하기 때문에 표현의 자유를 제한할 수 있다고 판결하였다. 홈스 대법관은 전쟁중에 전쟁반대와 징집거부를 촉구하는 우편물을 배포한 행위는 명백하고 현존하는 중대 위험에 해당한다며 표현의 자유

184) Rawls(1993) PL, pp.340-348.

185) KKK단은 미국의 인종차별주의 비밀조직이다. 백인우월주의, 반유대주의, 인종차별, 동성애차별, 기독교 근본주의 등을 사상으로 한다.

보호 대상이 아니라고 보았다. 징집 반대 전단지를 배포한 행위가 국가 안보에 충분한 위협에 해당한다고 본 것이다.

홈스 대법관은 극장에서 사람들이 영화를 보는데 누군가 거짓말로 "불이야" 라고 소리쳐 관객들에게 공포감을 유발하는 행위는 모두에 대한 범죄에 해당하기에 보호할 수 없다고 지적했다. 즉 사람들을 공포에 빠뜨릴 목적으로 극장에서 거짓말로 "불이야"라고 외칠 자유는 없다고 본 것이다. 솅크 사건은 '명백하고 현존하는 위험'의 원칙에 따라 표현의 자유를 인정받지 못한 경우이다. 그러나 홈스 대법관이 제시한 '명백하고 현존하는 위험'의 원칙은 사실 존 스튜어트 밀의 위해의 원칙(harm principle)을 표현의 자유 영역에 적용한 것이라고 볼 수 있다. 이 원칙은 솅크 사건에 대해 유죄를 선고하는 논거가 됐지만, 이후 '명백하고 현존하는 위험'이 증명되지 않을 경우에는 표현의 자유를 두텁게 보호하는 기준으로 원용되었다. 즉 어떤 표현으로 인해서 명백하고 현존하는 위험이 발생하지 않는다면 그 표현은 처벌하지 말고 사상의 자유시장에 맡겨야 한다는 기준을 제시했다는 의미가 있다.

'명백하고 현존하는 위험' 원칙은 1927년 대법관 루이스 브랜다이스에 의해서 구체적인 조건이 추가되었다. 브랜다이스는 명백하고 현존하는 위험의 원칙에 '대답할 수 있는 시간'의 원칙을 덧붙였다. 선동적 표현일지라도 그것에 대해 토론할 시간이 있으면 '명백하고 현존하는 위험'의 원칙을 적용해 규제할 수 없다는 것이다. 예를 들어 누군가 대중집회에서 프롤레타리아 혁명을 앞으로 하겠다고 주장하는 것만으로는 표현의 자유를 제한할 수 없다. 명백하고 현존하는 위험이 없을 뿐 아니라 그러한 주장에 대해 고려할 수 있는 시간이 주어졌다고 보았기 때문이다.

이상의 판례를 통해 확인할 수 있는 것은 선동적인 명예훼손은 '즉각적인 불법 행동'(imminent lawless action)을 조장할 가능성이 있는 경우에 제한할 수 있다는 점이다.[186] 따라서 단순히 폭력사용을 선동하는 것만으로 표현의 자유를

---

186) Rawls(1993) PL, pp.348-349; Rawls, John. 장동진 역(1998) 정치적 자유주의. pp.420-426.

제한할 수는 없다. 롤스는 즉각적인 행동을 유발할 가능성이 있는 경우를 제외하면, 체제 전복적 주장이나 혁명적 주장은 일종의 정치적 견해에 해당한다고 보았다. 따라서 이러한 주장을 제한하는 것은 사회 변혁에 대한 토론을 억압하는 것이며 동시에 사상과 양심의 자유라는 기본적 자유를 침해하는 것에 해당한다고 본 것이다.[187] 롤스의 정치적 자유주의에서 선동적 표현을 제한하려면 언명(statement)이나 표현(expression)으로서의 선동이 아니라, 선동적 표현으로 초래될 불법적 행위나 행동에 주목해야 한다. 단순한 정치적 표현을 선동적 명예훼손이나 선동모략죄로 처벌한다면 표현의 자유를 통해 시민들에게 논의를 촉진하는 기능이 제대로 수행되기 어렵다고 보았기 때문이다.

롤스는 홈스 대법관이 제시한 '명백하고 현존한 위험' 원칙만으로는 표현의 자유를 제한할 근거로 부족하다고 지적한다. 그는 혁명적, 전복적 주장을 제한하거나 억압하기 위해서는 '명백하고 현존하는 원칙'에 더해서, 언론자유를 제한하는 방법 외에는 그 해악을 방지할 대안이 전혀 없거나, 해악을 막지 않으면 자유로운 정치제도 자체가 제대로 작동할 수 없을 정도의 헌법적 위기가 존재해야 한다고 보았다. 이런 상황은 표현의 자유가 침해하는 사회적 혼란이나 위기가 대단히 광범위한 경우이다.[188] 롤스에 따르면, 표현의 자유를 제한한다는 것은 원초적 입장에서 합의한 기본 가정을 번복하는 중대한 일에 해당한다. 롤스가 표현의 자유를 이처럼 광범위하게 인정하는 배경에는 자유주의 사회에는 본질적인 의견 충돌이 상시 있다고 전제하기 때문이다. 또한 혁명적, 전복적 표현에 대해 억압하고 제한하자는 주장도 사실은 어떤 정치적 필요에 따라 이뤄지는 경우가 많다

---

187) Rawls(1993) PL, p.346.

188) 2008년 미국산 쇠고기 광우병 논란 때 발생한 MBC PD 수첩 사례는 참고할 만하다. 대법원은 다우너 소(주저앉는 소)의 광우병 감염 가능성, 아레사 빈슨의 사인과 광우병 연관성, 한국인 유전자형과 광우병에 걸릴 확률을 보도한 부분에 대해 허위로 판단했지만, 명예훼손 혐의는 무죄로 보았다. 대법원은 공직자에 대한 비판적 보도가 악의적이거나 경솔한 공격이 아니라면 명예훼손이 성립할 수 없다고 보았다. 대법원 판결은 다른 보도를 통해 MBC 보도가 잘못된 것이라고 정정할 기회가 존재했기 때문에 비록 그 내용이 허위일지라도 표현의 자유를 광범위하게 인정한 것이다. 당시 대법원의 판결은 PD 수첩이 허위보도를 했지만 헌법적 위기 상황이 초래된 것은 아니라고 본 것이다.

고 본 것이다. 롤스는 혁명적 표현일지라도 그것이 사회의 기본 구조인 헌법적 질서를 즉각적으로 훼손하지 않는다면 당사자에게 말할 수 있는 자유를 인정하는 것이 사회적 이익이 크다고 보았다.

롤스에게 있어서 선동적 명예훼손으로 표현의 자유를 제한하기 위해서는 그 표현이나 선동이 사회의 기본 구조에 초래하는 해악이 본질적이고 중대한 것이어야 한다.[189] 롤스는 정의의 제1원칙에서 기본적 자유의 우선성을 제시했기 때문에 선동적 표현에 대한 세부적인 제한 근거는 입법적·사법적 단계에 맡겨야 한다고 하였다.[190]

### 시민불복종과 양심적 거부

롤스는 양심의 자유와 표현의 자유가 침해될 때 시민불복종(civil disobedience)이나 양심적 거부가 가능하다고 밝혔다. 시민불복종은 정부 정책에 변화를 가져오기 위한 공공적, 비폭력적, 양심적 정치 행위이다.[191] 양심적 거부는 개인이 숭배하는 종교적, 도덕적 신념체계에 따른다는 점에서 시민불복종과 차이가 있다. 롤스에 따르면 시민불복종이나 양심적 거부도 정의 원칙에 따라 이뤄져야 한다. 시민불복종 또는 양심적 거부는 폭력적이 아니라 비폭력적이어야 한다. 폭력적 행위는 타인의 시민적 자유에 대한 간섭에 해당하기 때문이다.

공정으로서의 정의론에서 시민불복종, 양심적 거부 행위가 정당화되는 경우는 정의의 제1원칙인 평등한 자유의 원칙이 심각하게(serious) 위반되고, 제2원칙 제1항 공정한 기회균등의 원칙에 명백한(blatant) 위반이 있을 때 가능하다.[192] 시민불복종이 정의로운 것으로 인정되기 위해서는 원초적 입장에서 합

---

189) Rawls(1993) PL, pp.354-356. 이석기 의원 등에 대한 내란선동 및 국가보안법 위반 혐의에 대한 헌법 재판소의 정당 해산 명령은 직접적이며 불법적인 폭력 사용을 선동하거나 조장할 가능성이 있다고 본 것이다. 이에 반해 세월호 특별법 제정 촉구를 위한 세월호 유족들의 행위나 어버이연합 보수 단체의 집회 시위는 불법적 폭력 사용을 선동 조장했다고 보지 않았다.

190) Rawls(1993) PL, p.298.

191) Rawls(1999) RTJ, p.320.

192) Rawls(1999) RTJ, p.326. 차등의 원칙을 위반하는 것은 제대로 확인하기가 어렵다.

의한 정의 원칙이 제대로 지켜졌는지가 중요하다. 롤스의 관점은 미국 앨라배마에서 시작된 흑인 인권운동에 대한 이론적 기반을 제공한다. 로자 파크스의 1955년 몽고메리 버스 보이콧 운동은 흑백차별에 대한 저항이었다.[193] 롤스의 평등주의적 자유주의 관점에서 보면 흑백차별은 정의의 제1원칙인 기본적 자유의 평등성을 본질적으로 침해한 것이다. 파크스의 보이콧 행위는 이후 미국 전역에서 흑인 인권운동으로 이어져 인종차별을 시정하는 계기가 되었음을 기억할 필요가 있다. 흑인 인권운동은 평등주의적 자유주의뿐 아니라 샌델의 공동체주의도 함께 인정하는 표현의 자유에 해당한다.

그러나 평화주의자가 양심적 병역거부를 주장하면서 병역면제를 요구하는 것은 정의 원칙에 어긋난다. 양심적 병역거부는 비록 그것이 양심적이라 하더라도 원초적 입장에서 합의한 병역의무의 평등한 이행 약속을 위반하는 것이기 때문이다.[194] 전쟁 중에 적군을 위해 스파이 노릇을 하는 것에 대해서 표현의 자유나 양심의 자유를 인정할 수 없다. 다른 모든 사람의 기본적 자유(신체의 자유, 생명의 자유)를 위태롭게 하기 때문이다. 그러나 조직 내부의 비리를 폭로한 공무원을 보호하는 것은 신고자의 양심의 자유가 정당성을 갖는 경우이다.[195]

---

193) 백화점 재봉사였던 흑인 여성 로자 파크스(Rosa Parks, 1913-2005)는 1955년 12월 1일 몽고메리시 공중버스의 유색인 전용석 첫줄에 앉아 있었다. 퇴근후 집에 가는 길이었다. 그러나 버스 통로에 백인들이 서 있자 백인 버스 운전사는 유색인 좌석칸을 뒤로 물린뒤 그녀에게 자리 양보를 요구했다. 옆에 있던 다른 세 명의 흑인 승객은 뒤로 이동했다. 그러나 파크스는 이를 거부해 시 조례 위반 혐의로 경찰에 체포되었다. 이 사건을 계기로 몽고메리 버스타기 보이콧 운동이 시작되었다. 그들은 버스에서 흑인들을 평등하게 존중해 줄 것을 요구했다. 보이콧 운동은 마틴 루터 킹 목사의 주도로 전개되었다. 연방 대법원은 1년뒤 버스좌석 흑백구분제가 헌법에 위배된다고 판결하였다. Parks, Rosa and Haskins, Jim(1999) Rosa Parks: My Story. Puffin Books.

194) 병역의무의 평등한 이행은 기본적 자유에 해당하는 신체의 자유를 제한하는 것이 평등하게 이뤄져야 한다는 합의로 볼 수 있다.

195) 기획재정부의 사무관이 2018년 유튜브에서 정부 정책을 비판한 사건이 이에 해당한다. 신재민 전 사무관은 정부가 KT&G 사장을 교체하도록 압력을 행사하고 또 경제운영 성과를 홍보하기 위해 이자부담을 감수하면서 적자 국채발행을 추진했다고 폭로했다. 기획재정부는 신 전 사무관을 공무상 기밀유출 혐의로 고발했지만, 검찰은

롤스의 정의 원칙에 따르면 조직 내 상관의 불법 부당한 지시는 양심의 자유, 표현의 자유, 행동의 자유의 본질적 부분을 침해하는 것이기 때문이다. 물론 시민불복종이나 양심적 거부 운동의 경우에도 언론의 자유와 표현의 자유와 같은 합법적인 호소의 방편은 되풀이해서 사용되어야 한다.

시민불복종과 양심적 거부에 대한 논의를 자세하게 설명하면 다음과 같다. 첫째, 구성원들은 원초적 입장에서 어떤 종교, 윤리관, 도덕적 신념을 가질지 모르는 상태에서 계약을 맺었다. 따라서 각자는 이런 기본적 자유권에 있어서 모두 평등한 권리를 갖는다고 보는 것이 타당하다.[196] 표현의 자유와 양심의 자유가 광범위하게 인정되어야 하는 근거는 바로 원초적 입장에서 인정하게 될 권리에 대해 상호 존중할 의무가 있기 때문이다. 원초적 입장에서 맺은 계약을 파기하는 것은 모든 사람의 자유를 침해하는 위협에 해당하는 것이다.[197] 또한 기본적 자유를 인정하는 것을 동의하지 않는 사람들의 자유를 제한하는 것은 정의로운 것이다. 왜냐하면 원초적 입장에서 각자 다양한 의견을 평등한 권리로 받아들일 것을 수용하였다고 보기 때문이다.

둘째, 언론자유의 규제는 사회 전체 자유의 극대화(공리의 극대화)를 이유로 이뤄질 수 없다. 즉 나머지 사람들이 더 많은 자유를 누리기 위해 어떤 사람의 기본적 자유를 억압할 수는 없다. 모든 사람의 기본적 자유를 평등하게 대우하는 것이 정의 원칙에 합당하기 때문이다. 롤스는 사회적 효용의 극대화를 추구하는 공리주의적 관점에서 언론자유를 제한하는 것은 정의롭지 못하고 불공정하다고 보았다. 또한 언론자유의 제한은 사회적·경제적 이익과 교환(trade-off)해서는 안 된다고 보았다. 만일 언론자유에 대해 합당한 규제가 있다면 그 적용은 모두에게 평등하게 이뤄져야 한다고 강조했다.

셋째, 표현의 자유는 자의적으로 제한될 수 없다. 표현의 자유는 롤스가 제시한 평등한 시민적 자유 중에서 핵심적인 자유에 해당한다. 롤스는 언론자유 제한에 대해 시민사회의 권리 시스템이 위협받을 정도의 위협이 있을 때에 제한

---

폭로 내용이 정당한 정책결정에 해당한다는 이유로 무혐의 처분을 내렸다.

196) Rawls(1999) RTJ, pp.181-184.

197) Rawls(1999) RTJ, p.187.

할 수 있다고 보았다. 표현의 자유를 제한하지 않으면 그 피해가 사회 구성원 모두에게 큰 손해가 발생하는 경우이다.[198] 롤스가 생각한 표현의 자유 규제 허용 시기는 대단히 위급한 상황이다. 즉 언론자유에 대한 제한이 정당한 것으로 인정받기 위해서는 사회의 모든 구성원들에게 평등하게 적용되는 사안이어야 하고 그것의 혜택이 모든 구성원의 자유를 위해 필요할 때이다. 특정한 정치적 입장이나 의견을 적극적으로 개진하기 위해 반대 의견을 자의적으로 제한하는 경우는 인정되지 않는다.

넷째, 롤스는 공동이익 원칙 중 하나인 공공의 질서와 공공의 안녕을 정부가 판단함에 있어서 원초적 입장을 충분히 감안해야 한다고 강조한다. 즉 정부는 공공질서가 훼손될 것이라는 합리적인 예상이 있을 때에 한해서 언론의 자유와 표현의 자유를 규제할 수 있다. 공공질서와 안녕을 유지하는 정부의 권한은 시민의 표현의 자유를 규제하는 권한이라기보다는 원초적 입장에서 체결한 계약이 잘 유지될 수 있도록 불편부당한 입장을 견지하면서 시민 각자가 자기의 이익을 합리적으로 추구할 수 있는 자유를 뒷받침하는 '권능을 부여하는 권리'(enabling right)에 해당하기 때문이다.[199]

### 4) 롤스 언론자유의 시사점

롤스에 따르면, 자유민주주의 사회는 구성원 모두가 동일한 생각을 하는 곳이 아니다. 다양한 교리가 공존한다. 자기가 동의하지 않는 관점일지라도 타인이 그것을 진심으로 받아들인다면 인정하고 존중할 수밖에 없다. 서로 다름을 인정하는 사회이다. 그렇기에 서로 불편함을 감수해야 한다. 언론보도도 이런 다원주의 관점을 바탕으로 이뤄질 수 있어야 한다.[200]

---

198) Rawls(1999) RTJ, p.203.

199) Rawls(1999) RTJ, pp.187-188.

200) 자유민주주의가 인정하는 관점의 다양성은 합당한(reasonable) 다원성을 의미한다. 합당하다는 것은, 언론보도가 제시하는 관점과 가치관이 가치, 목표, 제도, 수단 간에 체계적 논리성을 갖출 뿐 아니라 나름의 도덕적, 철학적, 윤리적 세계관에 기초한다는 뜻이다. 폭력적 방법을 강조하거나 우연성, 신비주의, 자의성에 기반한 주관성은

롤스의 이런 합당한 다원주의는 공동체주의와 구별되는 생각이다. 롤스는 다원주의 사회에서 좋음(선)을 증진하기 위해서 사회를 정의 원칙에 따라 공정하게 운영할 것을 요구한다. 그는 다원주의 사회에서 개인, 집단, 공동체 각자가 서로의 좋음을 우선적으로 추구한다면 갈등과 충돌이 오히려 빈발할 것으로 보았다. 롤스는 좋음에 대한 사람들의 생각을 무시한 것이 아니라, 정의 원칙을 실현하는 옳음을 통해 사람들에게 좋음을 줄 수 있다고 믿었다.

롤스는 공동체주의가 다원적 가치를 수용하지 않는다는 점에서 공동체주의에 반대한다. 그는 민주주의 사회에서 신념체계의 다양성은 영구적이라고 보았다. 롤스는 공동체주의를 비롯한 어떤 신념체계라도 다원주의를 인정하지 않는다면 그 신념체계는 반드시 폭력과 억압적 제재를 사용할 것이라고 강조한다. 사회를 하나의 신념체계로 유지하려 한다면 국가권력의 억압적 사용과 해악(evils)이 불가피할 것으로 본 것이다. 롤스는 이를 '억압의 사실'(fact of oppression)이라 불렀다.[201)]

오늘날 우리의 저널리즘은 좋음과 옳음의 적용을 둘러싸고 갈등을 빚고 있다. 좋음의 우선성을 저널리즘에 적용하면, 언론은 선의(good will)를 갖고 소수자, 약자, 가난한 사람의 좋음을 위해 공공선을 추구하고 실천한다. 이에 반해 옳음의 우선성은 언론이 표현의 자유의 불가침성과 평등한 자유 원칙을 근간으로 좋은 저널리즘을 실천하는 것이다.

롤스의 다원주의 원리는 저널리즘의 작동 원리에 대해 몇 가지 시사점을 제공한다.[202)] 롤스 철학에 따르면, 옳음의 저널리즘을 먼저 이루지 않고서는 결코 좋은 저널리즘을 달성할 수 없다. 그의 정의 제1원칙이 저널리즘에 주는 교훈은, 좋음을 이유로 개인 기본권의 불가침성과 평등성을 침해해서는 안 된다는 것이다. 언론의 우선적인 역할은 사람들에게 좋음을 주는 것이 아니라, 개인 각자가 갖는 기본적 자유의 불가침성과 평등성을 먼저 확보하는 것이다. 정의 제2

---

합당한 다원주의로 인정받기 어렵다.

201) Rawls(2001) JFR, pp.33-34.

202) Scanlon, Thomas(2020) Some Main Points in Rawls' Theory of Justice. The Journal of Ethical Reflections 1(2), pp.31-45.

원칙이 주는 교훈은 사람들의 좋음을 가능한 한 평등하게 증진하도록 노력하는 것이 옳고 정의롭다는 점이다. 기회균등의 원칙과 차등의 원칙을 통해 구성원들의 불평등이 줄어들 수 있도록 하는 것이 옳은 저널리즘이자 좋은 저널리즘이다. 롤스가 볼 때 좋음의 우선성에 기반한 보도는 임의적이거나, 공리주의적 접근일 가능성이 높다. 옳음의 정의 원칙에 바탕을 두지 않는다면 공동체주의가 갖는 열정주의, 다수결주의, 억압의 사실이라는 부작용을 벗어나기 어렵다고 보았다.

좋은 저널리즘과 관련해 생각해 볼 수 있는 것은 언론의 주관적 서술 방식이다.[203] 주관적 서술방식은 언론과 기자의 관점(이념, 해석 틀, 역사관, 정파성, 소명 의식, 양심, 윤리관)이 언론보도에 중요하게 관여하는 것이다. 주관적 언론보도는 좋은 저널리즘을 목표로 한다. 이때 언론의 관점은 좋은 저널리즘을 구현하는 유용한 수단이다.

롤스의 옳음의 우선성 원칙은 주관주의 방식을 통한 저널리즘의 진실 확보 노력에 동의하지 않는다. 주관주의 관점의 뉴스는 언론의 관점과 해석 틀을 권위적으로 적용한 것이기 때문이다. 언론의 주관주의적 보도에 대한 평등주의적 자유주의의 평가를 살펴보면 다음과 같다. 첫째, 주관적 관점을 중심으로 진실을 밝히게 되면, 뉴스는 사실을 보도하는 것이 아니다. 뉴스는 각자의 관점과 주관성을 기준으로 현재의 사실을 재구성한 것이 된다. 관점을 중점 적용하게 되면 '현재의 사실'(facts of the present)이 갖는 복잡성을 제대로 반영하기 어렵다. 그렇게 되면 뉴스는 '현재의 사실' 가운데 뉴스 가치가 높다고 선택된 '현재에 대한 사실'(facts about the present)을 각색한 것이 된다.

주관주의적 서술 방식에서 활용되는 '현재에 대한 사실'은 일반적으로 순수하게 선택된 것이 아니다. 의식적, 무의식적 가치가 개입된다. 언론은 주관적 관점을 통해 자신이 원하는 종류의 사실(현재에 대한 사실)을 선택한다. 이렇게 되면 뉴스 보도에 사용되는 사실관계는 보도를 위한 기초 자료(raw material)가 아

---

203) 이 부분에 대한 자세한 내용은 손영준(2022) 저널리즘의 진실, 한국언론학회 저널리즘연구회 편, 저널리즘 다시보기. 나남 참조.

니라, 보도에서 전달하고자 하는 가치와 관점을 뒷받침하는 수단이자 도구에 가깝다.[204] 이럴 경우 좋음을 지향하는 관점과 주관성은 진실을 '만드는' 도구가 된다. 물론 언론보도에 주관적 관점이 일정 부분 개입하지 않을 수는 없다. 그러나 처음부터 좋음을 지향하다 보면 사실을 선택하고 해석하는 과정에 특정한 관점이 주도적으로 개입한다. 이럴 경우 뉴스의 진실은 발견되기보다는 필요에 의해 발명될 가능성이 높아진다. 뉴스는 결국 관점에 의해 만들어진다. 그러한 관점이 사실과 과학적, 체계적으로 관련되지 않는다면 일순간은 진실로 받아들여질지 모르지만, 때가 지나면 그 진실은 폐기된다. 중세 사람들은 지구가 평평하다고 믿었다. 배를 타고 먼 바다에 나가면 지구 밖으로 떨어져 죽는다고 믿었다. 크리스토퍼 콜럼버스(Christopher Columbus, 1451~1506)는 당시 사람들이 믿었던 지구 평면설이 틀렸다는 점을 증명했다. 콜럼버스는 대서양을 건너 아메리카 대륙을 탐험함으로써 지구가 둥글다는 진실을 발견했다. 그는 사람들이 믿고 신봉했던 주도적 관점을 버리고, 사실관계를 통해 진실을 찾고자 한 것이다.

둘째, 주관주의는 사실관계를 왜곡할 가능성이 있다. 해석을 위해 필요한 특정 사실은 강조되고, 해석에 부합하지 않는 사실은 감춰지거나 사라질 수 있다. 언론이 보도와 관련된 표면적, 맥락적 사실관계를 모두 안다고 해도 독자나 시청자는 그것을 알기 어렵다. 깜깜한 밤중에 사람들은 등대(언론)가 비추는 사물을 중심으로 세상을 이해하게 된다. 등대가 비추지 않는 부분은 사람들에게 인식되지 못한다. 이것은 마치 플라톤의 '동굴의 우화'에 등장하는 사람들의 모습과 같다. 동굴의 우화에 따르면, 사람들은 동굴 안 벽면에 비친 그림자를 보고 진실이라 생각한다. 사람들은 거짓을 진실로 생각하며 살아가는 것이다. 사람은 누구나 인식론적 한계와 편견을 갖고 있다. 각자의 인식에는 주관성이 개입될 수밖에 없다. 문제는 이런 주관성이 독단과 집착의 수준에 머물러 있는 경우이

204) 어부가 고기를 잡기 위해 선택하는 낚시도구나 어망은 아무런 생각없이 정해지는 것은 아니다. 전문적인 어부는 잡고자 하는 물고기에 적합한 도구와 어망을 정하기 마련이다. 같은 이치를 적용하면, 주관적 뉴스 보도에 제시되는 사실관계는 별생각 없이 선택되는 것이 아니다.

다. 주관성이 과학적 합리성과 결합하지 않는다면 제대로 된 소통은 기대하기 어렵다. 이런 점에서 보면 좋음을 지향하는 주관적 저널리즘은 합당한 사실관계의 테두리 안에서 제공되어야 한다. 관점은 사실관계에 기반하지 못할 때 진실을 왜곡한다. 주관성은 임의로 사용할 것이 아니라 사실이라는 절대적 조건 속에서 작동해야 한다. 뉴스에서 주관적 시각만이 중요하다면 모든 사실은 각각의 관점을 통해 재해석될 뿐이다.

셋째, 뉴스 제작에 주관성이 개입한다는 것은 일정한 정치성이나 이해관계가 반영된다는 뜻이다. 주관적 관점은 비판적 검증과 토론을 통해 검증된 것일 수도 있지만, 그렇지 않을 수도 있다. 주관성은 합리성을 획득하지 못한 채 정의의 이름으로 제시될 수 있다. 또한 뉴스는 권력 관계의 이해를 반영할 수 있다. 이렇게 되면 언론보도는 권력 중심, 승자 중심, 이념 중심이 된다. 주관성, 정치성이 개입되면 반대편 이념에 대해서는 증오와 적대감을 드러낸다. 자기중심적 주관성이 강조되기 쉽다. 주관적 가치에 대한 집착은 공감이 아니라 공동체의 통합을 위협할 수 있다. 관점의 과잉은 언론의 당파성, 정파성으로 나타난다. 공론장의 균열은 공동체의 건강을 위협할 수 있다.

넷째, 언론의 주관성은 개인의 뜻이라기보다 사회적 산물일 가능성이 크다. 언론인의 지식과 관점은 사실 개인의 소유물이 아닌 경우가 많다. 언론인은 사회적 행렬의 어느 한 위치에 자리한 사람이다.[205] 뉴스 보도는 사회적 과정의 일부이다. 언론인이 사회 행렬에 자리하는 바로 그 지점이 언론인의 시각과 관점을 결정한다. 언론인 개인과 사회의 관계는 상호보완적이며 분리될 수 없다. 언론인의 주관성은 개인의 판단으로 보이지만 실제는 대부분 사회적 힘의 관계가 반영된 것이다.

---

205) Carr, Edward Hallett. 김택현 역(2015) 역사란 무엇인가. 까치; 정기문(2021) 역사란 무엇인가?. 민음인.

## 4 평등주의적 자유주의에 대한 평가와 영향

롤스는 20세기 영미 철학계에서 가장 영향력 있는 자유주의 철학자로 평가된다. 롤스 철학에 대해 비판도 있지만 동시에 많은 사람이 그를 지지하고 있다. 롤스의 정의론에 대한 역사적 평가는 좀 더 시간을 두고 지켜보는 것이 좋을 것이다.[206]

롤스 정의론은 자유지상주의에서 보면 공동체주의 특성을 가졌다. 자유뿐 아니라 평등도 중시했다는 점에서, 자유지상주의가 지향하는 개인적 자유와 권리의 절대성과 구분된다. 그러나 완전한 평등을 주창하는 평등주의와는 다르다. 롤스는 시민의 평등한 기본적 자유를 옹호하고, 다른 한편으로는 기회균등의 원칙, 차등의 원칙으로 사회적 불평등의 정도를 보정하려 노력하였다. 그의 정의론은 자유의 우선성이라는 자유주의 전통을 확인하고 동시에 분배적 평등을 강조한 것이다. 그러나 공동체주의나 공화주의 입장에서 보면 롤스는 기본적으로 간섭의 부재라는 자유주의 맥락을 중시하는 철학자이다.

롤스 정의론이 자유와 평등 가운데 어떤 가치를 중시한 것으로 보아야 하는지는 논쟁적 대목이다. 롤스는 이에 대해 "평등한 시민으로서 우리는 사회의 기본 구조가 의존하는 공정한 절차에 공정하게 접근할 수 있어야 한다"고 밝혔다.[207] 즉 중요한 시민적 자유는 모두에게 평등하게 기회가 제공되어야 하며 그러한 평등성을 침해해서는 안 된다고 강조한다. 이런 점에서 보면 롤스에게 있어서 자유라고 하는 것은 기본권의 불가침성과 평등성이 확보된 후 각자 선호에 따라 선택을 통해 목표를 추구하는 것이다.

주동률은 롤스에게서 자유주의와 평등주의 두 측면이 공존한다고 본다. 롤스 정의론 중 자유주의 측면은 개인의 다양성을 인정하면서 사회를 유지할 방안을 제시했다는 점이다. 국가의 가장 큰 임무가 개인의 권리와 자유의 불가침성 및 평등성을 보장하는 것이라고 강조한 점은 자유주의 특성을 반영한 것이다. 또 국가가 특정한 선관이 좋다고 말하지 않는 중립적 입장이어야 한다는 것과 공

206) Lovett, Frank. 김요한 역(2013) 롤스의 『정의론』 입문. p.259.
207) Rawls(2001) JFR, p.132.

동체가 아니라 개인을 권리의 출발점으로 본 점도 자유주의 철학을 반영한 것이다. 그러나 롤스 정의론에서는 평등주의적 측면도 분명히 있다. 정의 제1원칙 기본적 자유의 평등성이 제2원칙 사회적·경제적 불평등성에 우선시 되는 점 그리고 제2원칙에서 기회균등의 원칙과 차등의 원칙을 통해 상대적으로 덜 불평등한 사회를 목표로 삼은 점은 평등주의를 반영한 것이다.[208)]

롤스 정의론은 자유뿐 아니라 자유에 의해 발생할 수 있는 불평등 상황을 통제할 제도적 장치를 마련한 것이라 할 수 있다. 개인의 이익과 권리가 평등을 지향하는 복지 또는 공동선과 충돌할 경우를 대비했다는 점에서 자유와 평등을 조화시키려 노력했다. 이종은은 롤스의 본질적인 문제의식은 평등과 자유, 공동선과 권리, 복지와 성장 사이의 조화를 어떻게 이룰 것인가를 고민한 것이라고 지적한다.[209)] 자유와 평등을 동시에 고민한 근거는 적지 않다. 예를 들어 차등의 원칙에서 호혜성(reciprocity)의 관념을 적용했다. 불평등을 해소하는 과정에서 가진 자와 못 가진 자 모두의 이익을 도모하는 호혜성 원칙은 롤스가 제시하는 자유민주주의 사회의 평등 모델이다. 즉 절대적 평등을 지향하지 않으며, 동시에 분배의 기준이 자유지상주의가 강조하는 응분(desert, 능력)도 아니다. 롤스는 각자 불평등한 상황을 인정하지만, 서로 도움이 되는 방향으로 불평등 정도를 개선하는 것이 정의로운 것이라고 본 것이다. 부자와 가난한 자가 분배를 둘러싸고 적대적 관계인 제로섬(zero-sum) 상황이 아니다. 양쪽 모두가 이익을 증대하는 방향으로 분배를 조정하는 평등성을 추구한 것이다. 이런 점에서 롤스의 정의 원칙은 평등의 원칙을 유지하면서 자유와 효율을 극대화하고, 공동선과 개인의 권리, 성장과 복지 사이의 균형을 잡으려 했다는 점에서 공화주의적 자유주의로도 부를 수 있다.

롤스 철학은 정치적 자유와 기회균등을 유지하면서 경제적 재산을 호혜적으로 공유해야 한다는 자본주의 복지국가의 이론적 근거를 제공했다. 개인의 불가침 자유와 평등한 시민을 전제하는 사회의 기본 구조가 우선적으로 설정되며,

208) 주동률(2008) 가장 합당한 자유주의를 위하여: 롤스 정의론의 배경, 내용, 특징과 논점들. pp.247-248.

209) 이종은(2015) 사회 정의란 무엇인가. p.601.

불평등이 존재한다면 그러한 불평등은 평등한 시민의 관점을 적용할 수 있을 때 정당화될 수 있다. 이상의 논의를 종합적으로 정리하면 롤스 이론은 자유와 평등을 함께 강조하면서 동시에 정당한 불평등론을 옹호한 것이라 할 수 있다.

롤스 정의론은 입헌 민주주의(constitutional democracy) 전통을 전제로 한다. 그의 이론은 자유주의와 입헌 민주주의 전통이 약한 제3세계 국가, 독재국가, 사회주의 국가에서는 적용할 여지가 없다. 롤스에게 있어서 정의의 기능과 역할은 기본적 자유와 지위, 재화의 공정한 분배이다. 롤스는 이런 정의의 이념을 잘 실현할 수 있는 국가체제로 복지국가를 제시한 것이다. 롤스 정의론은 하나의 도덕적 교의를 만들어 낸 것이 아니라 정의의 기능과 실천 방식을 구체적으로 제공했다는 점에서 도덕적 교의를 포괄적으로 제시한 다른 철학적 입장과 구별된다.

공동체주의는 롤스에 대해 사회 계약의 비역사성(누구도 원초적 입장에서 계약에 동의하고 참여하지 않았다는 점), 개체주의 인간관을 기반으로 한 무연고적 자아, 개인이 공동체에서 체득하는 연대성의 가치를 제대로 설명해 낼 수 없다는 점, 공공선과 평등성에 대한 지향이 부족하다는 점을 비판한다.[210] 동시에 최소 수혜자의 이익이 극대화되는 지점이 차등의 원칙을 적용할 최대지점이라고 하지만, 구체적 현실에서 그 지점을 정확히 어떻게 찾을 것인지 모호하다고 본다.

그러나 롤스는 공동체주의의 비판에 재반박한다. 먼저 공공선과 공동체의 개념이 구체적으로 무엇인지에 대해 의문을 제기한다. 누가 어떻게 공공선을 만드는지 분명하지 않다고 지적한다. 다원주의 사회에서 모두가 지향하는 공공선은 존재하지 않는다고 보기 때문이다. 기독교와 가톨릭, 불교, 이슬람, 무교가 공존하는 사회에서 각자 입장을 관용하고 존중할 뿐이지, 모든 종교에 적용할 수 있는 공공선은 존재하지 않는다고 본다. 또한 공동체주의는 참여와 소통을 강조하지만 구체적으로 어떤 규범과 가치에 따르는 것인지 분명하지 않다고 지적한다. 나아가 개인의 행동을 공공선이라는 관점에서만 해석하고 평가하는 것 자체가 권위주의적이라고 본다. 롤스는 공동체주의의 모호함과 개인 존재의 부

---

210) 권용혁(2012) 개인과 공동체. pp.7-9.

정은 공동체주의가 자칫 도덕주의 또는 열정주의로 흐를 소지가 있다고 보았다. 공화주의는 자유를 비지배로 보면서 입법을 통한 국가의 간섭을 정당한 것으로 생각한다. 이에 대해 롤스를 비롯한 자유주의 전통은 공화주의 논리에 따르면 사람은 법률과 각종 규정이 허용하는 범위 안에서 간섭없는 자유를 누리게 되는데, 그 경우에도 입법 경로와 과정이 공동체주의와 마찬가지로 모호하다고 비판한다.

한국의 근대 사회에서는 자유주의 전통이 미약했기 때문에 롤스 정의론이 적용될 여지가 상대적으로 적었다고 할 수 있다. 우리에게 자유주의 이념이 전파된 것은 1945년 광복 이후이다. 우리는 서구 자유주의 이론이 전제하는 자연상태와 자연권이라는 관념을 학습할 기회가 없었다. 우리 민족은 권위주의 왕조시대, 식민 통치시대에서 자아와 개인의 자유 관념을 제대로 경험하지 못했다. 해방 이후 자유민주주의가 도입됐지만 초기에는 형식적인 자유민주주의였다. 실질적인 자유민주주의 체제는 1987년부터라 할 수 있다. 따라서 롤스가 제기하는 기본권의 불가침성, 평등성 원칙은 우리에게는 역사적 경험이 축적되지 않은 것이다. 그러나 우리 민족의 오랜 역사적 경험을 살펴 보면 우리의 DNA 속에는 억압과 간섭에 대한 저항의식이 남달랐다고 할 수 있다. 주변 국가의 부당한 침탈에 끊임없이 대항했던 우리의 저항적 민족주의는 우리의 유전자 속에 자유를 향한 순수하고 고결한 의지가 자리잡고 있음을 보여준 것이다. 즉 우리는 자유에 대한 관념을 체계적으로 학습하고 경험하지는 못했지만 자유를 향한 열망과 갈망은 어느 정치공동체보다 컸다고 생각한다. 또한 롤스 정의론이 지향하는 질서정연한 사회, 협력적 사회가 바로 우리의 자유민주주의가 지향하는 이상과 밀접히 관련되어 있다는 점에서 롤스 철학이 우리 사회에 주는 의미는 결코 적지 않다고 생각한다.

# 제4장

# 공화주의

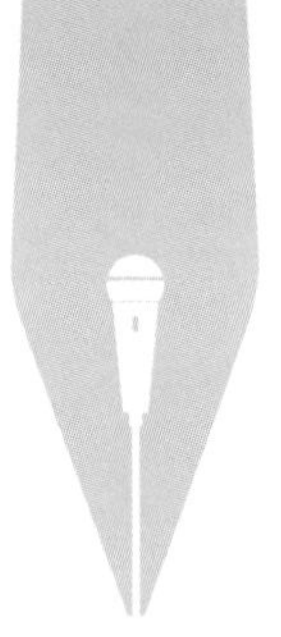

제4장

# 공화주의

## 1 페팃의 문제제기

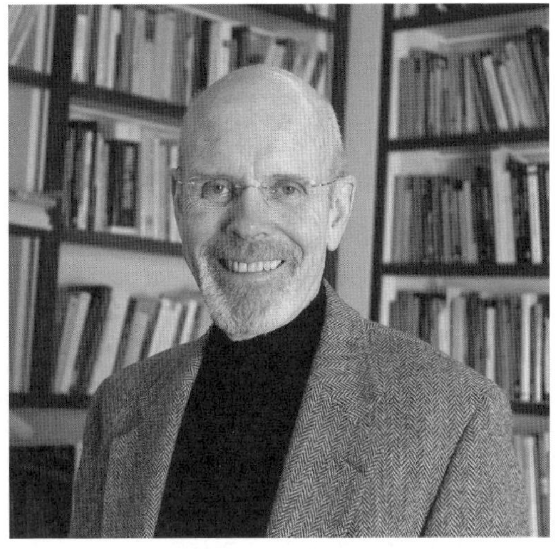
필립 페팃(Philip Pettit)

필립 페팃(Philip Pettit, 1945~)은 공화주의 이론을 발전시킨 정치철학자이다. 아일랜드 태생으로 북아일랜드 벨파스트 퀸스(Queen's) 대학교에서 박사학위를 받았다. 프린스턴 대학 정치학과 석좌교수로 있다. 페팃은 로마 공화주의를 체계적으로 발전시킨 이론가로 평가받는다. 대표 저작은 『Republicanism(1997, 이하 RE)』, 『On the People's Terms(2012, 이하 OPT)』, 『Just Freedom(2014,

이하 JF)』이다.[1)]

페팃의 공화주의는 개인의 자유와 공공선 두 가지 목표를 접목시킴으로써 자유주의와 공동체주의의 문제점을 동시에 극복할 가능성을 제시했다는 평가를 받는다.[2)] 1990년대 동유럽 사회주의 국가 몰락 이후 자유주의와 공동체주의 간의 논쟁은 한때 자유주의와 시장경제의 승리로 인식되었다. 공동체주의는 자유주의로부터 극단적인 열정주의, 반이성주의, 전체주의라는 비판을 받았다. 그러나 자유주의 전통도 이후 양극화, 불평등의 문제를 해소하지 못한 한계를 보인다. 이런 점에서 보면 개인의 자유와 공공선을 동시에 중시하는 페팃의 공화주의 사상은 자유주의와 공동체주의의 취약점을 중점적으로 해결하는 장점이 있다고 볼 수 있다.

페팃은 젊은 시절 수도원 생활을 했다. 그곳에서 인생의 진정한 가치를 찾고자 하였다. 평생 하나님에게 복종하는 수도사가 되려 하였다. 그는 침묵과 금욕 생활을 통해 영적 체험을 넓혀가길 소망했다고 고백한다.[3)] 수도사의 소박한 삶을 기대했던 페팃은 그러나 수도원을 나와 학문의 길로 돌아섰다. 수도원 생활이 자신이 생각했던 것과 달랐다고 한다. 수도원 과정에 비신앙적인 요소가 많았다고 한다. 페팃은 수도원 생활을 통해 사람은 타인의 선의와 자비에 의존하는 노예 상태에 있는 한 결코 자유로울 수 없음을 깨달았다고 한다.[4)] 페팃에게 있어서 자유는 자유주의가 이야기하는 간섭(interference)이 없는 상태가 아니라, 일종의 노예 상태라 할 수 있는 임의적 지배가 없는 상태이다. 그는 누구도 타인의 자유를 자의적으로 지배하지 못하도록 하는 것이 개인의 자유와 공동체의 공공선을 동시에 확보하는 길이라고 강조한다. 수도원 생활은 페팃에게 지배(domination)와 비지배

1) 페팃은 자기 이론을 공화주의(republicanism)라 했다. 페팃이 1997년 출간한 책 제목이 『Republicanism』이다. 그러나 페팃 이론이 한국에 소개될 때 신공화주의(neo-republicanism)로 불려졌다. 샌델의 공동체주의적 공화주의와 구분하려 했던 것으로 생각된다. 이 책은 원전에 충실하기 위해 페팃 이론을 저자가 부른 대로 공화주의라 칭한다. 이렇게 해야 용어상의 혼란을 줄일 수 있다고 본다.

2) Pettit, Philip. 곽준혁 역(2012) 신공화주의: 비지배자유와 공화주의 정부. 나남, p.537.

3) Pettit(1997) RE, pp.5-10.

4) Pettit(1997) RE, p.31.

(non-domination) 문제를 체험적으로 성찰할 기회를 주었다.

페팃에게 있어서, 인간은 개별적 존재이면서 동시에 사회적 존재이다. 개인은 따라서 공동체로부터 독립적으로 존재할 수 없다. 개인은 공동체 영향에서 벗어날 수 없는 존재이다. 이런 입장에서 페팃은 개인에 대한 국가의 합법적 간섭은 필요하다고 본다. 이런 점이 페팃 이론에 공동체주의 특성이 있다고 보는 이유이다. 그러나 페팃은 개인에 대한 국가의 권력행사는 비지배 자유 원리에 따라 이뤄져야 한다고 강조한다. 페팃은 개인이 국가나 사회에 의해 도구나 수단으로 활용되거나, 임의로 지배받아선 안 된다고 지적한다. 이런 점은 페팃 이론에 자유주의와 반집단주의 특성이 있음을 알린다.

페팃의 공화주의가 제기하는 핵심 개념은 간섭의 부재가 아니라, 비지배이다. 페팃은 자유주의가 중시하는 간섭없는 자유로 인해 또 다른 지배와 예속 관계가 형성될 수 있다고 지적한다. 페팃에 따르면, 개인 간 자발적 의지에 따라 이뤄진 사적 계약에도 임의적 지배가 있을 수 있다. 그는 간섭이 없어도 자의적 지배력이 유지되는 것은 진정한 자유가 아니라고 보았다. 페팃의 공화주의는 따라서 합법적인 간섭은 개인에 대한 자유 침해로 보지 않는다. 그는 공동체주의가 자유를 자기통치라고 보는 것에 대해서도 비판적이다. 즉 벌린식의 적극적 자유인 자기통치를 행했을 때, 개인이 스스로 주인이 되지 못하고 공동체에 의해 지배 상태에 놓인다면 자유가 없기는 마찬가지라고 보았다. 공동체주의에서 강조하는 시민참여를 통한 공공선의 추구가 오히려 개인을 지배할 수 있음을 비판적으로 본 것이다.

페팃의 공화주의는 공동체 내에서 개인의 자유를 보장하는 방안을 고민한다는 점에서 기본적으로 공화주의 전통에 속한다. 그러나 그가 중요하게 생각한 핵심 개념은 공동체의 공공선이나 시민윤리가 아니다. 공동체 생활 속에서 개인의 자유를 어떻게 보호할 것인가 하는 점이다. 페팃은 자신의 공화주의 이론이 자유주의의 가치다원성을 보장하면서 동시에 자유주의의 문제점을 해소할 이론적 토대라고 강조한다. 개인의 자율성과 공동체의 공공성을 결합해 자유주의와 공동체주의의 대안 이념이 될 포괄적 이론이라고 보았다. 이런 점에서 보면 페팃의 이론은 공동체에서 출발하지만, 공공선을 강조하는 마이클 샌델의 공동체주의 그리고 대중의 인기에 영합하여 목적을 달성하려는 민중주의(populism)와 구별된다.[5)]

페팃에게 있어서 자유는 외부로부터의 간섭이 없는 상태가 아니다. 페팃이 생각하는 자유에 대한 침해는 '다른 사람이 임의로 개인의 삶을 좌우하거나'(at the mercy of another) 또는 '다른 사람이 자의적으로 강요할 위치에 있는'(the other is in a position arbitrarily to impose) 경우이다. 이는 개인이 노예적 상태에 빠져 있어서 주인(지배자)이 비록 간섭하지 않아도 스스로 행동을 검열하는 상태이다.[6)] 따라서 명백한 간섭일지라도 임의적이지 않으면 자유에 대한 침해라고 할 수 없다. 법 규정에 의한 공동체의 합법적 간섭은 자유에 대한 정당한 규제이다. 페팃 공화주의의 주요 관심사는 이처럼 국가와 정부가 임의적으로 지배하는 것으로부터 개인을 보호하는 것이다. 페팃은 임의적이지 않은 간섭은 지배가 아니라 비지배라고 불렀다. 페팃에게 비지배는 개인 자유의 침해가 아니다. 페팃의 정의론은 비지배 원리를 사회 정의의 원칙으로 삼자는 것이다. 페팃의 이론은 공동체주의보다는 개인의 자유를 중시하며, 자유지상주의와 평등주의적 자유주의와 비교할 때는 공동체의 공공선을 강조한다. 이런 점에서 페팃의 공화주의는 자유주의의 개인주의(individualism), 반집단주의(anti-collectivism)와 공동체주의의 반개인주의(anti-individualism), 집단주의(collectivism) 중간에 위치한다고 볼 수 있다.

---

5) Pettit(1997) RE, p.8.
6) Pettit(1997) RE. p.5.

### 1) 공화주의의 의미

공화주의는 주권이 군주가 아니라 국민에게 있음을 확인하며 국민이 선출한 대표자가 통치하는 체제이다. 공화국은 공화주의를 실시하는 국가이다. 공화주의는 역사상 그리스 아테네 공화주의와 로마 공화주의 전통으로 구분된다. 양자는 공화주의라 부르지만, 성격은 다르다. 아테네 공화주의에서 최고의 공공선은 외부 침입에 맞서 공화국을 수호하는 것이었다. 국가는 공공선을 최종적으로 책임졌다. 개별 시민의 자유는 공동체의 공공선을 추구하는 가운데 확보될 수 있었다. 아테네 공화주의 전통은 오늘날 공동체주의 철학으로 이어졌다. 공동체주의는 이 책 제5장에서 다룬다.

이에 반해 페팃의 공화주의는 로마 공화주의를 계승한 것이다. 로마 공화주의는 공화국 내 모든 계급과 세력의 힘을 결집해야 한다고 보았다. 따라서 당파적 투쟁을 막는 법적 장치를 마련하고 정치적 지위를 공평하게 나눠 계급 간 조화를 이루는 것이 중요했다. 집정관(consul)이라도 전제군주처럼 마음대로 국정을 운영하지 못했다.[7] 집정관은 귀족 대표인 원로원, 시민 대표인 민회와 협치할 의무를 졌다. 로마 정치인 마르쿠스 키케로(Marcus Cicero, B.C. 106~43)는 군주, 귀족, 시민 가운데 어느 한 세력이 권력을 독점하면 공동체를 위한 정치가 아니라 특정 계층의 배타적 이익을 도모한다고 보았다.[8] 어느 한쪽이 강해지면 세력 간 균형이 깨진다고 보았다.[9] 로마 공화주의는 집정관과 귀족, 시민

7) 집정관은 왕정 붕괴 이후 로마 공화정의 최고 지도자였다. 국가 원수에 해당한다. 군사 지휘권을 비롯해 국가 통치에 필요한 모든 권한을 가졌다. 1년에 2명(1명은 귀족, 1명은 평민)씩 투표로 뽑아 한달씩 돌아가며 직무를 맡았다. 자신이 통치하는 달에는 상대 집정관의 동의를 받아 국정을 운영했으며, 통치하지 않는 달에는 거부권을 가졌다. 권력 집중을 막기 위한 장치였다.

8) 김경희(2009) 공화주의의 역사 참조.

9) 군주정, 귀족정, 민주정은 통치자 숫자와 정치체제 형태에 따른 일반적 분류이다. 권력을 배타적으로 독점하면 군주정은 참주정으로, 귀족정은 과두정으로 그리고 민주정은 폭민정과 무정부상태로 변질된다. 이에 반해 자유주의와 공화주의 구분은 개인과 공동체의 관계에 따른 분류이다. 따라서 자유주의, 공화주의 구분이 군주정, 귀족정, 민주정 구분에 비해 더 포괄적인 정치체제 분류이다.

이 권력을 나눠 가지는 혼합정을 중시했다. 로마 공화주의는 실제 집정관, 원로원, 민회가 견제와 균형의 원리에 따라 상호 권력을 공유하는 정치체제로 운영되었다. 로마 공화주의는 공동체 시민이 자의적 통치에 대항하고 또 자신들의 자유와 권리를 누릴 수 있는 정치체제이다. 공화국을 뜻하는 영어의 'republic'은 키케로가 국가를 '공공의 것'(라틴어 res publica)이라 한데서 유래한다. 여기서 인민(publica)이란 시민 개개인이 아니라 공동체 구성원 전체를 의미한다.

로마 공화주의는 기원전 5백 년경에 등장해 로마가 황제체제로 전환할때까지 450년간 이어졌으며, 이후 르네상스 시기에 이탈리아 피렌체의 니콜로 마키아벨리(Niccolo Machiavelli, 1469~1527)에 의해 재조명되었다. 마키아벨리는 자유를 타인의 자의적 지배가 없는 상태로 규정하여 로마의 비지배 전통을 받아들였다. 피렌체의 로마 공화주의 정신은 1649년 청교도혁명을 통해 영국 공화주의의 이념적 바탕이 됐으며, 18세기 미국 혁명, 프랑스 공화정의 이론적 기반이 된다. 그 이후 『페더럴리스트 페이퍼(The Federalist Papers)』를 쓴 알렉산더 해밀턴, 제임스 매디슨, 존 제이 그리고 알렉시스 토크빌, 퀜틴 스키너, 카스 선스타인, 모리치오 비롤리, 한나 아렌트, 필립 페팃으로 이론적 맥락이 이어졌다.10)

키케로는 군주제는 집정관의 사랑(caritas)과 결단이라는 장점이 있고, 귀족제는 교육받은 인물들의 지혜(consilium)를 얻을 수 있으며, 민주제는 시민의 자유를 보장할 수 있다고 보았다. 마키아벨리는 군주제, 귀족제, 민주제는 각각 불안정하며 부패로 타락하기 쉽다고 보았다. 그러나 로마 공화주의는 집정관의 오만함에 귀족이 대항할 수 있고, 귀족들은 자기들끼리 상호 견제하는 혼합정 체제이다. 공화주의는 바로 군주정, 귀족정, 민주정 요소들이 섞여 서로 견제하는 혼합정 체제이다.11) 이런 공화주의는 대내적으로는 견제와 균형을 이루어 권력 독점에서 발생하는 부패와 분열을 방지하고, 대외적으로는 공동체 구성원들의 협력과 조화를 통해 외부의 침입을 견제할 수 있도록 작동했다. 이런 혼합

10) 김경희(2009) 공화주의의 역사. pp.13-15.

11) Machiavelli, Niccolò. 강정인, 김경희 역(2019) 로마사 논고. 한길사, p.51, pp.92-93.

정은 어느 계층이 권력을 독점하는 '배타적 지배'가 없는 체제이다. 시민은 군주의 '자의적 지배'(변덕)에 대항할 권리를 법체계를 통해 갖는다. 모든 시민은 법 앞에 평등하며, 상호 견제할 권력을 갖는다.

### 2) 자유의 개념

페팃은 로마 공화주의의 비지배 개념을 통해 자유주의의 자율성과 공동체주의의 공공선을 결합할 수 있다고 본다. 비지배 원리를 통해 사회 정의의 기반을 다질 수 있다고 본 것이다. 페팃에게 비지배 원리는 자유주의와 공동체주의가 갖는 한계를 해소할 수 있는 핵심 개념이다. 페팃이 제안하는 자유 개념은 자유주의, 공동체주의에서 강조하는 자유와 여러 측면에서 비교된다.

공화주의에서 자유는 자유주의가 가정하는 천부인권적 권리가 아니다. 자유는 공화국 내에서 정치적으로 구성된다. 자유가 정치의 영역에 있다는 것은 자유가 절대적으로 고정된 것이 아니라 정치과정을 거쳐 만들어지는 탄력적 성격을 갖는다는 의미이다. 공화주의는 자유의 구체적 내용보다는 자유가 실현되는 조건과 상태에 주목한다. 공화주의에서 자유의 반대 개념은 간섭이 아니라 지배이다. 공화주의의 자유는 비지배(non-domination)이다.[12] 비지배는 타인에 의한 임의적·자의적 지배가 없는 상태이다. 벌린 식으로 표현하면, 타율적 구속이나 강제가 없는 소극적 자유에 해당한다. 공화주의의 비지배 개념은 그러나 타인을 간섭하지 않지만 자유를 침해하는 경우와 간섭하지만 자유를 침해하지 않는 경우를 제시함으로써 단순한 소극적 자유의 한계를 넘어선다.[13]

12) 페팃은 JF(2014)에서 비지배 자유를 규제적 이상(regulative ideal)이라고 했다. 이는 비지배 자유 개념이 공화국 구성원들의 행동을 규제하지만 자유와 공공선을 동시에 실현할 수 있다는 점을 강조한 말이다. Pettit, Philip. 곽준혁, 윤채영 역(2019) 왜 다시 자유인가. 한길사.

13) 이 부분에 대한 설명은 제4장 제2절 참조.

페팃에 따르면, 자유에 대한 간섭에는 두 종류가 있다. 합의된 법적 간섭과 자의적 간섭이다. 페팃에게 전자는 자유의 침해가 아니다. 특히 정당한 법에 의한 규제는 비지배 상태를 강화해 개인의 자유를 오히려 확보한다고 본다. 그러나 후자(자의적 간섭)는 용인될 수 없는 자유의 침해이다. 또한 자의적 간섭이 줄었다해도 행위자가 간섭 여부를 임의적·묵시적으로 선택할 가능성이 있다면 자유에 대한 침해가 여전히 존재한다고 본다. 페팃은 나아가 각 개인이 자의적 간섭에 취약하지 않게 하는 것도 개인의 자유를 보호하기 위해서는 중요하다고 지적한다.[14)]

정리하면, 공화주의에서는 1) 외부로부터의 간섭이 입법 규정에 따른 것이거나, 2) 개인이 간섭에 저항할 능력을 갖추고 있거나, 또는 3) 간섭이 있어도 상호 존중을 바탕으로 토론하고 숙의하는 문화가 있다면 간섭을 자유에 대한 침해로 보지 않는다. 페팃이 지적하는 비지배 자유는 천부인권적 자연 상태의 자유가 아니라, 시민들이 시민성(civility)을 기반으로 임의로 지배하지 않는 시민적 자유(civil liberty)에 해당한다.

페팃은 비지배 개념을 통해 공화주의가 자유주의에 비해 더 포괄적인 철학적 대안이 됐다고 강조한다. 비지배 개념을 통해 자유주의와 구분할 수 있는 실천적 방안을 제시했다고 지적한다. 물론 자유주의는 다른 정치이념에 비해 상대적으로 긴 역사적 전통과 넓은 포용력이 있다고 할 수 있다. 자유주의는 또 억압과 폭력 속에 살아가는 사람에게 희망을 주는 정치 이념이기도 하다. 페팃은 그럼에도 법적, 사회적 장치를 통해 공화주의가 강조하는 비지배 자유를 확보하는 것이 오늘날 도시 사회에서 필요한 시민적 자유라고 강조한다.[15)]

공화주의의 비지배 자유는 또 공동체주의에서 강조하는 참여를 기반으로 한 적극적 자유와도 다르다. 공화주의 전통은 공동체주의에서 국가가 임의적 억압적 성격을 갖게 될 경우 개인에 대한 지배로 이어질 수 있다고 경고한다.

---

14) Pettit(1997) RE, preface, pp.vii-viii.

15) Pettit(1997) RE, pp.122-123.

### 3) 개인과 국가의 관계

페팃의 공화주의에 따르면, 국가와 정부는 신탁자(trustor)인 시민과의 계약에 따른 법적 신탁물(trust)이며, 국가 통치자는 신탁관리인(trustee)이다.[16] 국가는 각 개인에 대한 비자의적인 통치, 즉 비지배를 보장하는 기구이다. 시민이 직접 참여하는 직접 민주주의는 다수의 힘에 의한 자의적 압력이 될 수 있다. 물론 국가나 정부의 자의적 지배가 발생한다면 민주적 참여는 그것을 막을 수 있는 최후적인 방편으로 작동할 수 있다. 시민은 정부가 신탁물을 잘 운영하고 관리하는지 파악해서 정부에 저항하고, 정부를 전복시킬 권리를 갖는다. 공화주의 전통에서 시민의 저항권은 견제권한의 행사이다. 시민의 견제적 민주주의는 공화주의에서 필수적인 운영방안이다.

페팃의 철학은 공동체주의와 거리를 둔다. 그리스 공화정에 기반한 공동체주의는 개인의 사적 영역을 부정한다. 개인은 공동체 안에서 연결되고, 자유는 그러한 관계 속에서 형성되고 인정될 수 있다. 시민 참여 같은 적극적 자유를 강조한다. 시민 참여를 통해 공동체의 공공선을 달성하는 것을 정치의 목적으로 삼는다. 공적 영역에 참여함으로써 얻는 자유인 적극적 자유를 중시한다. 동시에 적극적 자유를 실현하는 공식 제도인 국가의 적극적 역할을 강조한다. 공동체주의에서 개인의 자유는 공공선을 추구하는 과정에서 얻는 것이지 개인의 자유 자체가 정치의 근본 목표는 아니다. 페팃은 공동체주의에서 강조하는 공공선 추구는 자칫 공동체의 감성적 열정주의로 흐를 수 있으며, 이로 인해 개인의 자유를 침해할 수 있다는 점을 지적한다. 공동체주의에서 강조하는 민주적 참여(democratic participation)의 가치와 중요성을 인정하지만 참여 자체를 근본적인 가치로 여기지 않는다. 민주적 참여는 비지배를 증진하는 데 도움이 되기는 하지만, 그렇다

---

16) Pettit(1997) RE, p.202. 예를 들어 A가 100만 달러를 B에게 맡기며 10년간 관리한 뒤 자기 아들 C에게 줄 것을 요청했다고 하자. A는 신탁물(trust)을 설립한 신탁자(trustor)가 된다. B는 신탁관리인(trustee), 아들 C는 수혜자(beneficiary)가 된다. 같은 논리로 공화주의가 생각하는 국가 운영원리는 신탁자(trustor)인 시민이 신탁관리인(trustee: 대통령, 의회, 행정 관리)에게 정부(신탁물, trust) 운영을 맡기는 것이다.

고 참여 자체가 궁극적으로 좋은 정부를 담보하는 것은 아니라고 본다.

페팃의 공화주의는 개인의 자유를 핵심 가치로 본다는 점에서 전통적 공동체주의, 민중주의와 구별된다. 개인의 자유 보호를 강조한다는 점에서 반(anti)공동체주의적 특성이 있다. 페팃은 공동체주의, 민중주의 체제에서 국가는 인민의 의지를 실현하는 수단(tool)이라고 본다. 그러나 공동체주의, 직접민주주의, 다수결주의는 자칫 다수(majority)의 횡포를 불러올 수 있다. 공동체나 다수의 이름으로 개인의 자유를 간섭한다면 그것은 전제적 지배에 불과하며, 결국 비지배 체제를 위협할 수 있다고 본다. 페팃은 샌델의 공동체주의에 대해 비판적이다. 그는 샌델의 공동체주의가 자유주의 국가를 중립주의라고 비판하는 것은 수긍하지만, 공동체주의의 연고적 자아관과 형성적 자아관이 도덕적 가치와 결합해 개인의 자유를 침해할 가능성이 있다고 비판한다.[17)]

페팃이 강조하는 비지배 자유 원리는 공동체의 가치판단적인 담론을 통제하고 관리하는 기능을 담당한다. 비지배 자유는 마음대로 자유를 간섭할 것이 아니라 사회적 합의에 의해 법률과 규정으로 규율하자는 것이다. 페팃의 공화주의도 롤스처럼 정부의 중립을 요구한다. 그러나 공화주의 국가는 자유주의와 달리 시민들 간에 공유된 가치를 바탕으로 공동체를 중립적으로 운영(shared value neutralism)한다.[18)]

페팃의 공화주의는 자유를 기존의 간섭의 부재에서 비지배로 확장함으로써, 그동안 외견적으로 간섭이 없다는 이유로 묵인되어 온 임의적 지배에 관여하고 견제할 수 있는 길을 열었다. 말 잘 듣는 노예와 주인의 관계에서 보듯이 간섭은 없지만 실질적인 지배가 작동하는 관계에 대해서도 합당한 규제와 관여가 가능해졌다. 이는 결국 시민의 자유를 증진하는 방안에 해당한다. 이런 공화주의 국가는 자유지상주의가 생각하는 절차중심의 허약한 체제는 아니다. 견제와 균형을 통해 비지배 원리를 구조화, 체계화하는 체제이다.

---

17) Sandel(1982) LLJ; Sandel(1998) DD; Sandel(2005) PP.

18) 조승래(2013) 마이클 샌델의 공화주의. pp.176-178.

또한 공화주의 체제는 견제적 민주주의에 정당성을 제공한다. 페팃은 개인이나 집단의 탁월성에 의존하는 정치체제는 정치철학이 아무리 훌륭할지라도 결코 민주주의가 이룩될 수 없다고 보았다. 공화주의는 비지배 자유와 법치, 시민적 견제력(contestability)을 통해 민주적 심의(deliberation)가 풍부한 환경을 만들어 가는 것을 이상(ideal)으로 한다. 정부의 활동에 대해 시민들이 지배와 비지배 관점에서 언제나 견제할 수 있도록 하는 것이 중요하다. 페팃의 공화주의는 자유 개념에 대한 다양한 해석과 함께 현실에서 적용 가능한 실천적 조건들을 제시함으로써 견제적 민주주의를 위한 이론적 틀을 제공한다고 할 수 있다.

## 2 공화주의의 주요 내용

공화주의는 모든 시민의 비지배 자유를 목표로 한다. 누구나 잠재적으로 고집불통일 수 있다고 전제한다. 권력자는 특히 권력 때문에 부패할 가능성이 크다고 본다. 따라서 누구든 임의적·자의적으로 권한을 행사하지 못하도록 비지배 상태를 제도적으로 유지하는 것이 중요하다. 공화주의의 목표는 개인이 자유를 누리는 데 있어서 타인이 자의적으로 간섭할 위치에 있지 않는 것이다.

공화주의 이념에 따른 민주주의는 개인이 정부, 국가, 타인의 임의적 지배에 구속받지 않는 체제이다. 정부와 국가 운영이 시민이 합의한 조건과 절차에 따라 운영되는 시스템이다.[19] 권력이 재량을 통해 규칙을 정하거나 정책을 추진할 수 있게 되면 언제든 사악하고 부패할 가능성이 있다고 전제한다. 권력자가 자의로 행동할 경우에 시민은 민주주의의 주인이 아니라 노예로 전락한다. 따라서 견제와 균형 원리에 따라 권력의 자의적 권력 행사를 제도적으로 통제해야 한다.[20] 공화주의는 로마 공화제 450년의 경험을 통해 수렴된 것이다. 로마 공화주의의 역사적 경험은 민주적으로 선출된 권력자일지라도 권력남용과 부패로 인해서 전제군주보다 나쁜 폭군이 되는 경우가 많았음을 보여준다. 페팃의

---

19) Pettit(2012) OPT, p.3.
20) Pettit(1997) RE, pp.210-212.

공화주의는 이런 문제의식을 바탕으로 공화제가 안정적이고 복원력을 가질 수 있도록 헌정주의와 민주적 견제를 통해 권력의 부패 문제에 대처해야 한다는 점을 강조한다.

페팃의 공화주의 철학은 <표 8>에 제시된 것처럼, △ 비지배 자유, △ 헌정주의와 법의 지배, △ 견제적 민주주의를 핵심 주제로 삼는다. 비지배는 시민사회를 구성하는 정치적 원리, 가치, 목표에 해당한다. 비지배 자유는 정치적 쟁점과 의제의 타당성을 판단하는 기본 관점을 제공한다.[21] 공화주의는 자유를 자유주의 및 공화주의 전통과 다르게 비지배로 규정하면서 국가가 비지배를 제도화할 것을 요청한다. 헌정주의와 법의 지배, 견제적 민주주의는 비지배 원리를 바탕으로 국가를 구성하는 원리에 관한 것이다. 공화주의는 법의 지배와 시민적 견제력을 통해 운영되는 민주주의를 견제적 민주주의(contestatory democracy)라 부른다. 공화주의가 제시하는 핵심 주제와 내용을 살펴본다.

**표 8 | 공화주의의 핵심 주제와 내용**

| 공화주의 핵심 주제 | 내용 |
|---|---|
| 1) 비지배 자유 | 자유는 임의적 지배가 없는 비지배를 의미한다.<br>비지배 자유는 공화주의의 기본 원리, 최고의 가치이다. |
| 2) 헌정주의와 법의 지배 | 국가를 운영하는 원리에 해당한다. |
| 3) 견제적 민주주의 | 국가는 견제적 민주주의 형태로 운영되어야 한다. |

21) Pettit(2014) JF, prologue, p.xiii.

### 1) 비지배 자유

#### 자유주의, 공화주의, 공동체주의의 자유 개념 비교

페팃의 공화주의에 따르면, 국가의 기본적인 역할은 시민의 자유를 보호하는 것이다.[22] 개인의 자유 보호를 궁극적 목적으로 한다는 점에서 자유주의와 유사하다. 그러나 공화주의에서 전제하는 자유의 내용과 조건은 자유주의 철학뿐 아니라 공동체주의와도 다르다. 공화주의가 중시하는 자유는 비지배 자유이다. 지배는 타인을 임의로 복종시키는 것이다. 비지배는 개인 간에 임의적, 자의적 힘의 관계가 없는 상태이다. 비지배는 나아가 그러한 힘의 관계가 성립되거나 강요될 가능성이 없는 상태이기도 하다. 비지배에서는 무엇을 선택하기 위해 다른 사람의 허락을 구할 필요가 없다. 비지배에서 제3자는 타인의 선택에 임의로 개입할 수 없다.

비지배 상태에서 개인은 타인이 자의적으로 간섭할 경우에, '아니오'라고 말할 비토(veto) 권한을 갖는다. 비지배 자유 상황에서는 누구도 자의적으로 간섭할 힘을 갖지 못하며, 당사자는 간섭에 대항하는 거부권이 있다. 예를 들어 사람이 종교를 선택하거나 친구를 사귄다고 하자. 그런 결정에 대해 누군가 지침을 주는 것은 지배력이 작동하는 상태이다. 이에 반해 비지배는 온전히 자기 생각을 바탕으로 선택하는 것이다. 공화주의가 주목하는 비지배 자유는 자유주의 이론이 중시하는 간섭(타인의 일에 참견하는 것)이 없는 것이 아니라, 지배의 힘이 작동하지 않는 상태이다.[23]

일반적으로 지배(domination)는 어떤 사람이 타인에게 복종을 요구할 힘이나 영향력을 갖는 경우에 발생한다. 지배자가 자의적으로 간섭할 수 있음에도 피지배자에게 온정과 자비를 베풀어 간섭하지 않는다 하자. 이 경우에도 피지배자는 자유롭지 못하다.[24] 공화주의에서 중시하는 것은 타인이 나에게 임의적

22) Pettit(2012) OPT, p.5.

23) Pettit(2014) JF, prologue, p.xix.

24) Pettit(2002) Keeping Republican Freedom Simple: On a Difference with Quentin Skinner. Political Theory 30(3), pp.339-356.

지배자가 돼서는 안 된다는 점이다.[25] 지배자가 실제 권력을 행사하지 않아도 자의로 간섭할 역량을 갖고 있다면 지배의 문제가 발생한다.[26]

간섭이 있어도 임의적 지배가 없다면 공화주의에서는 자유에 대한 침해가 아니다. 횡단보도 신호등이 빨간불일 때는 건너갈 수 없다. 이것은 신체 이동의 자유에 대한 간섭이지만, 임의적 지배는 아니다. 신호등 색깔은 곧 녹색불로 바뀔 것이며, 그때 건너갈 수 있다. 교통 신호등의 규제는 만인에게 평등하게 적용될 뿐이다. 따라서 공동체 구성원이 동의한 보편적 법 규정이 개인 행동을 규제하는 것은 자유에 대한 침해가 아니다. 특정 개인을 임의적으로 지배하는 것이 아니기 때문이다. 공화주의의 비지배 자유는 자유의 내용과 조건을 사회 또는 공동체가 협의해 정한다는 점에서 사회적 자유에 가깝다. 주택가 소음에 대처해 그 기준을 정하는 것은 임의적 간섭에 대해 비지배를 실현하는 것이다. 공동체에서 사람들이 누리는 시민적 자유의 내용, 조건, 한계를 사회적으로 합의한다면, 그 합의안은 개인을 간섭하는 것이 아니라 모두에게 통용되는 비지배 간섭에 해당한다.

자유주의는 자유를 사회적 자유가 아니라 자연권 또는 천부인권에 해당한다고 보았다. 또한 자유주의는 자유를 외부의 간섭(interference)이 없는 상태로 본다. 간섭은 실제 지배와는 무관하게 어떤 사람이 이런저런 참견을 하는 것이다. 벌린은 자유를 간섭의 부재를 뜻하는 소극적 자유(negative freedom)와 자율의 성취를 추구하는 적극적 자유(positive freedom)로 구분하였다.[27] 근대 산업사회를 거치며 등장한 신흥 부르주아 계급은 그들이 상업적 활동을 하는 데 있어서 국가로부터 간섭받지 않을 자유(소극적 자유)를 최고의 이상으로 삼았다. 이후 산업 혁명, 자본주의 발전을 통해 성장한 자유주의 철학 전통은 정부를 포함

25) 조승래(2010) 공화국을 위하여: 공화주의의 형성 과정과 핵심사상. pp.134-135.

26) 페팃은 상징조작을 통해 규범(norm)을 변화시켜 사람들의 생각과 행동에 영향을 미치는 구조적 지배의 문제는 다루지 않는다. Febres, Coromoto(2010) Liberalism, Feminism and Republicanism on Freedom of Speech. Ph.D Dissertation in Political Science in University College London. pp.101-103.

27) Berlin, Isaiah(1958) Two Concepts of Liberty. pp.7-19.

한 외부로부터의 불간섭 자유를 자유의 이상적 목표로 삼았다.[28] 자유지상주의자인 노직도 정부의 부당한 간섭을 경계했으며,[29] 평등주의적 자유주의자인 롤스도 "자유는 자유를 위해서만 제한할 수 있다"고 강조해 자유의 개념을 비지배가 아니라 불간섭의 의미로 사용했다.[30] 근대적 전통에서는 타인의 간섭없이 사적 공간에서 개인 삶을 유지하는 것이 자유의 관심사였다. 이때의 자유는 사적 의지의 지배를 받는 개인주의적인 사회의 산물이다. 벌린은 소극적 자유가 근대 자유주의에서 강조하는 자유의 기본 특성이라고 강조한다.

이에 반해 공동체주의는 공동체의 목적을 달성하는 적극적 자유를 강조한다. 공동체주의는 공공선이 자유의 기준이 된다. 공공선은 시민의 참여를 통해 추구되며, 개인의 자유는 공공선을 추구하는 가운데 확보될 수 있다. 공공선은 개인의 자유에 비해 더 큰 사회적 가치를 지닌다. 공동체주의는 공공선을 달성하기 위한 임의적 지배 또는 간섭에 상대적으로 관대하다. 임의적 지배라 할지라도 공공선을 위한다면 용인하는 정도가 크다. 극단적 공동체주의는 공동체 관습에 따라 개인의 자유를 임의로 제한한다. 공동체주의는 다원주의적 사회를 유지하기보다 공공선을 확인하고 추구하는 데 방점을 둔다는 점에서 임의적 간섭의 부재로서의 자유에 주목하는 공화주의 철학에 만족하지 않는다. 공동체주의는 공화주의가 강조하는 자의적 간섭의 부재가 아니라 공동체의 도덕적 가치를 높이기 위해 시민 참여를 강조하는 형성적 정치(formative politics), 동질적 공동체(homogeneous community)를 강조한다.

---

28) Pettit(1997) RE, p.37. 자유를 불간섭의 관점에서 이해한 최초의 인물은 리바이어던(Leviathan)을 펴낸 토마스 홉스(Thomas Hobbes, 1588~1679)이다. 리바이어던은 로크 이전 근대 자유주의의 사상적 맹아를 제공했다. 홉스는 만인에 대한 만인의 투쟁 상태(자연상태)에서 불안과 공포를 피하기 위해 각자의 권리를 계약을 통해 국가(리바이어던)의 주권자(절대군주)에게 양도할 것을 제안했다. Hobbes, Thomas. 김용환 역(2005) 리바이어던.

29) Nozick(1974) ASU, p.71, pp.54-85.

30) Rawls(1971) TJ, pp.221-227; Rawls(2001) JFR, p.42.

페팃은 벌린이 지적하는 적극적 자유는 공동체주의에서 상정하는 자유 개념과 가깝다고 보았다. 이런 자유는 민주적으로 결정된 공적 의지를 공동체에서 실현하는 자유이다. 이때 정의는 공적의지를 바탕으로 지배를 상호 공유하는 것이다. 페팃은 이런 적극적 자유는 근대 계몽주의 전통과 구분되는 전근대시대의 개념이라고 본다.[31)]

페팃의 공화주의 철학은 벌린의 이분법적 자유 개념이 정치적 사고를 축소시켰다고 비판한다. 즉 자유를 이해하는 방법은 벌린식의 소극적 자유와 적극적 자유만 있는 것이 아니라고 본 것이다. 로마 공화주의에서 제시된 비지배 자유의 개념은 자유주의가 주도해 온 자유 개념에 대한 논의를 더욱 풍부하게 만드는 데 기여하였다. 페팃의 비지배 논의는 자유 개념을 다각적으로 논의할 기회를 제공한 것이다.[32)]

페팃의 공화주의에 따르면, 좋은 나라는 공동의 이익이 실현될 수 있도록 누구나 서로 당당하게 살아갈 수 있는 법적 제도적 장치가 마련된 곳이다. 개인의 권리 행사에 공동체가 정당하게 간섭할 통로가 확보된 곳이다. 정당한 간섭이라는 것은 공동체가 개인의 자유를 침해하는 것이 아니라 오히려 공동의 이익을 실현함으로써 최종적으로는 개인의 자유를 더 안전하게 한다는 의미를 담고 있다.[33)] 예를들어 노동자와 여성, 신체장애인 등의 사회적 약자에게 중요한 것은 간섭의 부재가 아니라 지배의 부재이다. 고용주나 남성 배우자의 임의적 자비는 언제든 회수될 수 있다고 보기 때문이다. 공화주의는 정당한 입법을 통해 사회적 약자에 대한 임의적·자의적 지배를 철폐할 수 있다. 공화주의 입장에서 보면, 자유주의가 자유를 간섭의 부재, 선택 권한의 확보로 규정하는 것은 사회적 약자의 문제를 회피하는 것이다.[34)]

31) Pettit(1997) RE, pp.17-20.
32) Pettit(1997) RE, pp.18-19, pp.21-27.
33) 조승래(2010) 공화국을 위하여: 공화주의의 형성 과정과 핵심사상. p.9.
34) 조승래(2010) 공화국을 위하여: 공화주의의 형성 과정과 핵심사상. p.138.

### 지배의 3가지 구성요소

페팃의 비지배 자유는 공동체에서 더불어 살아가지만 다른 사람이 임의로 나를 지배, 간섭하지 않으며 또 그렇게 할 수 없음을 강조한 개념이다. 비지배는 타인에 의해서 지배되지 않는다는 점에서 소극적(negative)이며, 간섭없는 상태 이상의 것을 요구한다는 점에서 적극적(positive)이다. 페팃은 외부 간섭에 대해 정당성이 인정되는 간섭과 인정되지 않는 자의적 간섭으로 나눈다. 자의적 간섭이 있어도 우연히 간섭을 피했거나 당사자가 임의적 지배에 맞설 수 있는 경우는 구별한다. 페팃은 이런 상황을 종합적으로 고려해서 비지배 자유를 공화주의의 최종적인 가치이자 공공선으로 제시했다. 비지배 자유는 타인의 자의적 간섭에 잘 견딜 수 있고 사람들 사이에서 안전함을 느낄 수 있는 상태이다.[35] 비지배의 의미를 분명히 이해하기 위해 먼저 반대 개념인 지배의 특성을 살펴볼 필요가 있다. 지배(domination)는 간섭할 능력, 행위자의 자의, 특정한 선택이라는 3가지 요소로 구성된다. 비지배는 지배의 3가지 구성요소가 없는 상태이다. 이를 설명하면 다음과 같다.[36]

ⅰ) 간섭할 능력: 지배에는 실제 간섭할 수 있는 강제력과 그렇게 할 가능력이 포함되어 있다.[37] 전제 군주가 입법, 행정, 사법권에 대해 전속권을 갖고 그 힘을 행사하는 것이 전형적인 지배이다. 강대국은 무력을 행사할 수 있다는 전망만으로도 약소국 외교정책에 묵시적 영향력을 행사한다. 간섭의 종류에는 직접적인 방해, 강제, 처벌뿐 아니라 조작(manipulation)도 포함된다. 눈에 띄지 않는 조작을 통해 의제를 정하거나, 사람들의 믿음이나 희망 같은 신념체계를 기만적, 인위적, 비합리적으로 조작하는 형태가 포함한다.[38] 소셜네트워크서비

35) Pettit(1997) RE, p.vii, p.50. 지배와 비지배 개념은 개인뿐 아니라 단체, 집단, 사회, 국가, 국가 간 모든 수준에 적용할 수 있다.

36) Pettit(1997) RE, pp.52-63.

37) 능력(capacity)은 강제력(power, 행위자가 부과하는 힘)과 가능력(ability, 강제력 행사와 달리, 암묵적으로 시사되는 권력)을 포괄하는 개념이다. 약소국이 주변 강대국 힘을 사전에 예견하고 행동하는 것은 강대국의 가능력을 고려한 결과이다.

38) Pettit(1997) RE, p.53.

스를 통해 가짜뉴스를 전파하거나, 언론이 균형감을 상실한 자의적 보도로 사람들의 생각을 임의로 지배하는 경우이다. 또한 간섭은 상황을 개선하는 것이 아니라 문제를 악화시키는 것과 관련되어 있다. 상인이 바가지를 씌워 높은 가격을 부른다면 간섭할 능력이 있는 경우에 해당한다. 상인이 물건가격을 지나치게 싸게 내놓아 경쟁자를 곤경에 빠뜨리는 경우처럼 합법적 간섭도 있을 수 있다. 북한은 자위적 차원에서 핵보유국 지위를 가졌다고 발표한 바 있다. 그러면서 핵무기 보유는 공격용이 아니라 방어용이라고 주장한다. 그럼에도 주변 국가들이 북한의 핵 보유에 대해 우려하는 이유는 북한이 인접국가에 간섭할 수 있는 능력을 갖게 됐기 때문이다.

ii) 행위자의 자의(free will, arbitrium, arbitration): 지배는 임의적, 의도적 결정이다. 지배력을 가진 행위자는 어떤 결정을 할 것인지, 하지 않을 것인지 마음대로 결정할 수 있다. 이는 행위의 선택 여부, 행위의 종료 여부, 자의성의 강도 등이 행위자의 판단과 변덕에 달려있다는 뜻이다.[39] 자유민주주의 국가에서 정부가 시민에 대해 세금을 부과하고 죄인을 감옥에 가두는 것은 자의적 간섭이 아니다. 이런 경우는 모두 당사자의 자유를 제한하는 것에 해당한다. 그러나 이런 간섭에는 자의적 지배력이 작동하지 않는다. 누구든 규정에 따라 세금을 내고 법의 지배를 받기 때문이다.

자의적 지배는 우연히 일어나는 것이 아니다. 자의적 지배는 의도적인 간섭으로 발생한다. 지배를 발생시키는 의도적 간섭은 견제받지 않은 권력에서 나타난다. 합당한 법 규정에 따른 비의도적 간섭은 지배가 아니다. 공화주의가 막고자 하는 지배는 견제와 억제가 없는 가운데 일어나는 외부의 간섭이다. 전제군주가 국가를 자의적으로 운영하는 것은 군주에게 국가의 주권적 권력이 있음을 의미한다.[40] 전제국가에서 군주의 간섭을 멈출 수 있는 것은 군주 스스로의 판단뿐이다. 이런 상태에서 국가는 공공의 것이 아니다. 이에 반해 입헌군주제하의 군주는 의회 권력에 의해 견제를 받는다. 로마 공화주의에서 집정관은 의

---

39) Pettit(1997) RE, p.57.

40) Pettit(1997) RE, p.56, p.202.

회 대표인 원로원, 시민들의 대표인 민회의 견제와 간섭을 받았다. 그러나 노예 주인이 노예에게 그리고 전제군주가 백성에게 미치는 영향력에는 행위자의 자의가 필연적으로 포함되어 있다.

페팃은 정부의 통치행위가 비지배가 되기 위해서는 시민의 견제력(contestability)이 중요하다고 보았다.[41] 특정한 권력과 힘의 행사가 비임의성(non-arbitrariness)을 띄려면, 대상자들이 사전에 권력 행사에 대해 동의했는지 만으로는 충분하지 않다. 중요한 것은 권력이나 힘의 작동이 임의적인지, 아니면 공유된 가치에 기반한 것인지에 대해 시민들이 묻고, 따지고, 견제할 통로가 효과적으로 존재하는지 여부이다.[42]

비지배 자유는 지배가 임의적 자의성에 기반하지 않는 상태이다. 주인과 노비가 오랫동안 손발을 맞춰 서로 잘 이해한다고 하자. 주인은 노비의 일에 간섭하지 않고 노비는 스스로 알아서 일을 한다고 하자. 그렇다 하더라도 주인과 노비 간에는 자의성이라는 지배관계가 존재한다고 보아야 한다. 마음씨 좋은 주인이든 아니든 주인은 노비에 대해 지배력을 갖는다. 외견상 간섭이 없다고 해서 노비가 자유롭다고 할 수는 없다. 보도의 공정성이 언론인의 자의에 의존하는 경우, 아동 학대에 대한 보호막이 없는 경우, 복지 의존자의 복지 혜택이 담당 공무원의 자의나 변덕에 좌우되는 경우, 근로자의 해고가 고용주의 자의에 의존하는 경우, 학생 징계가 교사의 자의성에 의존하는 경우 등이 자의에 의한 지배 사례에 해당한다. 또한 단체나 조직의 의제를 설정하는 경우에 구성원 간에 충분한 협의 없이 특정한 사람이 권위적으로 의제를 설정하는 경우도 지배력이 작동한 경우이다.

어린 아이도 비지배 자유를 누릴 수 있어야 한다. 아이들은 보살피는 부모와 교사로부터 지배 상태에 놓이지 않아야 한다. 아이들은 어리기 때문에 부모나 교사는 아이들의 생활에 상당한 정도로 간섭한다. 일반적으로 부모와 교사의 간섭은 허용된다. 그러나 비지배 자유의 관점에서 보면 부모나 교사의 간섭은

41) 여기서 견제력은 국가와 정부의 통치행위가 비지배가 될 수 있도록 견제하는 시민의 통제력을 의미한다.

42) Pettit(1997) RE, p.63.

비지배 특성을 가져야 한다. 부모와 교사의 일상적인 간섭은 상식에 부합하는 것이어야 한다. 아동에 대한 신체적, 성적, 정서적 가혹행위는 아이의 정상적 발달을 저해하는 학대이다. 자의적 지배에 해당한다. 사회적 소수자의 고충을 논의하는 합당한 절차가 없는 상태에서 정부가 소수자 정책을 차별적으로 적용한다면 자의성이 개입되었다고 할 수 있다. 우리 민족사에서 임의적 지배 사례를 찾는 것은 어렵지 않다. 일본제국주의는 조선인에 대해 직접적인 간섭뿐 아니라 황국신민화라는 미명 아래 조선인에 대해 차별할 수 있다는 임의적 위협을 가하였다. 항일독립투쟁은 일본 제국주의의 직접적 간섭뿐 아니라 일제의 임의적 지배에 대한 민족차원의 저항 운동이었다.

iii) 타인이 내리는 특정한 선택: 어떤 사람이 타인을 지배한다고 할 때, 지배의 대상은 개인 삶의 모든 것이라기보다는 특정한 선택이나 행위, 범위, 기간이 해당된다. 고용주는 피고용자에 대해 작업장에서 그리고 교도소 간수는 재소기간 동안 수감자를 지배한다. 지배는 어떤 사람이 다른 사람의 특정한 선택이나 행동에 자의적으로 간섭할 힘을 갖는 경우에 발생한다.[43] 따라서 어떤 사람이 나의 특정 선택에 대해 마음대로 간섭할 능력(capacity)을 갖추지 않을 때, 나는 지배가 아니라 비지배 상태에 있다고 할 수 있다.[44]

### 간섭없는 지배 vs. 지배없는 간섭

앞서 설명한 것처럼 간섭과 지배는 구분되는 개념이다. 그러나 실제에서는 간섭과 지배 현상이 복잡하게 얽혀있다. 비지배 자유가 갖는 특성을 이해하기 위해서는 간섭과 지배를 개념적으로 구분할 수 있어야 한다. <표 9>는 간섭과 지배의 유무에 따라 4가지 영역(Ⅰ, Ⅱ, Ⅲ, Ⅳ)으로 나눈 것이다.

---

43) Pettit(1997) RE, p.52; Pettit(2014) JF, p.29. 선택(choice)이란 '통제 안에 있는 대안'(set of options within your control) 중에서 고르는 행위이다.

44) Pettit(1997) RE, p.67.

**표 9 | 간섭과 지배의 유무에 따른 영역 구분**

| | | 지배 | |
|---|---|---|---|
| | | 있음 | 없음<br>(비지배: 공화주의의 자유 의미) |
| 간섭 | 있음 | Ⅰ 간섭, 지배 모두 있는 경우: 불간섭, 비지배 모두 달성되지 않는다. | Ⅲ 간섭은 있지만 지배는 없는 경우: 비지배적 간섭은 법규에 따른 간섭이므로 임의적 지배가 존재하지 않는다. |
| | 없음<br>(자유주의의 자유 의미) | Ⅱ 간섭은 없지만 지배는 있는 경우: 누군가 간섭할 가능성이 매우 낮아도, 지배할 위치에 있거나 영향력을 행사할 수 있으면 간섭없는 지배에 해당한다. | Ⅳ 간섭, 지배 모두 없는 경우: (강자나 정치권력 등으로부터) 관련자 모두가 독립적으로 행동할 수 있다. |

영역 Ⅰ은 간섭과 지배가 모두 작동하는 경우이다. 러시아와 우크라이나 전쟁에서 시민들의 비참한 삶을 생각해 보자. 전쟁이라는 극단적인 상황에서는 폭력적인 간섭과 지배가 일상적으로 일어난다. 외세의 간섭과 지배는 국가와 민족의 자유에 대한 전면적인 침해이다. 지난 2020년 미국 미네소타주에서 발생한 흑인 조지 플로이드 사망 사건은 미국뿐 아니라 전 세계에 걸쳐 '흑인들의 생명도 소중하다'(Black Lives Matter)는 인종차별 반대 운동으로 확산되었다. 미국 전역에서 경찰의 강경진압을 규탄하는 시위와 폭동이 벌어졌다. 인종차별에 반대한다는 의미로 무릎을 꿇는 자세를 취하는 평화적 시위도 벌어졌다. 시위대는 경찰의 소수인종에 대한 차별적 법집행에 대한 반발하였다. 경찰의 법집행에서 나타난 임의적 지배가 핵심 쟁점이었다. 위의 사례는 모두 간섭과 지배가 동시에 발생한 경우이다. 이런 상태는 불간섭과 비지배가 모두 달성되지 않는 경우이다.

재소자에 대한 학대, 아동에 대한 학대도 간섭과 지배가 같이 나타나는 경우이다. 교도관들이 임의로 재소자들을 관리하거나, 아동 학대에 대한 보호막이 없는 경우가 이런 경우에 해당한다. 사실 교도관이나 교사는 재소자와 아동의 생활에 상당한 정도로 간섭할 수 있는 권한이 허용된다. 그러나 비지배 개념을 감안한다면, 재소자나 아이들은 교도관과 교사로부터 비지배 자유를 누릴 수 있어야 한다. 그러나 사랑의 매를 명분으로 폭력적 행위가 발생한다면 자의적 지배가 발생하는 것이다.[45] 상점 매장에서 근무 시간과 업무 등의 세부 일정을 매니저급 몇몇 사람이 결정한다면 하위직 직원들에 대해 간섭과 함께 임의적 지배력이 작동할 수 있다. 과거 교육현장에서는 학생들에 대한 간섭과 지배가 적지 않았다. 교사에 의한 폭력, 즉 교폭을 고발하는 뉴스는 교사의 임의적 지배가 자행됐다는 증거라고 볼 수 있다.

영역 Ⅱ는 간섭은 없고, 지배가 작동하는 경우이다. 누군가 간섭할 가능성이 낮아도 임의로 간섭할 통로가 있거나 영향력을 행사할 지위에 있다면 지배 관계는 존재한다.[46] 공화주의에서 주목하는 지배의 본질은 임의적 지배이다. 남이 나의 임의적 지배자가 되는 것은 자유의 침해이다. 임의적 지배가 없는 상태가 바로 비지배이다. 공화주의는 사회적 약자에게 지배의 부재가 중요하다고 본다. 고용주나 조직폭력배의 자비가 언제든 거둬들일 수 있다면, 비록 간섭이 외견적으로 없을지라도 지배원리는 작동하는 것이다. 보통 사람들은 조직폭력배가 주먹을 휘두를 수 있다는 가능성(임의적 지배가 있을 수 있다는 가능성)에도 두려움을 느낀다. 영역 Ⅱ처럼 간섭이 없더라도 지배가 작동하는 경우 당사자는 자유가 침해된 상태이다.

희곡 『인형의 집』에서 여주인공 노라와 남편 토르발트의 관계는 간섭없는 지배(domination without interference)에 해당한다.[47] 페팃은 인형의 집에서 공화

---

45) Pettit(1997) RE, pp.119-120.

46) Pettit(1997) RE, p.64.

47) 『인형의 집』(A Doll's House)은 1879년 노르웨이 극작가 헨리크 입센(Henrik Ibsen, 1828~1906)이 발표했다. 성공한 변호사인 남편 토르발트(Torvald)는 부인 노라(Nora)에게 사회적 지위와 경제적 혜택을 주었다고 자부한다. 그러나 노라는 결혼생활이 동등한 인격체 간의 관계가 아니었으며 자신은 한낱 인형에 불과했다는 점을 깨닫고 집을

주의가 중시하는 자유의 의미를 엿볼 수 있다고 지적한다. 인형의 집에서 남편은 부인에게 간섭(interference)하지 않았지만, 임의적 지배(domination) 관계는 사라지지 않았다. 비지배 관점에서 보면, 부인 노라는 결코 자유롭지 않았다. 노라가 누렸던 불간섭에는 임의적 지배가 사라진 상태가 아니었다. 노라는 남편으로부터 스스로를 보호할 수 없었기에 가출을 선택한 것이다. 노라의 결혼생활은 남편의 자의적 의지에 종속된 것이었다. 부부간에도 남편(부인)의 기분이나 변덕에 따라 부인(남편)의 삶과 운명의 방향이 좌우된다면 임의적 지배관계가 작동하는 것이다.

자비심 많은 주인과 노예 사이에도 간섭없는 지배가 존재한다. 주인의 자비심은 언제든 회수될 수 있기 때문이다. 말 탄 사람이 말의 고삐를 느슨하게 잡으면 말은 간섭없는 자유를 만끽할 수 있다. 그러나 안장에 앉은 사람은 언제든 고삐를 틀어쥘 수 있다. 고삐는 말과 말 탄 사람을 연결하는 끈이다. 말은 주인이 원하는 방향으로 걸어가는 한 지배를 유예받는다. 인형의 집에서 노라는 풀린 고삐에 매여있는 상태라 할 수 있다.[48] 남편 토르발트는 마음만 먹으면 19세기 관습에 따라 부인 노라의 선택을 제어할 수 있었다. 노라는 오직 남편의(명시적, 묵시적) 허락이 있어야 무언가를 선택할 수 있었다. 주인이 노예를 친절하게 대우한다 해도 권력관계가 작동한다면 노예는 결코 자유로운 상태가 아니다.

마음만 먹으면 언제든 간섭할 힘을 갖고 있는 지배자(혹은 지배 집단)가 온정과 자비를 베푼다고 해서 피지배자가 자유로운 것은 아니다. 간섭하거나 강압적이지 않더라도, 그런 간섭이 행사자의 마음에 달려있거나 일반적인 운(fortune)에 맡기는 것은 임의적, 주종적, 예속적, 자의적 지배가 남아있는 것이다. 비록 겉으로는 선의(좋은 의도, good will)에 의해 관계가 유지되어 간섭이 없더라도, 언제든 간섭할 수 있다면 그런 관계는 자유로운 상태가 아니다. 공화주의는 자유주의가 간섭의 부재를 자유로 규정하는 것을 비판적으로 본다. 특

---

나온다. 인형의 집은 19세기 남성과 여성의 전통적 역할에 문제를 제기한 작품이다.

48) Pettit(2014) JF, p.2.

히 자유주의 사상이 간섭이 없는 상황을 자유로 보기 때문에 사회적 약자의 문제를 회피한다고 비판한다. 사회적 약자에게 중요한 것은 간섭의 부재가 아니라 지배의 부재라고 보기 때문이다.

영역 Ⅲ은 지배없는 간섭(interference without domination)으로 헌정체제가 효과적으로 작동하는 경우이다.[49] 교도소 간수와 죄수의 관계에서 억압과 간섭은 존재할 수 있다. 취침시간에 소란행위가 있다면 간수는 규정에 따라 수감자의 행동을 규제할 수 있다. 이는 정당한 간섭이다. 임의적 간섭이 아니다. 산불예방을 위해 국립공원 입산을 금지하는 경우도 마찬가지이다. 그러나 공원 관리자가 임의로 출입을 통제하는 것은 지배에 해당한다. 대학에서 교수가 학생들에게 과제를 내고 시험을 보는 것은 비지배에 해당한다. 미리 공지한 일정을 이행하는 것이라면, 간섭은 존재하지만 임의적·자의적 지배는 없는 것이다. 약속된 학사일정에 따름으로써 학생뿐 아니라 교수도 통제받는 것이다. 임의적·자의적 지배는 없다고 할 수 있다. 헌법과 법률에 의거해 위임받은 정당한 간섭은 비지배에 해당한다. 자의적, 주종적, 지배적 간섭은 발생하지 않는다고 할 수 있다.

MZ세대 직장인들은 회사 내 부서 회식에 상대적으로 거부감이 많다고 한다. 간부들이 퇴근 후 회식을 제안하면 싫어하는 사람이 상대적으로 많다고 한다. 서비스 업종에서 일하는 MZ세대는 "고객이 반말로 주문하면, 반말로 주문받는다"는 우스갯말도 있다. 공무원들의 연령별 직무만족도 조사에서 젊은 공무원의 만족도가 가장 낮다고 한다. 공화주의 관점에서 보면, 이런 현상들은 MZ세대들이 조직의 간섭을 무작정 거부하는 것이 아니라 조직 내에서 벌어지는 임의적 지배에 심리적으로 저항하는 것으로 이해할 수 있다.[50]

영역 Ⅳ는 간섭과 지배가 모두 존재하지 않는 상황이다. 관련자는 삶을 독립적으로 개척하고 선택한다. 외부로부터 간섭이 존재하거나, 자의적 간섭이 발생할 개연성이 없다. 관련자 모두가 외부의 힘 있는 사람이나 정치권력 등으로부터 독립적으로 행동하는 이상적인 상황이다. 외부로부터의 간섭과 지배없이 각

49) Pettit(1997) RE, p.65.
50) 동아일보(2022.11.18) 불평 불만만 많은 MZ세대? … "우리가 변한게 아니라 시대가 변한 것" <https://www.donga.com/news/Culture/article/all/20221118/116543986/1>

자 자기결정권을 가지고 자기 삶의 주인이 되는 상태이다.

페팃의 공화주의는 자유를 간섭의 차원이 아니라 지배의 관점에서 살펴본다. 공화주의의 비지배 자유는 자유주의가 제시하는 간섭의 부재(<표 9>에서 영역 Ⅱ, Ⅳ)로는 자유가 갖는 진정한 의미를 제대로 설명하지 못한다는 점을 일깨워 준다. 이런 점에서 보면, 실제 생활에서 간섭은 없지만 자유롭지 못한 경우가 적지 않다. 또한 지배하지 않지만 간섭할 수 있는 경우도 있다. 자유를 불간섭으로 보게 되면 간섭은 없지만 지배에 취약한 사회적 약자를 제대로 보호하는 데 실패할 가능성이 높다. 경쟁체제에서 뒤처지고 실패할 가능성이 있는 소외계층을 소홀하게 대할 수 있다.

페팃은 비지배 상태(영역 Ⅲ과 Ⅳ)에 주목하게 되면 자유주의적 간섭의 부재(영역 Ⅱ와 Ⅳ) 상황이 갖는 한계점이 드러난다고 보았다.[51] 사실 사람들의 실제 생활에서는 임의적 지배 가능성이 있는 것만으로도 상호 간에 경계와 두려움의 문제가 발생할 수 있다. 공화주의의 비지배 자유 개념은 자유를 불간섭으로 보는 입장에 비해 불확실성, 전략적 행동, 예속의 문제를 이해하는 데 유용한 틀을 제공한다.

임의적 지배 문제는 대외 관계에서도 생각해 볼 수 있다. 중국의 한반도에 대한 역사적, 문화적 관련성을 고려해보자. 중국은 한국 전쟁 때 인민해방군을 파병한 경험이 있다. 그 이후 군사적 침범은 보고되지 않고 있다. 그러나 중국이 임의로 간섭할 개연성이 사라지지 않은 점, 자민족 중심의 중화사상을 중요하게 생각한다는 점에서 한국은 중국으로부터 자유롭다고 할 수 없다. 이런 이유로 중국은 한반도에 대해 임의적 지배력을 갖고 있다고 보는 것이 합리적인 추론이다. 비록 중국으로부터 직접적인 간섭이 없다 하더라도 어떤 수단을 통해 간섭할 가능성이 존재한다면 한국으로서는 심각한 자유의 침해에 해당한다고 할 수 있다. 중국의 위협은 한국에게 지배를 강제하는 것이기 때문이다.

페팃은 나라 간 관계에서 비지배를 실현할 방안으로 다자간 협력 강화와 지구적인 차원의 비지배 질서 형성을 제시한다. 직접적인 군사 대응은 최후의 수

51) Pettit(1997) RE, pp.24-27, pp.85-90.

단으로 제시한다.[52] 한국은 중국이 실제 간섭하지 않더라도 간섭할 수 있다는 인식이 사라지지 않았으며 또 그런 경계심을 늦추지 않고 있다는 점에서 비지배로부터 완전히 자유로울 수 없는 상태이다. 동북아에서 각국의 군비증강은 인접국가에 대한 지배 가능성을 의심케 하는 행위에 해당한다. 북한의 핵무기 개발이 그러한 사례이다. 공화주의 철학의 비지배 개념은 국가 간 군사 외교적 관계를 설명하는 경우에도 유용한 논거를 제공한다.[53]

### 비지배의 정치적 의미

페팃의 비지배 자유는 누구도 임의로 타인의 삶에 간섭할 위치에 있어서는 안 된다는 정치적 함의를 제시한다. 또한 정치체제가 구성원 모두에게 자의적 간섭이 일어날 가능성이 없도록 작동될 것을 주문한다.[54] 비지배 자유는 개인 간의 관계에서 적용할 가치일 뿐 아니라 정부가 지향할 목표이다. 공화주의 정부는 법적, 경제적, 사회적, 교육적 기반을 마련해 비지배 실현을 정부 운영의 기본 철학으로 삼을 것이 필요하다. 이런 점에서 비지배 이상은 모두에게 평등하게 작동하는 공동체주의적 특성을 갖는다.[55] 비지배 관념이 갖는 정치적 의미를 자세히 설명하면 다음과 같다.

첫째, 공화주의의 비지배 관념은 정치 현실을 분석함에 있어서 도덕적 방향성을 제시한다. 페팃은 비지배 이상이 유일한 선(good)은 아니지만, 선으로 인도하는 관문(gateway)이라고 평가한다. 페팃은 비지배가 사회 정의, 정치적 민주주의, 시민의 권리 문제 등을 둘러싼 문제에 대해 실질적인 해결책을 제시할 수 있다

---

52) Pettit(1997) RE, p.151.

53) 롤스의 평등주의적 자유주의는 국가 간 관계에서 정의 제1원칙을 적용할 수 있다고 본다. 즉 기본적 자유의 불가침성과 평등성을 국가 간 관계에 적용해, 국가 간에 경제력, 군사력에서 차이가 있을지라도 국가주권의 불가침성과 평등성을 확인하는 것이 자유주의 국제질서의 정의라고 본다. Rawls(1999) The Law of Peoples. Harvard University Press 참조.

54) Pettit(1997) RE, p.146.

55) Pettit(1997) RE, pp.124-125.

고 강조한다.[56] 페팃은 로마에서 각 구성원이 '아니오'라는 거부(veto)의 자유를 가지고 상호 견제를 통해 공화국을 유지해 왔다는 점을 주목한다. 로마 공화정에서 귀족은 집정관의 오만함에 대항하고, 귀족은 파벌로 견제되었다. 시민 대표로 구성된 민회도 견제의 힘을 가졌다. 물론 구성원의 권력이 완전히 평등하지는 않았다. 공화주의는 계급의 존재와 대립, 빈부 격차가 있다는 점을 인정하는 가운데 운영되었다. 그럼에도 비지배는 공화주의 이상(republican ideal)을 실현할 실질적인(realistic) 조건으로 작동했다.[57]

비지배 자유는 인간관계에도 적용할 수 있으며, 정부와 정치의 목표로 설정할 수 있는 가치이다. 페팃은 공동체주의가 강조하는 공공선 추구는 필연적으로 지배의 문제를 일으킨다고 보았다. 그렇게 되면 시민의 자유를 침해할 개연성이 크다고 보았다. 이른바 공공선은 임의적 지배를 실현하는 권력적 도구로 변질될 수 있다. 공동체주의의 공공선이 사회적 압력으로 작동한다면, 자유에 대한 지배의 문제가 불가피하게 발생한다고 보았다.

페팃은 동시에 자유주의가 제시하는 자유 개념이 개인의 상황을 제대로 반영하지 못한다고 지적한다. 도시 생활에서 발생하는 생활 소음(noise)을 생각해 보자. 취미 활동을 하다 보면 음악 소리도 나고 방문객이 찾아오면 대화 소리가 커질 수 있다. 옆집에서 인테리어 공사를 할 수도 있다. 자유주의 관점에서 생활 소음은 쾌적한 개인 생활에 대한 간섭이자 침해에 해당한다. 그러나 인구밀도가 높은 곳에서 소음 자체가 없을 수는 없다. 사회는 소음과 진동을 감내할 수 있는 허용 기준을 정해놓았다. 공화주의가 주목하는 비지배 자유 관점에서 보면, 미리 정해 놓은 범위 안의 생활 소음은 비록 불편함이 있더라도 용인될 수 있는 것에 해당한다. 이 기준대의 소음은 자유의 침해라고 보기 어렵다.

둘째, 비지배 자유는 공공선(public good)을 보장한다는 점에서 어느 정도 공동체주의적 특성을 갖는다.[58] 비지배 자유 원리를 통해 개인적 특수성이 공동체의 선으로 접목되도록 조정한다는 점에서 공화주의는 자유주의보다 공동체주

56) Pettit(2014) JF, pp.188-189.
57) Pettit(1997) RE, p.80, p.92.
58) Pettit(1997) RE, pp.120-123.

의 전통에 가깝다. 개인의 삶과 공동체의 삶은 필연적으로 결부된다고 보기 때문이다. 비지배 자유는 일종에 사전에 보장받는 자유이다. 이를 위해 법적·사회적 장치가 필요하다. 이런 장치의 제도화는 공공선이라는 공동체주의 가치에 영향을 받는다. 공동체주의에서 보면, 어떤 개인이 비지배 자유를 누린다는 것은 공동체 내의 타인이 자의적으로 간섭할 위치에 있지 않음을 의미한다.

조직 내 상사가 직분을 남용해 하위직 직원에게 임의로 폭언을 일삼는다고 하자. 이런 행위는 지배-피지배 관점에서 보면, 하위자에 대한 임의적 간섭과 지배의 문제에 해당한다. 공화주의의 비지배 자유 원리는 고위직 인사라 하더라도 하위직 부하에 대해 자의적으로 간섭하지 말 것을 요구한다. 아내가 남편의 학대에 처한 경우를 생각해 보자. 남편의 학대에 대해 사회 구조적 보호방안이 마련돼 있지 않다면 여성은 가정 내에서 임의적 지배 상태에 처한다고 할 수 있다. 이런 상태에서는 남편의 간섭이 없다고 해서 안심할 수는 없다. 그것은 인형의 집 노라처럼 단지 운이 좋은 것일 뿐이다.

누군가 자의적 간섭으로 소수자의 인권을 침해한다는 것은 관련 당사자의 자유만을 구속하는 것이 아니라 공동체 내 모든 관련자의 자유를 구속하는 것으로 볼 수 있다. 주인과 노예의 관계에서 어떤 노예는 신체적 학대에 처해 있고, 다른 노예는 그렇지 않다고 가정해 보자. 차이점은 간섭이 있느냐 없느냐일 뿐이다. 지배 상태에 있는 것은 공통적이다. 내가 운 좋게 피해를 입지 않았다고 해서 지배가 사라지는 것은 아니다. 비지배 자유는 피해자가 자의적 간섭에 직면할 가능성이 없는 것이 아니라, 자의적 간섭 자체가 존재하지 않을 것을 요구한다. 비지배 자유는 개인의 삶이 공동체 내 다른 사람의 삶에도 필연적으로 관련될 수밖에 없다고 본다. 공화주의의 비지배 자유 이상은 최고의 사회적 선이며, 공공선이다. 공화주의는 비지배를 위한 법적·사회적 장치를 마련한다는 점에서 공동체주의적 특성을 띠고 있다.

셋째, 공화주의 비지배 자유는 다원주의적 이상도 바탕으로 한다. 비지배 자유는 사회적 소수자를 위한 이상적 정책으로 작동할 수 있다. 공화주의는 국가의 비지배 자유 증진을 옹호한다는 점에서 국가는 소수자의 요구를 수용할 의무를 진다.[59] 비지배 자유 관념은 이민자, 소수 민족, 종교적 소수자 등 소수자에 대해 정부와 국가가 자의적 처분을 행사하지 못하도록 제어한다. 또한 공화주의는 문화적 소수자뿐만 아니라 환경주의자, 페미니스트, 임금 근로자 등 사회적 약자에 대한 권리보호 측면에서도 중요한 방어 기제로 통용될 수 있다.[60] 지구적 차원이나 사회적 차원에서 환경에 대한 손상이 정부의 임의적 부주의에 의해 생겨나는 것이라면, 비지배 자유의 개념은 문제 해결을 위한 논거가 될 수 있다.

비지배 자유 관념은 개인 간에도 비지배를 증진할 필요성을 제기한다. 여성의 권리를 강조하는 페미니즘 입장에서 비지배 자유는 의미있는 개념이다. 비지배 자유는 정부 정책이 남성뿐 아니라 여성의 입장도 충실하게 반영할 것을 요구한다. 비지배 자유 이상은 노동자에게도 매력있는 이상이다. 임금 노동자가 계약을 통해 근로조건을 정한다고 하자. 이 경우 통상적으로 고용인은 피고용인에 대해 지배적 위치에 있기 쉽다. 비지배 자유는 근로조건과 관련한 제반 기준이 특정 당사자의 임의적 판단에 의지하는 것이 아니라 사회적 합의를 통한 노동관련법에 기초할 것을 요구한다. 페팃이 제시한 비지배 개념의 유용성이 여기에 있다. 사적인 노동계약이 현저히 불평등해도 자유주의 철학에서는 국가나 사회가 간섭할 여지가 적다. 자유주의는 간섭으로부터의 자유를 옹호하는 까닭에 노사 각자의 입장을 기본적으로 존중하기 때문이다. 그러나 비지배 자유론은 이런 계약의 경우에도 자의적 간섭이 개입할 여지가 충분하다고 보기에 공적 개입을 통해 합법적으로 상호 이해를 조정할 방안을 고려한다. 예를 들어 노사정 위원회에서의 최저 임금 합의에 정부와 근로자 대표, 사용자 대표가 함께 참여해 문제를 해결하는 방식은 자의성이 개입할 여지가 사라지거나 줄어들 것이다.

59) Pettit(1997) RE, p.144.
60) Pettit(1997) RE, pp.135-147.

## 2) 헌정주의와 법의 지배

공화주의에서 주종적 예속관계를 없애려면, 즉 비지배 자유를 실현하기 위해서는 법적·사회적 장치가 필요하다. 사회적 장치는 헌정주의(constitutionalism) 질서와 법규를 지칭한다. 공화주의 국가의 모든 정책은 헌정질서에 따라 진행되어야 한다.[61] 지배를 없애는 방법은 지배받는 자가 자의적 간섭을 방어할 법적 권한을 갖고, 지배하는 자에게는 임의적으로 지배하려는 생각을 멈추도록 법적 제한을 가하는 것이다. 헌정주의 원리는 국가 기구나 정부 행위자가 헌법과 법률의 제약에 따라 공적 의사를 결정하도록 해, 자의적 결정을 효과적으로 견제하는 것이다.[62]

따라서 헌정주의는 개인의 자유를 규제하는 것이 아니라 개인의 자유를 보호하고, 신장하는 데 목적이 있다. 헌법적 규정에 따라 개인의 자유가 간섭되고 어떤 위해(harm)가 발생한다고 해서 그것으로 인해서 개인의 자유가 침해됐다고 볼 수 없다. 왜냐하면 헌법규정을 통해 권력자의 자의적 재량권 남용을 방지할 수 있다면 그것이 오히려 시민의 자유를 보호할 방안이기 때문이다. 비지배 상태에 있다는 것은 자의적 간섭 권력이 없을 뿐 아니라, 모든 개인이 지배하려는 자에 상응하는 힘을 갖고 있음을 의미한다.[63] 헌정주의는 결국 정부 당국자와 시민이 동등한 권력을 갖고 국가 운영을 관리하는 것이다. 현실에서 정부와 시민이 권력을 공유하는 데 한계가 있을 수 있다. 자원의 비대칭으로 인해 정부의 지배를 제어하는 데 효과적이지 않을 수 있다. 헌정주의는 정부와 시민 관계에서 임의적 간섭 가능성을 없애거나 최소화해 결과적으로 양측이 평등하게 자원을 확보할 것을 목표로 한다. 따라서 헌정주의 원리는 정부와 시민이 동등한 권력을 가질 수 있도록 제도적 틀을 마련하고 실제 권력관계가 이런 제도적 틀 안에서 작동할 수 있도록 유도하는 것이라 할 수 있다.

61) Pettit(1997) RE, pp.170-171.
62) Pettit(1997) RE, pp.67-68, pp.92-95, pp.200-201.
63) Pettit(1997) RE, pp.69-70.

헌정주의의 내용

헌정주의는 국가 정책과 권한이 임의적으로 사용되지 못하도록 하는 것이다. 어떤 개인이나 집단도 임의적 재량권을 통해 국정을 마음대로 운영할 수 없다. 헌정주의는 특정 세력의 자의적 지배나 다수 연합의 자의적 침해에 맞서 공화국의 안정을 유지하는 방법이다.[64] 헌정주의의 주요 내용은 <표 10>에 제시된 것처럼 법의 지배, 권력분산, 반다수결주의이다.

**표 10 | 헌정주의의 주요 내용**

| 헌정주의의 내용 | 구체적 의미 |
|---|---|
| 1) 법의 지배 | 법은 보편적이며 모두에게 적용되어야 한다. 또 법은 일관적이며 이해할 수 있고 쉽게 변하지 않아야 한다. 법치가 안 된다면, 권력자의 자의적 지배가 횡행할 것이다. |
| 2) 권력분산 | 법적 권력을 입법, 행정, 사법으로 분산한다.<br>권력분산은 법에 대한 조작 가능성을 감소시키고, 당사자(정부, 국가, 민중)의 자의적 권력 행사를 막는다. |
| 3) 반다수결주의 | 기본적이고 중요한 법들이 다수결로 인해 쉽게 변경되도록 해서는 안 된다. 다수의 의지라 할지라도 제한되지 않는다면 자의적 권력으로 변질될 것이기 때문이다. |

* Note: Pettit의 Republicanism ch.6를 참고해 필자가 정리한 것임.

첫째, 법의 지배(rule of law)는 정부의 모든 일이 법에 따라, 법의 제약하에 이뤄지는 것이다. 공화주의에서 법은 개인 간의 예속적·주종적 지배 관계를 제한한다. 법치는 헌법적 규정에 의해 임의적 지배가 없도록 한다. 동시에 어느 누구(집단)에게도 최종적 권력을 부여하지 않으면서, 시민의 자유를 효과적으로 보호하는 것을 목표로 한다. 만일 그렇지 못하다면 권력자의 자의적 지배가 법

64) Pettit(1997) RE, p.232.

을 대체하게 된다. 공화주의는 임의적 지배를 배제하면서 합법적 입법을 통해 타인을 간섭하는 것이 가능하고 또 필요하다는 입장이다. 그러나 공화주의는 법에 의한 국가의 강제(간섭)에 대해 이의를 제기할 수 없는 것이 아니다. 다만 국가의 강제는 자의적 권력의 강제와 다르게 자연적인 방해물에 의한 간섭으로 간주한다.[65] 공화주의는 법이 보편적 규범을 담고 공공선을 지향한다면 정치공동체 유지를 위해서 법에 의한 간섭과 국가의 공정한 개입은 자유에 위해가 되지 않는다고 간주한다. 국가의 정당한 간섭을 입법을 통해 제도화함으로써 자의적 지배행위를 막을 수 있다고 판단한다.

헌정주의에 따른 법치는 특수계층의 이익을 옹호하는 것이 아니라 공동체 구성원 전체의 이익을 위해 존재한다. 법은 보편적이고, 모두에게 적용되어야 하며, 사전에 공표되어야 하고, 일관적이며, 이해 가능하고, 쉽게 변하지 않는 성격을 가져야 한다. 그러나 현실의 모든 상황에 대비할 수 있도록 법 규칙을 자세하게 규정하기는 어려운 점이 있다. 예외적 특수 상황이 발생할 가능성이 있기 때문이다. 따라서 법의 지배가 지향하는 방향은 정부의 재량행위를 어느 정도 인정하고, 그러한 재량행위가 견제적 민주주의 장치를 통해 제어되도록 한다. 공화주의는 공동체 구성원이 동의한 보편적 법의 간섭은 자유에 대한 침해로 보지 않는다. 공화주의에서 법적·제도적 장치는 공동의 이익을 실현하며, 누구든지 자유롭게 살아갈 수 있는 기반이 된다.

둘째, 권력분산(dispersion of power)은 정부의 일이 동일한 집단이나 사람에 의해 이뤄져서는 안 됨을 의미한다. 입법, 행정, 사법 권한을 서로 다른 집단이 나눠 갖는다. 법적 권한이 한 사람이나 특정 집단의 수중에 있으면 당사자는 자의적 권력을 행사할 수 있게 된다. 이렇게 되면 시민의 권리는 제대로 보호받기 어렵다. 권력분산은 동시에 법에 대한 조작 가능성을 감소시킨다. 정부나 국가, 민중이 다른 사람에게 자의적 권력을 행사하지 못하도록 막는다.[66] 공화주의가 지향하는 권력분산은 정부나 국가의 자의적 지배를 견제할 뿐 아니라 시민

65) Pettit(1997) RE, p.84.
66) Pettit(1997) RE, pp.174-178.

(pepole)의 권력이 자의적으로 운영되는 것에 대해서도 반대한다. 권력분산 원칙은 로마 공화정의 혼합정(mixed constitution)에서 유래한다. 로마 공화주의는 다양한 사회 계층의 힘을 섞어야 정치체제가 건강해진다고 보았다. 로마 공화주의는 집정관이나 귀족, 인민 계층의 다양성을 전제로 계층 간의 균형과 조화를 통해 체제를 운영하는 것이다. 어느 계층도 가치(value)와 권력을 전제적, 독단적으로 독점할 수 없다. 권력과 가치의 독점은 결과적으로 배제와 지배, 혼란, 무질서를 불러온다. 로마 공화주의는 권력분산을 통해 각 계층의 공존을 모색했다. 공화정이 권력과 가치를 혼합한다는 것은 무조건 섞는다는 뜻이 아니다. 그것은 권력분산과 힘의 균형을 통해 사회 세력(예를 들어 자본과 노동, 중앙과 지방) 간의 갈등에 상호 이익적 관점으로 대처함을 의미한다.

셋째, 다수결주의(majoritarianism)는 소수 의견을 주변부화하고, 소수자의 참여를 효과적으로 제한할 수 있다.[67] 다수결주의는 결과적으로 국정운영에 있어서 모든 시민에게 평등한 발언권을 제공하지 않을 수 있다. 공화주의 정부에서 다수의 의지가 적절하게 견제받지 않는다면 다수는 언제든 자의적으로 권력을 행사할 수 있다. 반다수결주의(counter-majoritarianism)는 공화주의가 지향하는 비지배를 강화하는 원리이다. 공화주의 정치체제는 정부에 대한 통제권 행사에 있어서 시민 모두가 동등한 권한을 가질 것을 요구한다. 페팃이 주장하는 반다수결주의는 다수의 수적 힘으로 정책을 밀어붙이는 것은 소수자에 대해 임의적 지배를 강화할 수 있다는 뜻을 담고 있다. 따라서 공화주의는 소수자의 비지배 자유를 침해하는 다수의 압제(tyranny of the majority)를 감시하고 경계할 의무가 있다.[68] 또한 페팃은 헌정주의에 따른 법 규정을 다수의 뜻이라고 해서 손쉽게 개정하는 것을 경계한다. 왜냐하면 공화주의 국가는 권력이 분산되어 있다. 따라서 국정 운영에 있어서 합의가 쉽지 않기에 다수결로 정책을 운영할 유혹에 빠질 가능성이 크다. 그렇기 때문에 공화주의 체제에서는 국가와 정부의 기본적이고 중요한 사항에 해당하는 법적 규정들은 쉽게 변경되어서는 안 된다.

---

67) Pettit(2014) JF, p.112.

68) Pettit(2012) OPT, p.213.

선거 때마다 형성되는 다수의 의견에 따라 국가나 정부의 기본적이고 중요한 헌정질서가 바뀌는 것은 힘에 의한 다수의 임의적 지배라고 할 수 있다.[69]

### 공화주의 정부 정책: 법치의 실현

공화주의 법체계는 정부 정책을 통해 실현된다. <표 11>은 법치를 실현하는 수단인 정부 정책에 대한 공화주의와 자유지상주의의 입장 차이를 비교한 것이다. 공화주의와 자유지상주의는 정부 정책에 대한 기본 입장, 정부 개입의 정도, 바람직한 정부형태에 있어서 상당한 입장 차이를 보인다.

공화주의는 자의적 지배로 발생하는 사회의 각종 병폐를 정부 정책을 통해 해소할 수 있다고 생각한다. 정부는 공화주의 명분을 통해서 시민의 삶에 관여하며, 시민은 정부의 자의적 지배에 맞서 견제적 민주주의를 실현할 권한을 갖는다. 따라서 공화주의는 사회 문제를 해소하기 위한 정부의 정책 개입에 상대적으로 적극적이며 긍정적이다.[70] 공화주의는 임의적 지배로부터 발생하는 사회적 병폐를 해소하기 위해 법 질서와 국가에 상당한 권한과 책임을 부여하는 큰 정부를 지향한다. 공화주의 정부는 시민의 삶에 적극적으로 개입한다. 공화주의 정책은 시민사회 내부의 사적 영역에서 발생하는 지배(dominium, 도미니움)를 해소하기 위해 정부의 강제력을 이용한다. 범죄자를 처벌하거나 집단 이익을 조정하고, 사회 정책을 집행한다. 이에 반해 자유지상주의는 시민 생활에 대한 국가의 불간섭 자체에 관심이 크다. 따라서 국가가 시민들에게 행하는 간섭의 크기와

---

69) Pettit(1997) RE, p.181. 대한민국 국회의 일반 의결정족수는 재적의원 과반수 출석에 출석의원 과반수 찬성이다. 그러나 국회의원 제명, 대통령에 대한 탄핵소추안 의결, 헌법개정안 의결, 국회의원 자격상실 결정 등은 재적의원 2/3 이상 찬성하는 특별 의결정족수를 필요로 한다. 헌법 개정안은 국회 재적의원 과반수 또는 대통령의 발의로 제안된다. 헌법개정 발의 조건은 국회의원 10인 이상 동의가 필요한 법률보다 엄격하다. 헌법개정안이 발의되면 국회는 재적의원 2/3 이상의 찬성으로 개정안을 의결할 수 있다.

70) 정부 개입에 대한 공화주의의 입장은 다른 공공철학과 비교할 때 상대적인 것으로 이해해야 한다. 공화주의는 자유주의 철학에 비해서는 적극적이라고 할 수 있지만, 공동체주의에 비해서는 소극적이다.

규모를 줄이는 것에 더 많은 관심을 갖고 있다. 사회적 복지를 명분으로 한 국가의 조세정책은 시민에 대한 명백한 간섭이라고 본다. 자유지상주의는 정책수단을 통한 정부개입에 대단히 소극적인 작은 정부를 지향한다.

**표 11 | 정부 정책에 대한 공화주의와 자유지상주의의 입장 비교**

| | 공화주의 | 자유지상주의 |
|---|---|---|
| 정부 정책에 대한 기본 입장 | • 자의적 지배로 발생하는 사회 병폐를 정책을 통해 해소<br>• 정부는 공화주의 명분을 통해 시민의 삶에 체계적으로 간섭<br>• 정부의 자의적 지배를 막기 위한 견제적 민주주의의 필요성 | • 국가의 역할은 분쟁조정<br>• 시민생활에 대한 불간섭 선호<br>• 외부 간섭의 크기와 규모를 줄이는 것에 관심 |
| 정부 개입의 정도 | • 사회문제 해결을 위한 정부 개입에 긍정적, 적극적임<br>• 사회적 병폐는 자의적 지배에서 발생하는 것이기에 바로잡아야 함 | • 조세정책을 통한 소득재분배는 명백한 간섭에 해당 |
| 바람직한 정부형태 | • 상당한 범위의 권한과 책임을 갖는 정부형태에 호의적<br>• 큰 정부 지향 | • 최소국가, 작은 정부 지향 |

공화주의와 법치를 통한 국가 정책 실현을 자세하게 설명하면 다음과 같다. 첫째, 공화주의는 정부정책을 통해 시민의 비지배 자유가 평등하게 실현되는 것을 목표로 한다. 시민 생활에서 자의적 지배가 일어날 소지가 있는 사회적·경제적 병폐를 정부가 나서서 해소하는 것을 중시한다. 공화주의가 지향하는 비지배 자유의 평등성은 시민들의 물질적 평등을 의미하는 것이 아니다. 시민들은 비지배 자유를 누리기 위해서 먼저 각자가 충분한 사회경제적 독립을 이룩할 수 있어야 한다. 시민이 사회경제적으로 자립하지 못한다면 비지배 자유를 누릴 가능

성은 줄어들기 때문이다.[71] 노벨경제학상을 받은 인도 출신 하버드대 교수 아마르티아 센(Amartya Sen, 1933~)은 공화주의 체제에서 정부의 역할은 개인이 살아갈 기본 역량(capabilities)을 갖추도록 하는 것이라고 강조한다.[72] 센은 제3세계의 불평등과 빈곤을 퇴치하기 위한 정부 정책의 중요성을 지적한다. 개인이 의, 식, 주, 보건, 교육 분야에서 스스로 지탱할 힘이 부족하게 되면 타인으로부터 자의적 지배를 당할 가능성이 높아진다. 사람들이 일상생활을 유지하기 위해서는 글을 읽고 쓸 줄 알아야 하며 노동, 의료, 교통에 대한 정보에 접근할 수 있어야 된다. 성공적인 삶이나 품위있는 삶에 대한 욕구도 강하다는 점에서 정부 정책은 이들에게 적절한 길을 안내할 필요가 있다. 공화주의 국가는 경제정책을 통해 산업 기반을 제공하고, 생산성을 촉진하며, 시장이 발전할 수 있도록 노력해야 한다. 사회의 비지배를 증진시키는 한에서, 정부는 경제적 번영에 관심을 기울일 것이다.

둘째, 사회문제를 해결하기 위한 국가의 간섭이나 개입에 공화주의는 적극적, 긍정적 입장이다. 공화주의는 사회 병폐 해소를 위한 정부 개입에 대해 낙관적 전망을 갖고 있다. 정부는 공화주의적 명분을 통해 시민의 삶에 체계적으로 관여한다. 비지배 자유를 목표로 모든 시민에게 법을 강제한다. 정부의 체계적 간섭은 자의적 재량이 아니라 확립된 법적 절차에 따라 이뤄지는 것이다.[73] 국가가 병역비리, 아동학대, 성추문 등의 사회적 병폐에 적극적으로 개입한다고 하자. 이런 병폐는 자의적 지배에서 발생하는 것이기에 신속히 개선되어야 한다. 중요한 점은 정부의 정책 집행에 있어서도 비지배 원칙이 준수되어야 한다는 점이다. 예를 들어 국가가 관련 법률을 임의적으로 적용하는 것은 자의적 지배를 의미한다. 이럴 경우 법은 죄 없는 사람을 위협하는 도구가 될 수도 있다. 페팃은 비지배를 해소하기 위해 법 적용에도 비지배 원칙이 관철되어야 한다는 점을 강조한다. 정부가 범죄자를 처벌하는 경우에도 절제력(parsimony, great reluctance)이 필

---

71) Pettit(1997) RE, p.159.

72) Sen, Amartya. 박우희 역(2001) 자유로서의 발전. 세종연구원.

73) Pettit(1997) RE, p.161.

요하다.[74] 검찰과 경찰은 잠재적으로 임의적 지배력을 발휘할 소지가 큰 기관이다. 그러나 이들 기관에 대해 견제력을 확보하기는 쉽지 않다.[75] 검찰과 경찰이 세력을 강화하려는 유혹에 빠진다면 임의적 지배를 위한 재량행위가 만연해질 가능성이 있다. 공화주의는 법치를 실현하는 과정에서 검찰과 경찰의 자체 권력 강화를 우려한다. 검찰과 경찰의 자의적 지배 가능성으로부터 시민을 보호하는 것은 공화주의가 안고 있는 또 다른 과제이다.

국세청이 법체계 안에서 과세하는 것은 외견상 비지배라 할 수 있다. 그러나 조세 규정이 복잡하거나 자주 바뀌는 것은 시민의 비지배 상태를 위협하는 것이다. 시민이 조세 규정을 쉽게 분별하지 못한다면 그것은 시민의 대응을 위축시키고 자유를 침해하는 결과로 이어진다. 정부의 부동산 대책이 빈발하는 상황에서 개별 시민이 그 내용을 제대로 이해하는 것은 불가능에 가깝다.[76] 부동산 조세 정책이 조변석개(朝變夕改) 식으로 바뀌는 것은 결국 임의적·자의적 지배를 강화하는 결과로 이어질 것이다.

셋째, 공화주의는 정부 정책을 통해 사회 내 비지배를 통제하는 체제이다. 법의 지배를 통해 사회 문제를 해결하려 한다. 국가는 권한과 책임을 위임받은 것이다. 그러나 국가 권력의 자의적 지배 가능성도 제기된다. 법치라는 제도적 장치만으로는 국가와 정부의 비지배를 확보하기에 충분하지 않다. 입법부, 행정부, 사법부의 의사결정에 자의적 의지가 개입한다면 어떻게 견제할 것인가 하는 문제가 발생할 수 있다. 정부 자체가 스스로 권력과 재량권을 갖는 것에 대해 경계해야 한다. 정부가 능력 밖의 정책 목표를 설정한 정책은 성공하기 어렵다. 공화주의는 이런 이유로 정부에 지나치게 많은 권한을 주는 것에 반대한다. 권력과 재량권을 통해 시민사회에 대한 지배의 문제가 발생할 것으로 보기 때문이다. 공적 의사결정은 사회 각 부문으로부터 견제될 수 있어야 한다. 또한 시민은 공적 의사결정에 대해 이의를 제기할 수 있어야 한다.[77] 정책 과정에서

74) Pettit(1997) RE, pp.154-157; Pettit(2014) JF, pp.96-97.
75) Pettit(1997) RE, pp.154-155.
76) Pettit(1997) RE, p.147.
77) Pettit(1997) RE, pp.185-186.

발생할 수 있는 정부의 자의적 지배를 막기 위한 민주적 제어 장치(법적 통제, 시민의 통제)가 필요하다. 공화주의 관점에서는 사회 내 비지배 해소를 위해서 정부 정책 수립과 정부 정책 견제 간에 적절한 균형이 필요하다. 국가 기관의 비지배를 확인할 수 있는 견제력은 시민사회에서도 제시되어야 한다. 언론의 자유 확대를 통해 언론의 감시견(watchdog) 기능을 강화하는 것은 정부에 대한 견제력을 확보하는 방안 중 하나이다.

### 3) 견제적 민주주의

공화주의는 권력에 대한 시민사회의 감시를 보장하는 체제이다.[78] 시민사회는 임의적 지배에서 벗어나기 위해 국가와 정부를 언제나 경계할 수 있고 감시해야 한다. 비지배는 선거를 통해 대표자를 뽑거나 법치를 통해 국정을 운영하는 것만으로는 성취될 수 없다. 페팃은 정부 간섭이 비지배가 되기 위해서는 시민의 견제력이 실질적으로 작동하는 견제적 민주주의(contestatory democracy) 체제가 이뤄져야 한다고 보았다. 권력(힘)의 행사가 비임의성(non-arbitrariness)을 가지려면 권력의 작동에 대해 시민들이 묻고 따질 수 있는 견제 시스템이 제대로 작동해야 하기 때문이다.

견제적 민주주의는 정부의 권한 남용과 폐해에 대해 사회의 견제 문화가 굳건하게 작동하는 체제이다.[79] 정치권력은 사익과 당파적 편익을 추구할 기회가 더 많다. 권력은 부패하는 경향이 있다. 시민은 참여를 통해 엘리트 권력의 임의적 지배를 견제할 수 있다. 모든 시민이 시민운동 활동가가 될 필요는 없지만, 시민적 참여는 일상생활 수준에서 활성화되어야 한다. 시민 참여를 위해 필요한 것은 전문 지식과 시민 조직이다. 정부의 공적인 지배(imperium, 임페리움)에서 임의적 지배가 발생하지 않도록 시민적 견제가 작동하는 것은 공화주의에서 대단히 중요하다. 정부 운영에 임의적 지배가 발생한다면 통제되어야

---

78) Pettit(1997) RE, p.6.
79) Pettit(2012) OPT, pp.225-226.

하기 때문이다.[80)]

견제적 민주주의는 정부의 지배 가능성을 효과적으로 견제하고 통제하는 것을 목표로 한다. 따라서 공화주의 정부 정책은 비지배를 위해 심의적(deliberative), 포용적(inclusive), 반응적(responsive) 특성을 가져야 한다. 정책은 먼저 시민과 논의, 논쟁의 대상이 된다는 점에서 심의적 속성을 띄어야 한다.[81)] 정부의 공적 의사결정은 이성과 대화에 기반해 논의될 때 임의적 지배에서 벗어날 수 있다고 보기 때문이다. 포용적 특징은 시민들이 자기의 목소리를 통해 견제력을 제시할 수 있으며, 정부는 이를 논의 대상에 포용해야 함을 의미한다. 반응적 특징은 정부가 시민사회의 견제에 적절히 반응해야 한다는 것이다. 따라서 시민의 목소리를 청취하고 소통할 통로가 적절하게 존재해야 한다. 이는 시민이 발언할 수 있는 통로와 절차가 정부 기구 내에 공식적으로 있어야 한다는 것을 의미한다. 공화주의에서는 시민들이 정부 정책에 대해 의견을 낼 수 있는 공식적 통로와 절차(각종 위원회, 탄원, 소청, 청원, 온라인 게시판을 통한 민원 제기)가 존재하고, 제기된 의견은 정해진 규정에 따라 비지배 방식으로 논의되는 것이 중요하다.

이런 과정을 통해 시민사회의 목소리는 상호 소통될 수 있다. 그러나 공화주의는 시민 다수의 뜻에 따라 정책 방향이 결정되는 공동체주의와는 다르다. 다수의 시민이 정부 정책의 최종적인 재판관이 되는 것이 아니다. 시민사회가 심의와 논의, 토의를 통해 이성과 합리성에 기반한 최적안을 추구하도록 제도화하는 것이다. 따라서 공화주의는 다수결주의에 반대한다.[82)] 다수의 의견이라는 이유로 복종을 강요하는 것은 자의적 지배라 보기 때문이다. 견제적 민주주의는 의사결정자들이 감성이 아니라 이성(reason)에 기반해 투명한 의사결정을 할 것을 요구한다. 이렇게 하는 것이 공화국에 가장 큰 이익을 줄 것이라고 보기 때문이다.

---

80) 임페리움은 헌법과 법률에 따른 정부의 공적 권한을 뜻한다. 임페리움은 원래 로마 공화정 당시 최고 지도자였던 집정관의 군사 지휘권을 지칭했다. 로마 공화주의에서 국가의 가장 크고 중요한 권한은 군사 지휘권이었다.

81) Pettit(1997) RE, pp.190-197.

82) Pettit(1997) RE, p.202.

시민의 견제 결과가 시민 입장에서는 만족스럽지 못할 수 있다. 견제하는 당사자가 소수의 이익을 대변하거나 공통의 이익을 대변하지 못할 수 있기 때문이다. 이때 공화주의 정치체제가 강조하는 점은 견제하는 사람들이 정부에 의해 임의적으로 지배되지 않았다는 사실을 알게 하는 것이다. 이는 견제하는 시민이 비록 뜻이 받아들여지지 않았더라도 자신들이 비지배 상태에 있다는 것을 알 수 있도록 하자는 것이다. 고속도로나 공항 설치를 요구하는 도시가 있다고 가정하자. 이런 경우 예비타당성 조사나 비용 편익 분석을 통해 합리적인 전망치를 제시하는 것이 비지배를 이룩할 유용한 방안이다.

급진적 반대자가 소수 의견을 낼 수 있다. 이들은 의견이 수용되지 않을 경우 그 결과가 자의적 권력 행사 때문이라고 주장할 가능성이 높다. 공화주의에서는 이런 경우 급진적 반대자들이 비지배 자유를 주장할 수 있어야 한다고 본다. 물론 이 경우에 합당한 절차와 방식에 따라 반대 의견이 표출되어야 한다.[83] 공화주의 사회에서는 급진적 반대자에게 제3의 다른 방안을 선택할 여지를 두는 것이 필요하다. 군복무를 반대하는 사람에게 대체복무를 허용하거나 특별한 종교적 공동체 생활을 요구하는 집단(예를 들어 미국의 아미쉬(Amish) 공동체)에게 집단 거주공간을 인정할 수 있다. 물론 급진적 반대자에 대한 특별 대우가 자의적으로 결정돼 다른 사람의 이익을 부당하게 침범해서는 안 될 것이다. 대체복무를 허용할 경우 대체복무가 갖는 부담의 정도가 병역 복무자가 갖는 부담과 현저히 차이가 있다면 수용하기 어렵다.

공화주의에서는 공직자들이 열심히 일하다 보면 시민들에 대한 지배의 문제가 발생할 가능성이 있다고 본다. 이런 경우 아무리 좋은 목적을 달성한다 하더라도 권력자 또는 공직자가 시민을 지배해서는 안 되며 지배할 수는 없다는 점을 분명히 할 필요가 있다. 왜냐하면 비지배 자체가 공화주의 운영의 중요한 목적이기 때문이다. 따라서 공무원들은 공무수행에서 비지배 상태를 유지하는 것이 필요하다는 점을 인식하는 것이 중요하다.[84] 그렇다고 해서 공직자를 일탈자로 간주

83) Pettit(1997) RE, pp.199-200.
84) Pettit(1997) RE, pp.207-209.

하는 전략은 적절하지 않으며 유효하지도 않다. 모두를 일탈자로 보는 규제 위주 전략은 역효과를 낳으며, 현실에 맞지도 않기 때문이다.[85]

따라서 당사자들의 공공의식과 명예(honor)를 존중하고 윤리의식을 고취시켜 비지배 가치가 사람들의 마음속에 규범(norm)으로 내재화하도록 하는 것이 필요하다. 규범은 사회적 습관으로 자리잡을 때 생명과 활력을 얻는다. 공화주의에서는 공화주의적 비지배 가치가 시민적 덕성(civic virtue), 좋은 시민성(good citizenship), 시민적 교양(civility)에 의해 광범위하게 뒷받침되는 것이 필요하다.[86] 비지배가 제대로 자리잡기 위해서는 간섭을 감시하는 법률만으로는 부족하다. 확립된 법적 규범뿐 아니라 합당한 시민 문화가 필요하다. 요약하면, 법에 의한 복종과 시민적 문화가 상호 작용할 때 사람들은 진정으로 공화주의적 법을 따르고 법이 제공하는 비지배를 누리게 된다. 단순한 법적 제재뿐 아니라 시민 문화의 필요성은 더욱 중요하다고 할 수 있다.

### 4) 공화주의적 민주주의의 작동 원리

공화주의적 민주주의는 국가(정부)의 공적 영역과 시민사회의 사적 영역이 상호 비지배 견제 원리에 따라 운영되는 체제이다. 공화주의에서 권력관계는 국가 기구와 시민사회 사이의 양방향으로 형성된다. 공화주의는 국가와 시민사회 어느 쪽도 정책 수립과 집행에 지배적 통제력을 행사하지 못한다. 국가와 시민사회 사이에 힘의 균형이 이뤄진다. 국가 또는 정부의 부패 가능성과 시민사회의 다수결 횡포 가능성에 대해 상호 견제가 실질적으로 작동하는 시스템을 지향한다.

국가 기구는 다양한 헌법상 제도에 의해 운영된다는 점에서 실제 운영에서는 다면적, 다초점의 영향력 관계가 나타난다. 시민사회는 다원적 시민으로 구성된다. 이들은 대표자(대통령, 의회)를 구성(선출)하는 힘을 가지며 국가에 대해 견

85) 예들 들어 소매상점에서 출납원(cashier) 소지품을 일상적으로 검색하는 것과 같은 이치이다. 반발과 함께 근로 의욕이 크게 떨어질 것이다.

86) Pettit(1997) RE, p.245.

제적 압력을 행사한다. 국가 기구는 대통령뿐 아니라 입법부, 행정부, 사법부, 각종 헌법상 기구로 구성된다. 국가 기구는 시민을 대표하면서 동시에 정책 결정과 집행을 담당한다. 공화주의 체제에서 국가 기구는 시민사회로부터 권한을 위임받아 존재한다. 그렇기 때문에 국가 기구의 생각이 곧 루소식의 일반 의지(general will)로 통용되는 것은 인정될 수 없다.[87)]

**그림 2 | 공화주의적 민주주의 작동 원리**

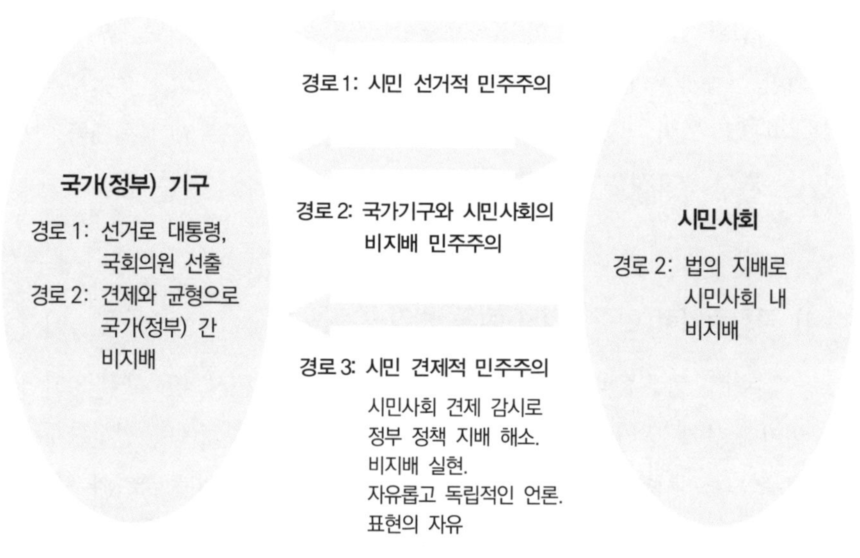

**국가(정부) 기구**

경로 1: 선거로 대통령, 국회의원 선출

경로 2: 견제와 균형으로 국가(정부) 간 비지배

경로 1: 시민 선거적 민주주의

경로 2: 국가기구와 시민사회의 비지배 민주주의

경로 3: 시민 견제적 민주주의

시민사회 견제 감시로
정부 정책 지배 해소.
비지배 실현.
자유롭고 독립적인 언론.
표현의 자유

**시민사회**

경로 2: 법의 지배로 시민사회 내 비지배

* Note: 이 그림은 Pettit(1997) RE; Pettit(2000) Democracy, Electoral and Contestatory, Nomos 42, pp.105-144를 참고해 필자가 만든 것임

<그림 2>는 공화주의의 작동 원리를 표시한 것이다. 공화주의는 국가(정부) 기구와 시민사회 양대 축이 서로 견제와 균형 원리에 따라 운영되는 체제이다. 페팃은 그러한 견제와 균형에 비지배 원리가 투영되어야 한다는 점을 강조한다. 페팃은 공화주의적 민주 정부는 3개의 경로를 통해 작동한다고 보았다. 이 경

87) Pettit(2012) OPT, pp.285-292.

로들이 모두 균형 있게 작동해야 비지배를 목표로 하는 공화주의적 민주주의가 달성될 수 있다고 지적한다. 첫 번째 경로는 시민 선거적 민주주의이다. 이는 시민들이 공정한 선거를 통해서 대통령과 의회 구성원을 선출하는 것을 의미한다. 두 번째 경로는 국가 기구와 시민사회의 비지배 민주주의이다. 이는 정부 내 각 기관 간에 견제와 균형의 원리가 작동하고 시민사회는 실질적으로 법의 지배 원리에 따라 운영되는 것이다. 세 번째 경로는 시민 견제적 민주주의이다. 이는 시민사회가 정부의 공적 지배에 대해 시민적 통제를 행사하는 견제적 민주주의가 작동하는 것이다.

첫 번째 경로인 시민 선거적 민주주의는 시민이 공정한 선거를 통해 정부의 대표인 대통령과 의회 구성원을 뽑는 것을 의미한다. 선거에서 뽑힌 정부 대표는 정책 목표를 설정하고 정부 기관은 헌법과 법률에 의거해 대표자의 명령(mandate)을 수행한다. 선거를 통한 민주주의는 전체주의와 독재로부터 공화주의를 보호한다. 그러나 페팃은 직접선거에 의해 대표를 뽑는 것만으로는 공화주의를 발전시키기에 충분하지 않다고 생각한다. 공정한 선거를 통한 대표 선출은 민주주의를 위한 필요 조건에 불과하다고 보았다. 선거를 통해 뽑힌 대표는 일반적으로 재선을 의식한다. 대표가 비록 직선제를 통해 뽑혔더라도 재선에 골몰하게 되면 정부 정책에 임의적 지배가 개입할 소지가 크다.

비록 선거를 통해 뽑혔을지라도 정치권력은 임기 중 권력의 임의적 지배를 강화, 확대할 것이다. 이렇게 되면 권력은 원하는 방향으로 국가를 운영할 수 있다. 헌법에 정해진 견제 장치(언론, 의회, 법원)가 독립적으로 작동하지 못하도록 할 것이다. 민주적으로 선출된 통치자일지라도 국정을 임의로 운영할 수 있다. 다음에도 선거가 있기에 형식적으로는 언론의 독립성을 보장하고 야당의 반대에 직접적인 통제를 하지 않을 수 있다. 그러나 정치 기반을 강화하기 위해 임의적 지배권을 행사할 수 있다. 게리맨더링(gerrymandering, 선거구를 유리하게 정하는 것)이나 선거 메커니즘에 대한 통제를 통해 여당의 정치적 권한을 강화할 수 있다. 인사권과 예산 배정권을 통해 자기 세력에 많은 기회와 혜택을 줄 수 있다. 기업과 시민 단체를 비롯한 민간 영역과 적절한 후원 관계를 유지함으로써 세력을 확장할 수 있다. 이렇게 되면 야당이나 반대 세력의 힘은 약화되고 소수자의 의견은 무시되며 최악의 경우 형식적 민주주의 체제로 변모할 가능성이 크다.

선출된 권력(대통령, 의회)은 언론과 미디어, 소통 영역에서 임의적 지배를 강화할 수 있다. 먼저 공영 매체에 대한 인사권과 편성권, 운영권 행사를 통해 매체 운영에 실질적인 지배력을 행사할 수 있다. 이렇게 되면 미디어는 독립성을 갖기 어렵다. 공영 언론은 여당을 우호적으로 보도할 수 있으며, 야당과 반대파에 대해서는 부정적인 상징 조작에 몰두할 가능성이 높다. 미디어를 통한 상징 조작은 결국 시민사회의 자유로운 정보 유통을 통제하는 것이다. 미디어의 진실 추구 노력은 동력을 잃게 된다. 미디어의 언론자유는 권력에 봉사하는 자유가 된다. 이럴 경우 시민사회는 합리적 판단에 필요한 합당한 정보를 얻는 데 실패할 가능성이 높다.

선출된 권력은 법원이나 다른 독립적인 행정 기관에 대해서도 인사권을 행사하고 운영권한을 견제함으로써 정부 운영에 영향을 미칠 수 있다. 검찰, 경찰, 통계청, 감사원, 선거관리위원회, 중앙은행, 교육기관 등 독립적 판단이 중요한 기관들에 대한 권력의 임의적 지배가 일상적으로 이뤄진다면 그 결과는 명약관화하다. 입법, 행정, 사법, 언론 등에 실질적 영향력을 행사하는 정치권력은 '선출된 폭력'이며 '민주적 독재자'이다. 러시아의 블라디미르 푸틴(Vladimir Putin) 대통령, 헝가리의 빅토르 오르반(Viktor Orban) 총리가 집권하고 있는 전체주의 체제가 이런 사례에 속한다.

두 번째 경로는 국가 기구와 시민사회 모두가 비지배 원리에 따라 운영되도록 보장하는 것이다. 이에 따라 정부 각 기구는 권력분립을 통해 견제와 균형의 원리에 따라 운영되고, 시민사회에 대한 정책운영은 법치주의에 따라 이뤄져야 한다. 견제와 균형의 원리는 정부 각 기구가 선거에서 뽑힌 정부 대표로부터 독립적으로 운영될 것을 요구한다. 페팃은 독립적 권위를 가져야 할 공적 기구로 법원, 검찰, 선거관리위원회, 감사원, 통계청, 중앙은행, 식품의약국 그리고 공영방송을 들었다.[88] 대통령 또는 의회가 이들 기구 책임자에 대한 인사권을 갖

88) 대표적 공영방송은 영국의 BBC이다.

더라도, 이들 기구의 책임자들은 임명권자로부터 독립적 위치와 입장을 유지하는 것은 공화주의 체제를 유지하는 관건이다.[89] 공적 기구 책임자들은 선거로 뽑히지는 않지만, 정책 결정과 집행을 담당하기 때문에 시민사회에 대해 책임감을 가져야 한다. 이들은 사적 세계인 시민사회에 지배력을 가지기 때문에 독립성을 유지하는 것이 필요하다.

정부 공직이나 공적인 자리는 형식적 임명권자인 대통령이나 의회에 충성을 바치는 것이 아니라 최종 임명권자인 시민을 위해 존재한다. 공직자는 대통령이나 의회의 '부하'나 '하수인'이 일하는 것이 아니다.[90] 법원은 법을 해석하고 적용하는 업무를, 검찰은 기소권과 선고에 대한 권고를 통해 사법적 정의를 실현하는 사회적 제도이다. 경찰은 수사권을 행사하며 즉결심판 회부 권한에 있어서 제한적 기소권을 갖고 있다. 선거관리위원회는 선거 운영과 관리를 담당한다. 중앙은행은 경제활동의 근간인 이자율과 통화량을 조절하는 책임을 맡고 있다. 감사원은 정책결정과 집행에 대한 감사 업무를 수행한다. 통계청은 국가 운영에 기초적인 통계와 정보가 권위를 가질 수 있도록 분석하는 기관이다. 교육기관은 미래의 시민을 기르는 곳이다. 이 기관들이 임의적 지배에 휘둘리게 되면 폐해가 적지 않다. 공영방송 경영진은 평등하고 불편부당한 공론장을 운영할 책임을 지는 사람들이다. 대통령과 의회의 선출직 대표는 재선을 원하기 때문에 이들로부터 임명받은 공직자와 경영진은 지배적 예속에서 벗어나기 쉽지 않다. 따라서 공직자들이 선출된 정치권력이나 다른 정부 기관으로부터 독립적 위상을 가질 수 있도록 견제와 균형 원리에 따른 비지배 확보가 필요하다. 동시에 시민사회에 대한 정부의 정책 집행은 법의 지배에 따라 적법한 절차에 따라 운영되어야 한다. 각 부처나 공무원이 정책 집행을 임의적으로 한다면 시민에 대한 비지배는 불가능하며 국가와 개인 간에 지배 관계가 강화될 것이다.

89) Pettit(2012) OPT, pp.232-238.
90) Pettit(2012) OPT, p.236.

세 번째 경로는 시민 견제적 민주주의이다. 이는 시민사회와 시민이 국가와 정부를 감시하고 견제하는 원리이다. 공화주의 체제에서는 시민의 비지배 자유를 확보하고 증진하기 위해 시민사회 자체의 활동과 노력이 요구된다. 즉 시민 견제적 민주주의는 국가와 정부가 제대로 작동하는지 시민들이 늘 감시하고 통제함으로써 시민에 대한 지배 가능성을 차단할 필요가 있다는 점을 강조한다. 정부 각 부처나 공공기관이 견제와 균형 원리에 따라 서로 독립적으로 운영된다고 하더라도 개별 기관이 시민사회를 지배한다면 그러한 지배는 해소되어야 하기 때문이다. 정치권력을 감시하고 정부의 자의적 지배를 막기 위해서는 자유롭고 독립적인 언론의 감시견 역할이 필수적이다. 나아가 표현의 자유에 대한 공감대가 확립될 것이 요구된다. 또한 인권, 여성, 보건, 환경, 소비자, 시민사회, 노동, 소수자 보호 분야 등에서 활동하는 비정부기구(non-governmental organizations)가 전문성을 바탕으로 정부를 체계적, 포괄적으로 감시하고 견제할 필요가 있다.[91] 또한 공공기구의 자문단, 시민 청원, 옴부즈만 등이 견제적 민주주의 운영 과정에 적극적으로 참여해 임의적·자의적 지배력이 개입되는지 확인할 필요가 있다.

<표 12>는 공화주의적 민주주의를 확보하기 위한 3가지 경로를 주체, 기능, 권력의 성격 차원에서 비교한 것이다. 시민 선거적 민주주의는 유권자인 시민이 선거를 통해 대표자(대통령, 국회의원)를 선출하는 것이다. 유권자가 대표자를 제대로 뽑기 위해서는 공정한 선거 절차가 중요하다. 공화주의 체제에서 시민은 대표자를 선출할 권력을 갖는다. 두 번째 경로는 국가 기구와 시민사회의 비지배 민주주의이다. 먼저 헌정주의와 법치의 주체는 입법부, 행정부, 사법부이다. 이들 기구는 견제와 균형의 원리에 따라 구성되어서 상호 지배적 관계를 해소하는 것이 필요하다. 동시에 통치기구가 시민사회에 행하는 통치 과정에 지배적 권력관계가 작동하지 않는지도 살펴볼 필요가 있다. 마지막으로 시민 견제적 민주주의는 언론과 시민사회가 주체가 되어 통치체제의 운영에 있어서 자의적 지배가 이루어지지 않도록 감시력과 견제력을 발휘하는 것이다. 페팃은

91) Pettit(2014) JF, pp.148-149.

3가지 경로가 제대로 작동해야 공화주의적 민주주의가 이룩될 수 있다고 보았다. 이 중 하나라도 제대로 작동하지 못한다면 통치체제에 있어서 임의적 지배관계가 필연적으로 나타날 것이라고 보았다. 임의적 지배력의 행사는 결국 공화국의 가치를 실추시키고 공화국의 구성원인 시민의 자유를 심각하게 훼손할 것이다.

**표 12 | 공화주의적 민주주의 확보를 위한 3가지 경로 비교**

| | 경로1: 시민 선거적 민주주의 | 경로2: 국가 기구와 시민사회의 비지배 민주주의 | 경로3: 시민 견제적 민주주의 |
|---|---|---|---|
| 주체 | 유권자인 시민 | 국가(정부) 기구 및 공공기관 | 언론과 시민사회 |
| 기능 | 공정한 선거를 통해 정부 대표자(대통령, 국회의원)를 선출 | 국가(정부) 기구는 권력 분립을 통해 대통령, 국회에 대해 독립적 운영 | 정부 대표자(대통령, 국회의원) 역할에 대한 견제 |
| | | 국가(정부) 기구의 법치 행정을 통해 시민사회 내 비지배 관계 해소 | 수단: 미디어의 독립적 활동, 언론의 감시견 역할, 공청회, 시민 청원, 옴부즈만 제도 등 |
| 권력의 성격 | 유권자 집단은 대표자를 선출하는 권력을 행사 | 국가(정부) 기구는 법의 지배에 따른 권력 보유 | 정부 정책에 대항하는 시민의 견제력 |

* Note: Pettit(1997) RE, pp.294-297; Pettit(2000) Democracy, Electoral and Contestatory, Nomos 42, pp.105-144를 참조하여 필자가 재작성하였음.

공화주의는 공적, 사적 영역에서 나타나는 모든 형태의 지배 관계를 비지배 관계로 전환할 것을 요구한다.[92] 국가 정책은 상호 견제와 균형의 원리에 따라 형성되어야 한다. 국가정책은 시민사회를 만족시키면서 동시에 시민으로부터 견제받는 비지배 특성을 띌 것이 요구된다. 나아가 시민사회가 통치권력에 행사하는 견제력이 포퓰리즘적 특성을 갖는다면 그러한 다수결의 지배 압력도 동시에 견제되어야 한다. 공화주의는 다수결주의, 감성적 열정주의, 포퓰리즘을 경계하기 때문이다. 심의와 협의, 포용을 통해 상호 견제적 원리를 강조한다. 공화주의 체제에서 상호 견제와 균형의 원리는 시민사회와 정부 대표자 사이, 국가 기구 사이 그리고 시민사회의 정부 견제 통로에서 다면적, 다층적, 다각적으로 작동한다.[93]

## 3 공화주의와 언론자유

### 1) 공화주의 언론자유의 의미

공화주의에서 표현의 자유는 불가침의 자유가 아니다. 어떤 표현이 임의적 지배 문제를 불러 일으킨다면 그것을 합법적으로 규제하고 제한하는 것은 곧 시민의 자유를 증진하는 것이 된다. 공화주의에서 언론의 자유와 표현의 자유를 바라보는 기준은 개인과 사회에 대한 자유 침해가 있었거나 위해가 발생했는지가 아니다. 공화주의에서는 직접적인 간섭이나 위해가 있다해도 그 이면에 임의적 지배력이 작동하지 않았다면 표현의 자유를 침해한 것으로 보지 않는다. 그러나 직접적인 간섭이나 해악이 없다 해도 누군가 임의적 지배력을 높이기 위해 혐오표현을 사용할 경우에는 그것을 규제하는 것은 정당한 것이다. 예를 들어 법적 근거에 따라 혐오표현이나 포르노그래피를 규제하는 것은 표현의 자유를 침해한 것

92) Pettit(1997) RE, p.150.
93) Pettit(2012) OPT, p.260.

이 아니다.[94] 어떤 사람이 공공장소에서 여성을 성적으로 학대하는 포르노그래피 영상물을 지나가는 사람이 쉽게 볼 수 있는 상태로 본다면 주위 사람에게 직접적 피해가 없다 하더라도 그 영상물 시청을 제한하는 것은 자유에 대한 침해로 볼 수 없다. 노골적인 포르노그래피를 공공장소에서 보는 행위에는 여성에 대한 임의적 지배력이 간접적으로 내포돼 있다고 보기 때문이다.

공화주의는 언론의 자유와 표현의 자유에 대해 누구(정부 포함)도 자의로 지배할 수 없도록 하고 있다. 사회 정의는 법과 규범이 시민의 기본적 자유를 확인하고 각자 기본적 자유에 있어서 비지배 상태에 있을 때 이루어진다.[95] 이런 기본적 자유는 모두가 평등하게 누릴 수 있어야 한다. 누군가 표현의 자유를 특별히 많이 가지는 상황은 지배력이 작동하는 상황이다. 그것은 언론의 자유와 표현의 자유가 제대로 확보되지 못한 상황이다. 재벌이든 가난한 사람이든, 뉴스 제작자든 수용자이든 각자가 행사하는 표현의 자유에는 비지배 원리가 관통해야 한다는 것이 공화주의의 요청이다.[96]

페팃은 공화주의 체제에서 비지배 자유가 최상의 정치적 가치라고 하였다. 개인뿐 아니라 사회, 국가 간에도 비지배 자유는 공공선에 해당한다. 페팃은 비지배가 필요한 기본적 자유로 △ 생각의 자유, △ 표현할 자유, △ 결사의 자유, △ 신앙의 자유, △ 소유의 자유, △ 거래의 자유, △ 직업 선택의 자유, △ 거주 이전의 자유를 강조한다.[97] 페팃에 따르면, 시민은 누구나 기본적 자유를 평등하게 보호받아야 할 뿐 아니라 그 권리를 평등하게 행사할 수 있는 권리를 갖는다.[98] 페팃의 기본적 자유 가운데 △ 생각의 자유, △ 표현할 자유, △ 결사의 자유는 바로 언론의 자유와 표현의 자유를 지칭한다. 공화주의는 표현의 자유

---

94) Febres, Coromoto(2010) Liberalism, Feminism and Republicanism on Freedom of Speech. Ph.D Dissertation in Political Science in University College London. pp.95-110.

95) Pettit(2014) JF, p.99.

96) Pettit(2012) OPT, pp.93-104.

97) Pettit(2014) JF, p.72; Pettit(2012) OPT, p.103.

98) Costa, Victoria(2013) Is Neo-Republicanism Bad for Women? Hypatia 28(4), p.933.

를 인간의 기본적 권리로 보장하는 사회이다. 따라서 언론 자체의 운영에도 비지배 원리가 적용되어야 할 뿐 아니라 시민의 표현의 자유도 비지배 상태여야 한다. 공화주의에서 말하는 언론의 자유와 표현의 자유는 누구나 두려움 없이 말할 수 있고 그러한 말로 인해 임의적·자의적 지배로부터 보호받을 권리가 충분히 확보된 상태를 의미한다. 개인은 다른 사람이 나의 생각을 임의로 제지하지 않을까 염려할 필요가 없어야 한다. 그렇지 않고 누군가 상징조작을 통해 시민의 생각을 지배한다면 그것은 공화주의적 정의와 표현의 자유를 본질적으로 침해하는 것이다.[99]

페팃의 공화주의는 공론장에서의 임의적 소통을 막을 수 있는 방안으로 공영방송을 중시한다. 공영방송인 영국의 BBC는 공화주의 철학이 반영된 사회적 제도이다. 공영방송은 법과 규범, 견제와 균형의 원리에 따라 비지배 자유와 공공선을 추구하는 공화주의 언론제도이다.[100] 공영방송은 이를 위해 공론장에서 당파성을 견제하고 시민과 사회가 비지배 상태에 있을 수 있도록 사회적 소통을 보장할 것이 요구된다.

BBC를 비롯한 유럽의 공영방송은 그동안 다원주의 철학을 바탕으로, 시민적 신뢰와 도덕적 권위를 확보해 왔다. 특히 BBC는 콘텐츠의 질(quality)적 수준을 유지할 뿐 아니라 이념적 균형과 함께 사회 세력들 간에 불편부당성(impartiality)을 견지해 온 것으로 평가된다. 공영방송은 또한 정부 간섭으로부터의 독립해 사회 감시자의 역할을 균형있게 수행할 것이 요구된다. 공영방송은 시민의 비지배 자유를 확보함으로써 민주주의 발전에 있어서 중요한 역할을 수행한다.

공영방송제에도 문제는 있다. 가장 큰 걸림돌은 정부이다. 선거에 의해 구성되는 정부는 사회적 갈등 상황에서 무엇이 더 큰 선(good)인지 정책 방향을 제시한다. 정부는 공영방송 후견인(guardianship)으로서 공영방송 운영에 영향을

---

99) Pettit(2002) Rules, Reasons, and Norms. Oxford University Press, pp.368-370.

100) Pettit(2012) OPT, pp.234-235. 공영방송은 공적 자금 또는 수신료를 재원으로 운영된다. 이에 반해 사영 매체(private media)는 소유와 통제가 사적으로 통제된다는 점에서 상업적 이익을 목표로 한다. 민영 방송, 신문, 온라인 매체, 유튜브 1인 미디어 등이 포함된다.

미칠 통로를 갖고 있다. 공영방송이 이런 상황에서 정부를 어떻게 감시할 것인가 하는 것은 사회적 과제이다.[101] BBC도 영국 정부 영향에서 완전히 자유롭지는 못하다. 물론 정부의 공영방송 간섭은 후견인인 정부의 정파적 이익이 아니라 공중과 시청자의 보편적 지지를 통해 이뤄질 수 있어야 한다. 따라서 정부에 대한 공영방송의 견제와 감시가 얼마나 잘 되고 있는가 하는 점은 시민사회에 대한 정부의 지배 여부를 판단할 시금석이라 할 수 있다. 공화주의는 정부실패(government failure)가 초래할 위험성에 적절히 대비하기 위해서라도 공영방송이 비지배적으로 운영될 것을 요구한다. 신뢰받는 공영방송의 존재는 공화주의의 근간인 견제적 민주주의를 작동시키는 견인차라 할 수 있다.

### 2) 공화주의 언론자유 실현 방안

공화주의 체제에서 표현의 자유를 실현할 수 있는 방안을 살펴보면 다음과 같다. 첫째, 건강하고 균형 잡힌 공론장(public forum)이 확립되어야 한다. 시민의 생각의 자유, 표현의 자유가 공론장에 대한 지배로 인해 구조적으로 왜곡되지 않아야 한다. 특히 공론장에 제시되는 정보의 편향성에 주목해야 한다. 공론장과 공적 영역에서 정부뿐 아니라 이념, 자본, 특수이익의 지배를 배제하는 것이 필요하다. 정부를 비롯해 특정 기관이나 이익단체가 언론을 위협하게 되면 공론장은 왜곡된다. 이렇게 되면 언론은 사물이 갖는 복합적인 측면을 다양하게 보여주기보다는 특정한 측면을 부각시키는 전략적 선택을 할 가능성이 높다. 이런 현상은 정부에 순응하거나 저항하는 경우 모두에 나타난다. 공화주의 국가에서 언론의 전략적 보도, 편향적 보도 또는 균형감을 상실한 보도는 결국 시민에게 진실을 알리는 데 성공하지 못한다. 공론장이 오염될수록 시민은 지배상태에 빠져든다.

---

101) McCauley, Michael P., Peterson, Eric E., Artz, B. Lee., Halleck, DeeDee.(2003) Introduction in Public Broadcasting and the Public Interest. McCauley, Michael P., Peterson, Eric E., Artz, B. Lee., Halleck, DeeDee.(eds.), Routledge, pp.xv-xxvii.

<그림 2(p.232)>에 나타난 것처럼 공화주의는 국가(정부) 기구와 시민사회 양대 축의 견제와 균형으로 작동한다. 민주주의를 이룩할 3가지 경로(시민 선거적 민주주의, 국가 기구와 시민사회의 비지배 민주주의, 시민 견제적 민주주의)는 자유롭고 독립적인 언론이 온전하게 작동할 때 확보될 수 있다. 언론의 자유와 표현의 자유는 공화주의 체제 발전을 위해서 핵심적 기능을 담당한다. 언론이 보도, 논평, 감시 기능을 통해 정부 정책에 대해 견제적 역할을 제대로 수행하는 것은 공화주의의 핵심 원리이다. 이를 위해 자유롭고 독립적인 언론이 공론장의 중심 역할을 수행하도록 해야 한다. 언론은 시민의 표현의 자유, 집회 결사 시위의 자유를 위해 공적 논의의 장을 제공하고 시민적 견제력을 확보할 수 있는 사회적 제도이다. 시민의 알 권리를 제대로 보장하면 시민사회 내의 합리적인 소통을 가능하게 하고 맹목적 대중주의(populism)로 흐를 가능성을 차단한다. 그러나 언론이 당파적 이익에 골몰해 견제적 기능을 소홀하게 되면, 정당의 진영 대립이 공고화되고 다양한 부패 사건으로 공화제 근간은 붕괴된다.[102] 시민은 선거 때 유권자로서만 중요한 것이 아니라, 일상의 생활에서 그들이 뽑은 대표자에 대해 논박하고 비판할 기회를 가져야 한다.

둘째, 공론장에서의 견제 원리는 소수 반대 의견에 대해서도 표명될 기회를 제공하는 것이다. 다수결에 따른 주류적 의견뿐 아니라 소수자의 의견이 제시될 통로가 확보되는 것이 비지배 자유를 이룩하는 길이다. 따라서 비지배 이상은 소수자의 의견에 대해 상대적으로 더 많은 권리를 보장할 것을 요구한다. 주류적 의견을 제시하는 대표자들이 소수자에게 부과하는 각종 제한을 있는 그대로 수용하는 것은 공화주의 정신에 어긋난다. 왜냐하면 비지배 원리는 표현의 자유를 행사할 수 있는 시민의 지위가 평등할 것을 요구하기 때문이다. 그러나 실제 사회에서는 이런 평등한 대우 요구가 비대칭적인 권력관계에 침해되는 경우가 적지 않다. 대기업이 개인이나 중소기업의 기술을 탈취하거나 부품 단가 인하를 압박했다고 하자. 이럴 경우 소수자의 권리를 보장하기 위해서는 그들이 공론장을 통해 부당성을 호소할 수 있어야 한다.[103] 소수자의 표현의 자유

---

102) Pettit(1997) RE, pp.237-238.

는 공론장에서 비지배적으로 실현될 수 있어야 한다.

정부와 공공기관은 온라인 게시판을 통해서라도 시민의 질문에 성실히 응답할 의무가 있다. 정부는 원칙적으로 시민의 질문에 답변할 것인지 또는 답변하지 않을 것인지 임의로 판단할 권한을 갖고 있지 않다. 시민이 게시판 질문으로 인해 불이익이나 보복당하지 않을까 두려워한다면 임의적 간섭의 기회가 남아 있다고 보아야 한다. 게시판의 내용이 명예훼손에 해당하는 것이라면 인격권 보호 조항에 따라 처리할 수 있다. 페팃은 시민들이 기본적 자유를 최대한 평등하게 누릴 수 있도록 국가와 정부가 보장해야 한다고 보았다. 공화주의 이념은 개인이 비지배 상태에서 기본적 자유를 향유할 수 있도록 정부의 역할이 중요하다고 본다.

공화주의는 누구도 세상을 바꿀 권리를 독점하지 못한다고 보는 철학이다. 공화주의는 특정한 정치 엘리트가 공화국을 지배하는 것에 반대한다. 타인에 대한 임의적 지배는 타인의 자유를 간섭하는 것이다. 이런 원칙을 공유하는 가운데 각 개인은 공화주의 체제하에서 세상을 변화시키는 노력을 개별적으로 시도할 수 있다. 사람들과 공론의 장에서 만나 서로의 관점을 논의하고 소통할 수 있다. 선거 캠페인이나 사회 운동뿐 아니라 정치 블로그와 소셜네트워크서비스 채팅방에서 소통할 수 있다. 신문에 기고하거나 방송국에 전화를 걸 수도 있다. 공화주의 철학은 이런 방식으로 실천될 수 있다. 공화주의는 비지배 자유 관념을 통해 정치엘리트든 소수 시민이든 각자 민주적인 방식으로 공화국에 헌신할 것을 요구한다. 누구나 비지배 자유 관념을 통해 자유로운 공화주의를 만들어 갈 숙명을 안고 있다. 페팃은 공화주의 정치체제에서 이런 싸움은 영원히 계속될 것이라고 보았다.[104]

누군가 특정한 종교를 공공연히 비난한다고 하자. 이런 경우 공화주의 언론은 종교적 비난과 차별로 인해 개인의 종교적 자유가 임의적 지배 상태에 빠지는 것을 경계한다. 기독교, 불교, 이슬람교, 힌두교 같은 다양한 종교가 상호 존

103) Pettit(2014) JF, pp.91-92.
104) Pettit(2014) JF, pp.190-192.

중을 통해 평화롭게 공존할 방안을 모색하는 것이 공화주의 언론이다. 단기적으로는 소수 종교 차별과 지배를 규제할 방안을 논의할 수 있다. 그러나 장기적으로 시민사회에서 다양한 종교가 공존할 사회 문화적 토대를 마련하는 것이 필요하다.

셋째, 비지배 원리는 공론장에서 다양한 목소리가 제시될 것을 요구한다.[105] 공화국 시민 누구도 임의로 간섭받거나 간섭받을 가능성에 노출되지 않아야 한다. 현안에 대한 의견은 언론 매체에 평등한 접근권(equal access)을 통해 표명될 수 있어야 한다.[106] 공화주의는 표현의 자유 존중을 통해 다양한 의견이 비지배 상태에 있을 것을 요구한다. 만일 지배적 의견이 다수결 원리에 따라 속전속결로 처리된다면 그것은 여론 형성과 수렴에 있어서 지배관계를 심화시킬 가능성이 크다. 이미 확인된 다수의 견해가 있을지라도 공적인 정책 결정과 집행은 합당한 절차(process)에 따라 이뤄져야 한다. 언론은 다수결에 반대하는 소수자 의견에 대해 적절한 배려를 해야 한다. 일률적인 보도는 정보의 편향성을 강화할 수 있기 때문이다.

우리의 경우 방송법과 방송통신심의위원회 방송심의 규정, 방송사 자체 제작 지침에 공정방송과 언론자유를 위한 규정이 마련되고 있다. 「방송법」 제4조 제1항은 방송편성의 자유와 독립은 보장된다고 하고 있으며, 제5조 제1항은 방송은 인간의 존엄과 가치 및 민주적 기본질서를 존중하여야 한다. 제6조 제1항은 방송에 의한 보도는 공정하고 객관적이어야 한다. 제6조 제4항은 방송은 국민의 알 권리와 표현의 자유를 보호·신장하여야 한다고 해 방송의 공정방송 의무와 방송의 자유, 시민의 자유 보호를 동시에 요구하고 있다. 방송심의에 관한 규정 제7조 제11항은 방송은 국민의 알 권리와 표현의 자유를 존중하여야 한다고 해 국민의 표현의 자유를 위한 방송의 공적 책임을 강조하고 있다. 각 방송사의 자체 제작 지침에는 방송의 책임과 시민의 자유 확보 규정이 있다. 이런 규정들은 임의적·자의적 방송 제작과 운영을 견제하기 위한 것이다. 그러나 우리의 경우

105) Pettit(1997) RE, p.146, p.169.
106) Pettit(2002) Rules, Reasons, and Norms. pp.368-370.

공정방송과 언론자유 관련 규정이 지나치게 선언적·포괄적이다. 그러다 보니 규범으로서 실질적인 효력을 갖기 어렵다. 각종 규정이 담고 있는 의미도 분명하지 않다. 임의적 지배가 작동할 여지를 제대로 견제하기 어렵다.

BBC는 제작 가이드라인을 통해서 제작 원칙과 방법을 가능한 구체적으로 제시하고 있다. 예를 들어 불편부당한 보도, 아동 성범죄자 보도, 출연자 신원 위장, 미성년자 인터뷰, 사전 약속 없는 도어스테핑(doorstepping) 등이 어떤 조건하에 이루어질 수 있는지 세칙을 규정하고 있다.[107] BBC 제작 가이드라인은 공영방송 BBC가 견제와 균형, 비지배 자유 등의 공화주의 목표를 달성하기 위한 실천 방안이다.

디지털 환경은 활용하기에 따라 비지배 자유가 실현될 가능성이 큰 공간이다. 사람들은 포털을 통해 다양한 뉴스를 접하고 페이스북이나 인스타그램 등의 소셜미디어를 통해 각자의 의견과 생각을 지배받지 않고 제시할 수 있다. 이런 미디어 채널은 지배를 견제하고 비지배를 확보할 수 있는 방안에 해당한다. 그러나 포털이나 소셜미디어가 임의적 알고리즘을 적용해 뉴스 내용을 지배한다면 그것은 공화주의 철학에서 경계할 문제이다. 비슷한 성향의 사람들이 많이 본 내용을 집중적으로 제시하는 포털의 인공지능 뉴스 알고리즘은 기존의 의견을 강화하는 메커니즘에 불과하다. 네이버나 다음 카카오 같은 포털의 운영체계가 임의적·자의적으로 운영되지 않도록 사회적 통제를 강화할 필요가

107) BBC 제작 가이드라인(https://www.bbc.com/editorialguidelines/guidelines)은 360페이지에 달할 정도로 방대하다. 일부를 소개하면 다음과 같다. 뉴스 보도에는 적절한 불편부당성(due impartiality) 원리가 적용되어야 한다(제4조 제3항). 논쟁적 사안(controversial subject)의 경우, 중요한 견해와 관점(significant views and persp ectives)에 대해 적절한 비중(due weight)과 노출(prominence)이 제공될 수 있도록 유의해야 한다. 이 경우 의견(opinion)과 사실(fact)은 반드시 구별되어야 한다. 특정인에 대한 도어스테핑(doorstepping, 취재 대상자 집 앞 등에서 무작정 기다려 인터뷰하거나 녹음하는 취재기법)은 범죄나 중대한 잘못에 대한 명백한 증거가 있고, 인터뷰 요청이 불가능했으며, 당사자 승인을 얻어 접근할 경우 당사자가 혐의를 피할 수 있다고 믿을 만한 이유가 있을 때 회사 편집자의 사전 승인을 얻은 뒤 진행할 수 있다. 도어스테핑은 사생활 침해 가능성이 있기에 공익 실현을 위해 실시해야 한다(제7조 제3항).

있다. 포털의 자의적 운영이 어떤 법적 근거에 기반하는지 모호한 상태가 20여 년 이상 지속되고 있다. 포털의 자의성이 지배하는 공론장은 결과적으로 시민에 대한 지배를 강화한다. 사람들은 포털이 선택하는 뉴스나 스토리에 의해 지배와 간섭을 동시에 받고 있다. 공화주의가 강조하는 표현의 자유는 자기의 삶에 영향을 미치는 권력관계에 대해 시민들이 제대로 알고, 이에 대해 정당한 의견을 자유롭게 제시할 길이 열려있는 상태를 의미한다.

넷째, 언론 매체의 소유와 통제가 특정한 사람이나 집단, 기관, 이념에 집중되는 것을 견제해야 한다. 소유집중은 지배 관계의 심화로 나타날 수 있다. 민영 매체(private media)가 상업적 이익을 과도하게 강조한다면 공론장은 선정적, 자극적 정보로 오염될 가능성이 크다. 이념적으로 편향된 매체의 등장은 시민과의 소통에서 지배력을 강화할 것이다. 안 그래도 온라인 뉴스 환경에서 시민들의 정보 편식은 강화되고 있다. 유튜브(YouTube) 등의 온라인 매체를 통한 편향적 보도로 우리의 공론장은 오염되고 있다. 이런 지배의 강화와 공론장 오염을 치유할 제도가 독립적이고 균형 잡힌 공영방송이다. 공화주의적 민주주의는 공영방송의 역할을 대단히 비중 있게 생각한다고 앞에서 지적하였다. 공영방송은 공론장에서의 지배적 통제를 해소해 결과적으로 시민의 자유를 확보하기 위한 제도이다. 신뢰받는 공영방송은 견제적 민주주의의 바탕이 될 뿐 아니라, 공화주의 발전을 위한 핵심적인 사회제도이다.

다섯째, 견제적 민주주의는 자유롭고 활발한 소통 공간을 필요로 한다. 공화적 민주주의에서 행해지는 정부와 시민의 공적 의사결정은 상호 토론에 기반한다. 정책 결정은 이성적 심의에 기초한다. 시민들은 정책결정에 문제를 제기할 수 있고, 정해진 절차를 거쳐 답변을 얻을 수 있어야 한다. 견제적 민주주의가 정부와 시민사회라는 공화주의 두 기둥을 균형 있게 발전시키기 위해서는 결국 자유롭고 독립적인 언론의 존재를 필요로 한다. 다원주의 사회에서 다양한 의견을 뉴스로 전달하는 것은 시민의 합리적 선택을 위해서 도움이 되는 일이다. 반대로 언론이 특정한 정파성을 갖고 한쪽의 의견을 집중적으로 보도한다면 그것은 심의적, 포용적, 반응적 공화국이 아니라 폐쇄적, 배제적, 독단적 공화국이 될 것이다.

공화주의가 강조하는 심의적, 포용적, 반응적 민주주의는 공리주의에 따라 정부 정책을 결정하는 것이 아니다. 공화적 민주주의는 다수결주의를 반대한다. 비지배 원리는 표현의 자유를 주장할 경우에도 견제의 원리가 작동될 것을 요구한다. 이를 위해서 소통 기구 운영에 비지배 원리가 일관되게 적용될 수 있어야 한다. 시민이 정책에 의견을 낼 수 있는 공식 통로와 절차(예를 들어 시청자위원회, 온라인 게시판, 소셜네트워크서비스를 통한 문제제기)가 완비되고 제기된 민원은 자율적, 전문적 기구에서 탈정치적으로 논의되도록 해야 한다. 공론장에서 형식적으로 심의하고 논의하는 것이 아니라 소통과 논의가 비지배 원리에 따라 어떤 정치적, 경제적, 이념적, 사회적 이해관계로부터도 지배받지 않은 상태에서 진행되어야 한다.

공영방송 제작진의 제작 자율성이 공화주의가 견지하는 다원주의적 가치와 충돌할 때 어떻게 할 것인가 하는 문제가 남아있다.[108] 언론인의 제작 자율성(autonomy)은 비지배 자유 확보를 위해 필요한 덕목이며 가치이다. 공화주의가 제시하는 제작 자율성은 시민의 요구에 따를 것을 요구하는 것은 아니다. 제작진의 자율성과 언론의 자유는 시민적 참여를 통해 제시되는 여러 가치에 우선권을 갖는다고 보아야 한다. 제작진은 시민들의 다양한 의견 제기에 대해 자율성을 갖고 언론의 자유와 표현의 자유를 확보해야 한다. 시민들의 목소리가 크다고 해서 다수 의견에 따른 공리주의 관점에서 시민 의견에 구속되는 것은 지배의 문제를 발생시키기 때문이다. 그렇게 하는 것이 제작진의 비지배 자유를 확보하는 길이기도 하다.

그러나 공영방송 언론인의 제작 자율성이 무한대로 확장될 수는 없다. 왜냐하면 제작진의 자율성이 사회적 압력에 지배받아서도 안 되지만, 제작진의 자율성이 사회 구성원을 지배 상태에 빠지도록 해서도 안 되기 때문이다. 따라서 제작진의 자율성은 공화주의가 제시하는 헌정주의, 법치, 견제와 균형, 시민의 비지배 자유와 공공선의 확보라는 공화주의 원리 속에서 운영되는 가치라고 보

108) Vanhaeght, A-S., Lunt, P., Donders, K.(2016) Why does audience participation in public service media matter? International Association for Media and Communication Research. pp.11-12.

아야 한다. 특히 공영방송 제작진의 자율성은 공론장을 임의적 지배 상태에 빠뜨릴 수는 없다. 공영방송의 자율성은 시민에 봉사하는 자유이기 때문이다. 따라서 제작진이 제작 자율성을 내세워 사실 관계를 임의로 왜곡하거나, 특정 의제를 과도하게 강조하거나 한 측면을 집중적으로 제기하는 것은 결국 시민에 대한 임의적·자의적 지배를 강화하는 것에 해당한다.

공영방송 제작진의 자율성은 <그림 2(p.232)>에서 제시된 공화주의적 민주주의 작동 원리와 균형을 통해서 확보하는 것이 타당하다. 공영방송 제작진의 자율성은 다수결의 압력이나 극렬 소수의 요구에 굴복하지 않는 독립성을 확보하면서 동시에 공화주의적 가치를 실현할 수 있는 합당한 방편이 되어야 한다. 제작진의 언론자유가 공화국 구성원의 비지배 자유를 임의로 제한한다면 그것은 공화주의 가치를 훼손하는 것이다.

여섯째, 언론과 시민이 누리는 표현의 자유는 절대적 권리라고 할 수 없다. 언론과 시민의 비지배성을 강화하기 위해 사회적 논의를 거쳐 표현의 자유를 제한할 방안들이 마련될 수 있다. 이런 경우는 표현의 자유에 대한 본질적인 침해라기보다는 표현의 자유를 증진하기 위한 기술적 대응이라고 볼 수 있다. 그러나 이 경우에도 규제와 제한은 반응적, 사후적으로 최소한에 그쳐야 한다.109) 대통령실이나 국회, 정부 각 부처 기자실을 살펴보자. 표현의 자유 원칙에 따라 기자실을 무제한 개방한다면 전국의 모든 1인 미디어가 출입을 희망할 것이다. 그렇게 될 경우 기형적 취재현상이 나타날 소지가 크다. 따라서 시민의 알 권리를 충족하고 비지배를 강화하면서 양질의 정보전달과 원활한 취재환경을 성취할 수 있는 합당한 출입기자제를 운영할 수 있다고 본다. 그러나 출입기자제를 운영할 경우에도 회의 영상이나 관련자료 등은 차별없이 제공해 임의적 지배 가능성을 최소화할 필요가 있다.

마지막으로, 여론조사를 통해 여론의 소재를 확인할 수 있다. 그러나 공화주의는 여론의 흐름을 다수 의견과 소수 의견으로 구분하는 것을 경계한다. 여론조사는 개인 의견의 단순한 총합(sum)이기 때문에 문제를 해결하는 만병통치약

109) Pettit(1997) RE, p.169.

이 아니라고 본다. 여론조사 결과가 진정한 여론의 변화를 반영한 것인지 살펴볼 필요가 있다. 이런 경우 시민들이 협의하고 숙의하는 심의민주주의(deliberative democracy)를 통해 진정한 여론을 확인할 수 있다.[110] 언론은 심의적 보도를 통해 사회 현안에 대해 성찰하고 숙고할 수 있는 정보를 제공하도록 노력해야 한다.

## 4 공화주의에 대한 평가와 영향

페팃의 공화주의가 제안하는 사회적 정의는 모든 시민이 비지배 자유 또는 비지배 선택 권한을 갖는 것이다. 각자 임의적 지배를 견제할 법적 권리가 있거나 임의적 지배를 견제할 능력을 갖추도록 하는 것이다. 비지배 자유가 성취되기 위해서는 먼저 기본적 자유(양심과 표현의 자유, 소유와 거래의 자유, 직업 선택의 자유) 영역에서 개인적 특성(재산, 권한, 건강, 성별, 학력 등)과 무관하게 비지배 자유를 평등하게 누릴 수 있어야 한다. 국가는 법과 규범을 통해 시민의 기본적 자유 영역에서 최대한 비지배 상태가 유지되도록 노력할 의무가 있다.[111] 이런 기본적 자유가 실질적으로 확보될 수 있도록 사회복지프로그램, 사회보호대책, 사회간접자본 등이 마련되어야 한다. 비지배는 비지배가 이루어질 수 있는 사회적 토대가 실질적으로 마련된 가운데 달성될 수 있기 때문이다. 공화주의가 지향하는 사회적 정의는 자유주의와 공동체주의의 특성을 일정 부분 공유하고 있다. 이를 설명하면 다음과 같다.

첫째, 공화주의의 사회 정의는 물질적 평등(material equality)이 아니라 지위의 평등(equality of status)을 의미한다.[112] 지위의 평등은 비지배 원리가 각자에게 평등하게 구현된 것을 의미한다. 공화주의 국가와 정부의 역할은 비지배 원리가 평등하게 적용될 수 있도록 하는 것이다. 자산가의 재산을 국가가 임의로 거둬 가난한 자에게 나눠 주는 것은 페팃의 공화주의에서 인정되지 않는다.

---

110) Fishkin, James(1993) Democracy and Deliberation. Yale University Press.

111) Pettit(2012) OPT, p.87.

112) Pettit(2014) JF, p.80, p.104.

국가와 정부는 누구도 임의적으로 행동할 수 없다. 동시에 누구도 특별한 대우를 요구할 수 없다. 비지배 자유를 확보한다는 것은 모든 사람이 법 앞에서 평등한 것이다.[113)]

로크와 노직의 자유주의 전통은 재산권과 소유권을 자연권으로 본다. 그러나 페팃의 공화주의는 재산권과 소유권을 법과 규범에 따른 사회적 산물로 규정한다. 따라서 국가와 정부의 목표는 재산권과 관련해 임의적·자의적 지배를 규제하는 것이다. 개인은 비지배 자유를 통해 사적 이익을 추구할 수 있다. 공화주의 정의 원칙이 요청하는 지위의 평등은 이처럼 각 개인이 비지배 상태에서 사적 목표를 향해 갈 수 있도록 하는 것이다. 자유는 각자 온전한 양심과 합당한 전망을 바탕으로 비지배 상태에서 미래를 선택하는 행위이다.

페팃은 공화주의에서 제시하는 비지배 자유 개념이 자유의 실천적 의미를 확장시켰다고 강조한다. 그러나 자유주의 철학은 이에 대해 페팃의 자유 개념이 자유주의의 자유 개념과 크게 다르지 않다고 본다. 자유주의 전통도 법과 제도에 의한 간섭을 일정 부분 인정하고 있기 때문이다.[114)] 그러나 페팃은 공화주의가 자유지상주의와는 본질적으로 다르다고 생각하는 것 같다. 왜냐하면 공화주의가 시장과 정부 간의 힘의 균형을 지향하는 데 반해서, 자유지상주의나 신자유주의는 시장(market)을 신뢰하는 시장주의와 능력주의를 중시하기 때문이다. 자유지상주의가 사회적 불평등과 부의 편중을 초래한다면, 공화주의는 정부와 시장 간 역할 균형을 통해 사회 불평등을 해소할 기반을 제공한다. 자유지상주의가 시장 실패(market failure)와 복지문제, 빈부 격차, 사회적 모순의 대립 등의 부작용을 초래할 수 있다고 하면, 공화주의는 시장과 정부 간 상호 작용을 통해 시민의 비지배 자유를 보호하고 사회 정의를 확보하는 데 균형을 유지할 수 있다. 공화주의가 제시하는 정부는 공동체주의처럼 그렇게 큰 것은 아니지만 자유지상주의와 비교하면 비지배 자유 실현을 위해 일정한 규모로 존재한다고 할 수 있다.

---

113) Pettit(1997) RE, p.116.

114) Pettit, Philip. 곽준혁 역(2012) 신공화주의: 비지배자유와 공화주의 정부. p.542.

둘째, 비지배 원리는 사회적·경제적 불평등을 해소하는 데 일정 부분 기여한다고 할 수 있다.[115] 비지배가 내포하는 평등적 특징으로 인해 비지배 원칙은 사회 내 소수자, 취약계층에 대한 평등주의적 정책을 지지한다.[116] 공화주의 원리는 정부가 소수자에 대해 특별한 지원이나 보호를 제공할 수 있는 명분을 제공한다.[117] 국가의 사회기반시설(도로, 항공, 통신, 에너지, 상수도, 전기 등) 지원은 결과적으로 시민의 지위를 평등하게 하는 데 기여한다.[118] 이런 점은 롤스의 기회균등의 원칙과 유사하다. 그러나 롤스에게는 정의 원칙(기본적 권리의 평등 원칙, 기회균등의 원칙, 차등의 원칙)이 여러 개 제시되는 반면, 페팃의 공화주의는 명료하게 비지배라는 단일 원리로 문제를 풀어간다. 정부의 복지정책은 계층 간 차등을 개선해 소외층의 비지배 자유를 강화하는 데 기여한다. 이처럼 각 계층이 안고 있는 비지배 강도를 평등하고 동등하게 만드는 작업은 사회적 평등 실현에 도움이 될 수 있다. 소수자에 대한 학대나 권리 침해를 개인적 관점이 아니라 지배-비지배라는 구조적 관점에서 보면, 소수자에 대한 임의적 간섭은 사회적으로 해결해야 할 문제가 된다. 운 좋게 간섭받지 않았다고 해서 지배관계가 없는 것은 아니기 때문이다.

일본 제국주의는 일본과 조선은 하나라는 내선일체(內鮮一體)를 강조하였다. 그러나 내선일체의 형식은 일본과 조선이 같다는 모양새였지만, 실제로는 일제의 임의적 지배를 강화하는 구호에 불과했다. 일제는 조선 사람에게 창씨개명을 추진하고 신사참배를 강요했으며 한국어 교육을 금지시켰다. 내선일체는 조선 사람에 대한 제국주의 지배를 강화하는 황민화(皇民化) 정책이었다. 이런 임의적 지배는 조선과 조선인의 비지배 자유를 박탈한 것이다. 내선일체 정책에서 조선 사람은 일제가 임의적으로 허용한 범위 내에서 자유를 누릴 수 있었다. 비지배 자유는 자의적 간섭에 의존할 가능성이 없을 뿐 아니라 자의적 간섭을

115) Pettit(1997) RE, pp.110-122.

116) 취약계층은 하위 계층, 소수 인종, 소수 민족, 성적 지향 등으로 인한 소수자 집단을 포함한다.

117) Pettit(1997) RE, p.124; Pettit(2014) JF, pp.89-90.

118) Pettit(2014) JF, p.84, pp.103-104.

규제할 법적·사회적 장치가 합당하게 작동할 것을 요구한다.

셋째, 비지배 이상(ideal)은 정부에 대해 시민의 기본적 자유가 범위(scope)와 강도(intensity)에 있어서 평등할 수 있도록 노력할 것을 요구한다.[119] 앞에서도 지적하였지만 자유주의에서 이야기하듯이 자유를 간섭이 없는 상태로 보게 되면 간섭이 없더라도 지배관계에 취약한 사람을 보호하는 데 실패할 가능성이 크다. 간섭이 없는 상태에 주목한다면, 경쟁에서 실패하거나 뒤처진 사람을 보호하는 데 소홀할 가능성이 크다. 주인과 노예 사이에 외견상 간섭이 존재하지 않기에 정부가 이들을 동등하게 대우한다면 결과적으로 주인에게 더 많은 혜택을 주는 것과 같다. 따라서 공화주의의 비지배 원리는 위험에 처해 있는 시민이나 사회적 약자를 돕는 데 유용한 자유 개념이다. 이처럼 공화주의 정부는 자유의 범위와 강도에 있어서 일정한 평등성을 유지할 의무를 갖는다. 정부의 역할은 삶의 구체적 현장에서 각자의 자의적 간섭을 제한해 시민을 보호하는 형태로 나타날 것이다.

따라서 페팃은 사람들이 지배 상태에서 벗어나 비지배 자유를 실질적으로 확보하기 위해 국가가 교육 기회를 제공하거나 사회보장, 의료보장을 강화해야 한다고 지적한다.[120] 공화주의 국가는 개인이 어떤 환경에 있더라도 임의적 지배로 피해를 당하지 않을 시스템이 구축된 곳이다. 사회적, 의료적, 사법적, 재정적 시스템을 통해 누구도 자의적 지배에 빠지지 않도록 체제가 정비돼 있는 곳이다. 홍수, 지진 등의 자연재해나 코로나19 같은 전염병 확산에 대처할 수 있도록 정부 차원의 사회 보호대책이 마련되어 있어야 한다. 최저임금이나 근로조건이 고용주의 선의에 따라 정해지지 않아야 한다. 동시에 근로자의 노동쟁의도 사전에 공적 기구의 중재를 거쳐야 한다.

공동체주의는 공화주의가 제시하는 비지배 자유의 의미에 대해 대체로 부정적이다. 공화주의가 공동체주의에 대해 비판하는 공동체의 자의적 간섭이 무엇이며 또 어떤 형태로 존재하는지 모호하다고 지적한다.[121] 이에 대해 공화주의

119) Pettit(1997) RE, p.117.

120) Pettit(2014) JF, p.87.

121) Pettit(1997) RE, p.146.

는 공동체주의가 자유주의의 부족한 점을 치유할 가능성이 있다는 데 동의하지만, 공동체주의가 공동선을 강조할 경우 개인의 자유를 임의적으로 침해할 수 있다고 반박한다. 공화주의는 공동체주의가 사회 문제의 맥락성을 감안하는 장점이 있지만 개인의 자유와 공공선 사이에서 어떻게 균형을 실현할 수 있을지에 대해서는 구체적 대안이 없다고 비판한다. 공화주의는 공동체주의가 공공선을 실현하는 과정에서 개인의 자유를 억압할 수 있는 전체주의 속성을 가질 수 있다고 본다. 공동체주의가 자칫 자기만을 고집하는 배타주의로 변질될 위험성이 있다고 비판한다. 공화주의는 비지배 자유 관념을 통해 공동체주의가 빠지기 쉬운 과두제적 통치, 대중주의, 다수결주의, 승자독식주의, 국가주의의 함정을 치유할 대안이라고 제시한다. 공화주의는 비지배 자유 원리와 견제와 균형, 견제적 민주주의 방안이 공동체주의의 자의성을 차단하는 데 효과가 있다고 지적한다.

# 제5장

# 공동체주의

언론자유와 정치철학

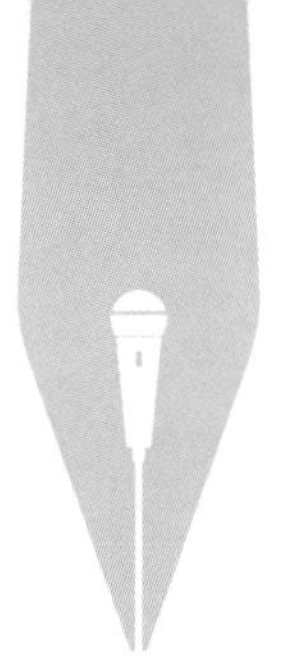

# 제5장

# 공동체주의

## 1 샌델의 문제제기

마이클 샌델(Michael Sandel, 1953~)은 공동체주의 철학의 대표 이론가이다. 미국 중서부 미네소타주 미네아폴리스에서 태어났다. 매사추세츠주 브랜다이스대학교에서 학부와 석사과정을 마친 뒤 로즈 장학금을 받아 영국 옥스포드대학교에서 철학 박사학위를 받았다. 1980년부터 미국 하버드대학교 정치학과(Harvard University, Department of Government) 정치철학 전공

마이클 샌델(Michael Sandel)

교수로 재직하고 있다. 샌델의 철학은 공동체주의적 공화주의(communitarian republicanism), 시민적 공화주의(civic republicanism) 등의 다양한 이름으로 불린다. 그의 정치사상은 공공선의 가치를 중시하고 연고적 자아, 좋음의 우선성, 시민의 덕성을 강조한다는 점에서 공동체주의에 해당한다. 하지만 샌델 철학은 강제성을 강조하는 극단적 공동체주의와 구별할 필요가 있다.

샌델의 박사학위 논문과 『Liberalism and the Limits of justice(1982, 이하 LLJ)』,『 Democracy's Discontent(1996, 이하 DD)』는 하버드대학교 동료 교수였던 존 롤스의 평등주의적 자유주의를 비판한 것이다. 샌델은 미국 사회에서 필요한 공공철학을 공동체주의 전통에서 찾았다. 샌델 이론은 자유주의 전통을 비판하는 데 어느 정도 성과가 있었다고 할 수 있다. 샌델의 공동체주의는 참여와 협력을 통해 대안을 만드는 과정을 중시한다. 그러나 실천적 대안을 제시하는 데 미흡하다는 평가를 받는다. 이는 공동체주의가 참여와 협력을 통해 대안을 만드는 과정 자체를 강조하기 때문이라고도 볼 수 있다.

미국 역사에는 자유주의와 공동체주의 철학이 공존한다.[1] 1776년 독립 이전에 로크적 자유주의 전통이 강했다면 독립 과정에서는 공공선과 시민적 덕성을 강조하는 공동체주의 영향이 컸다. 이후 19세기 미국이 농업사회에서 산업사회로 변모하는 과정에서는 자유주의와 공동체주의 전통이 상호 경쟁적으로 영향을 미쳤다. 그러나 20세기 들어 미국이 제1차, 제2차 세계대전에서 승리해 세계 제1의 슈퍼파워(super power)로 등장하면서 자유주의 이념은 미국의 주도적인 공공철학으로 등장했다. 미국은 제2차 세계대전 이후 자유주의 철학을 기반으로 세계화를 주도했다. 국내적으로는 부의 축적이 사회의 주도적 가치가 되었다.[2] 20세기 중반 이후 미국 행정부(프랭클린 루스벨트, 해리 트루먼, 린든 존슨, 지미 카터, 로널드 레이건 대통령 시절)는 개인의 자발적 선택을 중시하는 자유주의 철학을 정책 기조로 삼았다.

1) 샌델의 공동체주의는 아테네 공화주의를 발전시킨 것이다. 이 책 제4장에서 다룬 페팃의 공화주의는 로마 공화주의를 계승한 것이다.

2) Sandel(1998) DD, pp.274-285.

미국은 20세기 후반 이후 대내외적으로 비약적 발전을 거듭하였다. 자유주의 철학은 그러한 변화의 중심에 있었다.[3] 그러나 샌델은 오늘날 미국 사회 위기의 근원을 롤스와 칸트의 자유주의 철학에서 찾는다.[4] 샌델은 롤스의 평등주의적 자유주의를 비판하면서 공동체주의 사상가로 성장하였다.[5] 샌델의 철학은 1980년대 이후 자유주의 헤게모니에 대항한 공동체주의 역사 해석의 분파라고 할 수 있다. <표 13>은 샌델 철학이 롤스 철학을 비판하는 논점을 정리한 것이다.

**표 13 | 샌델 철학의 롤스 철학 비판 논점**

| | 롤스 철학의 내용 | 샌델의 비판 논점 |
|---|---|---|
| 1 | 국가 중립주의 | 국가의 중립주의(무엇이 좋은지에 침묵하는 것)는 가능하지 않고 바람직하지 않다. |
| 2 | 절차주의 | 롤스의 평등주의적 자유주의는 절차주의에 매달리고 있다. 국가는 절차주의를 탈피해 공공선을 적극적으로 확인하고 증진할 의무가 있다. |
| 3 | 공공선 소홀 | 롤스 철학은 중립주의, 절차주의로 인해 공공선을 고려하지 않고 있다. |

3) Sandel(1998) DD, 9장 참조.

4) Sandel(1998) DD, pp.5-8 칸트가 '실천이성비판'에서 제시한 인간의 의무론(의지의 준칙이 항상 보편적 법칙에 타당하도록 행위하라, 사람을 수단으로 취급하지 말고 목적 자체로 대우하라)은 롤스 정의론의 윤리적 토대이다. 칸트와 롤스는 인간 개인을 논의의 초점으로 한다는 점에서 공동체의 공공선에 주목하는 공동체주의와 대비된다.

5) Sandel(2008) 공동체주의와 공공성. pp.330-331, p.352.

<표 13>에 제시된 것처럼, 롤스에 대한 샌델의 첫 번째 비판은 국가 중립주의에 대한 것이다. 샌델은 롤스의 평등주의적 자유주의 공공철학이 공동체의 도덕과 윤리를 배제하고 있다고 지적한다. 샌델은 자유주의가 주창하는 국가나 정부의 중립주의는 바람직하지 않으며 가능하지도 않다고 밝힌다. 샌델의 이론은 공동체 가치를 육성하는 정치와 도덕적 입장이 공적 토론 과정에서 논의되는 정치 공동체를 목표로 한다. 이에 반해 롤스의 평등주의적 자유주의 철학에 따르면, 국가는 개인에게 무엇이 좋은 삶인지에 관해 구체적인 답변을 제시하지 않는다. 합당한 다원주의 사회를 전제로 하기 때문이다. 개인은 사회 소속원이 아니라 하나의 개체로 이해된다. 개인 정체성 형성에 공공선이나 사회적 선이 미치는 영향을 중요하게 고려하지 않는다. 자유주의는 좋은 삶에 대한 구체적 방안을 국가나 정부가 제시하는 것이 아니라 개인 각자가 찾도록 한다. 국가는 좋은 삶이 무엇인지 알려 줄 수도 없다. 롤스는 국가가 가치(value)에 있어서 기본적으로 중립 입장을 견지할 것을 강조한다. 그러나 공동체주의는 국가의 적극적인 공공선 추구와 가치 선택이 필요하다는 입장이다.

둘째, 샌델은 롤스 철학이 도덕적 원칙을 감안하지 않는 절차주의(proceduralism)에 빠져있다고 비판한다. 샌델의 공동체주의 철학은 미국 사회에서 개인 간 소득 불평등이 심화되고 있지만, 이를 해소하기 위한 정부의 적극적인 개입은 부족하다고 본다. 사회적 신뢰를 비롯한 사회적 자본(social capital)이 갈수록 줄어드는 것은 자유주의가 공공선, 공동체의식, 시민참여 등의 가치를 중요하게 다루지 않은 결과라고 지적한다. 자유주의 철학의 팽배로 공동체가 상실됨으로써 세상은 더 냉혹하고 외로운 공간이 되었다고 비판한다. 샌델은 시민들이 사회적 합의를 도출하는 과정에서 자유주의 철학을 따르게 되면 도덕적, 종교적 가치가 배제돼 상호 합의가 이뤄지기 어렵다고 비판한다. 자유주의 원칙에 따라 각자의 도덕적 신념을 인정하게 되면 결국 상대방에 대해 불만이 생긴다. 이런 연유로 샌델은 자유주의 정치가 추구하는 좋은 사회는 달성되기 어렵다고 강조한다.[6] 샌델은 롤스의 자유주의 철학에 따라 국가가 절차주의를 강조하고 있지만, 시장(market)

6) Sandel(2008) 공동체주의와 공공성. pp.23-24.

과 자본(capital)의 영향력이 커지고 있음을 주목해야 한다고 지적한다.

이에 반해 롤스 철학은 정의 원칙에 의거해 공정한 절차를 따른다면 그 결과가 정당화될 수 있다고 보았다. 롤스에 따르면 국가의 역할은 원초적 입장에서 합의한 정의 원칙에 따라 절차를 확정하고 그 절차에 따라 구체적이고 실질적인 문제를 처리하는 것이다. 다시 말해, 절차주의는 공정한 절차에 따르는 것을 정의라고 본다.[7] 정치의 목표는 이를 관리하고 실현하는 것이다. 롤스식으로 해석하면 사회의 기존 구조(헌법, 법률, 사법적 판단)를 형성하고 기본 구조가 요구하는 절차에 따라 살아가는 것이 정의를 실현하는 길이다.

셋째, 샌델은 롤스 철학이 전제하는 중립주의와 절차주의가 결과적으로 공공선과 공동의 복지를 제대로 고려하지 못한다고 비판한다. 자유주의 전통이 심화됨에 따라 미국 사회는 공공성이 훼손되고 공동체는 침식될 위험에 빠졌다고 본 것이다. 롤스의 평등주의적 자유주의에 기반한 복지정책[8]이 시행되고 있지만, 미국 사회에서 인종 간 갈등은 심화되고, 공동체 가치는 약화되며, 정부에 대한 불신이 높아지고 있다고 평가한다. 참여와 연대를 통한 시민적 삶과 시민의 자치가 실현되지 못한다고 비판한다. 국가는 자치(self-government)와 참여(participation)에 필요한 시민적 덕성을 키우고 가르치는 데 실패했다고 주장한다. 샌델은 이런 논거를 통해 중립주의와 절차주의에 기반한 평등주의적 자유주의 담론이 도덕적, 정신적 가치를 상실했다고 공격한다. 롤스의 공정으로서의 정의관은 결코 중립적이지 않기 때문에 개인 간 연대를 통한 공동체주의 철학을 국가가 주도적으로 확인할 필요가 있다는 것이 샌델의 주장이다.

롤스는 『정치적 자유주의(1993)』에서 샌델의 중립주의, 절차주의 비판을 반박한다. 롤스는 자신의 정의관이 보다 실질적인 복지적 정의관을 담고 있다며 국가 중립주의라는 샌델의 지적에 동의하지 않는다. 롤스는 평등주의적 자유주의는 단순한 절차주의가 아니라 합당한 절차주의에 기반한다고 강조한

---

7) 롤스는 이것을 공정으로서의 정의(justice as fairness)라 했다. 이 책 제3장 참조.

8) 대표적 사례는 medicare(65세 이상 노인과 장애인에 대한 의료보험제도), medicaid(극빈층에 대한 공공의료보험 제도), food stamp(저소득층 식비지원제도), 교육 보조금, 저소득층 주택지원 등이다. Sandel(1998) DD, 9장 참조.

다.[9] 롤스 철학이 도덕적 가치에 대해서 중립적, 절차적이라는 비판을 수용할 수 없다는 의미이다. 롤스는 평등주의적 자유주의는 관용, 존경, 협력, 공적 이성, 중첩적 합의 등의 다양한 도덕적 가치에 기반한다는 점을 강조한다. 공동체주의와의 차이는 평등주의적 자유주의가 제시하는 도덕적 가치의 범위가 상대적으로 포괄적이지는 않다는 것이다.

그러나 롤스는 평등주의적 자유주의가 다원적 선관에 기초하기 때문에 국가와 사회제도가 특정한 신념체계를 지지할 수 없을 뿐이라고 설명한다. 따라서 시민 모두가 공유해야 할 도덕적 덕성의 범위는 제한적일 수밖에 없다고 밝힌다. 다원적 가치 사이에서 국가는 특정한 방향을 편들 수 없기 때문이다. 이는 마치 기독교, 불교, 이슬람교, 가톨릭, 힌두교, 원불교, 대종교, 유교, 무교라는 다양한 길 가운데 국가가 특정한 방향을 옹호하지 않는 것과 같다. 그렇기 때문에 롤스 정의론을 단순한 중립주의로 해석하는 것은 온당하지 않다고 반박한다. 롤스의 평등주의적 자유주의는 기본적 자유의 평등성, 기회균등의 원칙, 차등의 원칙을 통해 개인의 자유와 평등을 조화시키려 노력한 것이다. 자유지상주의와는 다르게 공동 책무에 대한 정신이 포함되어 있다. 따라서 국가 중립주의라는 비판은 자유지상주의에 대해서는 적용할 수 있겠으나, 롤스의 평등주의적 자유주의에 대입하기에는 무리라는 반박이다.

샌델의 철학은 국가가 다양한 가치관 중에서 중립을 지킬 것이 아니라 공동체의 공공선을 만족시키는 방안을 선택해야 함을 강조한다는 점에서 공동체주의에 해당한다. 샌델 철학을 공동체주의라고 볼 수 있는 또 다른 근거는 공동체 특성이 개인 정체성에 영향을 미친다는 연고적 자아관이다.[10] 샌델은 개인 정체성이 공동체와의 근원적인 애착관계를 통해 형성된다고 본다. 즉 개인은 소속된 국가와 공동체로부터 분리해 생각할 수 없다고 전제한다. 샌델 이론에서 논의의 초점이 공동체라는 점은 공동체주의로 보는 또 다른 근거이다. 샌델 이론은 공동체 안에서의 형성적 정치와 공동체 생활을 위한 시민의 덕성을 중시한다.

---

9) Rawls(1993) PL, pp.191-192.

10) Mulhall, Stephen., Swift, Adam. 김해성, 조영달 역(2001) 자유주의와 공동체주의. 한울 아카데미, pp.102-108.

그러나 샌델 철학은 공동체의 관행과 관습, 인습의 강제와 강요를 공공선으로 보지 않는다. 이런 점에서 극단적, 전통적 공동체주의와 거리를 둔다.[11] 샌델은 공동체의 선 관념과 공공선을 개인에게 강요하지 않지만 선 관념과 공공선에 기반한 도덕적, 종교적 교리를 공론장에서 배제하지 말고 끝없이 대화하고 토론하자는 입장을 견지한다. 샌델은 공동체의 공공선과 개인의 자유가 충돌할 때도 공공선을 미리 배제하지 않은 채 협의한다면 진정한 합의에 이를 수 있다고 강조한다. 그러나 샌델 철학은 공공선과 개인의 가치가 충돌할 경우에 구체적으로 어떤 원칙과 방식으로 화해와 합의를 이룰 수 있는지에 대해 명확하지 않다는 비판을 받는다.

샌델은 자신의 철학을 시민적 공화주의라 부른다. 극단적 공동체주의와 차별하려는 의도로 이해된다. 그러나 샌델 철학은 앞에서 설명한 것처럼 공동체주의에 해당하고 또 실제 많은 연구가 그의 이론을 공동체주의로 소개하고 있다. 이런 연유로 이 책은 샌델 이론을 공동체주의로 부른다. 샌델 철학을 본인의 주장처럼 시민적 공화주의로 소개하면 이 책 제4장에서 다룬 페팃의 공화주의와 혼선이 생긴다는 점도 고려하였다. 왜냐하면 페팃의 공화주의와 샌델의 철학은 분명히 거리가 있기 때문이다. 샌델은 페팃의 공화주의 철학이 개인의 비지배 자유를 확보하는 데 치중함으로써 공동체의 열정, 도덕주의, 시민의 덕성을 제대로 살리지 못한다고 비판한다. 따라서 샌델과 페팃을 유사한 이름을 붙여 동일한 맥락으로 이해할 수는 없다. 이름을 어떻게 붙이든 샌델 철학은 로마 공화주의가 아니라 아테네 공화주의를 계승한 것이다. 아테네 공화주의는 공공선을 달성하기 위한 국가의 역할을 강조한다. 개인의 자유는 공동체의 공공선 속에서 찾는다. 이런 점에서 샌델 철학은 여전히 공동체주의라고 하는 것이 타당하다. 다만 전통적 공동체주의와의 차이점은 샌델이 공동체 공공선과 개인의 자유 간의 조화를 중시한다는 점이다. 그러나 앞에서 지적한 것처럼, 양자 간의 조화를 어떻게 이룩할 것인지에 대한 실천적 대안 제시는 모호하다는 한계가 있다.

11) 극단적 공동체주의는 구성원이 국가나 공동체가 설정한 가치체계에 강압적으로 복종할 것을 요구하는 체제이다. 아프가니스탄의 탈레반과 이슬람 원리주의, 나치 독일, 북한, 스탈린 시대의 소련 등이 대표적 사례이다.

## 2 공동체주의의 주요 내용

공동체주의 철학이 강조하는 점은 공공선과 자치, 연고적 자아, 좋음의 우선성 등이다. 공동체주의의 주요 내용을 롤스의 평등주의적 자유주의와 비교하면서 살펴본다.

### 1) 공공선

샌델의 공동체주의에서 최고의 가치는 공동체의 공공선을 증진하는 것이다.[12] 공공선은 사적 선(the private good), 사회적 선(the social good), 집단의 공동선(the common good)을 아우르는 가치이다. 공동체주의에서 공공선은 정의와 권리, 옳음, 공리, 효용에 우선한다. 자유주의에서 강조하는 정의(justice) 관념은 공동체주의에서는 공공선의 하위 가치일 뿐이다. 공동체주의에서 정의는 공공선을 실현하고 사회적 결함을 해소하는 데 적용할 수 있는 이차적 의미를 갖는다. 단순화시키면 공공선이 완전히 실현되는 공동체주의 철학에서는 정의의 문제가 발생하지 않는다. 공공선이 공고해지고 강화될수록 정의에 대한 요구는 줄어든다.[13] 따라서 공동체주의 관점에서 보면, 정의는 공공선이 무엇인지 논의하는 출발점을 제공한다. 정의는 공공선에 관한 문제의식을 제시하고 공공선이 무엇인지 결정하도록 유도하는 기능을 맡는다. 공공선은 공리주의에서 말하는 공리(utility) 또는 효용의 극대화가 아니다.[14] 공공선은 다수결의 결과가 아니라 국가와 사회가 심의하고 숙고한 최고의 선이다.

---

12) 공공선은 공동선과 다르다. 공공선은 분리할 수 없는 국가, 정부, 사회 차원에서 최고의 공적 선이다. 공공선은 개별성을 뛰어넘어 전체를 위해 봉사한다는 의미를 담고 있다. 이에 반해 공동선은 개별적 이익을 합친 공동이익이다. 롤스는 다원주의 사회에서는 개인의 선호와 선관이 결합된 공동선은 존재할 수 있지만, 모두가 동의하는 공공선은 상정하기 어렵다고 했음을 기억할 필요가 있다.

13) Sandel(1982) LLJ, p.31, p.183.

14) Sandel(1998) DD, pp.8-11.

공동체주의는 각자에게 좋은 삶이 별도로 있다고 보지 않는다. 개인은 공동체 안에서 개별적 존재가 아니라고 생각한다. 따라서 개인의 삶은 공동체의 가치와 목적 안에서 해석하는 것이 타당하다. 개인은 가족과 친구, 이웃과 더불어 사는 공동체에서 정체성을 확인한다. 공동체는 사람들이 살아가는 데 있어서 삶의 근본적인 요인에 해당한다. 따라서 공동체 구성원은 참여와 협력을 통해 공공선을 달성해 나갈 운명을 함께하는 사이이다. 어떤 사람이 좋고 선하다는 의미는 개인적 관점에서 정해지지 않는다. 좋다는 것은 공동체의 관점과 시각, 목표를 통해 평가된다. 공동체주의에서 공동체의 가치와 목적은 이처럼 개인이 갖는 자유와 권리의 내용과 한계를 규정하는 역할을 한다. 공동체 가치와 충돌하거나 그 범위를 넘어서는 개인의 자유와 권리는 좋은 것으로 해석되기 어렵다.

공동체주의에 따르면, 개인은 공공선을 추구하는 과정에서 정체성을 찾는 존재이다.[15] 좋은 삶이라는 것은 개인이 속한 공동체의 공공선을 실현하는 가운데 달성될 수 있는 것이다. 따라서 공공선을 지향하는 사람은 좋은 사람이 되며, 이런 좋은 사람이 함께하는 가운데 좋은 공동체를 만들 수 있다고 본다. 공동체주의 철학은 기본적으로 좋은 공동체가 좋은 사람을 만든다고 본다. 따라서 사람이 사람답게 살기 위해서는 공동체의 공공선에 적극 부응할 것이 요청된다.

공공선을 증진하기 위해서는 시민의 자치(self-governing) 능력과 시민적 덕성을 향상하는 것이 중요하다. 이때 시민적 덕성은 개인의 권리나 이익보다 공공 이익에 봉사하겠다는 마음가짐이자 자세이다. 공동체에서 시민적 덕성이 사라진다면, 그 빈자리에 부패가 발생한다. 부패는 사적 이익을 취하기 위해 공적 권력을 남용하는 것이기 때문이다. 따라서 부패를 방지하고 공공선을 이룩하려는 시민의 덕성은 공적인 것이 된다. 시민적 덕성의 개발은 각자에게 맡겨둘 것이 아니라 공적인 영역에서 참여와 협력을 통해 키워나가야 한다.[16] 공동체주

15) 조승래(2010) 공화국을 위하여: 공화주의의 형성 과정과 핵심사상. pp.40-44.

16) Sandel(1998) DD, pp.25-26. "우리는 민족 중흥의 역사적 사명을 띠고 이 땅에 태어났다"로 시작하는 국민교육헌장(1968년 선포)은 공동체 발전을 위해 시민의 덕성을 개발하자는 취지를 담은 것이다. 국민교육헌장은 권위주의 정권을 정당화한다는 비판에 따라 1994년 폐지되었다.

의에서 개인 인격과 덕성 함양을 위해 교육과 참여, 연대를 중시하는 이유가 여기에 있다. 공적 교육과 참여라는 선순환을 통해 공동체 구성원의 연대가 강화될 수 있기 때문이다. 공동체에서 구성원 간의 상호 연대와 공적 부조는 계약에 의한 것이 아니다. 공공선의 요구에 따라 이뤄지는 것이다.

이처럼 공동체주의는 다른 사람과 유기적으로 연결된 개인을 상정한다. 개인과 공동체의 관계를 분리하는 것은 불가능하다고 본다. 샌델은 시민들이 참여를 통해 공동체 문제를 협의하고 논의하는 과정에서 공공선이 드러난다고 보았다. 이슬람의 탈레반 같은 극단적, 전통적 공동체주의는 관습과 관행을 공공선으로 중시하지만, 샌델은 참여를 통한 형성적(formative) 과정을 통해 공공선을 찾아갈 것을 강조한다.[17)] 샌델 이론은 공공선의 형성적 과정을 중시한다는 점에서 가치 추구의 강제성과 구성원의 의무를 강조하는 극단적 공동체주의와 구별된다.

샌델은 공동체주의의 모델을 메이플라워(Mayflower)호를 타고 신대륙으로 넘어온 청교도와 영국에 대항해 미국 건국 독립전쟁에 참여했던 식민지 시민에서 찾는다. 유럽의 청교도(puritan) 신자 102명은 영국 제임스 왕의 종교적 박해를 피해 1620년 영국 남서부 플리머스에서 메이플라워호를 타고 신대륙으로 향했다. 청교도 '순례자의 조상들(Pilgrim Fathers)'은 영국에서는 종교의 자유를 보장받을 수 없다고 보고 핍박을 피해 아메리카로 이주할 결심을 하였다. 이들은 대서양 항해 66일째인 11월 늦가을에 지금의 매사추세츠주 케이프 코드(cape cod)에 도착했다. 원래 목적지는 뉴욕 허드슨강 하구였지만 항로를 이탈해 매사추세츠로 오게 됐다.

메이플라워호를 타고 온 사람들은 아메리카 육지에 도착하기 전 배 위에서 메이플라워 서약(Mayflower Compact)을 체결했다. 하나님의 뜻을 따르는 종교적 공동체를 만들고, 구성원 다수의 동의를 받아 법률을 제정하며, 각자는 이에 복종한다는 맹세였다. 메이플라워 서약은 결국 각 개인이 자유의지를 바탕으로 공동체 건설에 합의한 것이다. 사람들은 서약에 동의한 이후에 육지에 상륙하

17) 형성적이라는 뜻은 좋음이나 공공선이 처음부터 존재하는 것이 아니라, 구성원이 참여해 논의하고 토론함으로써 구체적 모습이 드러난다는 의미이다.

였다. 신대륙에서의 생활은 고난의 연속이었다. 그해 겨울 추위와 질병으로 44명이 죽었다. 그들은 가혹한 자연환경, 인디언과의 마찰을 극복하면서 결국 종교적 이상을 실현할 미국의 초기 공동체를 만들어냈다.[18)]

1776년 미국 독립선언에 앞서 영국과 프랑스는 지금의 북미 영토를 놓고 치열한 전투를 벌였다. 영국 지배하의 식민지에 살고 있던 식민지인들은 영국의 부당한 세금부과와 타락에 분노하며 미국 독립전쟁에 참여하였다. 식민지인들이 독립전쟁에 자발적으로 참여한 것은 전체의 더 큰 선(공공선), 즉 독립을 위해 개인의 생명과 이익을 희생한 것이다.[19)] 이들은 독립을 공공선으로 규정하였다. 전쟁이라는 특수한 상황이기는 하지만, 당시의 공동체주의는 공공선을 개인의 사적 이익에 비해 우위에 둘 것을 요구한 것이다. 개인은 어떻게 보면 자기 소유가 아니라 공유 재산에 해당한다고 보기 때문에 공동체의 요구가 있으면 따를 것이 기대되었다. 샌델은 메이플라워호를 타고 온 청교도와 미국 독립전쟁에 참여한 시민공동체를 공동체주의 철학의 모델로 보고 있다.

샌델과 롤스는 공공선의 의미와 위상을 다르게 본다. 롤스는 사회 문제에 있어서 특정한 관점을 공공선으로 지지하지 않는다.[20)] 평등주의적 자유주의에 따르면, 사회에는 진정한 공공선이 있을 수 없다. 롤스는 공동체주의에서 중시하는 공공선의 존재를 인정하지 않는다. 다원적 사회에서 모두가 좋아하는 공공

18) Philbrick, Nathaniel. 황정하 역(2009) 메이플라워. 바다출판사 참조. 청교도는 프로테스탄트 종교 개혁가 장 칼뱅(Jean Calvin)의 가르침을 따랐다. 신대륙에 도착한 청교도들은 농업이나 어업 등의 정착 기술을 가지고 있지 못했다. 그들은 도착 1년 만에 절반 이상이 죽었다. 오늘날 추수감사절(Thanksgiving Day)은 청교도 순례자들이 아메리카 원주민에게서 옥수수 농사 기법 등을 배워 작물을 수확한 뒤 하나님에게 감사 기도를 드린 것에서 유래한다. 1930년대에 지어진 미국 뉴욕 맨해튼 엠파이어 스테이트 빌딩이 102층인 것은 청교도 순례자 102명을 기념하기 위한 것이다. 이들에 앞서 1607년 영국인 104명이 버지니아에 도착해 제임스타운을 건설했다. 그들은 최초의 이주민이었지만 범죄 집단이었다. 오늘날 미국인들은 1620년 매사추세츠주 케이프 코드에 도착한 필그림을 직계 조상으로 인정한다.

19) 2000년 개봉한 멜 깁슨 주연 <패트리어트(Patriot) - 늪 속의 여우>는 미국 독립전쟁을 다룬 영화이다. 식민지인들은 가족의 생명과 자유, 재산을 지키기 위해 영국에 맞서 독립전쟁에 참여한다.

20) 맹주만(2012) 롤스와 샌델, 공동선과 정의감. p.319.

선은 있을 수 없다고 보기 때문이다. 정의의 원칙에 따라 국가가 운영된다면, 그것이 바로 공공선을 이룩하는 것이라고 본다. 롤스식의 사회에는 개인의 삶과 개인의 목적이 있을 뿐이다. 시민은 같은 시기, 같은 공간에서 우연히 만난 사람이다. 시민은 정의의 원칙과 공적인 규칙, 절차에 따라 서로 협력, 협동할 대상이다. 물론 롤스 정의론에서도 일부 구성원이 특정한 관점과 대상을 공공선으로 주장할 수 있다. 그러나 롤스에게 있어서는 원칙적으로 구성원 모두가 공유하는 선(좋음)인 공공선은 존재하지 않는다. 롤스 철학은 합당한 다원주의 사회를 전제하기 때문이다. 좋은 삶의 내용과 방향은 개인이 결정할 문제이다. 공공선을 기준으로 개인의 삶을 방향 짓는 것은 온당하지 않다. 자유주의 전통에 따르면 국가는 사회 내 도덕 문제에 대해 중립을 지키며, 모든 것은 승인된 체계와 절차에 따라 처리할 것이 기대된다.[21] 시민이 상호 협력하는 것은 그것이 공공선이기 때문이 아니라, 정해진 규칙 안에서 협력하는 것이 개별 참여자에게 이익과 선을 보장하기 때문이다.

샌델은 롤스 철학에 공동체주의 요소가 일부 포함돼 있음을 인정한다.[22] 롤스의 정의 제2원칙인 기회균등의 원칙과 차등의 원칙은 사회적·경제적으로 불우한 사람에 대한 재분배적, 복지적 특성이 있다고 평가한다. 공동체를 향한 도덕적 원리가 내재돼 있다고 인정한다. 그러나 샌델은 롤스 정의론이 옳음과 권리를 공공선보다 우선시한다는 점에서 공동체주의와 병립할 수 없다고 평가한다. 롤스 정의론이 계약론적 공동체관에 기반하고 있음을 지적한 것이다. 롤스 철학에서 개인의 기본적 권리는 공동체의 공공선에 비해 우선적 가치를 갖는다. 양심의 자유, 표현의 자유, 신체의 자유 등의 기본적 자유는 불가침의 권리이다. 다수결로도 억누를 수 없는 권리이다. 샌델이 보기에 롤스 정의론은 공동체주의적 특성을 일부 갖고 있다. 그러나 기본적으로는 개인의 자유를 기반으로 한 자유주의의 틀 안에서 작동하는 것이다.

---

21) Sandel(2008) 공동체주의와 공공성. pp.25-26.

22) Sandel(2008) 공동체주의와 공공성. pp.341-343, p.351.

이에 반해 샌델의 공동체주의는 공공선을 위한 시민의 의무를 강조한다. 그러나 롤스의 자유주의 관점에서는 시민들이 공공선에 동의할 수도 있고, 동의하지 않을 수도 있다. 롤스에게 누진세를 납부하거나 기회의 균등을 보장하는 것은 공공선을 달성하기 위한 것이 아니다. 그것은 개인의 평등과 박애 정신에 따라 이행되는 계약상 책임에 해당한다. 원초적 입장에서 그렇게 하는 것이 사회적 정의를 실현하는 것이라고 합의했기 때문이다. 자유주의 철학에 따르면 개인은 신체의 자유, 노동의 자유를 통해 사적 재산을 축적할 수 있는 정당한 권리를 갖고 있으며, 국가는 이런 재산권을 임의로 규제할 수 없다. 이런 전제에 따라 이뤄지는 재분배 정책은 공동체주의에서 강조하는 공공선을 위한 분배와는 철학이 다른 것이다. 따라서 자유주의에서 제시하는 분배정책은 후진국에 대한 선진국의 경제 원조와 다를 바 없다는 것이 샌델의 판단이다. 공동선을 지향하는 공동체 의식이 희박하다는 의미이다.[23)]

샌델이 보기에 롤스 철학은 사회 내 불평등 해소를 공공선으로 승화시키지 않았다. 평등주의적 자유주의는 불평등의 문제를 운(luck)의 중립화를 통해 해소하려 하지만, 기본적으로 개인의 자유와 권리를 더 소중하게 생각한다. 따라서 공동체주의는 롤스의 정의관으로는 불평등 문제를 완전히 해소하기 어렵다고 진단한다. 공동체주의에 따르면, 개인의 재산권은 배타적 권리가 아니다. 경제적 자산은 각자가 독립적 삶을 유지하는 데 필요한 수단(tool)에 불과하다. 공공선의 이름으로 요청하면 개인의 재산은 공적 용도로 활용될 수 있다. 또한 재산을 무한 축적하는 것은 공공선을 위해서도 바람직하지 않다. 경제적 불평등은 공동체를 타락시키는 원인이 되기 때문이다. 따라서 경제적 불평등 해소는 자치를 위해서 필요한 조건에 해당된다. 공동체주의는 재산권을 개인의 자유와 권리 차원이 아니라 공공선의 관점에서 해석한다.[24)]

샌델의 공동체주의는 시민들의 가치와 삶의 목적에 중립적이지 않다. 정치공동체는 공공선을 적극적으로 옹호하고 육성할 것을 주문한다. 국가는 경합적

23) Sandel(2008) 공동체주의와 공공성. pp.58-59.
24) 조승래(2010) 공화국을 위하여: 공화주의의 형성 과정과 핵심사상. p.38.

인 가치관에 대해 중립이 아니다. 그리스의 폴리스(polis, 도시국가)는 좋음의 우선성을 기준으로 해서 시민들에게 도덕적, 종교적 지침을 분명하게 제공해야 한다고 믿었다. 그들은 국가의 목적을 공공선 증진에 두었다. 공동체주의에서 국가의 정당성은 시민 각자의 선관을 인정하는 데 있는 것이 아니라 공공선을 확인하고 증진하는 데 있다.[25] 이에 반해 자유주의 이론은 도덕적 상대주의(moral relativism)를 지향한다. 국가와 정부는 가치 있는 삶에 대해서 특정한 도덕적, 종교적 교리를 지지하기보다는 관용과 공정한 절차, 개인적 권리에 대한 존중을 주장한다. 관용, 공정한 절차, 상호 존중을 판단함에 있어서 특정한 도덕적 가치는 배제된다. 샌델의 공동체주의가 도덕적, 종교적 신념의 중립성을 부인하는 것은 자유주의 관념에서는 수용되기 어렵다. 맹주만은 공동선을 옹호하고 주장하는 샌델의 생각은 "낙관적이며 심지어는 낭만적이기까지 하다"고 비판한다.[26]

이에 대해 샌델은 자신의 철학은 극단적 공동체주의와 달리 공동체의 선 관념을 개인에게 강요하지 않는다고 강조한다. 경직된 공공선과 강제적 가치 담론을 추구하지 않는다는 설명이다. 오히려 개인 각자의 자유와 권리를 인정하는 가운데 도덕적, 종교적 교리들을 공론장에서 토론해보자는 입장이라고 말한다. 그는 시민 교육과 공적 논의를 통해서 공동체에 필요한 공공선을 형성적으로 만들어내자는 것이라고 강조한다. 결국 각자 의견의 독자성을 인정하는 가운데 시민 교육과 공적 논의를 통해 공동체에 필요한 공공선을 찾자는 것이다. 개인과 공동체가 가지는 도덕적, 종교적 교의 중에서 특정한 도덕적 교리를 배제하지 말자는 샌델의 거듭된 주장은 다원적 가치 속에서 합의점을 찾아보자는 의미이다. 다양성을 인정하는 가운데 참여와 논쟁을 통해 무엇이 공동체에 필요한 가치인지 협의하자는 뜻이다. 샌델은 그러나 다원적인 공공선을 인정하지는 않는다. 그는 좋음의 우선성, 공공선 관념 등에 있어서 이것도 좋고, 저것도 좋을 수 있다는 상대적 관점을 취하지 않는다. 따라서 샌델이 말하는 공공

25) Sandel(1998) DD, pp.7-19.

26) 맹주만(2012) 롤스와 샌델, 공동선과 정의감. p.343.

선이 개인의 다원적 가치를 인정하는 가운데 과연 찾을 수 있는 것인지 모호하다는 비판을 받는다.[27)]

### 2) 자치와 자유

공동체주의 철학은 자치와 참여를 중시한다. 자치는 자기통치로서, 시민이 정치에 참여해 법과 제도를 스스로 결정하는 것이다. 지배받는 사람이 동시에 지배하는 정치체제가 되어야 인간은 인간답게 대우받는다고 본다. 따라서 공동체주의에서의 자치는 공동체 구성원이 시민권(citizenship)에 따른 의무를 인정하는 가운데 이뤄진다.[28)]

샌델의 공동체주의는 자유(freedom)를 벌린식의 적극적 자유에서 찾는다. 공동체주의는 간섭 또는 지배의 부재라는 소극적 자유가 아니라 공공선을 적극적으로 찾아가는 공적 자유, 사회적 자유를 강조한다. 샌델은 시민의 자유가 공동체의 공공선을 추구하는 가운데 확보되는 것이라고 본다. 시민은 공동체의 공공선과 떨어질 수 없는 연고적 존재이다. 개인은 다른 시민들과 함께 공동체의 문제 해결을 위해 같이 참여하고 자치를 시행하며, 공공선을 증진하는 가운데 자유를 느낀다. 공동체주의 철학에서 자유는 간섭이 없는 상태가 아니다. 자유는 타운홀 미팅(town hall meeting) 같은 회의에 참여해 시민들과 공공선에 대해 숙고하면서 공동체 운명을 함께 만드는 가운데 보장되는 것이다.[29)] 따라서 공동체주의에서 개인의 자유는 공공선의 관점에서 규제할 수 있고 간섭 가능한 것으로 이해된다.

---

27) 신중섭(2016) 마이클 샌델의 정의론 바로읽기. 비봉출판사, pp.173-181.
28) Sandel(1998) DD, p.117.
29) 로버트 퍼트넘(Robert Putnam)은 공동체의 참여와 민주주의 발전 간의 상관성을 연구한 학자이다. 퍼트넘은 사회적 자본(social capital) 이론을 통해 미국에서 공동체 감소와 사회적 네트워크 붕괴 과정을 분석하였다. 사회적 자본은 사람들 간의 연대감, 신뢰, 협력 가치를 의미한다. 퍼트넘은 미국 사회에서 사회적 연대와 참여가 감소하는 현상을 지적하며 시민 간의 상호 신뢰라는 사회적 자본의 중요성을 강조했다.

공동체주의는 공동체와 구성원이 공공선에 헌신할 것을 요구한다. 공공선을 달성하기 위해서라면 공동체 구성원에 대해 간섭하는 것은 필요하고 합당하다고 본다. 공동체주의 관점에서는 한편으로 인민의 참여를 장려하고 또 다른 한편에서는 동질적이고 밀착된 공동체를 유지하는 것이 바람직하다. 이때 자유는 민주적 자율(democratic self-mastery)을 의미하는 적극적 자유이다. 공공선을 실현하기 위해 무엇을 실천할 수 있는 자유다. 소극적 자유인 개인의 선택에 대한 불간섭을 의미하지 않는다. 개인은 공동체의 공공선을 실현하고 참여하는 가운데 좋은 삶을 영위하고 자유를 누릴 수 있다고 본다. 공동체가 간섭하고 규제하면서 공동선을 이룩하는 것이 바로 공동체주의가 제시하는 자유이다. 자유주의 철학은 공동체주의의 이런 적극적 자유가 전체주의, 포퓰리즘으로 흐를 수 있다고 비판한다.

샌델의 공동체주의에서 자유는 사람이 태어나면서부터 갖는 기본적 권리가 아니다. 공동체주의의 자유는 공공선을 추구하는 과정에 얻을 수 있는 것이다. 자유는 정치적으로 인정되고 구성된다.[30] 공동체주의의 자유는 참여의 결과이다. 자유 자체가 목적이 될 수 없다. 개인은 공동체의 운명 형성과 발전에 참여하는 가운데 자유를 얻고 누릴 수 있다. 다른 시민과 함께 공적활동에 참여하고 공공선 증진에 기여함으로써 자유를 얻는다. 공동체주의에서 개인의 자유는 이처럼 공동체 자치에 참여하면서 얻는 권리이다.[31] 따라서 정치에 참여하지 않거나 공공선 증진에 기여하지 않는 사람의 자유는 제한될 수 있다. 공동체주의가 갖는 자유의 정치적, 구성적 속성은 공공선 추구를 명분으로 국가가 개인 생활에 간섭할 수 있는 근거를 제공한다.[32] 공동체주의가 공공선을 위해 개인의 희생을 요구할 수 있는 이유도 자유의 구성적, 정치적 특성에서 유래한다.

---

30) Sandel(2008) 공동체주의와 공공성. p.37.

31) Sandel(1998) DD, pp.26-27.

32) 조승래(2010) 공화국을 위하여: 공화주의의 형성 과정과 핵심사상. 구성적(constitutive)이라는 것은 개인의 자유나 자아의 특성이 객관적, 보편적으로 존재하는 것이 아니라, 사회적 요소와의 상호 관련성을 통해 생성된다는 뜻이다.

샌델의 공화정에서 전제하는 자유는 페팃의 공화주의와도 구분된다. 페팃 공화주의에서 자유는 자의적 지배(자의적 권력)와 그 가능성의 부재(비지배적 자유, non-domination) 상태이다. 공동의 동의를 얻어 제정된 법이 지배하는 사회에서 공화주의적 비지배 자유는 확보될 수 있다. 그러나 샌델은 페팃의 공화주의 철학은 개인의 비지배 자유를 확보하는 데 치중함으로써 공동체의 열정, 도덕주의, 시민의 덕성을 제대로 살리지 못한다고 비판한다.

샌델의 공동체주의는 아테네 공화주의의 영향을 받았다. 아테네 시민은 아고라 광장에서 도시국가 운영에 관해 치열하게 논변하였다. 시민의 권리와 자유는 공적인 일에 적극적으로 참여하는 덕성을 발휘할 때 확보된다. 아테네 공화주의의 기본 원리를 제공한 아리스토텔레스에게 있어서 국가는 가정과 개인에 우선한다. 시민의 가장 큰 관심사는 국가의 안전이었다. 스파르타, 페르시아 등에 둘러싸였던 아테네 사람에게 국가의 자유는 개인의 자유에 비해 우선적으로 확보되어야 하는 것이었다.[33] 따라서 전체는 부분에 우선한다.[34] 아테네 공화주의에서 개인은 국가의 번영을 위해 봉사해야 하고, 필요하다면 국가를 위해 희생을 감수해야 한다.[35] 공동체주의는 이런 전제를 토대로 개인의 참여와 공동체 의식을 강조한다. 개인의 자유와 평등은 시민이 지배하고 시민에 의해 지배받을 때 보장될 수 있다. 따라서 공동체주의에서 자유는 시민적 덕성과 지식, 소속감, 관심, 공동체와의 도덕적 유대감을 필요로 한다. 공동체주의에서 공공선을 위한 개인의 자유 제한과 간섭은 필요하고 바람직한 것이다.[36] 그렇기 때문에 시민은 공동체 구성원에 걸맞은 시민의식, 덕성, 책임 의식을 갖춰야 한다.

공동체주의에서 중시하는 시민의 덕성은 확장적 자아관(expansive self-understanding), 형성적 정치(formative politics)를 전제로 한다. 시민의 덕성은 공공의 이익에 봉사하겠다는 마음가짐과 태도이다. 이런 시민의 덕성은 고정된

---

33) 아리스토텔레스(2009) 정치학. 숲, p.388.
34) 아리스토텔레스(2009) 정치학. 숲, pp.21-22.
35) 구선영(2019) 동서양 정치철학에서의 자유, 평등과 국가와의 관계성에 대한 고찰 - 아리스토텔레스, 공자, 마이클 샌델, 존 롤스를 중심으로. 인문학연구 31, p.381.
36) Viroli, Maurizio. 김경희, 김동규 역(2012) 공화주의. p.108.

것이 아니다. 시민의 덕성은 참여와 토론, 학습을 통해 끊임없이 형성되고 육성되어야 한다.[37] 공동체가 특정 계층의 이익에 지배받지 않기 위해서도 시민의 덕성은 필요하다. 시민의 정치 참여와 덕성 계발은 공동체주의에서 본질적(intrinsic)인 가치이다. 시민의 덕성과 공공선은 불가분의 관계이다. 공공선 이념은 공동의 이익을 추구하는 공적 영역에 해당한다. 공정한 법 제도를 통해 공정한 공적 제도 속에서 공적 이익이 추구된다.

정리하면 공동체주의는 공공선을 확인하고 추구하는 철학이다. 이는 자치와 시민의 참여를 통해 가능하다. 이를 위해서 개인에게는 공동체주의적 덕성이 필요하다. 자유는 이런 과정의 결과물일 뿐이다. 개인의 자유는 그 자체가 우선적인 목표가 아니다.

자유주의 철학에서 자유는 간섭이 없는 상태에서 스스로 선택하는 것이라고 했다. 자유주의에서 자유는 근대 자연권 사상을 통해 제시된 인간의 양도불가한 권리이다. 따라서 자유주의 철학에서 개인의 자유는 기본적으로 공동체주의에서 중시하는 공동체의 적극적인 자유 행사를 제한함으로써 확보 가능하다. 그렇기에 국가의 사적 권리 침해를 막는 것이 자유주의의 중요한 관심사이다. 자유주의 철학이 상정하는 주민 자치는 개인의 자유를 침해하지 않는 느슨한 형태의 결사체(association)를 통해 이뤄진다.

그러나 공동체주의는 자유롭고 독립적 개체를 상정하는 자유주의를 비판한다. 즉 자유주의 전통은 개인이 공동체와의 관계 속에서 형성하는 정체성과 연대감을 설명하지 못한다고 본다. 샌델은 롤스가 최소수혜자에게 이익을 주는 분배정책(기회균등의 원칙, 차등의 원칙)을 제안한 것은 인정할 수 있지만, 왜 그러한 재분배 정책이 필요한지에 대해서는 설득력이 부족하다고 비판한다.[38] 즉 롤스 철학은 개체중심주의에 기반해 있기 때문에 공동체의 도덕적 연대감을 설명하지 못한다고 평가한다.

---

37) Sandel(1998) DD, pp.5-7.

38) Sandel(1982) LLJ, ch.2 참조.

공동체주의에 따르면, 개인의 정체성은 가족과 문화, 국가, 역사, 전통으로부터 끝없이 영향을 받는다. 샌델은 독립적 자아를 가정하는 자유주의는 이런 현실을 제대로 설명하지 못한다고 지적한다. 자유주의적 자유관은 자치(self-rule)를 위해 필요한 공동체의식과 시민참여 의식을 결코 불러일으키지 못한다고 강조한다.[39] 공동체주의는 자유를 자치, 시민의 덕성과 상호 연결된 유기적 개념으로 본다.[40] 개인의 이익은 언제나 타인과의 관계 속에서 형성된다고 본다.

### 3) 연고적 자아

공동체주의는 공동체의 맥락 속에서 자아(self)를 이해한다. 사람은 공동체의 피조물이며, 공동체와 상호 의존적이다. 인간과 공동체는 따로 떼어서 생각할 수 없다. 개인은 특정한 공동체에 관련된 연고적 자아(encumbered self)이다.[41] 사람은 자기의 의지와 무관하게 공동체 연대(속박)에 구속되는 도덕적 책무를 갖는다. 즉 사람은 특정한 국가의 시민이며, 조직의 구성원, 한 가족의 일원으로서 정체성을 형성한다. 공동체주의에 따르면 개인은 결코 무연고적으로 존재하지 않는다. 개인의 정체성은 공동체의 도덕적 종교적 관념과 분리될 수 없고 분리되어서도 안 된다. 따라서 개인의 권리 역시 공동체의 맥락 속에서 이해된다. 공동체주의가 전제하는 자아는 타인을 배려하는 덕성을 토대로 공동체 이익과 부합할 것을 생각하는 존재이다. 따라서 공동체주의에서 좋은 사람은 공공선을 위해 연대하고 참여하며 희생하는 사람이다.[42]

공동체에서의 사회적 관계는 개인 정체성에 영향을 미친다. 자아 관념은 공동체 경험에 근거한 욕구와 꿈, 희망 등을 통해 구성된다. 유교적 전통의 공동체에서 태어난 사람은 대개 유교적 관념과 문화를 바탕으로 자아관을 형성한다.

---

39) Sandel(2008) 공동체주의와 공공성. p.24, p.37.

40) Sandel(2008) 공동체주의와 공공성. p.101.

41) Sandel(1982) LLJ, p.188. 영어의 encumbered는 사전적으로 부채나 빚(debt)이 있다는 뜻이다. 공동체주의의 연고적 자아(encumbered self)는 개인이 정체성을 형성하면서 공동체에 대해 도덕적, 사회적 채무가 있음을 강조한 말이다.

42) 조승래(2010) 공화국을 위하여: 공화주의의 형성 과정과 핵심사상. p.7.

이에 반해 이슬람 문화권에서 태어나고 성장한다면 이슬람적 가치가 자아 형성에 큰 영향을 미칠 것이다. 공동체에서의 사회적 관계와 경험은 일반적으로 자아 형성에 구성적(constitutive) 요소로 작용한다. 구성적이라는 것은 자아가 공동체 경험을 바탕으로 형성되고 해석됨을 뜻한다.

그러나 자유주의 관점은 자아는 원칙적으로 개인의 경험과 무관하다고 가정한다. 자아는 주어진 것이고 태어나면서 갖는 것이다. 고전적 자유주의가 강조하는 자연상태, 자연권, 천부인권설, 사회계약론 등은 자유주의 자아관의 이론적 전제이다. 로크가 강조하는 개인의 생명, 재산, 자유의 절대적 특징은 개인의 경험이나 인식과 무관하게 주어진 것이다.

물론 자유주의 자체가 연고성을 완전히 배제하는 것은 아니다. 사람은 생활을 통해 특정한 경험을 한다는 점에서 연고성을 실제로 배제할 수는 없다. 그러나 자유주의 철학은 국가나 사회가 특정 신념체계에 대해 중립을 표방하는 것처럼, 연고성 또는 무연고성 자체에 대해 어떤 입장을 제시하지 않는다. 그 의미에 대해서는 각자가 선택할 문제라고 전제한다. 자유주의 철학에서도 공동체는 존재한다. 공동체주의와의 차이점은 모든 구성원이 참여하는 단일한 공동체가 있는지 여부이다. 자유주의는 국가 하위 수준에 존재하는 복수의 공동체를 구상한다. 이에 반해 공동체주의는 공동체가 곧 국가라고 본다. 개인의 정체성과 권리는 국가에서 구성적, 상호 작용적으로 형성된다고 본다.

똑같은 권리라고 하더라도 자유주의는 그 권리를 공동체와 독립적인 것으로 보는 반면에, 공동체주의는 공동체와 관련된 구성적 입장에서 판단한다. 자유주의와 공동체주의가 자아와 개인 권리 특성에서 구별되는 것은 바로 이런 연고성과 독립성 가정에서의 차이라고 할 수 있다. 개인의 재산권, 신체의 자유, 표현의 자유 등을 생각해 보자. 자유주의 전통은 기본적으로 이러한 권리는 공동체가 임의로 침해할 수 없는 것이라고 생각한다. 그러나 공동체주의는 이러한 권리의 내용과 특성을 공동체와의 교감 속에서 인식한다고 할 수 있다.

공동체주의는 사람이 공동체 구성원으로서 갖는 의무감과 연대감에 주목한다. 사람이라는 존재는 가족, 공동체, 친구에 대한 비자발적 애착(attachments)

에 의해 규정된다. 여기서 비자발적이라는 의미는 개인이 일반적으로 공동체를 자발적으로 선택한 것은 아니라는 의미이다. 개인은 가족이나 문화, 국가, 민족, 역사의 구성원으로서 이해된다.[43] 사람은 공동체의 도덕적, 문화적, 종교적 가치로부터 결코 자유롭거나 독립적이지 못하다. 따라서 사람은 공동체 구성원으로서 도덕적, 정치적 의무를 수행한다. 이런 의무는 단순히 자발적 의지나 도덕률, 사회계약에 따른 법적 의무로 설명하기 어렵다. 샌델은 공동체에 대한 개인의 책무감과 연고성을 인정하지 않고는 개인의 도덕적 정치적 딜레마를 이해하기 어렵다고 진단한다. 샌델에게 있어서 정치적 행위자는 특정한 공동체에 연고를 둔 자아이다. 공동체주의에서 각 개인은 공동체에 기반을 두면서 도덕적 덕성을 개발하고 공공선을 증진할 의무가 있다. 따라서 인간의 가치는 어떤 질서나 의무에 순종하는 데 있는 것이 아니라, 공동체의 운명을 비판적으로 수용하지만 참여를 통해 공동체의 운명을 개선하는 가운데 발휘된다고 본다.[44]

공동체주의 관점에서 보면 공동체는 개인에게 곧 사회이다. 따라서 공동체와의 연대성은 각 개인의 사회적 관계에 직접적으로 영향을 미친다. 공동체주의에서 가장 큰 공동체는 국가이다. 따라서 국가는 도덕적 가치와 좋음의 문제에 있어서 결코 중립적이지 않다. 국가는 공공선을 규정하고, 그러한 공공선을 달성하는 방법과 목표에 대해 특정한 공공철학을 제시한다. 이런 연유로 샌델의 공동체주의 철학은 자아(self)와 자아의 목적(the end of self)은 구분할 수 없다고 본다. 사람이 사람으로 존재한다는 것은 어떤 사회적, 문화적, 역사적 역할(가족, 사회, 국가, 민족의 구성원)을 수행한다는 것을 의미한다. 개인은 사회적 맥락에 뿌리를 두고 그러한 공동체와 연대감, 책무감을 갖는다. 연고성에 따른 도덕적 책임은 개인이 인간으로서 갖는 일반적인 자연적 의무(natural duties)를 뛰어넘는 것이다. 사람의 정체성은 사회적 맥락과 상황, 역할에 의해 만들어진다.[45]

---

43) Sandel(1998) DD, p.15.
44) Sandel(2008) 공동체주의와 공공성. pp.313-329.
45) Mulhall, Stephen., Swift, Adam. 김해성, 조영달 역(2001) 자유주의와 공동체주의. pp.135-145.

공동체주의에 따르면, 공동체의 구성원은 동일한 경험을 바탕으로 모두가 한 방향을 향해 달려가는 존재이다. 사람은 태어날 때 공동체를 선택한 것은 아니지만, 자기가 소속된 공동체에 대한 의무와 가치, 선을 우선시할 수밖에 없다. 샌델은 개인이 공동체와의 관련성을 잃어버리는 것은 곧 자아 정체성을 상실하는 것이라고 지적한다. 자아는 결국 개인이 갖는 목적이나 희망, 연대감, 책임감에 선행하는 것이 아니라 이런 것들에 의해 구성되는 것이다.[46)]

샌델은 연고적 자아관을 바탕으로 롤스의 자아관을 비판한다. 자유주의가 전제하는 개인의 무연고성(unencumbered self), 자율적 자아, 자아의 우선성은 개인적 삶을 제대로 반영하지 못한 것이라고 본다. 롤스의 정의 원칙에는 각자 삶의 목표가 반영되지 않았다. 롤스의 정의 원칙은 개인의 선관념에 영향을 받지 않았다고 지적한다.[47)] 자유주의에 따르면, 공동체나 사회는 원칙적으로 무연고적 자아인 개인이 자발적으로 선택한 것이다. 자유주의 전통에서 보면 공동체는 일종의 결사체(association)에 가깝다. 결사체는 개인을 묶는 터전일 수 있지만 본질적으로 사적 이익의 결합체이다. 개인은 의지에 따라 결사체 가입과 탈퇴를 결정할 수 있다. 이런 점에서 보면 자유주의 철학은 개인이 공동체에서 갖는 도덕적, 정치적, 종교적 책임감에 크게 주목하지 않는다.[48)] 샌델은 자유주의가 전제하는 자율적 자아는 개인이 정치적 행위자로서 공동체에서 책무감을 갖고 문제를 해결하는 데 적합하지 않다고 지적한다.[49)] 샌델은 롤스의 무연고적 자아(unencumbered self) 전제는 개인의 주체성이 공동체에서 만들어지는 형성적 자아(formative self)관을 반영하지 못하며 또한 실체적 삶을 설명하지 못한다고 비판한다.[50)]

---

46) 홍성우(2005) 자유주의와 공동체주의 윤리학. p.283.
47) Sandel(1982) LLJ, p.192.
48) Sandel(1998) DD, pp.14-15.
49) 이양수(2008) 혼돈 시대의 민주주의: 공화주의와 삶의 가치; Sandel(2008) 공동체주의와 공공성. pp.313-314.
50) 무연고적 자아(unencumbered self)는 공동체의 목표, 공공선에 구속되지 않는 자아이다.

그러나 엄밀히 말해서 롤스가 무연고적 자아를 강조했다고 보기는 어렵다. 롤스는 오히려 인간이 가지고 있는 연고성에서 파생하는 사회적 어려움을 해소할 방안으로 원초적 입장과 정의 원칙을 강조했다고 보여진다. 롤스가 강조한 운의 중립화 명제가 지향하는 것은 연고성에 따른 결과물을 사회적으로 환원하는 방안을 논한 것이다. 재벌 2세가 상속받은 재산에 대해 세무 당국이 누진세율을 적용(차등의 원칙)하는 것은 결국 개인이 갖는 연고적 자아의 특성을 사회적 합의를 통해 비연고적 특성으로 전환하는 과정이라고 볼 수 있다.

샌델은 공동체 내에서 타인의 도덕적, 종교적 신념을 존중한다는 것은 때로는 반박하고 때로는 경청하면서 "적극적으로 동료 시민과 관계를 맺고 수용하고 배려하는 것"이라고 규정한다.[51] 즉 샌델에게 있어서 도덕적 사고란 공동체 활동을 통해 함께 노력하는 것이다. 공동체주의에서 강조하는 개인의 도덕적 연대성은 평등주의적 자유주의에서 전제하는 옳음의 우선성 개념을 반박하는 것이다. 공동체에 대한 연고성과 책무성에 따라 시민 각자가 정치에 적극적으로 참여하는 것이 공동체주의에서 제시하는 자치이다. 물론 사람에 따라 연고성과 책무성의 크기와 방향이 다를 수 있다. 각자가 채워갈 시민적 덕성이 다를 수 있다. 그러나 공동체주의는 모두가 참여를 통해 공공선을 지향한다는 것이 소중하다고 본다. 샌델의 공동체주의는 시민적 덕성을 바탕으로 한 형성적 자아, 육성적 자아 수립을 목표로 한다. 공동체주의가 제시하는 연고성과 책무성을 바탕으로 공공선을 증진하는 것이 좋은 삶을 이루는 길이다.

이에 반해 평등주의적 자유주의에 따르면, 개인은 원칙적으로 특정한 역사적 상황, 도덕적 속박에 구속되지 않는다. 롤스는 공동체 상황과 역사적 맥락에 무관한 무연고적 자아(unencumbered self)를 전제한다. 그는 사회 환경, 공동체, 정치적 경험, 도덕적 환경 등에 대한 자아의 우선성과 독립성을 전제한다. 자아는 자아의 목적에 선행해 존재한다.[52] 평등주의적 자유주의에 따르면, 사람들은 원초적 입장에서 사회 계약에 따른 정의 원칙을 마련한다. 샌델은 차등의 원

51) Sandel, Michael. 이목 역(2010) 마이클 샌델의 하버드 명강의. 김영사, pp.406-407.
52) Rawls(1999) RTJ, p.348, p.491.

칙이 공동배분의 방향성을 갖고 있지만, 기본적으로 무연고적 개인을 전제한다는 점에서 사회적 배분을 정당화할 수 있는 도덕적 기초로 보기 어렵다고 지적한다. 또한 차등의 원칙이 담고 있는 도덕적 책무와 선행은 롤스가 주창하는 옳음의 우선성과 배치되는 것이라고 지적한다.[53]

롤스는 샌델의 비판에 대해 차등의 원칙은 공동체 구성원 간의 공공선(우정과 사랑, 공존 등)을 달성하기 위해서 적용되는 것이 아니라 원초적 입장에서의 계약이라고 반박한다. 사람들은 원초적 입장에서 천부적 재능을 가진 사람이 누구든 자신의 자질을 불운한 사람을 돕는 데 재능의 일부를 제공하기로 합의했다고 본다.[54] 각자의 행운을 중립화하는 방향으로 배분의 원칙을 정한 것은 롤스 정의론의 주요 원리 중 하나이다.

롤스의 차등의 원칙은 결과적으로 공공선을 지향한다고 할 수 있다. 최대수혜자의 이익은 최소수혜자의 이익을 보장하는 가운데 실현될 수 있기 때문이다. 그럼에도 롤스의 정의관념에는 시민 모두가 공유할 수 있는 공공선은 존재하지 않는다. 구성원 모두가 함께 추구하는 공공선이라는 개념은 없다. 각자의 개별적 삶의 방식과 목적, 상황이 있을 뿐이다. 개인은 자신의 이익을 추구하는 비연고적 자아일 뿐이다. 롤스의 자유주의에서도 일부 구성원이 공공선에 가치를 부여하고 공공선을 추구할 여지는 있다. 그러나 그것조차도 각자의 선택에 따른 자유의지의 결과이다. 샌델은 롤스의 이런 반박에 대해, 원초적 입장이라는 개념을 도입한 것이 잘못되었다고 비판한다. 원초적 입장은 누구도 그런 계약에 합의한 적이 없는 가상의 구상에 불과하다고 지적한다.[55]

정리하면, 평등주의적 자유주의 관점에서 개인은 각자 이기적인 목적을 위해 노력한다. 사람들이 간혹 공동이익으로 보이는 것을 추구하더라도 그것은 개인의 희생을 통해 이뤄지는 것이 아니다. 공동이익의 달성이 곧바로 개인의 이기적 이익을 충족할 경우일 뿐이다. 따라서 롤스 철학에서 개인 각자는 우연한 이유로 동일한 공간, 시기, 사회에 함께 살아가는 타인일 뿐이다. 롤스의 정치적

53) 홍성우(2005) 자유주의와 공동체주의 윤리학. pp.287-289.
54) Rawls(1999) RTJ, p.87.
55) Sandel(2008) 공동체주의와 공공성. pp.330-331.

자유주의는 다원성을 전제하기 때문에 사회 내에서 끝없이 합의안을 만든다고 설명한다. 비록 한시적으로 통용될지라도 합의안을 계속 도출해 낸다는 뜻이다. 자유주의에서 말하는 시민성(citizenship)과 상호 배려는 공동체주의에서 지적하는 공공선을 기반으로 한 것이 아니다.

이에 반해 샌델은 시민들이 공동체 정치에 적극적으로 참여해 논의하는 것이 살기 좋은 공동체를 만드는 길이라고 생각한다. 샌델에 따르면, 자유주의는 사회구성원의 의무와 연대를 제대로 고려하지 못하기 때문에 공공선이라는 도덕적 가치가 사회제도 속에 반영되지 못한다. 샌델이 롤스 철학에 개인의 도덕법칙을 강조하는 칸트의 의무론적 자유주의(deontological liberalism)의 결함이 있다고 비판하는 대목이 바로 이 지점이다.[56] 샌델은 롤스의 생각은 자아가 사회적 역할이나 목적에 우선한다는, 즉 자아가 자아의 목적에 선행한다는 칸트의 형이상학적 견해에 바탕을 두고 있어, 개인이 처한 구체적 역사적 상황과 공동체로부터 고립된다고 지적한다. 롤스의 평등주의적 자유주의가 전제하는 역사와 현실적 상황에서 초월적인 자율적 개인, 선(좋음)에 대한 개인의 독립적 판단, 사적 이익을 추구하는 개인, 계약에 의해 구성된 사회 관념 등은 샌델이 롤스에 대해 중점적으로 비판하는 대목이다. 샌델의 공동체주의는 앞서 지적하였듯 자아는 오히려 자아의 목적이나 사회적 역할에 따라 구성되는 것이라고 강조한다.

샌델이 연고적 자아관을 잘 반영한 인물로 든 사람은 미국 남북전쟁 당시 남부연합군을 이끌었던 로버트 리(Robert Lee, 1807~1870) 장군이다. 전쟁 전 연방 소속이었던 리 장군은 남부 버지니아 출신이었다. 그는 연방군 소속일 때 남부의 분리 시도를 반역행위라고 비판하였다. 그러나 남북전쟁이 임박하자 남부 진영에 가담하였다. 그는 노예제에 반대하지만, 고향 버지니아주에 대한 도덕적 책임감이 미국 연방에 대한 책임감에 우선한다고 밝혔다. 샌델은 리 장군의 이런 행동을 공동체에 대한 도덕적, 정치적, 연대적 책무로 설명한다. 샌델은 공동의 책무를 지지하지 않는 자유주의 철학으로는 리 장군의 남부군 가담을 설

56) 박정순(2019) 존 롤스의 정의론: 전개와 변천. p.120.

명할 수 없다고 지적한다.[57] 그러나 자유주의 관점에서 보면, 리 장군은 고향을 위한다는 명분으로 노예 해방에 저항하기 위해 연방군 장군직을 임의로 사임한 무책임한 사람일 뿐이다.

연고적 자아관은 이스라엘 건국 초기에서도 찾아볼 수 있다. 이스라엘은 1948년 건국당시 군인 수가 3만5천 명에 불과했다. 그러나 중동 인접국가와 전쟁이 발발하자 해외에 거주하던 유대인들의 자원 입대로 군인 수가 단기간에 2~3배 이상 늘어났다. 한국의 경우에도 해외 영주권자들이 한국군에 자원 입대한다는 뉴스를 심심찮게 볼 수 있다. 구체적 상황과 맥락은 조금씩 다르겠지만, 공동체에 대한 도덕적 책무감이 반영된 결과라고 할 수 있다.

최인훈의 소설 『광장』에는 연고성, 무연고성을 둘러싼 인간의 복잡한 행보가 나타난다. 『광장』은 1950년 한국전쟁 당시 남과 북을 오가며 삶의 의미를 찾는 주인공 이명훈의 이야기이다. 이명훈은 남쪽 출신이지만 월북한 아버지 때문에 북으로 간다. 이명훈은 북에서 노동신문 기자로 일하다 한국전쟁이 터지자 인민군으로 참전한다. 그러나 포로로 잡혀 남쪽 수용소에 갇힌다. 이명훈은 수용소에서 석방될 때 남한과 북한이 아닌 제3국 인도를 망명지로 택한다.[58] 그는 인도로 향하던 중 바다에 투신한다. 최인훈은 이명훈의 독백을 통해 주인공 이명훈이 연고가 없는 제3국을 택했지만 여전히 연고성과 무연고성 사이에서 방황하고 있음을 고백한다.

> "중립국. 아무도 나를 아는 사람이 없는 땅. 하루종일 거리를 싸다닌데도 어깨 한번 치는 사람이 없는 거리. 내가 어떤 사람이었던지도 모를뿐더러 알려고 하는 사람도 없다"[59]

---

57) Sandel(1998) DD, p.15.

58) 실제 한국전쟁에서 석방된 포로 가운데 자발적으로 중립국을 선택한 한국인은 모두 88명이다. 이들은 북한 송환과 남쪽 체류를 모두 거부한 사람들이다. 중앙선데이(2008.2.3) 생존을 향해 떠난 눈물의 20세기. <https://news.joins.com/article/3031524>

59) 최인훈(1990), 광장/구운몽. 문학과지성사, p.156.

『광장』에서 보여진 이명훈은 결국 남한과 북한이라는 연고적 환경, 제3국 인도라는 비연고적 환경 어디에도 마음을 주지 못하고 방황하는 인간이다. 한국전쟁 당시 북한 출신 청년이 국군이 되어 북의 인민군과 맞서고 반대로 남쪽 청년이 북한 인민군이 된 경우가 있었다. 만일 공동체와의 연대성을 중시한다면 이 같은 경우는 발생하기 어렵다. 연고성을 우선시할 것인가 아니면 자신의 권리와 의무를 우선시할 것인가 하는 질문은 쉽게 해결되기 어렵다. 그러나 개인의 정체성을 연고적 자아 또는 비연고적 자아 중 하나만으로 설명하기는 쉽지 않다. 자아관 자체에도 문화적 배경과 환경, 성장배경, 개인 신념, 이익 동기 등이 복합적으로 관여하기 때문이다.

샌델의 연고적 자아관은 확장적 자아 개념인 우리(we)를 전제함으로써, 공동체의 사회 문제를 논의하는 주체의식을 강조한 것이라고 볼 수 있다. 공공선에 의해 통치되는 구성적 공동체를 형성해야 한다는 샌델의 지적은 평등주의적 자유주의 철학에서 소홀한 공동체의 가치를 환기시켰다는 점에서 의의가 있다고 볼 수 있다.

### 4) 좋음의 우선성

공동체주의는 옳음(right)에 대한 좋음(good)의 우선성을 강조한다.60) 샌델에게 있어서, 좋음은 정의(justice)나 옳음보다 우월적인 가치를 갖는다. 샌델은 앞서 살펴본 것처럼 공동체 문화와 전통 안에서 숙성된 연고적 자아관을 중시하며, 공공선에 따른 도덕률과 삶의 방식이 다른 것에 비해 도덕적으로 우월하다고 본다. 따라서 정의와 옳음은 공공선 또는 좋은 삶을 우선시하는 가운데 확보될 수 있다. 공동체주의에 따르면, 공공선 또는 좋은 것을 선택하는 것은 언제나 옳은 일이 된다. 이것이 옳음에 대한 좋음의 우선성을 의미한다.

---

60) 옳음(right, righteousness)은 공정으로서의 정의, 권리, 올바름, 법규정 등을 지칭한다. 이에 반해 좋음(good)은 선(善), 가치, 도덕, 책임 등을 의미한다.

샌델은 롤스가 옳음의 우선성을 제시하지만, 선(좋음, the good)에 기반하지 않은 권리 주장은 가능하지 않으며 실현되기도 어렵다고 보았다.[61] 또한 공동체의 목적, 도덕적 종교적 이상을 배제한 상태에서 롤스의 정의관을 실현하는 것은 타당하지 않다. 샌델에 따르면 롤스 정의론은 사회적 가치관(선관)을 배제한 채 개인의 정의 원칙을 우선시하는 오류를 범하고 있다. 롤스 정의론은 개인적 차원과 사회적 차원의 논의가 상이한 전제에서 진행되는 한계가 있다고 비판한다.[62] 공동체주의는 공동체의 도덕적 가치나 종교적 믿음과 무관하게 개인이 좋은 삶을 구상하는 것은 가능하지 않고 바람직하지도 않다고 본다.

그러나 롤스는 좋음의 우선성 원리를 반박한다. 그는 개인의 존재가 공동체 목적에 선행한다고 보았다. 개인의 자아는 사회 환경, 공동체, 정치적 경험, 도덕적 환경에 우선하여 존재한다고 보았다. 누구나 원초적 입장에서 정의의 원칙, 즉 옳음과 규정을 따르기로 합의하였다고 보기 때문이다. 헌정질서는 그런 합의에 따라 만들어지고 세대를 거쳐 지속되는 것이라고 본다. 따라서 헌정질서 원칙을 지키는 것은 일종의 강행규정에 해당한다. 예외없이 누구나 따라야 하는 법칙이라고 본다.

롤스의 자아 우선성은 도덕적 판단에 있어서 옳음이 좋음보다 우위에 있다는 입장이다.[63] 평등주의적 자유주의 방식은 기본적 자유의 체계(옳음) 안에서 가치가 있는 것(좋음)을 선택하는 것이라고 본다. 좋음은 옳음의 원칙에 부합할 때 추구된다. 개인이 갖고 있는 삶의 목적과 목표는 다양하고 다원적이기에 무엇이 좋고 나쁜지 알 수 없다. 옳음의 원칙하에서 각자 좋은 것을 추구하는 것이다. 롤스는 이를 '합당한 다원주의의 사실'(fact of reasonable pluralism)이라고 설명했다.[64] 그러나 샌델은 롤스의 옳음의 우선성은 사회 가치관과 무관하게 도덕법칙의 우위성을 주장하는 칸트적 목적론에 기반하는 오류를 범했다고 비판한다.[65]

---

61) Sandel(2008) 공동체주의와 공공성. pp.341-351.

62) Sandel(1982) LLJ, pp.191-196.

63) Rawls(1999) RTJ, p.347.

64) Rawls(1993) PL, p.xvi; Rawls(2001) JFR, p.3.

65) Sandel(1998) DD, pp.10-11; 칸트적 자유주의에 따르면, 인간은 어떤 보편적 원칙에 따를 때 비로소 자신의 목적을 추구하는 데 자유롭다. 따라서 칸트에게 있어서 공동체

그는 평등주의적 자유주의가 사람들의 권리를 존중하고 관용을 강조하지만, 개인 각자가 공동체 경험을 바탕으로 좋음의 문제를 증진하는 데 주목하지 않는다고 지적한다. 롤스 정의론은 연고적 정체성, 도덕적 확신, 종교적 신념, 애착관계 등을 반영하지 않았을 뿐 아니라 롤스가 주장하는 것처럼 각자의 도덕적, 종교적, 공동체적 신념을 배제하고 사회 정의를 논하는 것은 타당하지 않다고 본 것이다. 샌델은 공동체의 역사적 환경이나 조건을 고려하지 않고는 개인을 제대로 이해할 수 없다고 보기 때문이다. 샌델은 롤스가 개인의 정치적 관념, 공동체의 신념 등을 배제한 가운데 정의 원칙을 정함으로써 롤스 철학에 협의와 숙의(deliberation) 과정이 사라지고 좋음에 대한 담론이 취약하다고 비판한다.[66]

샌델은 공공선을 합의하는 공동체의 공적 이성의 작동에 어려움이 있을 수 있지만, 그런 문제는 극복되어야 한다는 입장이다. 공동체는 공적 토론의 장에서 도덕적·종교적 생각을 충분히 반영함으로써, 공동체나 사회에게 무엇이 좋은 것인지 찾아가야 한다고 지적한다. 그는 논쟁적 문제에 대해 공적 이성을 통한 합리적 합의가 쉽게 이뤄지지 않는다고 해서 대화와 합의를 시도하지 않거나 중단할 것은 아니라고 본다. 합리적 합의가 불가능하다고 해서 가치 문제에 대한 사회적 논의를 하지 않는 것은 바람직하지 않다고 본다.[67]

예를 들어 샌델은 낙태나 동성애 문제에 정부가 중립일 필요는 없으며, 특정한 도덕적 신념이 타당하다고 판단할 것을 요구한다. 즉 '선에 대한 합당한 다원주의의 사실'을 이유로 정부가 중립성을 취하는 것은 적합하지 않다는 지적이다. 샌델은 낙태, 노예제, 동성애 문제에서 국가가 롤스의 옳음의 우선성을 기준으로 정의를 판단함에 따라, 해당 의제에 대한 찬성 또는 반대의 견해 어느 것도 법제화되지 못했다고 비판한다.[68]

샌델은 공적 이성의 작동을 대단히 긍정적, 낙관적으로 보는 입장이다. 공적 이성이 형성적 정치 과정을 거친다면 공동체에서 합의를 통해 결국 공공선을

가치에 종속되는 것은 개인의 자유가 구속되는 상황이다.

66) Sandel(1982) LLJ, pp.192-196.

67) Sandel(2008) 공동체주의와 공공성. p.344.

68) Sandel(2005) PP, pp.236-237.

달성할 수 있다는 확신을 갖고 있다. 그렇기 때문에 이런 공공선이 좋음이 되어 옳음에 비해 우월한 지위를 갖게되는 것이다. 그러나 공동체의 공적 이성이 개인의 정체성, 연고성, 역사적 환경을 감안하면서 현실 세계에서 상호 협의를 통해 제대로 작동하는지는 샌델 철학을 공공철학으로 평가할 때 짚어봐야 할 대목이다. 나아가 공적 이성이 제대로 작동하지 않을시 어떻게 사회 진로를 만들어 갈 것인지 하는 점도 샌델 철학이 갖는 한계에 해당한다.

롤스는 샌델의 좋음의 우선성에 동의하지 않는다. 롤스는 개인과 개인, 집단과 집단 간에는 본질적으로 양립할 수 없는 견해차가 있다고 전제한다. 공적 이성(public reason)에 기반해 토론과 타협, 양보를 시도하지만 완벽한 합의안은 도출되기 어렵다고 본다. 공적 이성을 바탕으로 협의를 통해 합치된 의견을 공유하는 것이 공적 이성의 이상(ideal)이지만 소통하더라도 다양한 신념체계가 합의에 이르는 것은 사실상 불가능하다고 생각한다. 모두가 합의하는 방안은 있을 수 없음을 인정한다. 롤스는 이를 공적 이성의 한계(the limits of public reason)라고 불렀다. 따라서 논의와 소통을 충분히 해도 합의안에 이르지 못한다면 결국 다수의 의견에 따른 공리주의적 방안으로 해법을 찾거나, 아니면 보다 강력한 권력을 가진 국가 권력에 의해서 그 방향이 정해질 수밖에 없다는 점을 경계했다. 이것은 롤스가 보기에 또 다른 권위주의의 출현을 의미한다. 이런 이유를 감안해 롤스가 제시한 방안이 옳음의 우선성이다. 사회적 합의가 불가능하거나 쉽지 않다고 한다면, 원초적 입장에서 도출된 정의의 원칙에 따라 사회를 운영하는 것이 사회 정의를 이룩하는 길이라고 본 것이다.

롤스가 생각하는 정치적 자유주의는 이런 인식을 바탕으로 합의안을 찾기 위해 노력하는 체제이다. 사회가 다원적이라는 점을 인정하면서 개인과 공동체가 조화를 이룩하려 한다. 다당제 의회에서 각 정파가 타협과 양보를 통해 합의안을 마련하듯이 사회 집단도 타협, 양보를 통해 합의안을 계속 마련해 가는 방식이 정치적 평등주의적 자유주의이다. 따라서 자유주의 사회에서 정치적 합의안은 고정된 것이 아니라, 언제나 가변적, 임시적 성격을 가질 수밖에 없다.

롤스 철학은 샌델이 비판하는 것처럼 개인의 연고성을 배제하는 것이 아니다. 오히려 개인이 갖는 연고성이나 도덕적 신념, 애착관계를 감안하지 않고 정의안을 마련하는 것이 훨씬 합리적이라고 본 것이다. 개인의 연고적 자아 특성을 배려하게 된다면 사람들이 정의 원칙에 합의하는 것은 불가능에 가깝다고 본 것이다. 수인의 딜레마 상황처럼 미래가 어떻게 될 것인지 모른다고 가정해야 양보와 타협, 절충이 가능하다고 보았다. 옳음의 우선성을 제시하는 롤스의 정의관은 개인의 도덕적 종교적 신념을 직접적으로 고려하지 않는다. 좋은 삶에 대한 각자의 생각은 타협할 수 없을 정도로 차이가 있다고 전제한다. 무슬림과 가톨릭, 기독교, 불교 신자가 각자의 연고성을 인정하면서 내세관에 대해 상호 합의하기는 불가능에 가깝다고 본 것이다. 따라서 민주주의 사회에서 상호 존중과 협력체계를 구축하려면 개인과 집단의 도덕적·종교적·정치적 신념을 중점적으로 감안하지 않는 것이 오히려 타당하다고 본 것이다.[69] 각자 어떤 입장에 서 있을지라도 중첩적 합의에 따라 모두가, 비록 일시적일지라도, 동의하는 정치적 자유주의가 가능하다고 보기 때문이다. 롤스의 정의 제1원칙은 각자의 정치적 확신과 신념을 평등하게 대우 받는 것이 정의롭다고 규정하고 있기도 하다. 그러나 만일 샌델의 주장처럼 개인이 갖고 있는 도덕적 가치, 종교적 신념을 처음부터 정의 원칙 논의에 투영하게 되면 숙의 과정에서 그러한 다양성을 반영한 합의안을 만들어낼 수 있을지에 대해 롤스는 의문을 가졌다.

페팃은 임의적 간섭이 아니라 비지배 간섭을 통한 공화주의 실현 방안을 제시한 바 있다. 페팃의 공화주의가 강조하는 논거는 사회적 공공선인 공화국의 가치를 유지, 증진하는 동시에 국가와 정부의 비지배 통치로 개인의 자유를 확보하는 것이다. 이런 점에서 보면 페팃의 공화주의 철학은 좋음과 옳음의 원리를 상호 접목하려는 공공철학이라고 할 수 있다.

샌델은 개인의 도덕적 종교적 입장을 고려하지 않는 롤스 정의론에 재반박한다. 샌델은 연고적 자아와 도덕적 종교적 교리, 신념을 통한 자아 정체성을 중시하기 때문이다. 샌델은 낙태와 동성애, 노예제 폐지 등의 문제에 있어서 도덕

69) Rawls(1993) PL, pp.150-154.

적 논의가 근본적으로 필요하다고 주장한다. 국가는 이런 문제에 대해 중립을 지킬 것이 아니라 문제 해결에 적극 나서야 한다고 강조한다.70) 여기서는 좋음과 옳음의 우선성을 각각 강조하는 샌델의 공동체주의와 롤스의 평등주의적 자유주의를 사례를 통해 비교한다.

### 낙태

샌델은 중요한 도덕적 문제에 국가가 중립을 취하는 것은 정당하지 않다고 지적한다. 특히 낙태 문제에 있어서 국가는 도덕적, 종교적 논쟁을 회피하지 말고 적극 개입해 무엇이 좋은지 의견을 제시해야 한다고 강조한다. 샌델은 낙태라는 생명의 문제가 정치적 고려나 협상의 소재가 되어서는 안 된다고 본다. 샌델에 따르면, 미국에서 비공식적으로 매년 150만 건 이상의 낙태수술이 이뤄지고 있다. 그는 낙태를 시민(civilians)의 죽음이라고 지칭하면서 이런 생명의 침해를 자유주의 정의론에 맡겨두는 것이 타당한지에 대해 문제를 제기한다. 예를 들어 샌델은 인간의 생명이 수정과 함께 시작한다는 가톨릭 교리가 참이라면(낙태수술이 도덕적으로 살인에 해당한다면), 정부는 인간 생명의 시작점에 대한 논쟁에 침묵해선 안 된다고 주장한다.71)

샌델은 정부가 인간 생명의 시작점에 대한 낙태 논쟁에 침묵하지 말고, 적극적으로 개입해 대화와 토론을 유도해야 한다고 강조한다.72) 이런 과정을 통해

---

70) Sandel(1982) LLJ, pp.215-216.

71) Sandel(1982) LLJ, pp.197-198; Sandel(1998) DD, pp.20-21; Sandel(2008) 공동체주의와 공공성. pp.64-67. 낙태 문제는 인간 생명의 시작점에 대한 사회적 논쟁이다. 인간생명의 발달 단계는 정자와 난자의 수정(conception), 세포분열(0~2주), 배아(embryo, 2~10주), 태아(fetus, 10주 이후), 신생아(baby, 40주 전후)로 구분된다. 임신 초기는 동물과 외관상 구별이 거의 없고, 임신 10주 이후 사람의 모습이 뚜렷해진다. <https://terms.naver.com/entry.naver?docId=927604&cid=51007&categoryId=51007>

72) 한국의 헌법재판소는 2019년 낙태죄 헌법불합치 결정을 내려, 낙태죄는 사실상 효력을 상실했다. 헌법재판소는 2020년 12월 31일을 개정 입법 시한으로 제시했다. 그러나 이후 국회 입법이 이뤄지지 않아 낙태 허용기간이나 건강보험 적용 문제 등이 해결되지 않은 상태이다. 가톨릭은 정자와 난자의 수정체를 생명으로 보기 때문에 낙태는 살인에

낙태가 살인이라는 도덕적 판단을 한다면 공동체의 도덕적 가치를 회복할 수 있다고 본다.

샌델의 이런 입장은 낙태 문제를 사회적 합의의 영역으로 보지 않는 자유주의 철학과 대비된다. 롤스의 평등주의적 자유주의에 따르면 각자는 삶의 목적과 방향을 스스로 선택한다. 따라서 개인은 자기가 선택하지 않은 사항에 구속되어서는 안 된다. 또한 국가와 정부는 도덕적, 종교적 논란에서 무엇이 좋은 것인지에 대해 중립을 유지해야 한다. 도덕적 논란에서 정부가 특정한 선택을 취해서는 안 된다. 롤스는 낙태 문제의 경우에 국가는 여성의 자유로운 선택을 존중해야 한다고 본다.

샌델은 개인적으로 낙태에 반대하지 않는다면서도, 정부가 도덕적 종교적 입장에 대해 중립 입장을 견지하는 것은 올바르지 않다고 본다.[73] 좋음의 우선성에 따라 국가가 적극적인 개입을 통해 무엇이 좋은 것인지를 논쟁에 부쳐야 한다는 지적이다. 정부가 도덕적으로 타당한 것이 무엇인지 적극적으로 찾을 것을 주문한다. 어떻게 하는 것이 낙태문제를 해결할 좋은 방안인지 합의하자는 것이 샌델의 생각이다. 그러나 평등주의적 자유주의는 낙태에 대해 각자의 의견이 분분한 상태에서 국가가 샌델이 주장하는 것처럼 사회적 논의와 협의를 주도한다고 해서 낙태 문제에 대해 합당한 합의안을 마련할 수 있을지는 비관적으로 본다.

<표 14>는 낙태 논쟁에 대한 공동체주의와 평등주의적 자유주의의 입장을 비교한 것이다. 앞에서 설명한 것처럼, 샌델 철학과 롤스 철학은 이 문제에 있어서 극명하게 다른 입장을 갖고 있다. 참고로 미국 연방대법원은 2022년 판결을 통해 낙태권한을 인정했던 판례(Roe vs. Wade, 1973)를 폐기했다. 이는 임신 6개월까지의 낙태를 연방차원의 권리로 허용했던 입장을 뒤집은 것이다. 대법원의 2022년 판결 이후 미국에서는 적어도 연방정부 차원에서는 낙태 권리가 인정되지 않는다. 대신 각 주(state)가 개별적으로 낙태 불가 또는 허용 여부를

---

해당된다. 낙태죄를 폐지하는 것은 태아의 생명권을 침해하는 것이라 규정한다.
73) Sandel(2008) 공동체주의와 공공성. p.66.

정하고 있다. 미국 사회는 대법원 결정 이후 낙태 찬-반을 둘러싸고 사회적 갈등이 전국적으로 격렬하게 벌어지고 있다. 미국 연방 대법원의 2022년 새 판결은 낙태에 대한 연방 정부의 공식 유권해석이 자유주의에서 공동체주의로 이동하였음을 의미한다.[74)]

**표 14 | 낙태 문제에 대한 샌델의 공동체주의와 롤스의 평등주의적 자유주의의 입장 비교**

| | 샌델의 공동체주의 견해 | 롤스의 평등주의적 자유주의 견해 |
|---|---|---|
| 낙태 입장 | 1) 도덕적, 종교적 논란에 대해 국가의 중립은 타당하지 않다. 낙태가 살인이라고 국가가 판단한다면 공동체의 도덕적 가치를 회복할 수 있다.<br>2) 인간의 자아(self)는 공동체로부터 독립될 수 없다. 자아는 사회적으로 형성되는 구성적(constitutive)인 것이다. 따라서 국가는 무엇이 낙태 문제에 있어서 좋은 방안인지 적극적으로 의견을 제시할 필요가 있다.<br>3) 태아(fetus)의 도덕적 위상이 신생아(baby)와 다르지 않다고 판단한다면, 국가는 낙태 문제에 적극적으로 개입해야 한다. | 1) 국가와 정부는 도덕적, 종교적 논란에서 중립을 지켜야 한다. 무엇이 좋은 삶인지에 대해 중립이어야 한다.<br>2) 정부는 인간 생명의 시작점에 대한 도덕적 논쟁에서 어느 한쪽 편을 들지 말고, 여성에게 선택을 맡겨야 한다. 낙태 문제는 합의할 수 있는 영역에 해당하지 않는다.<br>3) 여성은 낙태 여부를 선택할 자유를 가져야 한다. 여성의 낙태 권리를 배제하는 국가 정책은 억압적이며 합당하지 않다. |

74) 연합뉴스(2022.6.25) 美대법원, '로 對 웨이드' 공식폐기 … "州별로 낙태금지 가능".
<https://www.yna.co.kr/view/AKR20220624160351071?input=1195m>
미국 연방 대법원 판결 이후 2023년 현재 미국 50개 주 가운데 공화당 지지세가 강한 켄터키, 미주리, 아칸소, 루이지애나 등 12개 주에서 거의 모든 형태의 낙태가 금지되고 있으며 텍사스 등도 이에 합류할 조짐을 보이고 있다. 이에 반해 뉴욕, 캘리포니아 등 민주당 우세지역은 낙태권을 보장하고 있다.

페팃의 공화주의는 낙태 문제에 있어서 여성의 선택권을 존중한다. 그 이유는 국가가 일방적으로 낙태 불가를 선언하는 것은 여성에 대한 남성과 가족, 공동체의 임의적 지배 가능성을 높이는 것이라 보기 때문이다. 여성이 낙태를 결정할 권한을 갖지 않는다면 모성에 대한 주변 사람들의 임의적 지배가 확대될 것을 우려한다. 공화주의 철학은 낙태는 기본적으로 여성의 자유를 증진시키는 방안에 해당하기 때문에 여성이 스스로 선택할 수 있도록 해야 한다고 본다. 다만 사람의 형체를 갖는 태아(fetus) 단계 이후는 그 생명성을 인정해 낙태 조건과 절차를 규정으로 제한해야 한다고 본다.[75]

## 군 징병제

국가 안보는 모든 국가에서 필수적으로 중요하다. 병역은 사회와 공동체를 유지하기 위한 필수적인 공적 서비스이다. 그렇기 때문에 공동체주의와 공화주의, 평등주의적 자유주의 철학은 모두 병역 이행을 공동체와 사회 유지를 위해 중요한 사회적 서비스라고 본다. 이들 철학은 모두 일정한 나이의 젊은이를 징병하여 군대를 유지하는 징병제를 원칙적으로 지지한다. 그러나 병역을 이행해야 하는 이유와 그 실천 방안에 대해서 입장 차이가 있다.

샌델의 공동체주의에 따르면, 병역의무는 공공선을 실행하는 것이다. 국방의 의무는 공동체를 지키는 구성원의 신성한 소명이다. 국가 안보를 위한 헌신은 공화국 구성원 모두에게 요구되는 도덕적 덕성이기도 하다. 따라서 일정한 연령과 조건에 부합하는 사람은 누구나 병역에 헌신할 것이 요구된다. 병역의무는 사회적 신분에 무관하게 공동체의 자유를 지켜나가는 지름길이기 때문이다. 군대 내 계급제는 업무를 효과적으로 운영하기 위한 하나의 방편일 뿐이다.

페팃의 공화주의에서도 병역의무 이행은 합의된 절차에 따라 개인의 자유를 구속하는 것이다. 따라서 징병제라는 신체의 자유 제한은 공화주의 체제에서도 정당한 것이다. 합의된 법 제도에 따라 개인이 종속되는 것은 공화주의에서도 타당한 것이기 때문이다. 그러나 공화주의는 병역의무 이행이 비지배 자유의

75) Pettit(1998) Reworking Sandel's Republicanism. p.93.

특성을 띠어야 한다는 점을 강조한다.

롤스도 징병제를 지지한다. 롤스는 병역의무 이행에 있어서 정의 제1원칙이 제시하는 신체의 자유의 평등성 관점을 중시한다. 즉 롤스는 사람은 사회적 신분과 능력에 무관하게 누구나 신체의 자유를 침해받지 않을 권리가 있으며, 그러한 권리는 모두에게 평등하게 적용되어야 한다고 보았다. 따라서 롤스는 신체의 자유에 영향을 미치는 징병제를 누구나 예외없이 지키는 것이 정의를 이루는 길이라고 보았다.

공동체주의와 평등주의적 자유주의는 지원자만으로 군대를 유지하는 모병제(지원제)와 민간 용병제에 원칙적으로 반대한다. 공동체주의는 모병제 또는 용병제가 공동체 구성원 모두가 공동체의 안전을 책임져야 한다는 도덕적 가치를 파괴한다고 간주한다. 병역의무를 모병 또는 용병을 통해 돈으로 해결한다면 공동체 정신이 점차 약화되어, 결국 공동체의 도덕적 가치가 크게 훼손당할 것이라고 본다.[76] 롤스는 모두의 안전을 위할 수 있다면 개인의 기본적 자유의 일종인 신체의 자유를 제한하는 것(징병제)은 자유의 침해에 해당하지 않는다고 보았다. 롤스에게 모병제, 용병제는 원칙적으로 병역 자원 확보수단으로 채택되기 어렵다.

자유지상주의 철학은 최소한의 정부운영을 위해 누군가는 병역의무를 맡아야 한다고 본다. 그러나 국가 안보를 실행할 구체적 방안에 있어서 징병제를 고집하지 않는다. 선택에 의한 모병제뿐 아니라 경우에 따라서는 외국인도 참여하는 용병제에 찬성하는 입장이다. 자유지상주의 철학에서 병역 서비스 제공은 모든 시민의 의무가 아니기 때문이다.[77] 국가는 안보를 지킬 수 있다면 재정 확보를 통해 외국인 용병을 고용할 수 있다고 본다. 공화주의 입장은 비지배(국가 안보)를 달성할 수 있다면 징병제, 모병제, 용병제 모두를 고려할 수 있다고

---

76) 미국은 제2차 세계대전 중 징병제를 시행했다. 그러나 1973년 이후 지원병제를 채택하고 있다. 군 지원자에게 대학 학비, 급여, 시민권 등의 혜택을 주고 있다. 현재 지원병제로 군대를 운영하는 나라는 미국, 중국, 영국, 일본, 캐나다 등이다.

77) 자유지상주의에 따르면 개인 각자가 병역의무(military duty)를 필수적으로 진다고 볼 수 없다. 그러나 모병제, 용병제 운영을 위해서는 많은 세금 부담이 필요할 것이다.

보고 있다. <표 15>는 징병제에 대한 각 철학의 입장을 비교한 것이다.

**표 15 | 징병제에 대한 각 철학의 입장 비교**

| | 자유지상주의 | 평등주의적 자유주의 | 공화주의 | 공동체주의 |
|---|---|---|---|---|
| 징병제 | 1) 병역의무는 시민의 의무가 아니다.<br>2) 국가는 상황에 따라 징병제, 모병제, 용병제를 탄력적으로 선택할 수 있다.<br>3) 용병제는 재정 확보를 위해 엄청난 세금 부담이 필요하다. | 1) 징병제를 지지한다.<br>2) 병역의무는 평등하게 이뤄져야 한다.<br>3) 각자 판단에 따라 선택(입대 또는 회피)하도록 한다면 국가운영이 불가능하다.<br>4) 양심적 병역거부는 타인의 기본권을 침해하지 않는 범위 내에서 허용될 수 있다. | 1) 징병제는 공화주의 체제에서 정당한 것이다.<br>2) 병역의무 이행은 법에 의거한 종속이다.<br>3) 병역 이행은 비지배 원칙에 따라 이뤄져야 한다.<br>4) 병역 거부는 원칙적으로 수용될 수 없다. | 1) 국방의 의무는 공화국 구성원의 신성한 의무이다.<br>2) 병역의무는 공동선을 실행하는 것이다.<br>3) 모병제, 용병제는 공동체의 가치를 훼손하는 것이다.<br>4) 양심적 병역거부는 원칙적으로 수용하기 어렵다. |

병역 거부에 대해서는 공동체주의, 공화주의, 평등주의적 자유주의 모두 수용 불가 입장이다. 공동체주의 전통은 앞에서 설명한 것처럼 병역의무를 공공선으로 본다. 병역의무는 모두의 이익을 실현하는 공공선에 해당한다. 따라서 병역 거부는 인정될 수 없다. 공화주의도 법에 따른 평등한 종속을 거부하는 사람의 권리를 인정할 수 없다고 본다. 롤스의 평등주의적 자유주의도 같은 입장이다. 롤스에게 있어서 기본적 자유의 평등성을 실현하기 위해서는 권리와 의무 이행

에 있어서 모두가 평등할 것이 요구된다. 공부를 많이 했든 적게 했든 또는 재산이 많든 적든 이 원칙은 모두에게 평등하게 적용되어야 한다. 각자 개인적 판단이나 상황에 따라 군에 입대하거나 또는 회피하도록 한다면 국가운영은 어려워질 것이다. 따라서 공동체주의와 평등주의적 자유주의는 병역거부가 단순히 병역의무를 불이행하는 목적이라면 반대하는 입장이다.

그러나 공동체주의와 평등주의적 자유주의는 양심적 병역거부에 대해 입장 차이가 있는 것 같다. 먼저 공동체주의 입장에서는 양심적 병역거부가 징병제의 근간을 훼손한다는 점에서 수용하기 어렵다. 공동체의 국가 안보를 공동으로 부담하는 징병제 정신을 지키기 위한 이유가 크다. 허용하더라도 그 조건을 협소하게 해석해 양심적 병역 거부가 실질적으로 이뤄지기 어렵다.

롤스 입장에서는 양심적 병역거부가 허용될 여지가 크다. 왜냐하면 병역을 회피하는 사람은 군에 가는 것이 자신의 행복(양심)과 자유를 침해당하는 행위라고 주장할 수 있기 때문이다. 그러나 이 경우에도 병역을 이행하지 않는 것이 양심이라고 주장해 결과적으로 병역을 회피하는 것은 수용하기 어렵다. 병역회피 주장은 병역을 이행하는 타인의 기본권(신체의 자유)을 침해하는 것에 해당하기 때문이다. 그러나 대안으로 양심상 대체복무를 요청하는 것은 다른 차원의 문제이다. 이런 경우 롤스는 상호 이익을 보는 차원에서 타협안을 찾을 수 있다고 보았다. 대체복무 또는 대체수단을 제공하는 것이라면 롤스 입장에서는 공동체주의에 비해 수용, 타협할 여지가 있다. 종교적, 양심적 이유로 집총을 거부하는 사람(제7일 안식일교회 신도 등)에게 병역의무를 부과하지 않고 일정 기간 사회의무를 이행하거나 교정시설에서 대체복무하는 조치 등은 그런 경우에 해당한다. 한국의 대법원은 양심적 병역거부를 무죄로 판단했다.[78] 법원의 대체복무 수용 결정은 국가의 필요(징병제에 상응하는 노력)를 충족하면서 동시에

78) 한국 대법원은 2021년 6월 종교적 이유가 아닌 개인적 신념에 따른 군복무 거부를 양심적 병역거부로 인정했다. 이에 앞서 헌법재판소도 2018년 병역법이 대체복무 규정을 두지 않은 것은 양심의 자유를 침해한다며 병역법에 대해 헌법불합치 결정을 내렸다. 헌법재판소의 헌법불합치 판결 이후 양심적 병역 거부자의 대체 복무가 허용되어 왔다. 대부분 종교적 신념에 따른 대체복무 허용이었다. 대법원의 2021년 판결은 개인적 신념에 따른 군복무 거부자에 대해서도 양심적 병역 거부로 인정했다는 의의가 있다.

개인의 선택(인권)을 존중한다는 점에서 롤스의 평등주의적 자유주의 정신이 반영된 것이라고 할 수 있다. 자유지상주의 철학에는 양심적 병역거부 자체가 이뤄질 수 없다. 자유지상주의의 원리에 따른다면 병역을 수행할 뜻이 있는 사람만 군에 지원할 것이기 때문이다.

### 미국 남북전쟁 당시 노예제

미국 16대 대통령을 지낸 에이브러햄 링컨(Abraham Lincoln, 1809~1865)은 1858년 일리노이주 연방 상원의원 선거에서 현역인 민주당 스티븐 더글라스(Stephen Douglas, 1813~1861)와 노예제를 두고 정책 대결을 펼쳤다. 쟁점은 연방정부가 노예제를 유지하는 것이 타당한지로 모아졌다.[79)]

더글라스의 입장은 각 주(state)가 노예제 채택여부를 선택할 권한을 갖도록 하자는 것이었다. 개인의 사유 재산에 대해 연방정부가 관여할 수 없다는 로버트 노직의 자유지상주의 철학을 제시하였다. 연방정부가 노예제를 폐지하는 것은 개인의 재산권 침해에 해당한다고 주장했다. 또한 더글라스는 노예제 정책을 연방차원에서 정하는 것은 각 주의 입법 권한에 대한 연방의 관여 배제를 규정한 수정헌법 조항을 위배한다고 주장했다. 각 주 의견이 일치하지 않는 문제에 대해서는 각 주가 선택하는 것이 타당하다고 밝혔다. 당시 미국 연방 내에는 노예제 폐지 법률을 가진 주가 18곳, 노예제 유지 법률을 가진 주가 15곳으로 세력이 비슷비슷했다.

이에 반해 링컨은 노예제가 반문명적 제도라는 점에서 연방정부가 노예제를 폐지해야 한다고 주장했다.[80)] 노예제 폐지를 주장한 링컨의 판단은 국가의 도덕

---

79) Sandel(1982) LLJ, pp.198-202; Sandel(1998) DD, pp.21-24.

80) 링컨은 상원의원 선거에서 더글라스에 패했다. 그러나 노예제 폐지 토론이후 전국적 인물로 부상해 2년뒤 대통령에 당선되었다. 링컨의 노예제 폐지 움직임에 반발한 사우스캐롤라이나가 1860년 연방 탈퇴를 선언한 것을 시작으로 남부의 11개 주(Virginia, North Carolina, South Carolina, Florida, Georgia, Alabama, Tennessee, Mississippi, Arkansas, Louisiana, Texas)가 아메리카 연합(Confederate States of America, 남부연방)을 구성하였다. 링컨은 대통령 취임 연설에서 남부 주의 연방 탈퇴를 내란으로 규정했다. 마침내 1861년 4월 남북전쟁이 시작돼 1865년 끝났다. 링컨은 전쟁 중이던 1863년

적 개입을 요청하는 샌델의 공동체주의적 견해를 반영한 것이다. 링컨은 더글라스의 입장이 결국 노예제 논의 자체를 중단해 노예제 선택을 노예주인에게 맡기는 반도덕적 이념이라고 보았다.[81] 샌델은 이 논쟁에 대해 자유지상주의의 정의관이 도덕적 논쟁에 대해 중립을 취한다면 노예제 같은 잘못된 반인권 문제에 대해 국가는 아무런 역할을 할 수 없다는 점을 지적한다. <표 16>은 노예제에 대한 링컨의 공동체주의와 더글라스의 자유지상주의 입장을 비교한 것이다.

**표 16 | 노예제에 대한 링컨의 공동체주의와 더글라스의 자유지상주의 입장 비교**

| | 에이브러햄 링컨의 공동체주의 | 스티븐 더글라스의 자유지상주의 |
|---|---|---|
| 노예제 입장 | 1) 노예제는 문명국가에 어울리지 않는다.<br>2) 국가는 도덕적, 정치적 고려를 통해 노예제를 폐지해야 한다. | 1) 각 주(state)가 노예제 유지 또는 폐지에 대해 자유 선택권을 가져야 한다.<br>2) 노예 주인의 재산권에 대해 연방정부가 관여할 수 없다. |

참고로 롤스의 평등주의적 자유주의와 페팃의 공화주의도 노예제에 반대한다는 점을 유념할 필요가 있다.[82] 롤스 철학은 노예제를 지지하지 않는다. 롤스의 정의 제1원칙은 기본적 자유의 불가침성과 평등성이다. 또한 롤스는 사람들의 운(fortune)을 중립화하자는 철학을 갖고 있다. 롤스에 따르면 사람은 피부 색깔에 관계없이 누구나 불가침의 자유를 갖는다. 피부색은 개인이 의지와 무관한 후천적 운에 해당한다. 인신구속적인 노예제는 롤스의 기본 정신에 어긋난다. 맹주만은 링컨-더글라스 노예제 논쟁에서, "(롤스의) 정치적 자유주의가 노예제 존속을 방치하거나 무관심한 것은 아니었다"고 지적한다. 남북전쟁이 없었어도 노예제 자체는 기본적 자유의 불가침성과 평등성을 부인하는 제도였기에 평등

1월 흑인 노예 해방을 선포했다.

81) Sandel(1982) LLJ, pp.200-201.

82) Rawls(2001) JFR, p.154.

주의적 자유주의 입장에서도 폐지가 타당하다는 것이다.[83)]

동성애

샌델은 동성애 문제를 공동체의 논쟁 영역으로 끌어들일 것을 강조한다. 그는 국가가 동성애 문제에 대해 수수방관하거나 동성애에 반대해 동성애 자체를 제한해서는 안 된다고 본다. 국가가 적극적으로 개입해서 무엇이 좋은지를 찾을 것을 제안한다. 샌델 본인은 동성애를 개인 간 사랑의 형태로 받아들이지 않지만, 동성애를 허용하고 인정할 길이 있는지 사회적 숙의를 통해 동성애에 대한 사회적 관용과 인정 여부를 조정하자고 제안한다.[84)] 이에 반해 롤스의 평등주의적 자유주의는 동성애에 대한 특정 관점을 공적 논쟁에서 우선시하지 말 것을 주문한다. 롤스의 관점에서 보면 사람들이 이성애 또는 동성애 가운데 어떤 것을 선택하는 것은 그 자체가 불가침적인 기본적 자유를 실현하는 것에 해당한다. 따라서 국가는 동성애를 죄악으로 보고 도덕적으로 불허하는 입장 또는 동성애를 이성애와 같이 동등하게 대우하자는 입장 가운데 어느 쪽도 편들지 않는 중립 입장이어야 한다.[85)] 종교적 배타주의가 정의 원칙에 위배되는 것처럼, 성적 취향에 대해 무엇이 좋은 것인지는 각자의 선택과 판단을 존중하자는 입장이다. 국가가 나서서 찬성 혹은 반대를 인정해서는 안 된다고 요구한다. <표 17>은 동성애 문제에 대한 샌델의 공동체주의와 롤스의 평등주의적 자유주의의 입장을 비교한 것이다.

83) 맹주만(2013) 샌델과 공화주의 공공철학. 철학탐구 34, pp.65-94.

84) Sandel(2005) PP, p.238.

85) 여기서 중립을 지킨다는 의미는 동성애 인정 또는 동성애 반대에 대해 어떤 구체적 선호를 제시하지 않는다는 의미이다. 따라서 동성애자를 부부로 인정해 필요한 법적 조치를 강구한다는 뜻은 아니다.

**표 17 | 동성애에 대한 샌델의 공동체주의와 롤스 평등주의적 자유주의 비교**

| | 샌델의 공동체주의 견해 | 롤스의 평등주의적 자유주의 견해 |
|---|---|---|
| 동성애 | 1) 동성애를 도덕적으로 인정해, 완전 허용을 주장하는 것은 아니다. 그러나 사회적 숙고를 통해 관용과 허용 여부를 논의, 조정할 수 있다고 본다. 동성애 허용이 가능한지 정부가 개입해 방향성을 타진해야 한다.<br>2) 좋음의 우선성을 강조하는 공동체주의 철학에서 국가는 도덕적으로 무엇이 좋은 것인지 입장을 제시해야 한다. | 1) 동성애에 대한 여러 관점(동성애 불허 또는 이성애와 동등 대우) 가운데 어느 것도 공적 논쟁에서 우선시돼서는 안 된다.<br>2) 정부는 특정 입장을 견지하지 말고 중립을 지켜야 한다.<br>3) 동성애와 관련한 선택은 개인의 판단에 맡겨야 한다. |

한국에서도 성적지향, 성별, 인종, 종교 등을 이유로 한 차별 금지를 요구하는 「차별금지법」 제정을 둘러싸고 사회적 논쟁이 진행되고 있다. 동성애뿐 아니라 성소수자(LGBT)의 자유를 둘러싸고도 갈등이 계속되고 있다.[86] 성소수자의 퀴어축제를 바라보는 시각은 성소수자의 표현의 자유를 인정할 것인지에 대한 논쟁이다. 한국 사회에서는 LGBT를 주제로 영화도 제작되고 있다.[87] 동성애를 커밍아웃한 연예인이 등장한지도 오래됐다. 소셜네트워크서비스를 통해 동성애자들이 커밍아웃하거나 유튜브를 통해 커플영상을 공개하는 성소수자도 늘고 있다. 동성 간 결혼을 비롯해 「차별금지법」에 대해 국가가 찬성 혹은 반대해야 한다고 주장하는 기저에는 공동체주의적 공공선 가치가 자리잡고 있다. 「차별금지법」을 제정해 동성애를 허용하자는 측은 소수자 인권을 침해하는 행위를 국가가 적극적으로 방지해 줄 것을 요청하고 있다. 논란이 되고 있는 사회적 의제에 대해 국가가 공공선을 결정하고, 소수자의 성적 선택을 존중하고 보호해

86) LGBT는 성소수자를 의미한다. LGBT는 레즈비언(lesbian)과 게이(gay), 양성애자(bisexual), 트랜스젠더(transgender)의 영어 첫 글자를 따서 만든 말이다.

87) 대표적인 영화는 <로드 무비>, <후회하지 않아>, <친구 사이?>, <쌍화점>, <불한당: 나쁜 놈들의 세상> 등이다.

가치의 평등을 보장해야 한다고 주장한다.

김성한(2010)은 이와 관련해 동성애가 타인에게 피해를 준다는 인식은 편견에 기인한 것이라고 지적한다. 그는 동성애성이 유전된다든지, 동성애로 인해 에이즈를 포함한 성병에 걸릴 가능성이 높아진다든지, 동성애가 전통적 가족 관계에 위기를 초래할 수 있다는 동성애 반대 논변은 모두 반박 가능하다고 주장한다. 그는 동성애성은 학습이 아니라 DNA 염색체 유전에 따른 것이고, 성병은 동성애가 원인이 아니라 문란한 성관계 때문이며, 가족 관계의 위기는 사회적 편견에 기인한 것이라고 지적한다.[88] 이에 반해 「차별금지법」 제정에 반대하는 측은 동성결혼이 성정체성 및 성가치관 정립이라는 전통적인 윤리와 공공선에 혼란을 초래할 수 있다고 보고 있다. 세계적으로 보면 동성 간 결혼을 인정하는 나라가 늘어나고 있다. 현재 동성 간 결혼은 세계 28개국에서 합법화되어 있다.[89]

### 종교의 자유

샌델은 종교의 자유를 양심의 자유 실현 또는 종교적 가치를 실현할 권리로 본다. 샌델은 종교적 가치가 사람들의 삶에 미치는 도덕적 좌표와 정체성에 미치는 의미를 회복해야 한다고 강조한다.[90] 공동체주의 관점에서 종교적 자유가 존중받는 이유는 개인이 특정 종교를 자발적으로 선택하기 때문이 아니라, 특정한 종교적 믿음이 사람들에게 좋은 삶을 만들어내는 경향이 있고 또 그러한 믿음이 도덕적, 시민적으로 중요하기 때문이다. 그러나 자유주의적 관점은 종교의 자유를 개인의 자발적 선택으로 본다.[91] 자유주의적 관점에서 국가는 종교

---

88) 김성한(2010) 해악의 원리를 이용한 동성애에 대한 도덕적 평가. 철학논총 60, pp.135-157.

89) 2000년 네덜란드를 시작으로 유럽 많은 나라에서 인정하고 있다. 미국은 2015년 모든 주에서, 아시아에서는 대만이 2019년 합법화하였다.

90) Sandel(1998) DD, pp.61-62.

91) 월리스 대 재프리 사건(Wallace v. Jaffree, 472 U.S. 38)은 자유주의 관점을 반영한 대표적 판결이다. 학부모 재프리는 공립학교에서의 기도 예배와 종교 의식 중단을 요구했지만 받아들여지지 않자 소송을 제기했다. 미 연방대법관 존 폴 스티븐스(John Paul Stevens)는 1985년 앨라배마 공립 학교에서의 '기도를 위한 침묵' 시간법을 무효

의 자유에 중립적이다. 롤스의 정의 원칙은 자유주의적 시각의 종교의 자유를 반영한 것이다.

샌델의 공동체주의적 관점에서 보면, 자유주의 입장에 기반한 자발적 종교 선택은 종교의 자유가 갖는 본질적 가치를 제대로 반영하지 못하고 있다. 자유주의 관점의 종교 자유는 종교적 믿음의 진정한 가치와 개인의 연고성 등을 제대로 보여주지 못하고 있다.[92] 샌델이 보기에 종교의 자유에서 진정으로 존중받을 점은 종교 자체의 본질적 특징임에도 불구하고 자유주의는 개인의 자율성을 보호한다는 이유로 자발적 종교 선택에 치중하는 오류를 범하고 있다. 이런 주객전도 현상이 발생하는 이유는 자유주의 전통에서는 좋음보다 옳음을 우선하기 때문이다.[93] 그러나 앞에서도 지적했듯이 종교의 진정한 가치는 종교적 믿음이 개인에게 좋은 삶을 인도하고 개인의 정체성, 질적 가치를 높이는 데 기여한다는 점이다.[94] 공동체주의 전통의 종교 자유는 이런 관점에서 판단되어야 한다. 국가 중립주의, 절차주의에 따라 개인의 종교 선택을 존중하는 것에 방점을 두어서는 안 되는 것이다. 국가가 좋은 삶에 대해 중립적이어야 한다는 이유로 자유주의적 종교의 자유는 국가가 종교의 가치에 대해 중립적인 입장을 취한다고 비판한다.

샌델의 공동체주의에 따르면, 미국 건국 초기의 종교의 자유는 사람들이 오늘날 이해하는 종교 선택의 자유와는 다른 것이었다. 영국 정부의 종교적 박해에 맞서 신대륙으로 이주한 미국의 초기 개척자들에게 종교의 자유는 양심의

---

로 판결하였다. 스티븐스 대법관은 사람은 신앙을 선택할 자유가 있으며, 국교를 거부할 자유가 있다고 하였다. 이는 믿음의 대상인 종교와 신앙 자체를 존중하기 때문이 아니라 종교를 자유롭게 선택하는 개인 자아의 존엄성에 대한 존중때문이라고 지적했다. 한국의 「교육법」 제5조는 국립 또는 공립 학교는 특정 종교를 위한 종교교육을 해서는 안 된다고 규정한다. 한국은 자유주의적 관점의 종교의 자유를 채택하고 있다. 이에 따르면 종교의 자유는 자신이 선택한 종교를 믿을 자유이다. 따라서 국공립학교에서 종교교육의 자유는 허용되지 않는다. 윤진숙(2010) 종교의 자유의 의미와 한계에 대한 고찰. 법학연구 20(2), pp.114-136 참조.

92) Sandel(1998) DD, pp.63-71.

93) Sandel(2005)PP, p.255.

94) Sandel(1982) LLJ, p.xii; Sandel(2005) PP, pp.255-257.

자유를 바탕으로 프로테스탄트(신교)를 잘 믿을 권리였다. 신대륙 이주자들에게 종교의 자유는 영국 정부가 국교 성공회의 신봉을 강제하는 데 저항해 프로테스탄트를 지키는 것이었다.[95] 영국 정부의 종교 탄압에 맞서 스스로를 지탱하는 권리였다. 여러 개의 종교 가운데 하나를 선택하든지 또는 하나도 선택하지 않을 자유가 아니었다. 각자가 양심의 명령에 따라 프로테스탄트 신앙을 믿고 행할 권리였다. 따라서 미국 건국 초기 종교의 자유는 신앙 선택에 있어서 간섭이 없는 상태를 넘어서, 신교가 갖는 종교적 가치를 건국 초기 미국 공동체에 실현하고 이행할 적극적 의미의 자유에 해당한다. 미국 건국 초기 종교의 자유는 영국 정부로부터의 간섭을 배제하는 가운데 프로테스탄트 신교를 종교로 선택하고 믿을 권리를 실천하는 자유이다. 그것은 창조주로부터 물려받은 양도할 수 없는 종교적 의무를 수행(exercise religious duties)하는 자유이자 권리이다.

샌델에 따르면, 종교의 자유에 대한 자유주의적 해석은 20세기 이후에 나타났다. 자유주의 철학에 따르면 종교의 자유는 개별 종교에 대한 국가 중립주의와 절차주의, 개인 종교 선택의 자유라는 의미가 있다. 미국 연방대법원이 수정헌법 제1조 종교 규정을 국교를 정할 수 없다는 자유주의적 관점으로 해석한 것은 1940년대 이후였다.[96] 그러나 샌델은 수정헌법 제1조 종교의 자유 조항에 대해 역사적으로 다양한 해석이 이뤄졌다고 지적한다. 즉 20세기 이후에는 개인의 선택 자유라는 자유주의 관점으로 해석되었다. 그러나 샌델은 연방정부가 종교 자유에 대한 각 주(state)의 입법 권한을 제한할 수 없음을 표현한 것이라고 해석한다. 그는 종교의 자유에 대한 미국 수정헌법 제1조의 뜻은 연방정부

95) Sandel(1998) DD, pp.65-66. 양심의 자유는 종교의 자유를 행사할 자유(예배하거나 예배하지 않을 자유, 교회를 지지하거나 지지하지 않을 자유, 신앙이나 불신앙을 고백할 자유)와 관련된다. 따라서 이 당시 양심의 자유는 종교 선택의 자유와는 직접적으로 관련이 없다고 볼 수 있다.

96) 수정헌법 제1조(The Constitution of the United States, 1787, Amendment I)는 연방 의회는 국교를 정하거나 자유로운 신앙 행위를 금지하는 법률을 제정할 수 없다고 하였다. 그러나 연방 의회의 권한이 주 정부에 대한 것인지 아니면 일반 시민에 대한 것인지에 대해 의견이 엇갈린다. 수정헌법 제1조 해석을 둘러싼 논란은 이 책 제5장 제3절을 참고하라.

가 종교문제에 있어서 중립이어야 되는 것이 아니라 개별 주(state)가 부분적으로 유지하고 있는 공식 종교에 대해 연방이 간섭할 수 없다는 뜻이었다고 강조한다. 미국 건국 초기 메릴랜드는 가톨릭, 펜실베이니아는 퀘이커, 버지니아와 뉴욕, 조지아는 성공회가 주(state) 공식 종교였다.97) <표 18>은 종교의 자유에 대한 샌델의 공동체주의와 롤스의 평등주의적 자유주의의 입장을 상호 비교한 것이다.

**표 18 | 종교의 자유에 대한 샌델의 공동체주의와 롤스의 평등주의적 자유주의 비교**

| | 샌델의 공동체주의 | 롤스의 평등주의적 자유주의 |
|---|---|---|
| 종교의 자유 | 1) 종교의 자유는 개인의 종교 선택의 자유가 아니다. 국가는 공동체와 시민의 좋음을 위해 종교적 가치가 공동체 구성원의 덕성을 발전시키고 공동체의 도덕적 의미를 회복시킬 수 있도록 해야 한다. 이 과정에서 국가는 중립이어서는 안 된다.<br>2) 종교의 자유는 개인의 연고적 자아(encumbered self) 특성을 감안해야 한다. 미국 건국 초기에 종교의 자유는 청교도 신앙을 믿을 권리를 적극적으로 실현하고 외부 간섭을 배제하는 것이었다.<br>3) 국가는 종교의 자유가 좋은 시민성을 형성하는 데 필수적, 구성적 기능을 한다는 점을 인식하고 적극적인 조치를 취해야 한다. | 1) 국가 중립주의와 절차주의에 의한 개인의 자발적인 종교 선택의 자유를 인정한다.<br>2) 종교의 자유는 종교를 자유롭게 선택하는 개인 자아의 존엄성에 대한 존중에서 출발한다.<br>3) 종교의 자유는 신앙의 대상 때문이 아니라 자아의 자유롭고 자발적인 선택이라는 점에서 존중받을 가치가 있다. |

97) Sandel(1998) DD, pp.56-57.

샌델은 종교 자유를 자유주의적으로 해석하게 되면 종교와 신앙의 진정한 의미를 발견하지 못한다고 비판한다. 샌델에 따르면, 자유주의가 내세우는 종교의 자유는 개인의 종교 선택 자체가 존중받을 가치가 있다는 의미에 불과하다.[98] 이런 입장의 종교의 자유는 사람과 그가 믿는 종교적 신념 가운데 사람의 선택을 더 존중하게 되는 결과를 낳게 되어 종교적 믿음에 대한 존중감을 오히려 훼손할 수 있다.[99] 샌델은 종교적 가치를 공동체에 투영해 공동체 구성원의 덕성을 발전시키고 공동체의 도덕적 의미를 회복하자는 입장을 견지한다.

샌델의 입장을 이해할 수 있는 사례는 그가 자유주의적 종교 자유관을 비판하면서 인용한 국기에 대한 경례 거부 판결이다. 샌델은 좋음의 우선성을 강조하면서 국기에 대한 경례에 대해 위헌 결정을 내린 연방 대법원 판결을 비판하였다. 미국 연방대법원은 1943년 국기에 대한 경례를 거부하는 공립학교 학생을 퇴학시킬 수 있는지에 대한 바넷 사건에서 공립학교가 학생들에게 국기에 대한 경례를 강요할 수 없다고 판결하였다.[100] 국기에 대한 경례를 요구하는 것은 국가 상징(symbol)에 대한 일종의 충성 서약을 압박한 것으로 보았다. 따라서 양심의 자유를 침해한 것이라고 본 것이다. 연방대법원의 판단은 양심과 표현의 자유는 인간의 불가침적 기본권이라는 롤스의 평등주의적 자유주의관을 반영한 것이다.

그러나 샌델은 대법원 판단에는 국가가 좋은 삶에 대해 특정한 견해를 시민에게 말해서는 안 된다는 정신이 깔려있다고 비판한다. 샌델은 국가가 학생들에게 국기에 경례하도록 하지 않는다면 시민의식을 어떻게 함양할 수 있겠냐고

---

98) Sandel(1998) DD, p.63.

99) Sandel(1998) DD, pp.64-65. 지난 2004년 서울 대광고에서 종교의 자유를 주장하며 단식 농성을 벌이다 퇴학당한 강의석 학생 사례가 있다. 대법원은 2010년 최종심에서 기독교 종교 재단이 설립한 학교일지라도 학생들에게 종교 교육을 강요할 수 없다고 판결하여 종교 선택의 자유를 인정하였다. 교육부는 이후 중고등학교에서 종교 과목 외에 다른 과목을 선택할 수 있도록 하고 있다. 대법원 판단은 롤스의 정의관을 반영한 것이라 볼 수 있다.

100) 웨스트버지니아주 대 바넷 사건(West Virginia State Board of Education v. Barnette, 319 U.S. 624).

반박한다. 공공선을 제고하기 위해 국가가 적극적으로 공동체의 가치를 높이는 일(여기서는 국기에 대한 경례)을 장려해야 한다는 주장이다. 샌델은 공동체에 대한 시민의 애국을 설득과 이해의 문제가 아니라 자아의 자발적 선택으로 보는 오류가 자유주의에 내재해 있다고 비판한다.[101)]

정리하면 샌델의 공동체주의는 공동체가 적극적으로 나서서 구성원 개개인에게 공동체의 좋은 정의감을 육성하는 것이 필요하다고 강조한다. 샌델은 국가가 종교의 자유에 대해 중립을 취하는 것은 결국 종교가 개인의 정체성에 미치는 영향을 국가가 무관심하게 되는 역설적 상황으로 이어진다고 비판한다. 자유주의는 개인의 자유로운 선택을 통해 공동체 정신을 생성하도록 하자고 주장하지만, 자유주의 철학을 통해 생성되는 공동체 의식은 계약에 기반한 느슨한 연대의식에 불과할 뿐이라고 비판한다.

롤스 입장에서 보면, 다양한 교의 중의 하나를 국가가 시민들에게 공공선이라고 제시하는 것은 받아들이기 어렵다. 세상에는 불교, 가톨릭, 유교, 이슬람, 유대교, 기독교 등의 다양한 교의가 존재한다. 또 불가지론(신의 존재는 인간이 인식 불가능하다고 보는 입장), 무신론도 있다. 이 중에서 국가가 어떤 선택이 도덕적으로 우월하다고 시민들에게 제시할 수 있는가 하는 것이 롤스의 질문이다. 롤스와 같은 평등주의적 자유주의 철학자인 드워킨도 롤스의 생각과 비슷하다. 드워킨은 "이슬람, 유대교, 기독교를 믿든지 아니면 무신론자 또는 광신자여도 인간은 누구나 동일하게 삶과 죽음, 존엄성이라는 피할 수 없는 도전을 마주하고 있다"고 지적한다. 각자가 믿는 신의 도덕적 권위와 우월성에 대해 국가가 배타적으로 특정한 종교를 강조하는 것은 평등주의적 자유주의의 평등 원리에 위배된다는 판단이다.[102)]

샌델의 지적처럼, 신앙생활이 개인의 삶에 미치는 영향은 크다. 즉 종교 자유의 의미를 공동체주의적 관점에서 바라볼 때 나타날 긍정적 효과를 무시하기는 쉽지 않다. 샌델의 지적처럼 종교적 가치와 믿음이 현실 세계에서 시민생활과

---

101) Sandel(1998) DD, pp.53-53.

102) Dworkin, Ronald. 박경신 역(2015) 로널드 드워킨 정의론. p.537.

공동체 발전에 기여할 수 있도록 하자는 주장은 종교의 자유가 갖는 다층적 의미를 성찰할 기회를 제공한다. 그러나 오늘날 다양한 종교관이 혼재한 상황에서 국가가 종교 생활과 관련해 어떤 방향을 설정하는 것이 합당한지에 대해 샌델은 구체적인 답을 제시하지 못하는 것 같다. 동시에 국가가 특정한 종교관을 도덕적으로 선호하고 상대적으로 다른 종교관을 도덕적 하위로 보는 것이 현실에서 수용될 수 있을지 의문이다.

종교의 자유와 관련해 대구시 북구 대현동에서 벌어지고 있는 이슬람 사원 건립 논쟁은 주목할 만하다. 대구 이슬람 사원은 2020년 대구시로부터 건축허가를 받았지만, 해당 북구청이 주민 반발을 이유로 공사중지처분을 내렸다. 대법원은 2022년 건축주의 입장을 들어줘 사원 건축이 재개될 것으로 보였다. 그러나 건축주 측과 주민 간의 갈등으로 2023년 현재 공사 재개는 불투명한 상황이다. 종교의 자유에 대한 국가 중립성을 반대하는 샌델의 시각에서는 국가가 나서서 공공선과 도덕적 가치에 맞는 결정을 내려줄 것이 요구된다고 볼 수 있다. 그러나 롤스 입장에서 국가는 다원적 종교의 자유에 개입하지 않는 것이 타당하다. 자유주의적 관점에서 이 문제를 보면 이슬람 신앙을 믿을 종교의 자유와 주민들이 사생활을 침해받지 않을 자유 중에서 어떤 것이 더 소중하다고 국가가 판단을 제시하기는 쉽지 않아 보인다.

종교는 개인에게 본질적인 가치를 제공한다. 그러나 종교의 자유를 샌델식으로 적극적 자유로 해석해 국가가 구체적인 실천 방안을 제시하는 것이 현실에서 가능할 것인지는 회의적이다. 또한 국가가 공동체의 도덕적 가치를 위해 특정 종교를 우위에 두는 것이 사회적으로 수용되기도 어렵다. 오늘날 자유민주주의 국가에는 다양한 종교적 세계관이 존재한다. 종교적 자유를 공동체의 적극적 권리로 이해하는 샌델 입장이 사회적 포용성, 정합성을 갖기 위해서는 더 많은 성찰과 검토가 필요하다고 생각한다.

## 시장의 역할, 가족법, 능력주의

자유주의 경제이론은 시장(market)에서 이뤄지는 자발적 교환을 중요하게 생각한다.[103] 수요 공급 원리에 따라 가격 기능이 원활하게 작동하고 당사자들이 이에 맞춰 행동한다면 시장의 효율성을 극대화할 수 있다고 본다. 최고의 경제적 효율성은 곧바로 사회적 공공선을 극대화하는 것이 된다. 이에 반해 샌델은 자유시장 경제원리에 따라 시장이 공공선을 결정하는 것은 도덕적·시민적 가치를 침해하는 경우가 많다고 지적한다. 그는 도덕적 가치를 시장논리에 따라 상업화하는 것은 정의롭지 못하고 공동체 자체를 부정하게 된다고 지적한다.[104] 따라서 사람들이 공공선을 추구하며 살아갈 수 있도록 정부의 역할이 요구된다. 샌델이 보기에 시장의 해법이 만능이 아닐 수 있다고 볼 수 있는 사례는 민영 교도소 운영, 상업적 대리모, 정자판매, 줄기세포, 이혼 무책주의, 능력주의, 군 용병제, 장기 매매, 성매매, 대학의 상업화 등이다.[105] 샌델은 이 서비스들이 시장에서 자발적으로 교환되더라도 도덕적 한계가 분명하다고 보았다.[106] 샌델의 지적은 시장의 결과가 그 자체로 공정한 것은 아니라는 것이다.

샌델이 공적 가치를 상업화하는 것에 비판적인 이유는 도덕적·시민적 가치를 돈으로 매매할 경우 공동체 가치가 훼손된다고 보기 때문이다. 전 세계적으로 교도소 운영을 민간에 위탁하는 나라가 늘어나고 있다. 2019년 기준으로 전체 수감자 중 민영 교도소 수감 비율은 호주(18.4%), 영국(17.8%), 스코틀랜드(15.0%), 뉴질랜드(8.5%), 미국(8.5%), 남아공(4.0%) 순이다.[107] 정부 입장에서 민간 교도소 운영은 효율적 관리를 통해 예산을 절감하는 장점이 있다. 그런데 일부 민영 교도소는 매우 열악한 환경에 있지만 일부는 반대로 호화 시설을 제공하고 있다. 미국에서는 27개 주정부와 연방정부가 사설 회사와 계약을 맺고

---

103) Rawls(1999) RTJ; Nozick(1974) ASU 참조.

104) Sandel(2008) 공동체주의와 공공성. p.29.

105) Sandel, Michael. 이창신 역(2010) 정의란 무엇인가.

106) Sandel(2008) 공동체주의와 공공성. pp.169-202.

107) 조선일보(2019.5.10) 집보다 좋다던 英 민영 교도소, 불시 방문했더니 '경악' <http://weeklybiz.chosun.com/site/data/html_dir/2019/05/09/2019050901642.html> 참조.

재소자 수용 업무를 위탁시키고 있다. 민영 교도소 사업은 성장 산업이 되고 있다. 샌델의 비판은 죄를 지은 사람을 사회와 격리시키고 신체 이동의 자유를 제한하는 곳이 교도소인데, 민영 교도소 도입으로 처벌 효과가 반감되고 있는 점이다. 재소자가 비용을 부담하면 호텔급 생활을 할 수도 있기 때문이다.

상업적 대리모는 임신능력을 이용해 출산하지만, 아이를 포기하는 대가로 돈을 받는다. 대리모는 임신을 상업적으로 거래한다. 인도와 같은 일부 국가에서 허용된다. 샌델은 대리모 서비스를 반대한다. 샌델이 보기에 돈을 주고 대리모를 사는 것은 가정이라는 공동체 가치를 침범하는 것일 뿐이다. 육아와 부모 역할과 관련된 사랑, 친밀함, 가정이라는 도덕적 가치와 부모의 책임감이라는 사회적 규범이 무너진다고 보기 때문이다. 남성의 정자를 돈을 주고 구입하는 경우도 있다. 정자를 사서 여성이 임신하는 것은 자녀를 갖고자 하는 순수한 동기에서 시작한 것일 수 있다. 그러나 여성이 정자의 유전적 특질을 선택하길 원한다면 이야기는 달라진다. 정자 제공자의 신체적·유전적 특성을 설명하는 카탈로그를 보고 선택하는 것은 아이의 우생학적 조건을 사전에 설정하는 행위이다. 쇼핑 리스트(shopping list)에서 물건을 고르듯이 남성 정자의 유전적 특징을 미리 선택하는 것이라면 그것은 자녀를 갖고자 하는 순수한 동기를 넘어서는 행위이다. 인종과 피부색, 지능, 신체적 특성, 질병 유무 등의 우생학적 특질을 돈을 주고 선택하는 행위가 된다.108) 샌델은 이런 행위의 기저에 생명을 돈으로 살 수 있는 상품으로 취급하는 심리가 있다고 본다.

또한 샌델은 줄기 세포, 유전공학을 이용한 인간 복제를 비판한다. 맞춤식 생명 복제는 인간의 오만함을 드러낸 것이라고 본다.109) 유전공학을 이용한 맞춤형 인간복제는 윤리적으로 동의할 수 없다. 왜냐하면 사람들은 유전공학기술을 이용해 자녀의 특질 – 성별, 키, 눈동자 색깔, 머리 색깔, 지능, 음악적 재능, 체육적 특기, 유전적 특성 등 – 을 선택할 것이기 때문이다. 샌델은 자유주의 이론에서 가정하는 것처럼, 개인이 자신의 생명과 몸을 소유한다고 보지 않는다. 로크

---

108) Sandel (2008) 공동체주의와 공공성. pp.348-349.

109) Sandel (2008) 공동체주의와 공공성. p.32.

이후 자유지상주의 철학은 생명에 대한 자기소유이론을 기반으로 한다. 자유지상주의 철학은 생명과 몸은 개인 소유물이기 때문에 스스로를 아름답게 가꾸거나 우생학적으로 뛰어난 자녀를 얻기 위해 유전공학을 이용하는 것은 허용해야 한다고 본다. 이에 반해 샌델은 인간의 생명과 몸은 자기 소유가 아니라 하나님이 주신 선물(gift)이자 은총, 축복이라는 자기선물이론을 제시한다. 기술적으로 가능하다고 해서 마음대로 생명의 본성을 좌우하는 것은 인간의 오만이라고 지적한다. 난치병 치료를 위해 아주 예외적인 경우에 한해서 의료적 개입을 허용할 수 있다고 본다. 따라서 샌델은 줄기세포연구를 위한 배아 연구 등은 인간 생명의 신비를 지킬 수 있는 도덕적 제한과 규범의 통제 속에서 이뤄져야 한다고 강조한다.110)

샌델의 지적은 시장이 도덕적 가치를 상업화함으로써 공동체주의의 전통인 '시민성의 이상'(ideal of citizenship)이 실추됐다는 것이다. 앞에서도 논의한 바 있지만, 공동체주의 철학에 따르면 시민의 자유는 자치에 함께 참여할 때 얻어지고 획득되는 것이다. 시민은 각자 간섭의 부재상태에서 자유를 얻는 것이 아니라 공동체의 미래를 형성하는 과정에 참여함으로써 자유를 누린다. 그렇기 때문에 공동체주의적 시민관은 공동체와의 도덕적 유대감, 공동체에 대한 의무감, 공공선을 위해 사익을 희생하는 시민적 덕목을 요구한다. 이런 상황에서 시민적 덕목에 해당하는 것들을 돈으로 사거나 쉽게 상업화하는 것은 시민적 덕목을 훼손하는 것이다. 결과적으로 지나친 시장 기능 의존은 공동체 시민관, 공동체주의 정신을 추락, 부패시킨다는 것이 샌델의 진단이다.111)

샌델은 나아가 무책주의를 채택하는 이혼법도 가족 공동체에 대한 도덕적 판단을 흐린다고 비판한다. 이혼 무책주의는 이혼에 이르는 책임 유무에 관계없이 부부중 누구나 이혼을 청구할 수 있는 제도이다. 미국은 1970년 캘리포니아주가 무책주의 이혼법을 채택했다. 무책주의 채택으로 파탄 책임이 있는 당사자도 이혼을 청구할 수 있게 됐다. 누가 잘못했던 관계없이, 결혼생활 자체가

110) Sandel (2008) 공동체주의와 공공성. pp.262-272.
111) Sandel(2008) 공동체주의와 공공성. pp.188-197.

파탄났다는 결과만으로 이혼이 가능하게 되었다. 무책주의 이혼법은 결국 가정이라는 기초적인 공동체를 해체하는 데 도덕적 이유를 따지지 않는 것이다. 이혼과 재산분할 사유에서 과실여부를 배제하는 무책주의는 선택의 자유라는 자유주의 가치를 반영한 것이다. 가족이라는 공동체의 유지와 발전이라는 도덕적 판단은 고려하지 않는다. 부부라는 연고적 자아관을 전제하지 않고, 무연고적 자아로서의 자유주의 인간관을 반영한 것이다. 샌델은 무책주의가 남편과 부인 각자의 독자적 역할을 강화해 부부로서의 의무를 느슨하게 한다고 비판한다.[112] 이혼 무책주의로 인해 어머니와 가정주부들이 빈곤상황으로 내몰리며, 가정이라는 공동체의 도덕 가치가 추락하고 있다고 지적한다.[113] 한국의 대법원은 그동안 이혼에 대해 유책주의를 채택해 왔다. 결혼생활 파탄을 초래한 배우자는 이혼을 청구할 수 없도록 했다. 그러나 최근에는 유책 배우자의 이혼 청구도 인정하는 판결이 늘고 있다. SK그룹 최태원 회장과 노태우 전 대통령 딸 노소영씨 간의 이혼 소송이나 홍상수 영화감독의 이혼소송도 유책주의 인정여부를 둘러싼 공방에 해당한다. 2015년 9월 대법원 전원합의체 판결(2013므568)에서 유책주의 입장을 지지한 대법관은 7명이었으며, 무책주의(파탄주의) 의견을 낸 대법관은 6명이었다. 대법원에서도 유책주의, 파탄주의에 대한 의견이 팽팽하게 맞선다고 할 수 있다.

또한 샌델은 능력주의(meritocracy)가 외견상 공정해 보이지만 실제로는 정의롭지 못한 경우가 많다고 지적한다. 능력주의는 개인의 능력(업적, 기여, 학벌 등)에 따라 사회적 지위를 분배, 보상하는 시스템이다. 이런 능력주의하에서 개인은 능력에 따라 보상받는다. 샌델이 지적하는 문제점은 능력을 판단하는 기준이 정교하지 않을뿐더러 능력을 펼칠 기회가 공평하게 제공되지 않는다는 점이다. 이런 비판은 OECD 국가뿐 아니라 빈부 및 신분 격차가 심한 제3세계 국가에서도 적용될 수 있다. 따라서 능력주의를 맹목적으로 추종할 경우 자칫 기득권 질서를 강화할 수 있다. 이런 능력주의는 승자에게는 오만을 그리고 패자에

112) Sandel(1998) DD, pp.112-115.
113) Sandel(1998) DD, pp.116-117.

게는 좌절과 굴욕을 안긴다. 샌델은 이에 대해 인간의 재능이 신의 은총으로 주어진 것임을 깨닫는 것이 중요하다고 강조한다. 개인이 태어난 환경, 타고난 능력은 모두 우연적이다. 따라서 운이라는 우연적 특징을 인정하고, 각자의 운명을 공유하는 의무를 갖는 것이 필요하다고 지적한다.114) 샌델은 이런 능력주의를 비판하며 공립학교 입학이 성적이 아니라 다양한 문화적 배경을 가진 사람들이 쉽게 접근할 수 있도록, 대학입시에서 소수자입학 우대정책(affirmative action)이 필요하다고 주장한다. 샌델의 이런 입장은 자유지상주의의 철학적 기조를 비판하는 것이다. 그러나 미국 연방대법원이 2023년 소수자입학 우대정책을 위헌으로 판결함으로써 앞으로 미국 대학 입시 제도에 큰 변화가 예상된다. 연방대법원의 입장 변화는 자유지상주의 정의관을 반영한 것이라고 볼 수 있다.

샌델뿐만 아니라 롤스도 소수자입학 우대정책을 지지한다. 롤스는 노력과 능력에 따른 응분(deserve)을 배분의 기준으로 삼는 것은 정의롭지 못하다고 한 바 있다.115) 노력과 능력만으로 배분적 정의를 정하는 것은 적절하지 않다고 본 것이다. 우연적 요인에 따른 운의 결과를 중립화하는 방향으로 정책을 운영하는 것이 롤스 정의 원칙의 중요한 목표 중의 하나라는 점을 상기할 필요가 있다.

최근 우리나라에서는 대학 학령 인구가 감소함에 따라 대학 신입생 충원이 점점 어려워지고 있다. 입학정원을 채우지 못한 지역 대학이 늘어나고 있다. 반면에 수도권에 소재한 대학은 상대적으로 학생충원율이 높다. 지방대학들은 정부가 대학 운영을 시장 자율에 맡겨두고 있기 때문에 수도권과 지방의 충원율 격차가 커진다고 지적한다. 지방대 미충원 상황은 앞으로 더 심각해 질 것으로 전망된다. 지역에서는 지방대학 생존 또는 한계대학 퇴출을 위한 정부의 지원과 육성을 요청하고 있다. 정부가 학령인구 감소라는 근본적 문제에 맞춰 대학 정책을 추진하지 않고 이를 시장 자율에 맡긴 결과, 수도권과 지역 대학 양극화 현상이 심화됐다는 비판이다. 샌델의 관점에서 보면 이는 정부가 대학교육에

114) Sandel(2008) 공동체주의와 공공성. p.32.
115) Rawls(1999) RTJ, pp.273-277; Rawls(2001) JFR, pp.72-74.

대한 공공선이 무엇인지 명확히 진단하고 공공선 증진을 위한 대학정책을 마련하라는 요구라고 할 수 있다.

정리하면, 샌델은 도덕에 기초하는 정치와 시민적 참여 덕성을 강조하는 정치를 통해 옳음에 대한 좋음의 우선성(the priority of the good over the right)을 강조한다. 이런 샌델의 생각은 무연고적 자아와 국가 중립주의, 개인의 권리를 강조하는 롤스와 뚜렷하게 대비된다고 할 수 있다.

## 3 공동체주의와 언론자유

### 1) 언론자유의 의미

샌델의 공동체주의는 언론의 자유와 표현의 자유를 자유주의처럼 개인의 기본적 권리로 인정하지 않는다. 누구나 언론자유의 권리를 평등하게 갖는 것은 아니다. 공동체주의에 따르면 언론자유는 공동체의 공공선, 참여와 자치(self-government), 공동체의 목표를 달성하고 발전시키는 데 기여하는 자유이다.[116] 따라서 공동체주의에서 표현의 자유는 그 자체가 보호받을 권리가 아니다. 표현의 자유가 공동체의 공공선을 달성하고 시민적 덕성을 함양하고 계발하는 데 도움이 되기 때문에 보호하는 것이다.[117] 공동체주의 시각에서 표현의 자유는 공동체 복지 증진을 위해 필요한 것이어야 한다. 표현의 자유가 시민들의 참여, 토론, 봉사의식을 높이는 데 긍정적으로 기여하는지 주목한다.

공동체주의 체제에서 표현의 자유는 좋음(공동체 가치, 공공선)의 우선성이라는 사회적 목적을 보장하고 공공선과 도덕적 가치를 시민에게 알리는 공적 자유이다. 표현의 자유가 공공선을 제고하는 데 도움이 안되거나 공공선에 부정적 영향을 미친다면 규제 대상이 될 수밖에 없다. 표현의 자유가 공공선이나 공적인 가치를 침해하는 경우에는 제한될 수 있다. 표현의 자유와 집회의 자유를 제한하는

---

116) Sandel(1998) DD, p.12.

117) Sandel(1998) DD, p.386; Sandel(1988) 공동체주의와 공공성. pp.60-62.

것이 어떤 경우에는 공공선으로 인식될 수 있기 때문이다. 이는 롤스가 제시하는 옳음의 우선성, 기본적 자유의 불가침성이 아니라 좋음에 의해 언론자유가 제한될 가능성을 인정하는 것이다.[118)]

샌델의 언론철학은 인종 학대, 폭력적 포르노그래피, 상업 광고, 무제한적인 정치캠페인 내용 등에 있어서 표현의 자유를 인정하지 않거나 그 범위를 축소한다. 이런 점은 자유주의 전통(자유지상주의, 평등주의적 자유주의)과 충돌하는 지점이다.[119)] 자유주의는 간섭이나 제한없이 의견을 표현할 수 있으며, 그런 권리가 인정되는 상태를 표현의 자유로 인식한다. 롤스에게 있어서 표현의 자유는 원초적 입장에서 개인이 갖는 기본적 자유이며, 침해할 수 없는 권리이다. 표현의 자유는 마음 속에 간직한 양심의 자유를 밖으로 드러내는 자유이기 때문에, 표현의 자유에 대한 규제는 양심에 대한 침해로 이해된다. 롤스는 이런 기본적 자유를 구성원이 평등한 권리로 갖는다고 하였다. 표현의 자유와 관련해 롤스가 특히 주목한 부분은 정치 영역에서 의문을 제기하는 표현의 자유를 금지해서는 안 된다는 점이다. 롤스는 정부가 다양한 생각의 공존과 상호 관용을 위해 정치적 반대자의 표현의 자유를 특별히 보호할 것을 강조한다.

자유주의 언론철학이 제시하는 표현의 자유는 공공선에 입각해 규제 가능성을 내포하고 있는 공동체주의와 양립하기 어려운 점이 많다.[120)] 예를 들어 표현의 자유를 이용해 표현의 자유가 보호하는 인권과 평등의 가치를 평가절하하려는 집단이나 개인이 있을 수 있다. 롤스는 KKK당이나 나치(Nazi) 추종자의 생각과 행동에 동의하지 않지만, 그들이 스스로를 변론할 표현의 자유는 인정한다. 혐오표현(hate speech)을 통해서 타인에게 직접적인 위해를 가하는 것은 보호하지 않지만, 혐오스러운 표현일지라도 그것을 단순히 말하는 것은 표현의 자유로 인정한다. 롤스의 철학은 오늘날 미국 연방대법원의 판결에 이론적 기반을 제공하는 것이다. 스탠퍼드 대학의 대프니 켈러(Daphne Keller)는 평화적

118) Sandel(1998) DD, pp.71-80.
119) Sandel(1982) LLJ, p.204.
120) Slaughter, M. M(1993) The Salman Rushdie Affair: Apostasy, Honor, and Freedom of Speech. Virginia Law Review 79(1), pp.153-204.

방법으로 제시되기 때문에 법적으로 제지되지 않는 혐오 또는 외설 표현에 대해 "합법적이지만 끔찍한"(lawful but awful) 것이라고 지적한다.[121)]

그러나 공동체주의는 혐오표현에 대해 국가가 적극적으로 개입할 것을 요구한다. 공동체주의나 공화주의는 공동체의 공적 가치와 시민적 덕성을 부인하거나 부정할 자유는 일반적으로 인정하지 않으려 한다. 좋음에 대한 경쟁적 견해들에 대해 정부가 중립적일 수 없다는 공동체주의 입장은 표현의 자유에 대한 국가 개입을 정당화하는 근거이다. 혐오표현은 사상의 자유시장에서 퇴출될 것이라는 자유주의의 생각은 실현되지 않을 것으로 보기 때문에 혐오표현을 적극적으로 규제할 필요가 있다고 본다. 공동체주의에 따르면, 도덕적으로 우월하고 공공선에 기여할 수 있는 것은 좋은 것이며 공동체는 좋은 것을 위해 함께 노력해야 한다고 보기 때문이다.

한국에서는「국가보안법」폐지를 둘러싼 논쟁이 지속되고 있다. 인권위원회는 노무현 대통령 시절인 2004년「국가보안법」폐지를 권고한 바 있다. 2015년에는 유엔의 위원회가 찬양 고무 조항의 폐지를 요구한 사례도 있다. 우리 사회에는 국가보안법상 반국가단체에 대한 찬양, 고무죄 인정 여부를 둘러싸고 치열한 대치전선이 형성되어 있다. 특이한 것은 국가보안법 폐지를 주장하는 진보 진영은 자유주의 전통의 표현의 자유를 논거로 제시하는 데 반해서, 국가보안법 존속을 주장하는 보수 진영은 헌법정신과 체제수호라는 공화주의적 공적 가치를 중시하고 있다는 점이다. 종북성향의 대학생 단체인 대학생진보연합은 북한 김정은 위원장을 미화하면서 자유주의 이론에 근거해 표현의 자유를 주장한다.[122)] 그들은 북한 김정은 위원장을 찬양하면서 자유주의 철학의 표현의 자유 원리를 인용하고 있다. 우리 사회에는 자유와 인권, 평등의 가치를 부인하는 개인(집단)에게 표현의 자유를 인정할 것인지를 두고 사회적 합의가 형성되지 못하고 있다. 이런 와중에 공동체주의와 자유주의 언론 철학이 뒤죽박

---

121) Keller, Daphne(2022) Lawful but Awful? Control over Legal Speech by Platforms, Governments, and Internet Users. University of Chicago Law Review Online.
122) 연합뉴스(2018.11.21) 대학생진보연합 "김정은 위원장 서울방문 환영" <https://www.yna.co.kr/view/AKR20181121077351004?input=1195m>

죽 섞여 있다. 표현의 자유에 대한 분명한 철학적 입장이 사회적으로 정립되지 못했다는 간접적인 증거라고 생각한다.

공동체주의가 강한 무슬림 전통에서 보면 이슬람 신에 대해 불경한 언급을 한 인도계 영국 작가 살만 루슈디(Salman Rushdie)는 공공선을 침해한 것에 해당한다. 이란과 아프가니스탄에서는 여성에게 히잡이라는 얼굴과 머리를 둘러싸는 일종의 스카프 착용을 강제하고 있다. 일부 이슬람 지역에서는 여성의 히잡 착용을 공동체의 종교적 의무로 생각하고 있다. 물론 롤스적 관점에서 보면 신체를 통한 자기 표현의 자유를 침해하는 것이다.

자유주의 입장에서는 표현의 자유를 시민의 기본적 권리로 인정한다. 표현의 자유를 인정하는 것은 옳음의 문제이다. 사람이 자신의 양심과 견해를 자유롭게 형성하고 자신의 목표를 자유롭게 선택할 수 있도록 언론의 자유와 표현의 자유를 지지하는 것은 옳음의 문제이다. 합당한 다원주의 사회에서 표현의 자유는 다원성을 제시하는 수단이기 때문이다. 자유주의 원칙에 따르면, 정부는 주민들의 표현의 자유에 중립을 지켜야 된다. 밀의 의견처럼, 모든 의견이 들릴 수 있도록 걸림돌이 없어야 한다. 롤스의 견해를 보면, 표현의 자유는 인간의 기본적인 불가침의 자유이며, 그러한 권리는 모두가 평등하게 갖는 것이다. 그러나 샌델의 공동체주의 관점에서 보면 좋음(선)은 옳음(권리)에 우선한다. 좋은 것이 바로 옳은 것이며, 정의로운 것이다. 따라서 공동체주의에서 표현의 자유는 좋음의 우선성 원리에 따라 규정된다.

### 2) 미국 수정헌법 제1조에 대한 해석

샌델은 미국 건국 초기에는 자유주의 언론자유관과 공동체주의 언론자유관이 공존했다고 지적한다. 미국 역사에서 표현의 자유에 대한 자유주의적 해석(국가중립주의)이 주류가 된 것은 건국 당시가 아니라 20세기 이후이다. 따라서 샌델은 오늘날 표현의 자유를 둘러싼 미국 사회의 난맥상을 해결하기 위해서는 표현의 자유를 자유주의적 관점으로만 볼 것이 아니라, 건국 초기의 공동체주의 관점을 회복할 필요가 있다고 강조한다. 샌델은 미국 건국 초기 자유주의와 공동체주의 언론관이 혼재했음을 알려주는 사례로 연방 수정헌법 제1조를 제시한다. 수정헌법 제1조(The First Amendment to the United States Constitution, 1787) 원문은 다음과 같다.

> Congress shall make no law respecting an establishment of religion, or prohibiting the free exercise thereof; or abridging the freedom of speech, or of the press; or the right of the people peaceably to assemble, and to petition the Government for a redress of grievances(연방 의회는 국교를 정하거나 자유로운 신앙 행위를 금지하는 법률을 제정할 수 없다. 또한 언론, 출판의 자유와 국민이 평화롭게 집회할 수 있는 권리와 불만 사항을 해결하기 위하여 정부에게 청원할 수 있는 권리를 제한하는 법률을 제정할 수 없다).

샌델은 수정헌법 제1조 표현의 자유 조항에 대한 기존의 해석을 정면으로 반박한다. 샌델에 따르면, 수정헌법 제1조 표현의 자유 조항을 미국 건국의 아버지들이 언론자유를 개인의 절대적 권리로 본 것이라고 해석하는 것은 잘못된 것이다. 샌델에 따르면, 수정헌법 제1조는 언론의 자유와 표현의 자유를 절대적으로 보호하자는 취지가 아니었다. 이 조항은 연방정부와 지방정부 간의 권력배분에 관한 합의일 뿐이다. 샌델에 따르면, 수정헌법 제1조는 당시 각 주(state)가 개인의 자유를 제한할 수 있는 권한을 갖는 상태에서, 연방 의회(정부)가 각 주의 판단에 관여할 수 없다는 의미를 담은 것이다.[123] 연방과 주 간의 권한 조정의 의미가 있었기 때문에 해당 조항이 헌법 원문이 아니라 수정헌법에 포함된 것이다. 즉 언론자유 입법에 있어서 주(state)의 배타적, 독점적 권한을 인정하며, 연방은 개별 주 행동을 제한할 수 없음을 천명한 것이다.

미국은 건국 초기에 권력배분을 둘러싸고 연방의 정치권력을 강조하는 연방주의자와 지방분권을 중시하는 반연방주의자 간에 치열한 논쟁이 있었다. 분권

123) Sandel(1998) DD, pp.71-72.

을 주장하는 세력은 워싱턴의 연방정부에 권력이 집중되면 국민(people)과 주(state)의 자유를 침해할 수 있다고 우려하였다.[124] 샌델은 수정헌법 제1조가 자유주의 언론관을 반영한 것이 아니라고 거듭 강조한다. 건국 당시 미국에서는 중앙과 지방의 권력 배분 문제가 중대한 문제였기 때문에 수정헌법에 연방과 주의 권한을 표시한 것일 뿐이다. 그것은 연방주의와 반연방주의 간 대타협의 산물이다. 샌델은 신생 독립국 미국 입장에서 헌법에 자유주의 언론관을 천명하는 것은 당시 유럽과 대치하는 국제 정세에도 맞지 않았고 국내적으로도 시급히 해결해야 할 과제는 아니었다고 지적한다. 개인의 자유와 권리 보호 문제는 헌법 제정 당시 신생국이었던 미국에서는 해결해야 할 과제 중 하나일 뿐이었다는 것이다. 법적 장치를 통해 개인의 자유를 보장하자는 요청이 많았지만, 그것 못지않게 신생국 미국의 존립과 유지를 국가적 과제로 보자는 입장이 강했다는 것이다. 이는 결국 표현의 자유를 둘러싸고 자유주의적 시각과 공동체주의 시각이 공존했음을 지적하는 것이다.

역사가들 사이에도 미국 수정헌법 제1조의 성격을 두고 논란이 있다. 헌법사학자 레너드 레비(Leonard Levy)는 수정헌법 제1조가 자유주의 언론관에 기반한 것이 아니라는 샌델의 주장에 동의한다. 그는 미국 건국 초기에 선동적 언론보도로 인한 명예훼손이 명백히 범죄로 인정되었고, 헌법 제정에 참여한 매디슨의 헌법 초안에 등장했던 표현의 자유 조항이 1788년 제정된 헌법(Constitution of the United States) 원문에는 나타나지 않고 1789년 수정헌법에 명문화된 점을 근거로 제시한다.[125] 로버트 마틴(Robert Martin)도 수정헌법 제1조에 공동체주의 전통이 녹아있다고 보는 것이 타당하다고 한다. 독립전쟁을

124) 손병권(2004) 연방주의자 논고에 나타난 매디슨의 새로운 미국 국가: 광대한 공화국. 국제지역연구 13(4), pp.25-50 참조. 연방주의자들은 중앙 집권, 상공업 중심, 귀족 엘리트 중심의 정치를 표방했다. 미국 초대 재무장관 알렉산더 해밀턴 등은 국민에게 전폭적인 자유를 주는데 반대했다. 이에 반해 반연방주의자들은 약한 중앙정부, 지방 분권, 농업 중심의 정치를 주장했다. 이들은 중앙정부에 권한이 집중되면 개인의 자유를 침해할 수 있다고 우려하였다.

125) Levy, Leonard W.(1985) Emergence of a Free Press. New York: Oxford Univ. Press.

치른 신생 국가 입장에서 영국에 맞서서 공동체의 자유를 지키는 것이 급선무였지, 표현의 자유 같은 개인의 자유를 보장하는 것을 주된 의제로 삼기는 힘들었을 것이라고 보았다.126)

샌델은 미국 건국 초기 자유주의와 공동체주의 언론관이 공존했다는 증거로 1798년 연방 의회가 제정한 「선동법(Sedition Act)」을 제시했다.127) 이 법은 미국 건국 이후 제정된 최초의 언론관련 법률이다. 이 법은 연방정부(대통령, 의회, 행정부)에 대한 허위나 악의적 표현에 대해 처벌할 수 있도록 하였다. 이는 밀턴이나 로크의 자유주의 언론관을 반영한 것이 아니다. 필요하다면 그 표현만으로도 표현의 자유를 제한할 수 있도록 한 것이다.128) 연방주의자들은 당시 신문의 정파적 보도에 맞서 공공선을 지키기 위해서는 표현의 자유에 대한 규제가 필요하다고 생각했다. 전쟁을 치른 적대국 영국의 입장을 옹호하거나 두둔하는 언론 표현에 대해 제재가 필요하다고 보았다. 이에 반해 반연방주의자들은 개인의 표현의 자유를 주장하며 「선동법」 시행을 반대하였다. 대표적인 반연방주의자로서 제3대 대통령이 된 토마스 제퍼슨(Thomas Jefferson)은 연방의회가 제정한 「선동법」이 각 주의 권한과 개인의 자유를 침해한다며 위헌을 주장하였다.129)

19세기 중반까지 미국에는 전국적 단위의 신문이 없었으므로 사상의 자유시장이 제대로 작동할 수 없었다. 존 로크의 사상의 자유시장론에 근거한 표현의 자유 주장은 확산됐지만, 교통 수단의 한계 등으로 인해서 다양한 의견이 부딪

126) Martin, Robert(1994) From the free and open press to the press of freedom: Liberalism, republicanism and press liberty. History of Political Thought 15(4), pp.507-508.

127) 자세한 내용은 다음을 참조. <https://history.house.gov/Historical-Highlights/1700s/The-Sedition-Act-of-1798/>

128) 이 법은 연방의회에서 과반수 이상이 찬성해 통과됐지만 3년 뒤인 1801년 논란 끝에 폐기됐다. 선동법 제정과 폐기 과정은 미국 건국 초기 표현의 자유 보장과 관련해 연방주의자와 반연방주의자 간에 의견 대립이 팽팽했음을 알려주는 단서를 제공한다.

129) Sandel(1998) DD, p.72. 토마스 제퍼슨은 "신문없는 정부보다 정부없는 신문을 선택하겠다" 또는 "언론이 자유롭고 국민 모두가 글 읽을 줄 아는 나라에서는 모든 일이 안전할 것이다" 등의 언론의 자유와 표현의 자유를 강조하는 말을 남겼다.

힐 공론장 자체가 없었다. 당시 미국은 농업에 기반한 지역분권 체제였다. 지역에서는 소수의 당파적 신문이 여론을 주도함에 따라 표현의 자유 문제가 큰 쟁점이 되지 못했다.[130]

샌델에 따르면, 미국에서 표현의 자유와 관련해 자유주의 철학이 뿌리내린 것은 20세기 초 이후이다. 그 이전까지 표현의 자유에 대한 판단은 개별 주의 몫이었다. 그러다가 20세기 두 차례 세계대전 이후 세계화와 경제성장이 사회의 주도적 가치로 등장하면서 표현의 자유를 비롯한 개인의 자유에 대해 자유주의 철학이 확립되었다.[131] 샌델에 따르면, 19세기까지 미국은 농업을 기반으로 한 지역중심체제였기에 언론자유 문제는 연방차원의 관심사가 아니라 각 주에서 판단할 문제였다. 그러나 20세기에 들어서 개인적 자유에 대해 국가 중립주의를 내세우는 자유주의 전통이 입지를 넓히게 되었다.[132]

미국 연방대법원 차원에서 표현의 자유와 관련한 사실상 첫 번째 판결은 1917년 솅크 사건이다. 사회주의당 당원 찰스 솅크(Charles Schenck)는 제1차 세계대전에서 징집에 응하지 말 것을 촉구하는 우편물을 배포해 「간첩 및 선동법(Espionage and Sedition Acts)」 위반으로 기소됐다. 홈스 대법관은 '명백하고 현존하는 위험'의 원칙을 이유로 솅크의 표현의 자유를 인정하지 않았다. 독일과 전쟁을 치르고 있는 상태에서 전쟁과 징집 반대를 요구하는 우편물을 배포하는 행위는 명백하고 현존하는 위험에 해당한다고 본 것이다. 샌델에 따르면, 미국에서 수정헌법 제1조의 의미가 자유주의 철학에 따라 해석된 것은 솅크 사건을 거친 후이다.[133] 표현의 자유와 관련한 미국 연방대법원의 이후 판결 흐름은 롤스의 평등주의적 자유주의 철학과 사상의 자유시장, 국가 중립주의에

130) 미국에 대륙횡단철도가 연결된 것은 1869년이다. 미국에서 사상의 자유시장논의가 확산된 역사적 흐름은 Schwarzlose, Richard(1989) The Marketplace of Ideas: A Measure of Free Expression을 참조하라.

131) 예를 들어 미국 건국 당시 각 주(state)의 공식 종교는 서로 달랐다. 샌델에 따르면, 미국 건국 초기 종교의 자유에 대한 수정헌법 제1조의 의미는 개인의 자유로운 신앙 선택이 아니라 연방정부가 각 주의 종교 자유에 대해 간섭할 수 없음을 뜻한다.

132) Sandel(1998) DD, pp.274-285.

133) Sandel(1998) DD, p.72.

바탕을 두고 있다. 성조기를 불태우는 것을 금지하는 법률에 대한 위헌 결정, 음란물 사건에 대한 정부의 중립 의무 등이 대표적 사례이다.[134] 즉 국가는 좋음에 대한 시민들의 다양한 표현과 생각에 대해 어떤 것이 더 좋다거나 싫다고 말하지 않는 평등주의적 자유주의 기조를 이어오고 있다.

### 3) 공공선을 위한 표현의 자유 제한

샌델은 공동체의 공공선을 지향하는 공동체주의적 관점에서 미국 사회 내 표현의 자유를 재검토할 필요가 있다고 지적한다. 샌델은 표현의 자유에 대해 정부가 관여할 수 없다는 자유주의적 관점을 반박한다. 샌델은 표현의 자유와 관련한 국가 정책이나 법원 판결에서 공공선을 위한 공동체의 도덕적 의무가 더 중요하게 다뤄져야 한다고 강조한다.[135] 이런 샌델의 논거는 자유주의의 언론관에 기반한 표현의 자유가 분명한 한계가 있다는 점을 지적하는 데서 출발한다. 공동체주의에서 제시하는 표현의 자유는 공동체 자치를 위해 필요한 공적 자유이다. 샌델의 언론자유관은 알렉산더 마이클존(Alexander Meiklejohn)의 생각과 유사하다. 마이클존에 따르면, 공동체에서는 모두가 말할 수 있도록 허용하는 것이 아니라 말할 가치가 있는 것을 말하는 자유가 중요하다.[136] 이는 공동체의 공공선이라는 관점에서 언론의 자유를 해석할 필요성을 지적한 것이다. 다음은 공동체주의와 평등주의적 자유주의 관점의 표현의 자유를 비교할 수 있는 사례이다.[137]

---

134) 셍크 사건의 의미와 이후 미국 연방대법원의 표현의 자유에 대한 판결 흐름에 대해서는 이 책 제3장 제3절을 참조하라.

135) Sandel(1998) DD, pp.78-79.

136) Alexander Meiklejohn(1948) Free Speech and Its Relation to Self-Government. New York: Harper. 그러나 롤스의 관점에서 보면 말할 가치가 있는 주장과 말할 가치가 없는 주장을 구분하기는 쉽지 않다.

137) 여기의 사례들은 앞서 일부 논의된 것들이다. 자세한 내용은 이 책 제3장 제3절을 참조하라.

### 증오의 표현(hate speech), 포르노그래피, 징병제 반대 표현의 자유

샌델은 신나치주의자들의 스코키 시 행진 금지명령을 무효화시킨 연방대법원의 판단(Skokie v. Collin, 436 US. 953, 1978)과 2017년 미국 버지니아주 샬러츠빌 백인 우월주의자와 신나치주의자 집회에 대한 지역법원의 허용 판단에는 국가가 시민의 표현의 자유를 제한해서는 안 된다는 자유주의 철학이 바탕에 있다고 비판한다.[138] 샌델은 스코키 사건과 샬로츠빌 사건에서 법원이 위해의 범위를 좁게 해석했다고 비판한다. 즉 자유주의 관점에서 표현의 자유 제한의 근거가 되는 위해의 원칙을 적용함에 있어서, 위해의 내용을 직접적인 접촉을 통한 피해로 협소하게 판단하는 오류를 범했다고 본 것이다. 샌델은 신나치주의자, 백인 우월주의자들이 집단 행진을 통해 공포의 기억을 상기시키는 것은 피해자(유대인 생존자, 인종차별 반대자, 소수인종자 등)에게 실질적인 위해이자 도덕적 가치의 침범에 해당한다고 보았다.

미국 연방 항소심은 인디애나주 인디애나폴리스 시 조례 사건 판결을 통해, 포르노그래피를 통한 표현의 자유를 인정하였다.[139] 또 미국 연방대법원은 코헨 vs. 캘리포니아주 사건(Cohen v. California, 403 U.S. 15)에서 표현의 자유 편을 들었다. 법원은 백화점 점원이 징병제 반대 복장을 한 것이 불쾌감을 주는 행위일지라도 수정헌법 제1조가 보호하는 표현의 자유를 침해하지 않았다고 보았다. 그러나 샌델은 나치주의자들의 증오 표현(hate speech)과 행진(march), 포르노그래피 물품의 제조, 판매 그리고 전쟁 중 징병제를 반대하는 복장을 한 것은 공공선의 침해에 해당하기 때문에 표현의 자유를 인정해서는 안 된다고 지적한다.[140]

---

138) Sandel(1998) DD, pp.85-86.
139) Sandel(1998) DD, pp.86-88.
140) Sandel(2005) PP, pp.258-260.

### 마틴 루터 킹 목사의 인권 행진을 통한 표현의 자유

민권운동가인 마틴 루터 킹 목사(Martin Luther King Jr., 1929~1968)는 1965년 흑인 투표권을 요구하며 앨라배마주 셀마시에서 몽고메리시를 잇는 80번 고속도로를 점거해 87km를 행진하였다.[141] 이들은 몽고메리로 가서 주지사 면담을 요구하기로 했다. 그러나 주지사 조지 월리스(George Wallace)는 교통을 방해한다는 이유로 행진을 승인하지 않았다. 경찰은 최루가스와 무력으로 진압했다. 경찰에 의한 무차별 폭행이 있었으며, 경찰의 발포로 사망자도 발생했다. 그러나 킹 목사 일행은 굴복하지 않고 사람들과 행진을 계속하였다. 린든 존슨(Lyndon Johnson) 미 대통령도 연방군을 파견해 킹 목사 일행의 행진을 보호하도록 했다. 시위에는 최종적으로 모두 2만 5천여 명이 참여했다.[142]

이 사건의 표면적 쟁점은 고속도로 점거 행진에 대한 표현의 자유 인정 여부였다. 그러나 본질적 쟁점은 흑인 인권을 둘러싼 사회적 갈등이었다. 주정부는 교통방해를 이유로 시위를 금지시켰다. 주정부의 결정은 형식적인 법적 절차를 준수해야 한다는 관점을 제시한 것이다. 그러나 주정부의 시위 금지 이면에는 흑백 분리주의자의 인권차별이 투영되어 있다. 지방법원은 고속도로상 행진은 헌법의 보호 영역 밖이지만, 행진의 명분이 흑인의 인권보호(투표권 부여)라는 점에서 행진을 승인하는 것이 타당하다고 판결하였다. 법원은 보편적 가치를 위해, 자치를 위해, 공공선을 위해 시위대의 표현의 자유를 인정하였다. 법원은 중립이 아닌, 적극적인 도덕적 가치를 실현하는 쪽으로 입장을 밝혔다.[143]

---

141) Sandel(1998) DD, p.90. 킹 목사는 흑인 인권운동으로 1964년 노벨평화상을 받았으며, 1968년 테네시주 멤피스에서 암살되었다. 당시 앨라배마주 셀마의 경우 시민 절반이 흑인이었지만, 투표권을 보장받은 흑인은 그중 1%에 불과하였다. 흑인들은 당시 문맹 검사(Literacy Test)와 투표세로 인해 많은 사람이 투표권이 없었다. 흑인 참정권은 사실상 박탈당한 상태였다.

142) 이 행진은 영화 <셀마(Selma, 2014)>로 소개되었다.

143) Sandel(2005) PP, p.260.

킹 목사의 앨라배마 행진은 고속도로상의 집단 행동으로 타인에게 교통 불편을 초래한 것이다. 직접적인 위해가 발생한 것이다. 그러나 지방법원은 더 큰 사회적 정의를 위해 표현의 자유를 인정했다. 셀마 행진 이후 5개월 후 미국 연방 의회는 「투표권리법(Voting Rights Act, 1965)」을 통과시켰다. 이로써 흑인도 선거에 참여할 수 있게 되었다. 이 행진은 미국 사회에서 흑인 인권운동의 시발점이 되었다. 도덕적 가치(좋음)를 상위에 둔 것이다. 그것을 출발점으로 해서 미국 남부 지역 흑인 인권에 대한 새로운 사회적 의제가 형성되었고 결국은 사회적 변혁을 이룩할 수 있었다.

샌델은 킹 목사의 셀마 행진이 공동체주의 정신을 실천한 것이라고 강조한다. 그러나 롤스의 평등주의적 자유주의도 킹 목사의 흑인 인권 개선을 지지하기는 마찬가지이다. 흑인 인권운동의 바탕에는 롤스의 평등주의적 자유주의와 샌델의 공동체주의가 동시에 자리하고 있다. 롤스 정의론에서 기본적 자유의 평등성 원칙은 피부색과 인종, 나이, 재산, 성별, 교육수준 등에 관계없이 사람은 누구나 평등하게 대우받아야 한다는 것을 강조한다. 롤스는 인간 기본권의 평등성을 강조하는 정의의 제1원칙이 심각하게 위반될 경우, 즉 양심의 자유와 표현의 자유가 침해될 경우에 시민불복종 행위가 정당화된다고 강조했음을 상기할 필요가 있다.[144] 따라서 킹 목사의 인권운동은 자유지상주의적 철학을 배격하면서 샌델의 공공선과 롤스의 기본적 자유의 불가침성을 동시에 지향한 것이라고 볼 수 있다. 흑인 인권 문제는 민주주의 발전이라는 역사의 흐름 속에서 해결될 문제에 해당한다고 보는 것이 타당하다.[145]

---

144) Rawls(1999) RTJ, p.320.

145) 맹주만(2013) 샌델과 공화주의 공공철학. p.90.

**표 19 | 각 사례에 대한 정치철학의 표현의 자유 인정 여부(X: 불허, O: 허용)**

| 사례 | 행정부와 법원의 입장 | 공동체주의 | 평등주의적 자유주의 | 자유지상주의 |
|---|---|---|---|---|
| 스코키 행진 | 시 정부: 불허<br>법원: 허용 | X<br>표현의 자유 불허 | O<br>표현의 자유 허용 | O<br>직접적 해악이 없기에 표현의 자유 허용 |
| 샬러츠빌 집회 | 시 정부: 불허<br>법원: 허용 | X<br>표현의 자유 불허 | O<br>표현의 자유 허용 | O<br>표현의 자유 허용 |
| 포르노그래피 | 시 정부: 불허<br>법원: 허용 | X<br>표현의 자유 불허 | O<br>표현의 자유 허용 | O<br>직접적 해악이 없기에 표현의 자유 허용 |
| 코헨 사건 | 시 정부: 불허<br>법원: 허용 | X<br>표현의 자유 불허 | O<br>표현의 자유 허용 | O<br>표현의 자유 허용 |
| 킹 목사 인권 행진 | 주 정부: 불허<br>법원: 허용 | O<br>표현의 자유 배제한 것은 잘못<br>표현의 자유 허용 | O<br>표현의 자유 허용<br>시민불복종 차원에서 표현의 자유 허용 | X<br>표현의 자유 불허<br>타인의 고통과 통행 권리에 대한 침해 발생 |

<표 19>는 앞에서 제시한 사례들에 대해 공동체주의, 평등주의적 자유주의, 자유지상주의 관점에서 본 표현의 자유 허용 여부를 비교한 것이다. 모두 5가지의 쟁점 사례에서 법원은 모두 표현의 자유를 인정하였다. 그러나 샌델은 법원 판결이 기초로 한 자유주의 관점의 표현의 자유는 공동체의 도덕적 판단, 공동체의 공공선을 침해하는 치명적인 한계가 있었다고 지적한다. 인종차별주의나 폭력적 포르노물에 대해 국가 중립성 이름 아래 표현의 자유를 인정하는 것은 공동체의 구성원을 존중하는 데 실패한 것이라고 본다. 스코키 행진의 경우에는 표현의 자유를 인정함으로써 시민들의 정신적 위해가 발생했다고 비판한다. 또한 지역 공동체의 도덕적 판단이 인정되지 않아서 주민들의 자치가 위협받았다고 말한다. 샌델은 스코키, 샬러츠빌, 인디애나폴리스 시민들이 공동체 생활을 존중하기 위해서 좋은 삶을 스스로 선택하고 그것을 공동체의 좋은 표본으로 선택하려는 행동이 법원에 의해 기각되었고, 결과적으로 공공선을 침해하는 사회적 비용이 발생하였다고 지적한다.

이에 반해 평등주의적 자유주의와 자유지상주의는 스코키 행진을 비롯해 샬러츠빌 집회, 포르노그래피, 코헨 사건의 경우에 직접적인 해악이 없다면 당사자의 표현의 자유를 허용해야 한다고 본다. 평등주의적 자유주의와 자유지상주의는 공공선에 기초한 샌델의 표현의 자유 불허 입장에 반대한다. 롤스의 입장에서는 일리노이주 스코키에서 발생한 홀로코스트 희생자에 대한 반유대인 시위나 샬러츠빌에서 발생한 백인우월주의자의 집회는 그것이 타인에게 직접적인 위해를 가하지 않고 평화적으로 이뤄지는 것이라면 표현의 자유 관점에서 허용할 것을 주장한다. 롤스는 인권의 관점에서 그러한 주장을 동의하지 않는다 해도 자신의 의견을 평화적으로 밝히는 것은 표현의 자유의 불가침성이라는 원칙을 수용해 허용되어야 한다고 본다. 즉 스코키와 샬러츠빌 행사에 반대하는 측 입장에서 보면, 비록 그러한 행진이 진행되었다 하더라도 그것에 대해 재반박할 길이 열려 있기 때문에 그 행위 자체를 못하도록 규제하는 것이 실효성이 있는지 의문을 제기한다. 롤스는 무지의 베일에서 합의한 사항은 정의의 원칙이라는 점에서 표현의 자유가 타인에게 직접적인 위해를 가하지 않는 한, 규제

할 수 없다고 본다.

롤스는 스코키 마을 등에서 표현의 자유를 금지하는 것이 공공선에 해당한다는 공동체주의의 요구는 일견 필요한 조치일지 모른다고 인정한다. 그러나 롤스는 그 경우에도 표현의 자유를 봉쇄하는 것만이 공공선이라는 주장에는 동의하지 않는다. 반대자에게 반대의 자유를 허용하지 않는 방식으로 이견을 인정하지 않고 차단한다면 그 자체가 정치적 자유주의의 체제에서는 정치적 폭력이고 억압에 해당한다고 본 것이다. 즉 취지에 동의하지 않더라도 해악의 원리에 따라 직접적인 해악을 초래하지 않는 반대라면 표현할 수 있는 기회 자체를 봉쇄하는 것은 정의롭지 못하다고 본다.

킹 목사 행진의 경우에는 입장이 엇갈린다. 자유지상주의는 고속도로 행진이 타인의 고속도로상의 자유로운 자동차 운행을 방해하는 것이기 때문에 킹 목사 일행의 표현의 자유는 인정되지 않는다고 본다. 평등주의적 자유주의는 타인의 권리를 침범한다는 점에서 행진을 불허한다는 입장을 보일 수 있다. 그러나 이 사건에서 흑인에 대한 인권침해는 롤스 정의론의 기본적 자유의 평등성을 위반한 것이다. 롤스가 말하는 평등성은 기본적 권리가 인종에 따라 차이가 있어서는 안 된다는 것을 의미한다. 롤스는 개인의 양심의 자유와 표현의 자유가 심각하게 침해되면 시민불복종 또는 양심적 거부가 정당하다고 지적한 바 있다.[146] 따라서 킹 목사의 셀마 행진은 부당한 인권 침해에 대한 양심적 거부라는 점에서 표현의 자유를 인정할 수 있다. 샌델의 공동체주의는 킹 목사 행진이 교통위반이라는 형식적 위법 행위가 있다 하더라도 공공선이라는 가치를 올바로 실현한 대표적인 표현의 자유 인정 사례로 평가한다.

우리 사회에도 표현의 자유를 둘러싸고 상당한 입장 차이가 있다. 예를 들어 하버드대학교 로스쿨에 재직 중인 존 마크 램지어(John Mark Ramseyer) 교수의 사례를 살펴보자. 램지어 교수는 논문 "태평양전쟁에서의 성 계약(Contracting for sex in the Pacific War)"에서 일제 강점기 당시 한국인 위안부는 강제로 끌려간 것이 아니라 계약에 따라 자발적으로 행동한 매춘부였다고 주장하였다. 또한

146) Rawls(1999) RTJ, pp.320-327.

그는 "자경단: 일본 경찰, 조선인 학살과 사립 보안업체"라는 논문에서 간토(관동)대지진 당시 조선인 학살은 조선인의 범죄에 대한 정당방위였다고 주장하였다. 램지어 교수의 이런 역사인식에 대해 하버드대학교 한인 유학생회뿐 아니라 한국 언론도 구체적인 쟁점에 대해 조목조목 반박하였다.[147] 공동체주의에 따르면, 램지어 교수의 논문은 학문의 자유와 표현의 자유라 하더라도 공공선의 관점에서는 억제되고 제지되는 것이 정의로운 것이다. 그러나 롤스의 관점은 위안부 계약설이나 조선인학살 정당방위 주장에 동의하지 않더라도 그런 생각을 말하는 표현의 자유 자체를 제지할 수는 없다고 본다. 따라서 롤스 입장은 램지어 교수의 주장에 제시된 사실관계 등이 진실에 기반한 것인지 아니면 임의로 사실관계를 왜곡하였는지에 대해 계속적인 반박과 재반박의 논쟁을 요구한다.

「5·18민주화운동 등에 관한 특별법」은 5·18민주화운동에 대해 허위사실을 발언하거나 전시물을 전시하는 사람을 처벌하는 조항을 신설하였다. 이 법은 5·18민주화운동에 대한 악의적 왜곡과 폄훼를 사법적으로 처벌하는 토대를 제공하고 있다. 여기에 더해 세월호 참사, 일제강점기 종군위안부 피해자를 보호하자는 논의도 이어지고 있다.

『제국의 위안부』에서 일본군 위안부 피해자를 자발적 매춘자라고 한 세종대학교 박유하 명예교수에 대한 명예훼손 소송도 같은 맥락이다.[148] 공동체의 이익과 목표를 침해한다는 이유로 표현의 자유를 규제할 수 있다고 보는 것은 공동체주의 언론철학을 반영한 것이다. 롤스의 평등주의적 자유주의 관점은 논쟁적 사안뿐 아니라 비록 그 내용이 결과적으로 틀린 사실에 기반하더라도 표현의 자유를 제한하는 것은 원초적 입장에서 합의한 내용을 파기한 것에 해당한다. 평등주의적 자유주의는 표현의 자유를 비롯한 기본적 자유의 불가침성을 정의의 제1원칙으로 제시한 바 있다.

---

147) 경향신문(2021.3.2) 하버드대 학부생 대표 기구, '위안부=매춘부' 논문 램지어 교수 규탄 성명 채택 <https://www.khan.co.kr/world/world-general/article/202103021216001>

148) 박유하(2013) 제국의 위안부. 뿌리와 이파리. 대법원은 2023년 10월 박유하 교수의 학문적 주장 내지 의견표명에 대해 명예훼손죄로 처벌하기 어렵다고 판단했다.

진보적 성향의 대학생들이 광화문에서 북한의 김정은 조선노동당 총비서 지지연설을 평화적으로 할 경우 표현의 자유를 허용할 것인지도 논란이 된다. 공동체주의적 관점에서는 그것은 우리 체제의 공공선을 침해하는 표현에 해당되는 것이라고 볼 수 있다. 대학생일지라도 그런 행위에 대해 수수방관할 경우 사회 전체적으로 큰 손해를 볼 것이라고 간주할 경우에는 제한이 필요하다고 볼 수 있다. 그러나 학생들이 양심의 자유에 따른 것이라고 주장하고 나아가 타인에게 직접적인 물리적 피해를 끼치는 것이 아니기에 표현의 자유를 제한적으로 인정할 수 있다고 본다면 그것은 롤스의 평등주의적 자유주의 언론철학을 적용한 것에 해당한다.

탈북민들이 휴전선 접경 지역에서 날리는 대북 전단도 표현의 자유 관점에서 생각해 볼 문제이다. 대북 전단 살포는 「남북관계 발전에 관한 법률」(약칭: 대북전단금지법)에 따라 한동안 금지되다가 헌법재판소 위헌결정(2023년 9월) 이후 표현의 자유가 인정되었다. 롤스의 관점에서 보면, 전단 금지는 탈북민의 표현의 자유를 제한하는 것이다. 그러나 공동체주의 입장에서 보면, 대북전단금지법은 전단 살포에 대응한 북한의 군사적 반발 위협과 국민의 안전, 그리고 장기적으로 남북 간의 화해협력 정신이라는 공공선을 고려한 공동체주의 철학에 기반한 규제로 볼 수 있다.

### 4) 공동체주의 관점의 표현의 자유

공동체주의 관점의 표현의 자유가 갖는 함의를 종합적으로 정리하면 다음과 같다. 첫째, 국가는 표현의 자유와 관련해 평등주의적 자유주의처럼 중립을 표방해서는 안 되며, 공공선을 위한 도덕적 가치를 기준으로 표현의 자유에 대해 적극적으로 관여하고 필요하다면 규제하여야 한다. 샌델의 공동체주의는 표현의 자유를 공공선, 자치 관점에서 평가한다. 언론의 자유와 표현의 자유는 공동체의 좋은 삶을 위해 공헌할 때 비로소 도덕적 가치를 갖는다. 따라서 포르노그래피 같은 노골적인 성적 표현을 할 자유, 유대인 생존자에 대한 혐오표현, 백인우월주의 집회, 나아가 표현의 자유를 내세우며 국기(national flag)를 불태우는 자유 등은 공공선을 침해하기에 보호할 수 없다고 본다.[149)]

공동체주의 언론관에 따르면 자유주의적 언론관은 표현의 자유를 보호한다는 이유로 국가와 사회, 공동체의 기본 가치를 평가절하하는 행위에 대해 관대하다. 그러나 공동체주의 시각은 혐오표현(hate speech)이나 포르노그래피에 대한 표현의 자유 허용을 단호히 거부한다. 공공선, 공동체의 이익, 구성원의 좋은 삶을 위해 언론이 적극적인 역할을 할 수 있어야 한다고 생각하기 때문이다. 국가는 중립이 아니라 적극적인 가치 옹호자로서의 도덕적 가치관을 분명하게 가져야 한다는 것이 공동체주의 시각의 표현의 자유 내용이다. 앞에서 살펴본 것처럼 샌델에게 종교의 자유는 단순한 종교 선택의 자유가 아니라 프로테스탄트(신교)가 갖는 종교적 가치를 공동체에 실현할 수 있도록 하는 것이다. 샌델이 종교의 자유를 공공선 증진이라는 관점에서 본 것처럼 공동체주의는 표현의 자유도 공공선의 관점에서 이해한다.

둘째, 공동체주의는 공동체의 공공선에 부합되지 않는 표현의 자유는 수정헌법 제1조의 보호 대상이 될 수 없다고 본다. 공공선과 자치, 시민적 덕성, 도덕적 가치를 위하여 필요하다면 표현의 자유를 제한할 수 있다고 본다. 다른 사람이 듣고 보기 싫어하는 혐오표현이나 포르노그래피 표현에 대해 국가 행정의 개입을 인정한다. 공동체주의 시각은 국가의 개입을 원칙적으로 용인한다. 공동체주의에서 강조하는 자유는 적극적으로 공적 가치를 실현함으로써 달성될 수 있다. 공동체주의의 자유는 외부로부터의 간섭을 배제하는 소극적 자유가 아니다. 자유주의 전통은 다양한 가치를 수용하는 체제라고 한다면, 공동체주의 전통은 그러한 가치 수용에 제동을 거는 체제이다.

샌델의 공동체주의가 지향하는 표현의 자유는 결국 말하는 사람(화자, 話者) 중심의 자유가 아니라, 듣는 사람(청자, 聽者) 중심의 표현의 자유이다. 공동체 내부에 지켜야 할 도덕적 가치(공공선)가 형성되어 있다면 표현의 자유는 그것

149) Pettit(1998) Reworking Sandel's Republicanism. The Journal of Philosophy 95(2), p.92.

을 지키는 자유이다. 표현의 자유는 그런 공공선을 수호할 의무를 진다. 따라서 공동체의 도덕적 가치를 넘어서는 표현이나 행위를 금하고 부인하는 것이 공동체주의 표현의 자유에 부합한다. 그렇기에 공동체주의는 스코키에서 홀로코스트 주민들에 대한 반유대 행진을 반대하고, 샬러츠빌에서 백인우월주의자들의 집회를 반대한 것이다.

셋째, 어떤 표현이나 행위가 공동체주의적 입장의 공공선에 부합하는 것인지 또는 부합하지 않는지에 대해 누가, 어떻게 확인할 것인가 하는 문제는 여전히 남아있다. 공공선에 부합하지 않는다고 해서 부인되는 표현의 자유는 사회가 보호할 가치가 없는 것인가에 대한 논쟁도 가능하다. 나아가 우리나라처럼 정파적으로 분열된 상황에서 합의를 통해 공공선을 확인하고 제고할 방안을 찾기도 쉽지 않다. 공공선에 대해 엇갈리는 사회적 목소리가 드러날 경우에 한쪽에 대해서만 표현의 자유를 인정한다면, 그것으로 초래되는 불평등은 어떻게 치유될 수 있을까? 혐오표현이라고 해서 단순히 말하는 것조차 막는 것이 정의로운 것인가? 공동체주의는 이런 질문들에 대해 시민 참여와 시민적 덕성을 바탕으로 토론을 벌인다면 공공선을 확인할 수 있을 것이라는 낙관적 전망을 갖고 있다. 좋음을 바라보는 각자의 입장을 제시하고 치열하게 논쟁하자고 제안한다. 그러나 구체적 사안에서 표현의 자유와 공공선을 어떻게 동시에 확보할 수 있을지는 기준과 입장이 분명하지 않다.

샌델 철학은 자유와 권리의 다원성을 인정한다고 하지만, 공동체의 공공선을 다원적 관점에서 찾는 것 같지는 않다. 그가 말하는 공공선이 개인의 다원적 가치를 제대로 인정하는 가운데 찾을 수 있는 것인지는 모호하다. 도덕적 논쟁(예를 들어 낙태나 종교의 자유)에서 구성원들이 참여를 통해 협의한다고 해서 공공선에 도달할 수 있을지도 알 수 없다. 도덕적 문제에 있어서 입장이나 기본적 원칙이 다르다면 논의와 협의를 거칠수록 해법을 찾기보다는 대치와 혼란, 갈등, 내전 상황이 펼쳐질 가능성이 크기 때문이다.

맹주만은 "샌델식의 관점에서 우리가 추구하는 공동선들이 모두 공공적 문제이면서도 그 해결 역시 또 다른 선관이나 공공선에 의해서만 가능하다면, 그것은 보다 약한 선의 제거를 위해 더욱 강력한 선에 의존해야 한다. 이 같은 상황에 숨겨져 있는 치명적인 결함은, 샌델이 강조하듯이, 언제나 선의 표준을 특정한 사람에게서 찾아야 할 공산이 크며, 더욱이 충분히 합당한 선의 기준이 마련되어 있지 않는 한, 우리는 정확히 그 사람이 누구인지 알기가 쉽지 않다는 데 있다" 고 지적한다.[150] 맹주만의 지적은 샌델의 공공선 기준이 실천의 영역에서 합의되고 동의되기까지 상당한 논란이 예상되며, 경우에 따라서는 공공선 결정이 소수에 의해 권위적으로 이뤄질 가능성과 그에 따른 위험성을 제시한 것이다.

넷째, 청자 중심의 표현의 자유는 결국 공공선을 결정하는 데 있어서 필연적으로 국가권력의 개입을 허용한다. 자유주의 언론철학은 가짜뉴스 규제를 위해 정부가 적극 개입하는 것은 정부에 반대하는 논쟁적 의견들을 공공선에 반대한다는 명분으로 제한하려는 행위로 간주한다. 나아가 공공선을 결정하는 과정에서 공리주의에 바탕한 '다수의 압제'(tyranny of the majority)가 나타날 가능성이 크다고 비판한다.[151] 자유주의 철학은 공공선을 위해서 표현의 자유를 제한하는 것은 다수의 이름으로 행하는 일방적 결정일 가능성이 높다고 본다. 공적 기관은 가짜뉴스를 이유로 표현의 자유를 제한하는 것이 공익이나 공공선에 기여할 것이라는 규제 유혹에 빠질 가능성이 크다. 가짜뉴스에 대한 공적인 규제를 위해서는 먼저 가짜뉴스에 대한 판단 주체와 판단 기준 및 방법, 규제 정도 등에 대한 사회적 숙의가 필요하다. 실제 유럽의 경우에 온라인 콘텐츠에 대한 규제는 아동학대, 테러행위, 사이버 불링(괴롭힘), 자해 자살을 부추기는 내용 등 대단히 예외적인 대상으로 한정해서 이뤄지고 있음을 참고할 필요가 있다.

다섯째, 공공선을 기준으로 한 표현의 자유 제한은 개인이 갖는 표현의 자유가 사람들 사이에 비대칭이 될 가능성을 내포한다. 그러나 오늘날 온라인 소통공간에서 볼 수 있듯이 공동체의 공공선은 비대칭적인 표현의 자유가 아니라 오히려 누구든 자신의 생각과 양심을 원하는 만큼 표현할 수 있는 자유를 누리

150) 맹주만(2012) 롤스와 샌델, 공동선과 정의감. p.342.

151) Pettit(1998) Reworking Sandel's Republicanism, The Journal of Philosophy 95(2), p.81.

도록 보장하는 것이 공공선을 확보하는 방안이다.[152] 따라서 공공선을 이유로 표현의 자유를 제한하는 것이 아니라 모두가 동등한 표현의 자유를 누리고, 그러한 권능을 실행할 수 있는 상태를 확보하는 것도 선을 보장하는 방법이 될 수 있다. 오히려 롤스식의 평등한 자유의 보장을 통해 모두가 평등한 표현의 자유를 갖도록 하는 것이 공동선을 보장하는 방법이 될 수 있다.[153] 롤스의 경우에도 모든 경우에 표현의 자유를 보장하는 것이 아니라, 공동이익의 원칙에 따라 모두에게 이익이 되는 경우가 있다면 표현의 자유에 대한 규제가 가능하기 때문이다.

정리하면, 공동체 내에서 도덕적 책무를 수행하거나 연대의식을 이행하는 것은 좋음을 실천하는 것일 수 있다. 그러나 좋음을 추구하는 것이 곧바로 정의롭다는 주장은 논리의 비약일 수 있다. 역사를 통해 살펴보면, 공공선이라는 이름으로 자행된 폭력과 비도덕의 경험도 적지 않았다. 미국 건국의 아버지들은 건국 당시 관행인 노예제를 옹호했다. 미국의 경우 여성과 흑인, 소수자의 인권보호에 소홀한 역사가 있었다. 한국의 경우에도, 19세기 서세동점하던 시기에 조선의 가톨릭 탄압과 김대건 신부 순교, 절두산 묘역의 서양 선교사 무덤은 당시의 공공선을 적용한 결과였다. 쇄국을 공공선으로 규정한 조선말 집권세력의 뜻이 담긴 것이다. 중세와 근대의 마녀사냥은 종교적 가치를 유지하기 위한 폭력적 행위였다. '그래도 지구는 둥글다'고 했던 콜럼버스의 항변은 관행과 관습에 대한 저항이었다.

공동체주의는 시민의 덕성 함양과 관용을 통한 인격 형성적 정치(formative politics)를 강조한다. 공동체주의는 이를 통해 좋음의 우선성을 강조한다. 그러나 좋음의 추구가 반드시 사회적 정의를 확보한다고는 할 수 없다. 샌델이 공리주의와 평등주의적 자유주의를 비판하면서 제안한 공동체주의는 각론으로 접어들면 모호한 점이 적지 않다. 결국 샌델의 주장은 모든 것을 공공선의 관점에서

152) Bellamy, Richard(2013) Rights, Republicanism and Democracy. p.261 in Niederberger, Andreas and Schink, Philipp (eds.) Republican Democracy, Edinburgh University Press.

153) Rawls(1999) RTJ, p.53; Rawls(2001) JFR, p.45.

해결하는 것이 아니라, 자유주의 공공철학이 갖는 문제점을 보완하는 대안으로 공동체의 공공선을 살펴보자는 뜻으로 이해하는 것이 타당한 것 같다. 샌델은 자신의 공동체주의 철학이 롤스 철학을 비판한 것이라고 주장하지만, 그의 철학이 롤스 이론을 대체하는 것이 아니라 보완하는 것이라고 이해하면 상호 접목 가능하다. 그러나 샌델을 롤스의 보완재로 보는 시각을 수긍하지 않는 견해도 상당하다. 이상환은 "(샌델이) 공동체주의가 자유주의를 대체하는 것이 아니라 보완하는 것이라고 변명할 때조차 공동체주의의 억압적 경향은 사라지지 않는다"고 비판한다.[154)]

## 4 공동체주의에 대한 평가와 영향

### 자유주의 이론의 문제점을 지적

샌델의 공동체주의는 공공선의 관점에서 평등주의적 자유주의와 자유지상주의가 갖는 한계를 지적한 공헌이 있다. 공동체의 도덕적 가치를 회복해야 한다는 샌델의 논거는 자유주의가 경청해야 할 대목임이 분명하다. 샌델 철학은 공동체가 갖는 도덕적, 윤리적 가치를 강조함으로써 물질적 이해와 개인의 권리 담론에 치우친 자유주의 정치를 비판한다.[155)] 이런 관점에서 공동체주의 철학이 갖는 정치적·경제적·사회적 의미를 성찰할 필요가 있다. 자유주의 철학의 한계를 공동체주의 관점에서 재조명하는 것은 자유주의의 진화와 발전을 위해서도 필요한 일이기 때문이다.

공동체주의에 따르면, 개인은 홀로 살아가는 존재가 아니다. 사람은 타인과의 만남을 통해서 존재의 의미를 찾는다. 샌델은 이런 이상(理想)을 실현하는 것을 좋은 정치, 좋은 민주주의로 이해한다. 샌델이 강조하는 공공선의 정치는 시민의

154) 이상환(2010) 마이클 샌덜의 정의란 무엇인가 서평 - 어떤 정의인가?: 불의의 세상을 살아가는 법. 동서사상 9, p.333.

155) 유홍림(2021) 회색지대 속의 정의 담론. 통일과 평화 13(1), pp.355-357.

식, 참여, 봉사, 도덕을 강조한다. 개인의 자유는 불가침의 자연권이 아니라 참여와 자치의 결과물이라고 간주한다. 이런 점을 감안하면 공동체주의에서 자유의 의미는 고정된 것이 아니라 구성적이며 형성적인 특성이 있다. 공동체의 목적과 공공선에 따라 개인과 공동체의 자유가 구성되고 만들어진다. 따라서 공동체주의적 자유를 위해서는 서로 격려하고 참여하는 시민적 덕성과 협의 능력이 요구된다.[156] 공공의제 논의과정에서 부패를 경계하고 사회적 공공선을 달성하려는 시민적 덕성이 뒷받침되어야 한다. 사회 정의에 대한 다양한 접근 방식이 통합되기 위해서는 각자의 생각을 절충하고 모아갈 토의 역량도 필요하다.

샌델은 오늘날 미국 민주주의에서 노출되는 많은 갈등에 대해 자유주의 철학이 해결할 수 있는 영역은 많지 않다고 지적한다. 이에 반해 공동체주의는 공동체와 자치를 강조함으로써 자유주의로 인해 빈약해진 공동체 생활을 풍부하게 만들 수 있다고 강조한다.[157] 예를 들어 정치적 담론의 빈곤 현상과 인종 간 갈등 심화, 공동체 가치 약화, 도덕적 덕성 취약, 정부에 대한 불신 고조 등은 계약관에 기초한 롤스의 평등주의적 자유주의 철학으로 풀 수 없는 문제라고 주장한다. 2012년 소득 양극화를 비판한 'Occupy Wall Street'(월가를 점령하라) 운동은 자유주의의 한계에 대한 시민 저항운동이었다. 그 배경에는 롤스의 차등의 원칙에 바탕한 복지정책에도 불구하고 대다수 시민은 생존권을 제대로 지킬 수 없다는 위기 의식이 자리잡고 있다. 오늘날 미국에서 공공선과 공동체적 가치를 회복해야 한다는 미국 시민의 요구는 그 어느 때보다 강하다. 2020년 미국 민주당 대통령 후보 예비경선에서 이념적으로 진보적 좌파에 해당하는 버니 샌더스(Bernie Sanders)와 엘리자베스 워렌(Elizabeth Warren) 후보의 선전은 미국 사회에서 깊어지고 있는 불평등과 좌절에 대한 시민들의 불안감이 반영된 결과라고 평가할 수 있다.[158]

156) Sandel(1998) DD, p.26.

157) Sandel(1998) DD, pp.317-318.

158) 샌더스와 워렌은 당내 경선에서 돌풍을 일으켰지만 민주당 대통령 후보로 지명되지는 못했다. 두 후보는 경제 분야에서 부유세 신설, 법인세 인상, 공립대학 무상교육, 전국민의료보험 실시, 기업 근로자 경영참여 확대, 금융거래세 도입 등의 유사한 진보적 경제 공약을 제시했다.

샌델은 공동체주의 공공철학에도 보완할 점이 있다고 인정하면서도 자유주의 철학에 더 큰 오류가 있다고 지적한다. 샌델이 제시하는 자유주의 이념의 한계를 정리하면 다음과 같다. 첫째, 자유주의 공공철학은 시민의 자발적 선택을 강조할 뿐, 시민적 유대감(국가, 민족, 문화, 전통의 구성원으로서 갖는 공통적 생각)이나 도덕적 담론을 고려하지 못하고 있다.159) 둘째, 자유주의는 개인을 독립적, 무연고적 자아로 가정한다. 그러나 개인의 연고성과 성장한 사회적 환경을 감안하지 않고는 개인의 도덕적, 정치적 의무감을 설명할 수 없다. 자유주의는 개인의 자유를 공동체의 자치 또는 공동체 구성원의 덕성으로 승화시키지 못한다. 셋째, 자유주의가 내세우는 정치적 담론에는 도덕적 울림이 부족하다. 정치적 의제에 도덕적 담론이 결여되어 있다. 오늘날 미국 사회에서 시민들이 각자 삶에 대한 통제력을 잃어감에도 자유주의 시민관은 시민들이 어떻게 행동해야 할 것인지에 대한 방향성을 제시하지 못하고 있다. 왜냐하면 정부가 좋은 삶에 대한 여러 선택지에 대해 중립적인 입장을 취하기 때문이다. 국가는 개인들에게 무엇이 좋은 삶인지 구체적으로 제시하지 않기 때문이다.160) 샌델의 공동체주의는 위에서 제기한 자유주의의 문제점을 공동체주의를 통해 해소할 것을 강조한다.161) 샌델은 공동체 가치, 사회적 연대를 통해 구성원들에게 무엇이 좋은 것인지를 제시할 수 있다면 옳음의 우선성을 강조하는 롤스의 평등주의적 자유주의에 비해 더 정의로울 수 있다고 지적한다.

샌델도 공동체주의가 갖는 한계점을 인정하고 있다. 공공선을 내세워 개인의 선택권을 침해할 가능성과 공동체의 타락, 부패 가능성이다. 공동체주의는 공공선을 기준으로 공동체의 목표를 정하기 때문에 여러 가지 정치적 의견에 대해 좋고 싫음의 정도가 분명하게 나타난다. 따라서 공공선과 거리가 멀다고 판단되는 의견은 심한 차별을 받을 수 있다. 이른바 시대정신(zeitgeist)을 내세워 도덕적 가치가 낮다고 보이는 의견은 공론장에서 무시될 가능성이 높다. 또한 공동체주의 정치는 형성적(formative) 정치를 지향하기 때문에 늘 시끄럽고 소란

159) Sandel(1998) DD, p.322.

160) Sandel(1998) DD, pp.321-324.

161) Sandel(2005) PP, p.252.

스럽다. 공공선을 기준으로 정치적 의견을 재단하면 공공선은 자칫 도덕적 근본주의 성향을 보여 결과적으로 도덕적 가치의 다양성이 줄어들 수 있다. 샌델은 전통적 공동체주의가 앞세우는 공공선은 루소식의 일반 의지적 특성을 띄게 돼 배타적, 억압적 특성이 두드러진다고 지적한다. 공동체주의에서 하나의 공공선을 전제하게 되면 그 공공선을 향한 공동체의 압력은 자칫 강압적 특성을 나타낼 수 있기 때문이다. 공동체가 공공선과 도덕가치를 잘못 설정하면 사회 갈등은 첨예해질 수밖에 없다. 샌델은 이런 근거를 이유로 공동체의 전통과 지배적 가치를 신봉하는 전통적 공동체주의와 자신의 공동체주의를 구별한다.[162) ]전통적 공동체주의에서 나타난 것처럼 샌델도 공동체의 전통과 관습을 맹목적으로 수용하는 것은 위험하다고 본 것이다.

샌델은 미국 역사를 돌이켜 보면, 공동체주의를 맹목적으로 수용해 획일적이고 배타적인 관습과 관행이 득세한 때가 없지 않았음을 인정한다. 이런 공동체주의에서 소수자 의견은 언제나 억압을 받아왔다. 공공선을 추종한다는 명분으로 사람들의 인권은 침해되었다.[163)] 미국 남북전쟁 이전의 노예제는 형식적으로는 자유지상주의 주장(재산권 침해 불가)을 반영한 것이지만, 그 이면에는 공동체주의의 특성이 개입되어 있었다. 노예제는 당시 관행과 관습의 이름 아래 미국 남부지역에서는 공공선으로 간주되었기 때문이다.

미국 선거권 확대 역사를 보면, 전통과 관행을 공공선으로 포장한 공동체주의는 선거권 확대를 저지하는 이론적 기반을 제공하였다. 선거권 확대는 사실 자유주의가 영향을 미친 결과이다.[164)] 미국은 남북전쟁 이후 1870년 흑인 남성에게 보통 선거권을 부여하였다. 그러나 선거 제도는 명목적으로 갖춰졌지만 남부 대부분 지역이 흑인에게 투표세를 부과하고 문맹시험을 치게 해 실제 선거권을 가진 흑인은 인구대비 2%에 불과하였다. 흑인이 실질적으로 투표권을 갖게된 것은 1965년 앨라배마 셀마 행진 이후 「선거권법(Voting Rights Act)」

---

162) Sandel(2005) PP, pp.252-253.

163) Sandel(1998) DD, p.6.

164) 롤스의 정치적 자유주의는 노예제, 선거권 차별을 반대한다. 노예제와 선거권 차별은 정의의 제1원칙 기본적 자유의 평등성을 침해하기 때문이다.

통과 이후이다.

또한 미국 내 소수자의 투표권도 제한적이었다. <그림 3>은 미국 백인 여성의 투표권 확장 추이를 보여준다. <그림 3>에 제시된 것처럼, 백인 여성에게 투표권을 부여한 최초의 지역은 1869년 와이오밍(Wyoming)이다. 이후 1909년 인근 콜로라도(Colorado), 유타(Utah), 아이다호(Idaho)가 뒤따랐다. 1919년에는 모두 24개 주가 투표권을 부여했다. 이 중 2개 주는 대통령 선거인단을 뽑는 프라이머리(primary)에 참여할 기회를 준 것이며, 7개 주는 대통령 선거 투표권을 준 것이다. 이후 미국 원주민(1924), 중국 이민자(1943)에게 투표권이 부여됐으며, 최종적으로 1965년 성별이나 인종에 관계없이 투표권을 갖게 됐다.[165] 흑인과 여성에 대한 선거권 차별, 재산에 따른 선거권 차별, 해외 이민자에 대한 차별은 공동체주의가 관행과 관습의 이름으로 지지한 결과였다.

샌델은 위에서 살펴본 것처럼, 공동체주의가 미국 역사에서 반인권적, 반도덕적, 반민주적 관습과 전통을 지탱한 이론적 기반일 때가 많았다고 지적한다. 그는 전통적인 공동체주의에서 주장되는 관습과 전통을 보편적인 도덕적, 정치적 관점에서 재평가할 것을 주장한다. 샌델은 킹 목사의 행진에는 찬성하지만 신나치주의자 행진에 반대하는 것은 보편적 가치의 관점에서 공동체의 공공선을 평가하기 때문이라고 강조한다.[166]

### 자유주의의 반박

롤스의 평등주의적 자유주의는 도덕적 가치에 대해 우선 순위를 두지 않는 중립주의라는 비판을 공동체주의로부터 받는다. 롤스에 대한 공동체주의 이론가들의 비판은 샌델이 처음 시작하였다. 이후 찰스 테일러(Charles Taylor), 알래스데

165) 고대 그리스 아테네에서는 전체 인구의 20% 정도가 투표권을 가졌다. 여성, 노예, 외국인은 투표권이 없었다. 남성에게 보통선거권을 인정한 최초의 국가는 프랑스이다. 1792년 프랑스 혁명 이후 재산과 지위에 무관하게 주었다. 여성에게 투표권을 처음으로 부여한 곳은 뉴질랜드(1893)이다. 남아공 흑인에게 투표권이 부여된 때는 1994년이다.

166) Sandel(1982) LLJ, p.xiv.

그림 3 | 미국 주별 여성투표권 현황 벽보(1919년)

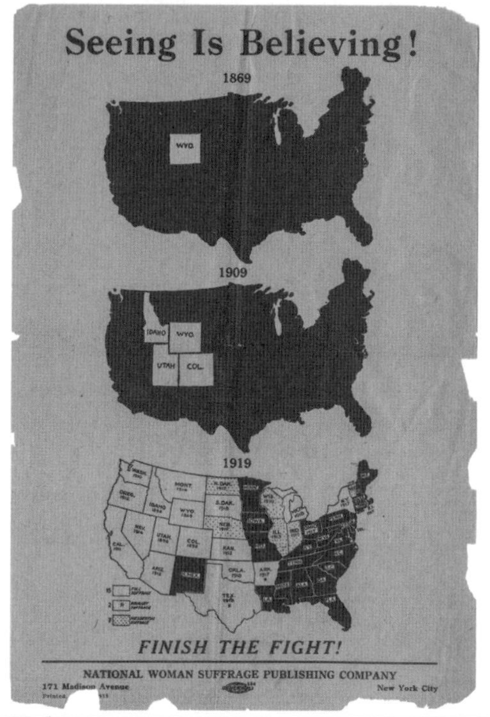


* 출처: Missouri Historical Society

어 매킨타이어(Alasdair MacIntyre), 마이클 왈쩌(Michael Walzer) 등의 공동체주의 사상가들이 롤스 비판 대열에 합류하였다. 공동체주의의 비판 대목을 정리해 보면, 롤스의 평등주의적 자유주의 철학이 공동체의 가치를 적절하게 평가하지 않고, 개인과 공동체의 관계를 계약적, 수단적 관계로 이해한다는 점이다.

롤스는 공동체주의가 자유주의에 비판하는 도덕적 가치의 회피, 국가 중립성, 절차적 공화국 등은 오해에서 비롯된 것이라고 반박한다. 롤스는 자신의 평등주의적 자유주의 철학이 공동체와 사회의 도덕적 덕성에 무관심한 것은 아니라고 말한다. 롤스 철학에는 개인의 다양한 의견과 이익을 중시하는 사고가 바탕에 있다. 롤스는 이런 다양한 신념체계 간의 통합, 조정을 위해서 시민의 도덕적 덕성 계발을 강조한 바 있다.[167] 롤스의 평등주의적 자유주의가 강조한 상호 협력적 관계,

중첩적 합의, 반성적 균형에 도달하는 시민들 간의 상호 관련성은 시민의 도덕적 덕성 없이는 성취될 수 없는 것들이다. 롤스는 개인을 사적 이익을 추구하는 존재로 보지만, 여기에 더 나아가 개인이 어떤 도덕적 덕성과 권리를 갖고 있다고 본다. 롤스는 『정치적 자유주의』에서 공정한 사회 협력을 위해 시민의 정치적 덕성을 계발(cultivation)하는 것이 중요하다고 강조했다.[168] 그가 제시한 도덕적 덕성은 평등(equality), 자유(liberty), 협력(cooperation), 합당성(reasonableness), 존중(respect), 관용(tolerance), 공정성(sense of fairness) 등이다. 이런 덕목은 공화주의와 공동체주의도 중시하는 가치이다.

평등주의적 자유주의가 공화주의 및 공동체주의와 차이가 있는 점은 롤스의 경우 이들 덕성 가운데 어떤 특정한 도덕적 덕성에 주도적인 무게와 비중을 두지 않았다는 점이다. 롤스는 공공선을 향한 공동체의 집단적 노력에 어떤 대단한 가치를 두지 않았다. 왜냐하면 롤스 철학에서 사람은 다른 사람과 어떤 필연적인 관계를 맺는 존재가 아니기 때문이다. 개인은 기본적으로 독립적 존재이다. 따라서 개인에게 공동체는 자신보다 부차적으로 중요하다. 그렇기에 개인의 권리는 공동체 이익에 우선한다고 본 것이다. 개인의 도덕적 덕성은 정의의 원칙들을 합당하게 추구해 나간다면 자연스럽게 함양될 것으로 보았다. 롤스는 정의 제2원칙 기회균등의 원칙, 차등의 원칙을 실현하다 보면 개인적 차원의 도덕적 덕성이 발전하면서 결과적으로 공적인 차원에 영향을 미칠 것으로 보았다.

국가 중립성에 대한 샌델의 비판에 대해 롤스는 도덕적, 종교적 견해에 대해 국가는 중립적이어야 한다는 입장을 견지한다. 롤스 철학에 따르면 국가는 특정한 신념체계를 정의라고 하지 않는다. 국가의 역할은 옳음의 우선성이라는 관점에서 설정된다. 롤스는 무엇이 최선의 삶이고 어떤 것이 좋은 삶인지에 대해 사람들의 견해가 일치하지 않는다는 점을 중요하게 보았다. 따라서 정부는 이런 문제들에 대해 어떤 분명한 답을 제시하지 않는 중립적 존재여야 한다고 전제한다. 그러나 롤스 철학이 모든 시민적 가치에 대해 국가의 중립을 강조한 것은 아니

167) Rawls(1999) RTJ, p.355.
168) Rawls(1993) PL, p.194.

라고 보아야 한다. 앞에서 논의한 것처럼, 롤스는 『정의론』과 『정치적 자유주의』에서 정의를 위한 시민적 덕성인 협력, 존중, 관용, 평등, 공정 등의 가치를 강조한다. 다만 특정한 도덕적 덕성을 바탕으로 단일한 포괄적 교리를 우선시하는 것에 반대한 것이다. 롤스에게 있어서, 정부는 어떤 삶이 좋은 것인지 제시하지 않고 개개인의 독립적 인격을 존중하는 관리체계를 제공하는 임무를 갖고 있다. 롤스의 이런 평등주의적 자유주의는 공공선을 우선시하는 것이 아니라 공정한 절차와 체계를 우선시한다는 점에서, 샌델은 그러한 체제를 절차적 공화국(procedural republic)이라 이름붙인 것이다.[169]

그러나 절차적 공화국, 중립적 국가를 옹호한다고 비판받는 롤스 철학의 진정한 뜻은 국가가 공적 활동에 대해 방관하거나 손을 놓는 것이 아님을 분명히 해야 한다. 롤스 철학이 표방하는 국가 중립의 진정한 의미는 합당한 포괄적 교리(선관) 사이에서 국가가 중립이라는 뜻이다.[170] 따라서 롤스 정의관이 단순히 절차적 공화국을 지향한다는 비판은 과도하고 지나친 것이다. 미국 민주주의에서 나타나는 부정적 현상들에 대해 롤스와 샌델이 완전히 상반된 입장이라고 하기도 어렵다. 경제적 불평등 심화, 시민 교육의 쇠퇴 등은 두 사람이 모두 공감하는 문제이다. 다만 앞에서도 이야기하였듯 롤스와 샌델은 문제를 풀어가는 방식과 전제에 있어서 차이가 있다.

### 실천적 대안 제시는 부족

샌델은 한국에서 많은 대중적 인기를 누렸다. 그가 쓴 『정의란 무엇인가』는 한국에서 100만 부 이상 팔렸다.[171] 미국에서의 판매량을 상회하는 기록이다. 그러나 샌델의 정치철학은 한국의 학계에서 많은 논란을 일으켰다. 샌델 철학은 자유주의 정의관을 비판했지만, 실천적 대안이나 지침을 제시한 경우는 별로 없다. 샌델의 정의론은 자유주의 사상가들로부터 현실 적용과 발전 가능성

169) Sandel(1998) DD, p.4.

170) Farrelly, Colin(1999) Does Rawls Support the Procedural Republic? A Critical Response to Sandel's Democracy's Discontent. Politics 19(1), pp.29-35.

171) Sandel, Michael. 이창신 역(2010) 정의란 무엇인가.

이 취약하다는 비판을 받는다.[172] 그래서 "『정의란 무엇인가』를 열심히 읽어도 정의가 무엇인지에 관해 명확하게 알지 못하겠다는 불만이 많이 쏟아져 나오는 듯 싶다"는 비판이 나온다.[173] 실천적, 구체적 대안을 찾기 어려운 점은 샌델 공동체주의의 한계라고 할 수 있다.

샌델의 공동체주의가 대안 제시에 미흡하다는 평가를 받는 본질적인 이유는 롤스의 다원주의를 설득력있게 비판하지 못하기 때문이다. 롤스는 현실 세계에 여러 정의관이 함께 존재한다는 점을 인정하면서 정의이론을 제시한다. 그러나 샌델은 공공선을 따르는 좋음의 우선성, 형성적 과정, 공적 논의와 참여를 강조한다. 그러나 이런 원칙들이 구체적으로 어떤 조건과 절차에 따라 진행되는지 모호하다. 물론 샌델은 이에 대해 나름의 답변을 준비하고 있다. 샌델은 참여와 대화, 토론을 통한다면 도덕적, 종교적 갈등이 있더라도 진정한 화해와 합의, 관용이 가능하다고 믿는다.[174] 샌델은 미국 사회가 겪고 있는 다원주의의 위기는 도덕적, 종교적 차이 때문이 아니라 도덕적, 종교적 의제에 대한 유의미한 토론이 없기 때문이라고 보고 있다. 도덕적, 종교적 담론들이 공론장에서 토의될 필요가 있다는 것이 샌델의 주장이다.

그러나 샌델의 이런 주장은 어떤 구체적인 도덕적, 종교적 대안을 제시한다기보다는 참여를 통한 공적 소통의 중요성을 강조한 원론적인 차원의 것으로 보인다. 샌델의 공동체주의는 다원적 가치의 존재를 인정하는 가운데 토론과 숙의를 통해 공동체의 공공선을 만들어 가는 과정을 중시한다고 밝힌다. 그러나 공론장에서 대화하고 토론한다는 것이 곧 합의와 동의를 의미하지는 않는다. 개인이나 집단이 사적 이익을 고집할 경우 대처할 방안에 대해 공동체주의는 적절한 답을 주지 못하고 있다. 또한 공공선을 집행하는 과정에서 소수 의견에 대해 억압적 형태가 나타날 수 있다. 억압은 결국 공동체 내부에서 극단적인 갈등, 대치, 내전으로 이어질 가능성이 높다. 특히 도덕적, 종교적 가치를 놓고 충

---

172) 신중섭(2016) 마이클 샌델의 정의론 바로읽기. p.189.

173) 양천수(2014) 자유주의적 공동체주의 가능성. 법철학연구 17(2), pp.235-236.

174) Sandel(2008) 공동체주의와 공공성. pp.342-343.

돌이 일어난다면, 그러한 갈등은 극단적으로 치달을 수밖에 없다.[175)]

샌델이 한국을 방문했을 때 대담을 가졌던 김선욱은 샌델 철학이 실천적 대안 제시에 한계가 있다는 비판에 대해 “샌델은 롤스를 비판하면서 정의가 그렇게 명료하게 답할 수 있는 게 아님”을 지적한 것이라고 정리한 바 있다.[176)] 유홍림도 샌델 철학은 “정의의 문제를 통해 도덕담론의 필요성에 대해 전사회적 각성을 촉구한 것”이라며 구체적 행동방안의 결여를 인정한다.[177)] 이런 점을 종합적으로 감안하면 샌델의 공동체주의는 롤스의 평등주의적 자유주의를 비판하는데는 혜안을 제시했다고 할 수 있지만 대안을 제시하면서 롤스 철학을 대체했다고 평가하기는 어렵다.

예를 들어 샌델은 낙태 문제에 있어서 국가의 적극적인 개입을 주문한다. 국가는 낙태 문제에 중립을 취하지 말고 무엇이 좋은 방안인지 의견을 제시해야 한다고 강조한다. 수정(conception), 배아(embryo), 태아(fetus) 단계를 거치는 과정에서 어떤 지점을 생명의 출발점으로 볼 것인지 국가가 공적 논쟁과 토론을 주도할 것을 요구한다. 국가는 뒤로 물러나 뒷짐지고 있을 것이 아니라 대화와 토론을 이끌어내 어떤 도덕적 판단에 이르도록 해야 한다고 한다. 그러나 샌델의 이런 제안이 낙태 문제에 대해 사회적 합의안을 도출할 수 있는 합리적 방안으로 볼 수 있을지 의문이다. 낙태 문제에 대한 개인 간의 입장 차이는 사실 대단히 크다. 페미니즘은 낙태금지가 여성의 존엄성, 자기결정권을 침해한다고 본다. 가톨릭에서는 정자와 난자의 수정 자체를 생명으로 본다. 낙태는 살인이기에 어떤 이유로도 정당화될 수 없다고 본다. 낙태를 둘러싸고 태아 생명을 존중할 것인지 아니면 여성의 권리를 중시할 것인지 첨예하게 대치하는 상황에서, 낙태에 대한 도덕적 입장을 모색하고자 제안하는 것은 실천적 대안을 마련하는 것과는 다소 거리가 있다. 특정 방안이 과학적, 도덕적 합리성을 갖더라도

---

175) 정성훈(2016) 공동체주의 공동체의 한계와 현대적 조건에서 현실적인 공동체. 도시인문학연구 8(2), pp.133-154.

176) 김선욱(2021) 능력과 공정과 정의 - 마이클 샌델의 능력주의 비판 -. 철학과 현실, pp.119-132.

177) 유홍림(2021) 회색지대 속의 정의 담론. pp.337-371.

각자의 믿음과 배치됐을 때 동의를 구할 수 있을지 의문이다.

낙태 허용 여부는 20세기 중반 이후 세계적으로 큰 사회적 논쟁이 되고 있다. 사람들은 각자 도덕적, 종교적 기준에 따라 찬성 또는 반대 의견을 갖고 있다. 이런 상황에서 국가가 낙태 금지 또는 찬성의 단일한 합의안을 마련하고 지키는 것이 가능할지 의문이다. 어떤 방안일지라도 현실의 영역에서 합의에 도달할 수 있을지, 합의안이 마련됐다 하더라도 도덕적 정당성을 가진 규범으로 사람들이 수용할 수 있을지 회의적이다. 샌델의 도덕지향적 합의와 토론이 지나치게 낙관적이라고 보는 이유가 여기에 있다.[178)]

샌델의 공동체주의는 도덕적 덕성을 강조하지만 실천적 대안 제시에는 미흡하다. 이런 점에서 보면 제4장에서 다룬 페팃의 공화주의가 샌델이 부족한 부분을 채우는 데 유용한 대안을 제공한다고 볼 수 있다. 페팃 이론은 비지배와 법의 지배를 통해 공화국의 공공선과 개인의 자유를 동시에 달성할 방안을 제시한 것이다. 페팃은 샌델이 롤스의 평등주의적 자유주의를 중립주의(neutralism)라고 비판하는 데 동의한다. 그러나 그는 샌델 철학도 정부의 적극적 개입과 중립적 가치 반대, 절차주의 반대, 공공선 추구 등을 주창한다는 점에서 도덕주의·열정주의·전체주의로 이어질 위험성이 있다고 비판한다.[179)]

페팃의 공화주의가 보기에 공동체주의는 공동체에 대한 정의가 분명하지 않기 때문에 시민과 사회, 국민, 국가, 민족 등의 여러 공동체 간에 충돌이 생길 수도 있다. 이런 경우 어떤 공동체를 우위에 둘 것인가를 두고 사회적 논쟁은 치열해질 것이다. 만일 강압적인 통치체제가 등장한다면 전체주의로 회귀할 위험성은 높아진다. 또한 연고적 자아관과 형성적 자아관이 도덕적 가치와 결합해 맹목성, 독단성을 띨 가능성도 있다. 샌델은 공동체의 열정을 도덕적 가치로 무장한다면 공공선을 살릴 수 있다는 입장이다.[180)] 그러나 모든 시민이 시민적 덕성을 가지는 것이 어렵다고 한다면, 사회적 공공선을 어떻게 정립할 것인지 문제가 생길

---

178) 정작 샌델 본인은 자유주의에서 주장하는 것과 같이 낙태 허용을 지지한다고 고백한다. Sandel(2008) 공동체주의와 공공성. p.344.

179) 조승래(2013) 마이클 샌델의 공화주의. p.176.

180) Sandel(1998) DD, p.26.

수밖에 없다. 이런 공동체의 열정주의, 맹목성을 통제하고 관리하자는 것이 페팃이 제시하는 비지배 자유이다. 임의적으로 마음대로 자유를 간섭할 것이 아니라 사회적 합의에 의해 법률과 규정으로 규율하자는 것이다. 페팃의 공화주의도 롤스처럼 정부의 중립을 요구한다. 그러나 롤스와 다른 점은 공화주의의 경우 공유한 가치를 지향하는 중립주의(shared-value neutralism) 입장이라고 할 수 있다.

### 공동체주의 공공철학의 한계

공동체주의 공공철학은 자유주의 이론의 제한점을 살펴보는 데 유용한 시사점을 제공한다. 그러나 공동체주의 철학 자체가 갖는 이론적 한계도 적지 않다. 여기서는 공동체주의 이념을 사회철학으로 채택할 가능성과 공화주의 이론을 적용했을 경우에 나타날 한계점을 중점적으로 살펴본다.

첫째, 공동체주의 철학의 적용 가능성에 대한 의문이다. 세계는 지금 지구화·세계화 시대로 접어들었으며 그 속도는 점점 빨라지고 있다. 경제적·문화적 측면에서 지구 전체는 하나의 공간으로 변하고 있다. 온라인 커뮤니케이션의 발달로 세계적 차원의 소통이 일상적으로 이뤄지고 있다. 시민의 삶의 영역과 문화적 정체성은 전지구적 차원으로 확장되고 있다. 동시에 각 나라 안에서는 도시화가 빠르게 이뤄지고 있다. 이런 지구화·세계화·도시화 상황에서 공동체의 공공선과 자치를 강조하는 공동체주의적 철학의 입지가 확산될 여지가 있을지 의문이 든다. 공동체를 기반으로한 공화적 시민 정체성은 세계화·도시화 조류에 어떻게 상호 융합될 수 있을까? 나아가 마을(town), 도시(city), 국가(state)라는 다양한 공동체 간의 갈등 조정은 어떻게 이뤄질 수 있을까? 각자의 독립적 특성을 인정하면서 심의와 토론, 논쟁을 통해 개인과 공동체를 넘어서는 공공의 이익을 도출하는 것은 쉽지 않을 것이다.

공동체주의 강화가 자칫 공동체의 열정, 맹목, 압력으로 이어진다면 그것은 또 다른 권위주의 체제를 초래할 가능성이 높다. 공동체주의에서는 개인의 자유와 권리가 구체적으로 어떻게 보호받는지에 대해 모호한 입장이다. 공공선을 추구하는 가운데 자유를 얻을 수 있지만, 공공선에 동의하지 않거나 미온적인 사람의 자유는 어떻게 보호받을 수 있을까? 공공선의 가치 아래 그런 사람들을 포용할 수 있을까? 공동체주의를 둘러싼 이런 복잡한 상황은 결국 공동체 내의 자치, 자기통치 간의 갈등이나 충돌 가능성을 높일 가능성이 높다. 중국 사상계의 거목으로 평가받는 철학자 리쩌허우(李澤厚, 1930-2021)도 샌델의 공동체주의에 비판적이다. 그는 개인의 자유와 권리가 합당하게 보호되지 못하는 사회체제에 샌델의 공동체주의를 적용하는 것에 비판적이다. 리쩌허우는 특히 근대화되지 못한 국가는 샌델의 공동체주의를 받아들일 것이 아니라 오히려 공동체주의와 단절해서 개인의 자유와 법치, 개인의 권리에 대한 국가 중립을 우선시해야 할 것이라고 강조한다.181)

둘째, 공동체주의를 통한 개인과 공동체의 조화 가능성에 대한 의문이다. 샌델은 루소의 일반의지에 따른 단선적 국가운영을 가정한 것은 아닌 것 같다. 대신 알렉시스 토크빌처럼 지역 단위의 작은 공동체를 중심으로 도덕적인 공공선을 회복할 것을 주장하고 있다. 그러나 오늘날 지역 간 통합과 교통의 발달, 인터넷 소통 공간의 발전으로 개인이 관여하는 공동체는 확장되고 다양해졌다. 소규모의 공동체에 각자 참여해 좋은 삶에 대한 도덕적 가치를 공유할 수는 있다. 그러나 국가라는 대규모 공동체에서 합의와 협의 과정을 이뤄내기는 쉽지 않다고 보여진다. 공동체주의 공공철학이 개인의 독립성과 고유성을 인정하면서 공공선에 대해서 합의할 수 있을지 의문이다.

공동체주의에서 말하는 시민의 품성은 공화국의 목표에 따라 형성적으로 만들어지는 것이다. 따라서 공동체의 공공선은 결국 시민의 덕성과 품성을 결정한다. 나쁜(타락한) 공동체는 나쁜(타락한) 품성을 만들 수 있다. 공공선을 향한 공동체의 형성적 기획은 따라서 자유를 확장할 수도 있지만 자칫 억압적 성격을 띨 수 있다.182) 공동체주의 공공철학은 공공선을 추구하는 과정에서 다양성을 규율하는 강력한 중앙 권력(국가)을 필요로 한다.183) 공동체주의가 도덕주의 · 열정주의

181) Li, Zehou(2016) A Response to Michael Sandel and Other Matters. Philosophy East and West 66(4), pp.1068-1147.

182) Sandel(1998) DD, p.321.

183) 신중섭은 "샌델은 결정적인 문제에 부딪칠 때마다 '고민하고 토론하자'고 하지만, 그

로 흐를 경우 합의 과정은 쉽지 않게 된다. 연고성과 형성적 자아관이 도덕적 가치를 얻게 되면 자칫 독단성으로 흐를 가능성도 있다. 에릭 프롬(Erich Fromm)이 '자유로부터의 도피'에서 경고한 것은 공동체주의 공공철학이 길을 잘못 들 경우 시민들은 자발적으로 지도자나 국가에 복종함으로써 안전을 추구한다는 점이다. 자유주의 없는 공동체주의의 결말은 전체주의로 흐를 위험성이 높다는 것이 프롬의 지적이다.[184]

셋째, 샌델의 공동체주의가 자유주의의 한계를 지적한 것은 수긍할 점이 없지 않다. 그러나 자유주의 공공철학에 결함이 있다고 해서 자유주의를 폐기하고 공동체주의를 새로운 대체 공공철학으로 도입할 것인지, 아니면 공동체주의를 보완재로 삼아 자유주의를 새롭게 개선하는 것이 타당한지는 검토해 봐야 한다. 샌델의 공동체주의가 자유주의의 결함을 지적하였지만, 주도적 공공철학으로 채택하기 위해 필요한 구체적 실천방안을 제시하지 못했다는 점은 샌델의 공동체주의가 대안이 될 수 있을지 의문을 갖게 한다. 박경신은 샌델이 주장하는 공동체적 사고, 공동체적 가치가 그때그때 다르다면 법의 일관성에 결함이 있을 것이라고 지적한다. 박경신은 샌델의 주장에는 결국 평등주의적 자유주의 철학자인 드워킨이 강조하는 자유와 평등 가치 이외에는 모두가 일관성 있게 동의할 것이 없다고 평가한다.[185]

이상의 논의를 정리해 보면 결국 평등주의적 자유주의 전통과 공동체주의 전통이 상호 보완적으로 수렴하는 것이 필요하다고 생각한다. 공동체주의 공공철학은 자유주의 정치 사상이 틀렸다는 것을 증명하지는 못한 것 같다. 개인의 자유와 권리를 공공선이라는 이름으로 제한할 경우 갈등과 대치는 심화될 수 있다. 목적이 정당하다면 수단은 중요하지 않아도 된다는 논리적 오류에 빠질 수

---

의 주장대로 '고민하고 토론하는' 것으로 사람들은 스스로 '비용 편익 분석'을 버리고 공동체의 가치를 보존하려고 하지 않을 것이다. 국가 권력을 통한 강제가 아니면 시장사회를 막을 수는 없다. 결국 샌델의 공동체론을 끝까지 밀고 가면 국가권력을 통한 강제로 개인의 선택을 막게 된다"고 우려한다. 신중섭(2016) 마이클 샌델의 정의론 바로읽기. p.128 참조.

184) Fromm, Erich. 김석희 역(2012) 자유로부터의 도피. 휴머니스트.

185) Dworkin, Ronald. 박경신 역(2015) 로널드 드워킨 정의론. pp.16-17.

있다. 또한 평등주의적 자유주의 정치철학이 개인 권리의 절대성만을 이야기한 것은 아니다. 롤스 철학에서 제시한 정의의 원칙은 자유, 평등, 박애의 정신을 반영한 것이다. 오늘날 많은 사람이 자유주의의 한계를 이야기하지만, 그것은 대부분 19세기 최소국가에서 통용되던 자유지상주의에 관한 것이다. 롤스의 평등주의적 자유주의는 자유지상주의와 많은 점에서 구분된다. 대한민국의 헌법 정신에는 평등주의적 자유주의와 공동체주의 사상이 함께 녹아있다. 따라서 공동체주의 철학은 개인의 자유와 권리라는 개념을 공공선이라는 개념으로 완전히 대체하지는 못했다고 할 수 있다. 공공선이나 사회적 자유, 공적 자유 개념이 개인의 사적 자유를 대체한다면 그것은 새로운 형태의 권위주의, 열정주의, 전체주의, 독단주의라 할 수 있다.

# 제6장

# 맺음말

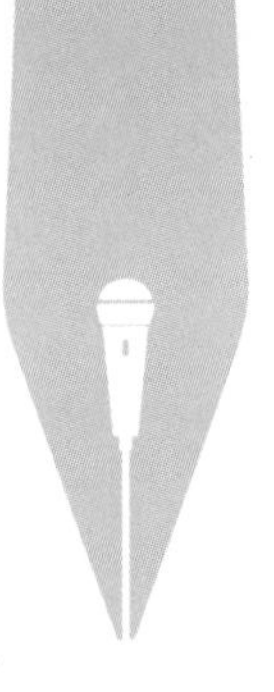

# 제6장

# 맺음말

## 1 진실, 개인, 공동체

인간은 말하고 표현하는 본능을 갖고 있다. 표현이란 자기를 세상에 드러내는 행위이다. 또한 인간은 알고자 하는 욕구도 갖고 있다. 무엇을 드러내고 알고자 하는 욕구는 인간의 본능에 해당한다. 언론과 미디어는 인간의 표현하려는 욕구와 알고자 하는 욕구를 충족시키는 도구이다. 미디어와 언론의 형태는 역사 발전과 함께 바뀌어 왔다. 구석기시대 동굴벽화에 등장하는 들소와 사슴, 말 그림은 수만 년 전 선사시대 사람들도 표현하려는 욕구가 있었음을 보여준다. 지하철을 타보면 스마트폰에 열중인 사람이 많다. 스마트폰은 이제 필수품이 되었다. 사람들은 일어나서 잠들 때까지 스마트폰과 함께한다. 동굴의 벽화와 스마트폰은 표현의 도구이자, 소통의 통로이다. 동굴벽화와 스마트폰 사이에는 수만 년의 시간적 차이가 존재하지만, 변하지 않은 것은 미디어를 통해 무언가를 표현하고 소통하려는 욕구이다. 챗GPT를 통해 인공 지능이 정보를 탐색해주는 바탕에도 표현하고 알고자 하는 인간의 욕구가 자리하고 있다. 인간이 존재하는 한 미디어를 통해 표현하고 소통하고자 하는 욕구는 형태가 바뀔지라도 변하지 않을 영원한 원리이다. 사람과 미디어는 이처럼 서로 떼려야 뗄 수 없는 관계이다. 인간은 동시에 진실을 알고, 진실을 표현하려는 욕구를 갖고 있다. 이런 욕구는 거짓과 허위가 아니라, 바른 것, 정확한 것, 깨끗한 것을 탐색하고 추구하는 본능적인 것이다. 사람들은 탈진실 시대일지라도 진실과 작별을 고한 것이 아니다. 진실을 발견하고 확인하는 사회 시스템이 무너졌다고 해서 진실이 없다거나 의미가 없다고 할 수는 없다. 진실을 방해하는 탈진실 시대의 왜곡과 거짓에도 불구하고 진실을 찾고자 하는 사람들의 욕구와 바람은 더 강해졌다고 보는 것이 타당하다.

물론 진실의 성격은 단순하지 않다. 진실은 사실만으로 구성되는 것이 아니라 그것을 해석하는 관점과 결합되어 있다. 역사학자 카(E. H. Carr)가 '역사는 현재와 과거의 끝없는 대화'라고 말한 것은 역사적 사실이 현재의 관점에서 끊임없이 재해석된다는 점을 지적한 말이다. 미셸 푸코(Michel Foucault)가 '진실은 권력과 관계되어 있다'라고 말한 것은 진실이 사실관계를 해석하는 관점 및 철학과 밀접히 관련되어 있다는 점을 언급한 것이다. 따라서 뉴스를 사실이라고 받아들이기에 앞서 어떠한 배경에서 누가 어떻게 해석하였는지를 고민할 필요가 있다.

진실을 구성하는데 철학과 관점의 개입이 불가피하다고 해서 임의적 관점을 무비판적으로 수용할 수는 없다. 예를 들어 북한의 현실을 이해하는 방법 중 하나로 내재적 접근법이 있다. 당사자 입장에서 북한을 이해하자는 이런 해석 방식은 보편적 철학 원리에 근거를 두고 있다고 하기 어렵다. 내재적으로 접근하면 독재국가도 정의로운 사회로 포장될 수 있기 때문이다. 그렇기 때문에 진실을 구성하는 관점을 독단적으로 해석하고 주장하는 것은 경계해야 한다.

이런 점에서 보면 진실은 사실이나 철학적 관점(해석)만으로 확보되는 것은 아니다. 사실과 관점은 올바른 관계로 결합되어야 한다. 올바른 관계라는 것은 사실과 관점이 과학적, 체계적, 객관적 인과관계를 갖는 경우이다. 사실과 관점 간에는 객관적이며 과학적인 추론이 가능해야 하며, 이런 추론을 추구하는 마음가짐을 진정성(truthfulness)이라고 할 수 있다. 진정성은 합리성과 합당함에 기반한 사실과 관점을 추구하며, 만일 착오와 허위가 있으면 거짓을 버리고 기꺼이 참을 추구하겠다는 열린 마음이다. 결국 진실은 ① 사실관계와 ② 사실관계를 해석하는 관점과 철학이 ③ 진정성 있게 상호 연결될 때 확보할 수 있다. 여기서 제시한 진정성은 주관적 가치 판단에 기초한 진정성(眞情性)이 아니라 합리성과 타당성을 중시하는 진정성(眞正性)임을 유념할 필요가 있다.

문제는 인간의 표현과 소통, 정보 탐색의 욕구를 담아낼 원칙과 방식에 관한 철학을 합의하는 것이 쉽지 않다는 데 있다. 이런 이유로 인해 언론의 자유와 표현의 자유가 담을 수 있는 내용과 담아서는 안 되는 내용을 구분하는 것에서부터 또 그것을 집행하는 절차에 대한 갈등과 논란이 역사적으로 끊이지 않았다.[1] 오늘날 한국 사회가 겪고 있는 소통 위기는 말과 글이 부족하거나 그것을 담을 공간과 시간, 기술이 부족해서가 아니다. 이 책에서 지적한 것처럼, 언론자유와 언론철학, 정치철학의 원리에 대한 이해와 합의가 부족하기 때문이다.

사람은 개인으로 존재하는가 아니면 집단의 구성원으로 존재하는가? 개인의 가치와 공동체의 가치 가운데 어느 것을 우선시할 것인가? 이런 질문은 자아와 공동체 가운데서 무게중심을 어디에 둘 것인가에 대한 것이다. 개인의 관점에서 보면, 사람은 각자 얼굴 모습이 다르다. 개인의 습관이나 행동, 가치, 철학은 자기만의 고유한 것이라고 할 수 있다. 사람은 이처럼 자기 가치관에 따라 살아간다. 그러나 한 발짝 물러서 보면 사람은 사회적 동물이다. 다른 사람과 교류하는 것은 본능에 가깝다. 개인의 고유한 특성처럼 보이는 것도 사실은 역사와 문화를 통해 전수된 것일 가능성이 높다. 누군가로부터 영향을 받았을 가능성이 높다. 또한 개인은 관습, 법률, 제도, 문화에 영향을 받는다. 공동체의 문화와 가치는 자기도 모르게 자기 것이 되어 있다. 이렇게 보면 개인 또는 공동체 중에서 어느 것을 중시할 것인가 하는 질문은 닭이 먼저냐, 달걀이 먼저냐 하는 질문과 같다. 어느 쪽 입장을 대변하든 간에 반대편 입장에 의해 수정되고 보완될 것이기 때문이다. 사람에게 있어서 개인과 공동체는 분리될 수 없는 보완적 관계라고 할 수 있다. 개인의 삶에 골몰하면 공동체라는 울타리는 희미해진다.

1) 임상원(2017) 저널리즘과 프래그머티즘. 아카넷, pp.249-253.

반대로 공동체나 공동체의 목표를 강조하게 되면 개인이라는 존재는 왜소하거나 공허해진다. 결국 개인과 공동체의 특성을 적절하게 조화시키는 것이 우리의 삶을 보다 좋은 방향으로 이끌 것이다. 당연한 이야기이지만, 개인은 공동체로부터 분리될 수 없으며 공동체는 개인의 고유한 특성 없이는 성립될 수 없다. 인간은 누구나 개체적 속성과 공동체적 속성을 동시에 갖고 있다. 사람은 누구나 개인이면서 집단, 사회, 계급, 민족, 국가 등에 소속돼 있다. 카(E.H. Carr)는 『역사란 무엇인가』에서 개인과 공동체는 서로가 서로를 조건지으며, 병행해 발전한다고 하였다.[2)]

공동체의 목적과 개인의 목적은 양자 간에 일정한 관련성이 있다. 상호 융합을 통한 공동체 가치를 강조하게 되면 개인은 소홀해지기 쉽다. 공동체의 가치를 제대로 실현하기 위해서도 성숙된 개인은 필요하다. 소셜네트워크서비스의 발달로 온라인을 통해 소통과 만남이 쉽고 활발해 졌지만 사회적 우정을 유지하기는 어렵다고 한다. 외로움을 호소하는 사람은 늘고 있다. 공동체의 삶은 성숙한 자아를 필요로 하기 때문이다. 자아에 대한 성찰이 제대로 이뤄지지 못하면 공동체 목적을 수행하는 데 갈등과 분열이 일어나기 쉽다. 공자(孔子)는 논어(論語) 자로(子路) 편에서 "君子, 和而不同, 小人, 同而不和"라고 했다. 군자는 다른 사람과 화합하지만 자기 생각이나 뜻(자아의 목적)을 굽히면서까지 타인의 생각에 동조하지 않는다. 그러나 소인은 쉽게 사람들 의견에 동조하여 무리를 이루지만 화합할 수 없다는 뜻이다. 여기서 화(和)는 다름을 존중하고 배려하는 정신이다. 동(同)은 타인과 같아지는 것이다. 따라서 화이부동(和而不同)은 자아관의 다름을 배려하지만 타인과 휩쓸리는 것을 경계한다. 이에 반해 동이불화(同而不和)는 다름에 대한 분별없이 무리를 이뤄 결과적으로 파당을 만드는 것이다. 공자가 군자와 소인을 구별하면서 화합(和)과 같음(同)을 이야기한 것은 개인의 자아관이 성숙되지 못하면 공동체의 목적도 제대로 달성하기 어렵다는 점을 지적한 것이다. 그렇다고 로빈슨 크루소(Robinson Crusoe)처럼 타자와의 관계가 단절되는 것도 바람직하지 않다. 사람은 공동체에 던져진 실존적 존재

---

2) Carr, Edward Hallett. 김택현 역(2015) 역사란 무엇인가. pp.47-68.

이기 때문이다.

사람은 사회나 공동체 안에서 상호 작용을 갖는다. 다른 사람과 교류한다고 할 때, 개인의 목적과 공동체의 목적 중에서 어떤 것을 중심 좌표로 삼느냐에 따라서 삶의 철학과 행보는 달라진다. 개인과 공동체가 갖는 긴장관계를 어떻게 받아들일 것인가? 자아와 타자의 관계 속에서 어떤 기준을 삶의 원리로 삼을 것인가? 개인을 중시하는 입장은 사회나 공동체를 구성해 살아가는 것보다 개별성(individuality)을 우선시한다. 공동체의 가치를 중시하는 입장은 자아는 공동체 문화와 질서속에서 형성된다고 본다.

개인과 공동체 중 무엇을 우선시할 것인가의 질문은 결국 개인의 가치와 공동체의 가치 중 어디에 무게중심을 둘 것인가 하는 것이다. 이 문제는 철학의 근본적인 화두이다. 일반적으로 개인의 자유와 공동체의 공공 이익(public interest)은 조화를 이루기보다 상호 갈등관계인 경우가 많다. 공공선을 내세워 개인의 자유를 침범한 사례는 역사상 많다. 동시에 개인의 자유를 명분으로 공공의 이익을 침해한 경우도 많았다. 철학자들은 개인과 공동체의 우선성을 둘러싸고 자유주의 철학과 공동체주의 철학으로 나눠지는 것 같다. 자유주의와 공동체주의는 오늘날 자유민주주의 사회의 정의와 가치를 정하는 기본적 틀이다. 크게 보면 공동체주의는 공동체의 목적과 가치에 비중을 두며, 자유주의는 사회적 계약을 통한 개인의 목적을 우선한다고 볼 수 있다.

## 2 철학적 입장의 비교

이 책은 자유의 개념, 개인의 특성, 개인과 공동체의 관계, 좋음과 옳음의 관계, 사회적 정의, 표현의 자유, 언론철학 등에 대한 자유지상주의, 평등주의적 자유주의, 공화주의, 공동체주의의 입장을 살펴보았다. 자유지상주의와 평등주의적 자유주의는 표현의 자유를 각각 천부인권과 기본적 자유라는 관점에서 접근하는 반면에, 공화주의와 공동체주의는 각각 공화국의 유지 발전과 공동체의 공동선을 위해 표현의 자유에 대한 규제와 간섭을 상대적으로 긍정적으로 보고 있다. 각 철학적 입장의 중심 논지를 정리한다.

### 1) 자유지상주의

서구의 자유주의는 절대주의 왕정 체제를 붕괴시킨 정치 이념이다. 자유주의는 개인의 자유와 권리를 보장하는 성과를 이룩하였다. 서구 선진국은 자유주의 이념을 바탕으로 개인의 자유와 권리를 발전시켰다. 이 중 자유지상주의는 자유를 외부 간섭의 부재(non-interference, 불간섭)로 규정한다. 또한 자유는 선택의 범위를 스스로 정하는 것이다. 다른 사람이 방향과 범위를 정하는 것은 자유가 아니라고 본다. 개인은 스스로 운명의 지배자가 되어야지 타인이나 공동체가 개입할 경우 자유는 침해된다.

자유지상주의가 제시하는 생명, 자유, 재산에 대한 절대적 권리는 천부적 권리이자 자연적 자유(natural liberty)이다. 이때 개인은 원칙적으로 타인과의 관계를 통해 성장하는 사회적 존재가 아니다. 다른 사람과 사회적 경험을 공유해야 하는 존재는 아니다. 사회는 단순히 독립성을 가진 개인들의 집합일 뿐이다. 따라서 이런 집합은 어떤 특정한 집단적 정체성이 없다. 자유지상주의의 정의관과 사회관을 분석하는 단위는 국가가 아니라 철저히 개인에 머문다. 국가는 개인과 개인의 분쟁을 조정하는 최소국가적 성격을 갖는 것이 바람직하다고 본다. 국가는 가치를 지향하지 않는 중립주의(no-value neutralism)를 통해 운영된다. 시장의 자율적인 기능에 맡겨두면 수요와 공급의 법칙에 따라 최적화된 사회가 자연스럽게 만들어 진다고 전제한다. 국가나 공동체가 특정한 목표를 내세우며 시장 질서에 인위적으로 개입하면 자원배분의 왜곡을 가져와 사회적 효용을 저하시킬 것이라고 지적한다.

자유지상주의에 따르면, 표현의 자유는 누구도 침해하지 못하는 천부인권, 자연권이다. 설혹 그 내용이 잘못된 것일지라도 제3자는 개인의 표현의 자유를 규제하거나 제한, 간섭해서는 안 된다. 개인은 표현의 방법과 범위를 정할 수 있는 절대적 권리를 갖고 있기 때문이다. 자유지상주의에서 사회는 각자가 보유한 사상의 자유가 역동적으로 부딪치는 공간이다. 밀턴이나 밀은 거짓과 참의 주장이 다툴 수 있도록 허용해야 한다고 강조했다. 그렇게 주장과 주장이 서로 부딪혀야 진실을 발견할 수 있다고 보았기 때문이다. 표현의 자유는 진리 확보를 위한 방편이기 때문에 표현의 자유를 보호하는 것은 사회적으로 소중한 가치이다. 비록 거짓된 언론보도일지라도 그러한 표현을 못하도록 하는 행위는 진실과 참의 발견을 방해하는 것이다. 질적 공리주의자였던 밀은 표현의 자유를 강조한 철학자이다. 그는 사상의 자유시장에서 선과 악이 다툰다면 선이 최종적으로 승리할 것이라고 믿었다. 사상의 자유시장에서 말(speech)에 대한 대응은 말(speech)로 해야 하기 때문에 각자에게 말할 자유를 허용해야 한다고 강조했다. 자유지상주의 언론철학에 따르면 혐오표현(hate speech)일지라도 표현의 자유가 보장되어야 한다고 본다. 혐오표현이 직접적인 피해를 초래하지 않는다면 위해의 원칙에 의거해 말할 자유를 인정해야 한다고 본다.

그러나 자유지상주의 전통은 오늘날 이론적으로 한계에 도달했다는 비판을 받고 있다. 노직의 자유지상주의는 개인의 권원을 보장하는 점에서 탁월한 이론적 기여를 하지만 공동체의 공적 측면을 살피지 못한다는 비판을 받고 있다. 자유지상주의는 개인의 권리와 자유를 강조한 결과, 공동체의 공공성을 확보하지 못하는 약점을 노출하였다. 자유지상주의에 대한 이런 비판은 우리나라뿐 아니라 근대화된 서구 사회에서 공통적으로 제기되고 있다. 자유지상주의 철학이 사적 이익에 충실한 합리적 인간형을 발전시킨 것은 사실이지만 우리의 미래를 견인하기 위해서는 합당한 보완이 필요해 보인다.

### 2) 평등주의적 자유주의

평등주의적 자유주의는 개인의 자유 보호를 통해서 사회 정의를 달성할 방안을 고민하였다. 자유주의 계열의 철학이지만 자유지상주의와는 많은 부분에서 다르다. 평등주의적 자유주의가 생각하는 개인의 자유는 자유지상주의가 보는 것처럼 천부적, 절대적 권리가 아니다. 자유는 외부로부터의 간섭이 없는 상태를 의미한다고 보지만, 개인의 자유와 권리를 보호하는 이유는 원초적 입장에서 그렇게 하기로 상호 합의하고 계약을 맺었기 때문이다. 평등주의적 자유주의는 사람은 누구나 다른 사람이 침해할 수 없는 기본적 자유를 가지고 있으며, 이러한 자유는 모든 사람에게 평등하다고 전제한다. 사회적 정의는 이런 맹약에 따라 설정된 정의 원칙을 실천하는 가운데 달성된다고 보았다. 평등주의적 자유주의는 이런 기본 합의를 헌정질서의 골격으로 삼았다.

롤스 철학의 분석 단위는 개인 또는 집단적 정체성을 가진 공동체이다. 공동체주의처럼 국가를 분석의 기본 단위로 택하지 않는다. 평등주의적 자유주의가 전제하는 사회는 합당한 다원주의 원칙이 통용되는 공간이다. 집단적 정체성이 뚜렷한 공동체가 여러 개 존재해 사회와 국가가 형성된다. 다수의 공동체가 갖는 신념체계의 차이는 합의와 절충이 불가능할 정도로 크고 심각하다고 전제한다. 정체성이 다른 신앙 공동체가 여러 개 공존한다고 생각하면 이해하기 쉽다. 이런 상황에서 국가는 특정한 가치를 좋다고 할 수 없다. 근대 초기 가톨릭과 신교 간에 벌어진 유럽의 종교전쟁은 국가가 어떤 종교가 좋고 나쁘다는 생각을 드러냈기 때문에 발생한 갈등이었다. 평등주의적 자유주의 체제에서 각각의 공동체는 서로의 다름을 인정하고 관용하는 가운데 공적 이성에 기초한 공정한 협력체계에 합의할 것이 요구된다. 롤스는 이런 원리가 적용되는 체제를 정치적 자유주의라고 불렀다. 국가와 정부는 평등과 불평등, 평등과 효율 사이에서 균형을 잡기 위해 노력한다. 이런 국가의 입장은 기본적으로 특정한 가치를 지향하지 않는 중립주의(no-value neutralism)라 할 수 있으며, 자유지상주의가 추구하는 방임적 형태의 중립주의와 구별된다.

롤스는 사람들이 생각하는 좋은 삶은 각자 다르다고 보았다. 따라서 무엇이 좋은 것인지는 각자가 결정해야 한다고 보았다. 롤스는 이를 위해 개인은 누구도 침범할 수 없는 표현의 자유를 갖는다고 파악했다. 개인은 자신의 이익을 추구하는 합리적 존재라는 점에서, 각자 표현의 자유를 포함한 기본적 자유를 마음껏 누리도록 하자는 것이다. 롤스는 표현의 자유를 양심의 자유를 외부로 드러내는 것이라고 보았다. 특히 정치적 사안에 관한 표현의 자유는 엄격히 보호해야 한다고 파악한다. 이런 표현의 자유는 남녀노소, 빈부를 가리지 않고 모두가 평등하게 갖는다. 이런 상황에서 국가는 어떤 특정한 정치적 견해를 편애해서는 안 된다. 시민은 양심의 자유와 표현의 자유를 바탕으로 좋음이나 선(善)에 관한 정치적 생각(political conception of the good)을 자유롭게 형성, 발전, 제시할 수 있어야 한다.

롤스에게 있어서 양심과 표현의 자유는 각 개인이 공적 이성과 반성적 균형을 통해 합의에 이르도록 하는 기본적 자유이다. 각자 양심의 목소리를 표현할 수 있는 자유가 충분하게 보장되어야, 상호 합의에 이를 수 있다. 표현의 자유는 롤스가 인간의 기본적 자유로 제시한 사상과 양심의 자유, 집회의 자유, 정치 결사 형성의 자유를 가능하게 하는 기초적 자유에 해당한다. 특히 정치적 영역에서 사회정책과 정의에 대해 비판하고 의문을 제기하는 표현의 자유가 보호되어야 한다. 정부는 양심과 공적 이성(public reason)에 따라 토론이 이뤄질 수 있도록 표현의 자유를 중요한 가치로 보아야 한다. 따라서 비록 거짓된 말일지라도 말 자체를 못하게 하는 것은 온당하지 않다고 본다.

미국의 대법원 판례는 선동적 명예훼손을 이유로 표현의 자유 자체를 제한할 수는 없다고 보고 있다. 표현의 자유로 인해 사회 전체가 위험에 빠질 경우에 한해 표현의 자유에 대한 규제를 예외적으로 인정한다. 언론의 자유를 포함한 기본적 자유를 제한하는 원칙은 공동이익 원칙(principle of common interest)에 따른다. 깜깜한 극장 안에서 누군가 거짓으로 '불이야'라고 외쳐 극장 안에 있는 사람 모두가 피해를 입을 정도로, 모든 사람에게 즉각적 피해를 끼칠 정도가 되어야 표현의 자유를 규제할 수 있다고 보았다. 국가는 표현의 자유를 이용해 인간 존엄성의 가치를 떨어뜨리는 집단(예를 들어 인종차별주의자, 나치주의자)의 취지에 동의하지 않을지라도, 그들이 스스로를 변론할 표현의 자유를 – 그것이 혐오표현에 해당한다 할지라도 – 원칙적으로 인정해 주어야 한다고 본다. 혐오표현을 통해 특정한 집단을 폭력적으로 위협하는 행위는 법이 보호하지 않지만, 단순히 말하는 행위는 표현의 자유라는 관점에서 보호되어야 한다고 본다. 평등주의적 자유주의에서 허용되는 표현의 자유 제한은 표현의 자유를 제한하지 않으면 헌법체제가 작동하지 못할 정도의 위기가 발생하는 경우이다. 한국의 대법원이 지난 2008년 미국산 쇠고기 수입문제로 촉발된 광우병 사태 당시 MBC PD 수첩 보도에 대해 표현의 자유를 인정한 것은 비록 잘못된 보도가 있었다 하더라도 헌법적 위기 상황이라 보기 어렵고 MBC 보도에 대해 반박할 경로가 있다고 보았기 때문이다.

평등주의적 자유주의는 자유주의의 이상을 이어 가면서 평등의 방안을 고심한 이론이다. 기본적 자유의 불가침성과 평등성 그리고 기회균등과 차등원칙을 통해 자유와 평등, 박애의 정신을 균형 있게 성취하고자 하였다. 그러나 평등주의적 자유주의 철학은 오늘날 미국 사회를 비롯해 선진국 각국에서 심화되는 불평등의 문제에 탄력적으로 대응하지 못한다는 비판을 받고 있다. 기본적 자유의 평등성을 강조하지만, 소수자나 가난한 자의 입장을 적극 반영하는 데 소홀하다는 비판을 받고 있다.

### 3) 공화주의

공화주의는 비지배 자유 관념을 통해 개인의 자유와 공동체의 공공선을 함께 확보하려는 공공철학이다. 공화주의는 정치의 핵심을 개인의 자유를 보장하는 데 있다고 본다. 그러나 공화주의가 바라보는 자유는 자유주의가 제안하는 간섭의 부재가 아니라 타인으로부터 자의적, 임의적 지배(domination)가 없는 비지배 상태를 의미한다. 간섭이 있더라도 임의적 지배가 아닌 비지배를 통해 개인의 자유를 보장하는 방안을 제시함으로써 개인의 독립성과 사회의 공공성을 동시에 확보하는 방안을 제시했다는 평가를 받는다.

비지배는 국가(공화국)와 정부의 운영원리일 뿐 아니라, 개인과 개인의 관계에도 적용된다. 비지배 개념은 현대의 다원적 사회와 양립할 수 있는 가치로 평가된다. 공화주의의 비지배 자유는 공동체주의가 제시하는 민주적 참여 같은 적극적 자유를 의미하지 않는다. 국가가 입법 규정과 합의를 통해 개인의 자유에 간섭하는 것은 정당한 것이다. 공화주의가 강조하는 비지배 자유는 비록 개인의 자유에 대한 간섭이 있어도, 그러한 간섭의 근거가 상호 존중을 바탕으로 토론하고 숙의한 결과라는 점에서 개인의 자유 침해로 보지 않는다. 이처럼 공화주의에서 개인의 자유는 절대적 권리 또는 불가침의 권리가 아니다. 비지배 원리를 바탕으로 공화국 내에서 사전에 합의되고 승인되는 자유이자 권리이다. 아무리 좋은 의도를 가졌더라도 자의적인 권한 행사는 인정받을 수 없다. 공화주의 체제에서 국가는 이런 비지배 원리를 통해 운영된다. 신탁자(trustor)인 시민은 신탁물(trust)인 공화국 운영을 신탁관리인(trustee)인 정치지도자에게 맡긴다. 공화주의는 이와 함께 신탁관리인의 임의적 지배와 간섭을 감시하기 위한 견제적 민주주의 체제를 중요시한다.

공화주의 헌정질서에서 국가(공화국)와 정부 기관, 시민사회 3자는 시민의 비지배 자유를 최고의 가치로 삼는다. 국가와 정부, 시민사회는 견제와 균형의 원리를 통해 시민의 자유를 보장하고 이를 통해 공공선을 달성할 임무를 갖는다. 시민의 비지배 자유를 위해 민주적 참여를 장려한다. 그러나 공동체주의처럼 시민 참여를 근본적인 최우선 가치로 생각하지는 않는다. 민주적 참여는 시민의 비지배 자유를 증진할 수 있을 때 인정될 수 있는 것이다. 다수결주의와 직접민주주의는 잠재적으로 다수의 전제, 폭정을 가능하게 할 수 있다는 점에서 경계한다. 다수결주의와 직접민주주의는 군중의 자의적 지배를 강화할 우려가 있다고 보기 때문이다. 따라서 국가는 비지배 자유 원칙이라는 공유된 가치를 준수하면서 구체적으로 무엇이 좋은 삶인지는 개인 각자에게 맡기는 '가치를 공유한 중립주의'(shared-value neutralism)를 지향한다고 할 수 있다.

공화주의에서 표현의 자유는 원칙적으로 규제의 대상이 된다. 공화국 헌정체제 내에서 입법을 통한 언론의 자유 제한과 표현의 자유 제한은 자유의 침해가 아니라 합법적인 간섭에 해당한다. 따라서 법적장치를 통해 혐오표현이나 포르노그래피를 규제하는 것은 가능하다. 표현의 자유에 대한 비지배 규제는 시민에 대한 권리 침해에 해당하지 않는다. 그러나 표현의 자유를 규제함에 있어서 국가와 기업, 포털, 소셜네트워크서비스, 개인의 자의적 간섭은 허용될 수 없다.

즉 공화주의가 생각하는 언론의 자유와 표현의 자유 규제는 자의적, 임의적 지배를 배제하는 가운데 이뤄져야 한다고 본다. 공화주의 체제에서 언론과 개인은 국가 지도자와 정부 기관의 자의적, 임의적 간섭에 대항해 표현의 자유를 행사할 수 있는 법적 권리, 제도적 장치를 확보하고 있다. 공화주의 체제에서 공적 논의의 장은 국가와 기업, 엘리트, 전문가, 포털, 여론 주도자, 인플루언서(influencer), 파워 트위터리언(power twitterian), 1인 유튜버(YouTuber) 등의 임의적·자의적 편향성이 극복돼야 하는 곳이다.[3] 공론장에서의 비지배를 실현하기 위해 공영방송의 불편부당한 보도가 대단히 중요하다. 또한 공화주의는 국가와 정부 기구에 대한 시민의 견제적 민주주의를 활성화하기 위해 표현의 자유를 통한 언론의 비판 기능(감시견, watchdog)이 헌법을 통해 제도적으로 보장된 체제이다.

### 4) 공동체주의

공동체주의는 개인의 정체성을 가족과 공동체, 민족, 국가, 역사와 분리해 생각할 수 없다고 전제한다. 공동체주의에서 개인은 철저히 연고적 자아이다. 그렇기 때문에 개인의 자유는 천부인권이나 계약을 통해 확보되는 권리가 아니라, 공동체와의 관계 속에서 확인되어야 한다. 공동체주의에서 자유는 자연적 권리가 아니라, 사회적으로 인정되고 승인된다. 개인의 자유는 공동체의 공공선을 추구하는 가운데 얻는 것이다. 공공선을 저해하는 개인의 자유는 인정되기 어렵다. 개인의 자유는 공동체 자치에 참여해 공공선을 숙고하는 가운데 확보될 수 있다고 본다. 이때 시민의 자유는 간섭없는 소극적 자유가 아니라, 민주적 참여(democratic participation)라는 적극적 자유를 의미한다. 특정한 가치를 추종하고 특정한 행동을 할 수 있는 자유이다. 따라서 공동체의 공공선을 침해하는 행위에 대해 규제하고 간섭하는 것이 정의이다. 공동체주의는 기본적으로

3) 인플루언서는 SNS상에서 영향력이 큰 유명 인사를 지칭하며, 파워 트위터리언은 트위터에서 막강한 영향력을 행사하는 인물이다.

공공선을 위한 규제와 간섭을 지지한다. 국가는 공동체의 공공선을 달성하기 위해 필요하다면 특정 개인과 집단의 도덕적, 철학적 교리를 배제시키는 것이 정의 원리에 부합한다고 본다. 국가는 사회적 쟁점에 대해 무엇이 공공선인지 구체적 내용과 방향성을 제시할 필요가 있다.

공동체주의 체제에서 개인은 공동체에 참여해 무엇이 좋은 삶인지 소통하고 토의할 시민적 덕성(civility)이 필요하다. 국가는 이런 시민적 덕성을 교육할 도덕적·사회적 책무를 갖는다. 국가 공동체는 개인에게 민주적 참여를 통해 공공선에 헌신할 것을 요구한다. 공공선은 공동체주의 공공철학에서 최고의 도덕적 가치를 갖는다. 국가는 공공선이라는 특정한 가치를 적극적으로 확인하고 확보해 가는 존재이다. 따라서 이런 공공선을 달성하는 데 필요하다면 개인의 자유에 대한 규제와 간섭은 정의로운 것이 된다. 공동체주의는 원칙적으로 구성원들에 대해 공공선에 대한 헌신을 요구하며 이 과정에서 임의적 규제와 간섭을 할 수 있다고 본다.

그러나 공동체 내에서 허용되는 간섭과 제재는 공동체주의의 특성에 따라 정도에 있어 차이가 있다. 샌델의 공동체주의는 개인과 국가가 억압적 관계가 아니라 상호 자유와 권리를 보장하면서 공공선을 추구해 나간다고 강조한다. 샌델 이론은 공공선 증진을 명분으로 개인에 대한 강압적 간섭을 사회적 정의로 보는 극단적 공동체주의와 구별된다.

샌델의 공동체주의에서 표현의 자유가 중요한 이유는 다른 언론철학에서 제시하는 자유의 자연권성, 불가침성, 평등성, 비지배적 특성 때문이 아니다. 공동체주의에서 언론의 자유와 표현의 자유는 공동체의 공공선을 달성하고 시민적 덕성을 추구하는 데 도움이 될 때 가치를 인정받는다. 따라서 공공선을 높이는 데 도움이 되지 않거나 오히려 부정적 영향을 미치게 된다면 표현의 자유는 배제되거나 보호할 가치가 떨어진다. 공동체주의 철학에서는 공공선의 가치를 부정할 수 있는 말과 표현은 권리를 보호하지 않는 것이 타당하다. 국가는 혐오표현(hate speech)에 대해 적극적으로 개입해 그런 표현을 제한하고 금지하는 것이 공공선이다. 노골적으로 포르노그래피를 전시하거나 인종차별적 발언을 하면서 표현의 자유를 보호 근거로 제시하는 것은 공공선에 위배된다. 공동체주의가 지향하는 표현의 자유는 말하는 사람이 아니라, 듣는 사람이 중심이 된다. 공동체주의에서 표현의 자유는 공동체가 지켜야 할 도덕적 가치(공공선)를 증진하고 보호하는 자유이자 의무에 해당하기 때문이다.

이처럼 공동체주의 공공철학에서 표현의 자유는 공동체의 도덕적 가치, 감수성, 공공선을 반영하는 것이어야 한다. 자유주의 철학이 전제하는 간섭없이 의견을 말하고 내용을 선택하는 자유가 아니다. 표현의 자유를 비롯한 개인의 자유와 권리는 사회적으로 인정되고 정치적으로 구성되는 사회적 자유이자 권리이다. 따라서 공동체주의에서 자유는 개인의 독립적 권리가 아니라 공동체에서 상호 배려하는 가운데 형성되고 허용되는 어떤 권한에 가깝다. 공동체주의에서 제시하는 시민 중심의 공적 심의는 타운홀 미팅 등의 형식을 띈다. 그러나 공공선의 확인과 증진을 위해서는 먼저 합리적 판단을 할 수 있는 '식견있는 시민'(informed citizen)이 전제되어야 한다. 페팃의 공화주의 철학은 이런 점 때문에 공동체주의가 자칫 도덕주의, 열정주의, 다수결주의로 흐를 수 있다고 비판한다. 식견있는 시민이 비중있게 존재하지 않는다면 결국 국가의 임의적 지배가 나타날 수밖에 없다고 보았다. 페팃의 비판은 공동체주의가 제시하는 언론의 자유와 표현의 자유 원리에도 적용될 수 있다. 공동체의 정치적 참여를 독려하고 확보하는 것 못지않게 합당한 정보와 지식이 선행되어야 공동체 내부의 숙의(deliberation)가 공공선 증진과 민주주의 발전에 보탬이 될 것이기 때문이다.

샌델의 공동체주의는 롤스 철학을 비판하면서 발전하였다. 그러나 평등주의적 자유주의 입장에서 보면 공동체주의가 공공선을 확보한다는 이유로 다수의 참여와 자치를 추구하는 방식은 롤스의 정의 원칙에 위배되는 것이다. 평등주의적 자유주의는 소수 의견일지라도 기본적 자유의 평등성을 보장하는 데 반해서 공동체주의는 이런 원리를 수용하지 않는다. 롤스는 소수자 의견이 합당하게 대우받지 못한다면 공동체가 관용과 협의, 심의를 통해 공공선을 찾기가 쉽지 않을 것이라고 비판한다. 롤스의 정의 제1원칙인 기본적 권리의 불가침성과 평등성은 공동체주의 입장에서는 공공선의 관점에서 해석되는 상대적 가치에 불과하다. 공동체주의는 개인의 권리 보장이 아니라 공동체의 공공선 추구를 최고의 가치로 판단한다.

<표 20>은 지금까지 논의한 노직의 자유지상주의, 롤스의 평등주의적 자유주의, 페팃의 공화주의, 샌델의 공동체주의의 쟁점을 비교한 것이다. 각각의 철학적 입장은 핵심가치, 자아관, 개인과 개인의 관계, 공동체의 특성, 표현의 자유, 언론철학에서 뚜렷한 차이가 있다.

**표 20 | 자유지상주의와 평등주의적 자유주의, 공화주의, 공동체주의 비교**

| | 자유지상주의<br>(libertarianism) | 평등주의적<br>자유주의<br>(egalitarian<br>liberalism) | 공화주의<br>(republicanism) | 공동체주의<br>(communi-<br>tarianism) |
|---|---|---|---|---|
| 대표적<br>학자 | 1) Robert Nozick<br>2) Friedrich Hayek<br>3) John Locke<br>4) Adam Smith<br>5) Isaiah Berlin<br>6) Milton Friedman | 1) John Rawls<br>2) Ronald Dworkin<br>3) Amartya Sen | 1) Philip Pettit<br>2) Quentin Skinner<br>3) Maurizio Viroli<br>4) Hannah Arendt<br>5) Cass Sunstein | 1) Michael Sandel<br>2) Charles Taylor<br>3) Alasdair MacIntyre<br>4) Michael Walzer |
| 경험적<br>사례 | 1) 능력주의<br>2) 신자유주의<br>3) 시장의 기능 | 1) 자유주의적 복지국가 체제<br>2) 유럽의 종교전쟁 경험 반성<br>3) 다원주의 체제 | 1) 헌정주의<br>2) 법치 국가<br>3) 견제적 민주주의 | 1) 메이플라워호 청교도 공동체<br>2) 미국독립전쟁 식민지공동체 |

| | | | | |
|---|---|---|---|---|
| 좋은 삶 | 1) 개인이 선택<br>2) 스스로 책임 지는 삶 | 1) 개인이 선택<br>2) 옳음이 좋음에 우선<br>3) 자아는 자아의 목적에 선행<br>4) 국가는 좋음에 대해 중립적인 입장 | 1) 비지배 원칙 통해 개인의 자유 보호<br>2) 공동체 틀 안에서 개인의 자유 보호 | 1) 공공선을 추구하는 삶<br>2) 좋음이 옳음에 우선 |
| 핵심 가치 | 1) 생명, 자유, 재산은 개인의 절대적 권리<br>2) 자유는 외부의 간섭이 없는 상태 | 1) 기본적 자유의 불가침성 및 평등성<br>2) 운의 중립화<br>3) 사회적 자유는 기회균등의 원칙<br>4) 경제적 자유는 차등의 원칙<br>5) 자유는 기본권의 불가침성과 평등성이 확보된 후 간섭없이 목표를 자율 추구하는 것 | 1) 정부는 개인의 비지배 자유 증진할 의무<br>2) 개인의 자유는 절대적이거나 불가침 권리가 아님 | 1) 공동체의 공공선 실현<br>2) 공동체의 도덕적 연대감<br>3) 개인은 공동체 참여를 통해 자유를 누림<br>4) 자유는 자연적 권리가 아니라, 정치적으로 인정되고 구성되는 사회적 자유이자 사회적 권리 |
| 자아 (self) | 1) 자기소유권이론<br>2) 자유의지 | 1) 원초적 입장<br>2) 무지의 베일<br>3) 합리적 자아 | 1) 비지배 자유를 추구<br>2) 임의적 지배에 저항<br>3) 공화국의 시민 | 1) 연고적 자아<br>2) 개인 정체성은 공동체와 밀접히 관련됨<br>3) 형성적, 구성적 자아<br>4) 시민적 덕성과 공공선에 대한 헌신 요구됨 |

| 개인과 개인의 관계 | 1) 자연상태에서 평등한 관계<br>2) 타인의 권리를 방해하지 않는 행위는 모두 정당 | 1) 특정한 시기, 특정한 공간에 우연히 공존하는 관계<br>2) 서로에 대해 기본적으로 무관심<br>3) 타자는 권리와 의무 합의를 이행하는 협력적 계약 관계 | 1) 공화국 시민으로 공존 관계<br>2) 비지배 보장을 위한 정치적 협력관계<br>3) 개인의 권리는 상호 평등성 원리로 규제 | 1) 개인은 공동체와 분리해 생각할 수 없음<br>2) 공동체 가치 속에서 개인의 정체성이 구체화됨<br>3) 시민적 덕성이 개인 권리에 우선함 |
|---|---|---|---|---|
| 국가, 공동체, 사회의 특성 | 1) 개인의 생명과 자유, 재산 보장하는 최소국가<br>2) 공동체는 개인의 자연권을 침해하는 가공의 개념<br>3) 보이지 않는 손의 작동 원리 중시 | 1) 사회는 합당한 다원주의로 구성됨<br>2) 개인 집단 간 세계관 차이는 크고 양립 불가할 정도임<br>3) 사회는 도구적 기능 | 1) 시민의 비지배 자유 보장하는 공화국<br>2) 견제와 균형의 원리로 국가 운영<br>3) 정부는 비지배 해소를 위해 시민 삶에 적극 개입<br>4) 큰 정부 지향<br>5) 시민사회의 견제적 민주주의 작동 | 1) 참여와 자치<br>2) 구성적 공동체<br>3) 형성적 공동체 |

| | | | | |
|---|---|---|---|---|
| 언론 철학<br><br>언론의 자유와 표현의 자유 | 1) 표현의 자유는 인간이 갖는 자연적, 천부적 권리<br>2) 표현의 자유는 원칙적으로 규제할 수 없음<br>3) 사상의 자유 시장 이론<br>4) 위해의 원리 | 1) 개인의 표현의 자유는 불가침적 권리이자 모두에게 평등한 권리<br>2) 비폭력적인 혐오표현은 용인<br>3) 공리주의 이유로 표현의 자유 규제 불가<br>4) 헌법체제 작동 불가 정도의 위기 시 표현의 자유 제한 가능 | 1) 표현의 자유는 공화국 시민의 권리임. 따라서 규제의 대상이 될 수 있음<br>2) 입법을 통한 비지배적 규제<br>3) 포르노그래피, 혐오표현은 법적장치 통해 규제가능<br>4) 표현의 자유에 대한 비지배 규제는 시민에 대한 권리 침해가 아님<br>5) 의견 다양성 위해 시민의 견제적 표현의 자유 중시 | 1) 공공선을 위해 표현의 자유 규제 가능<br>2) 표현의 자유는 공동체 자치 위해 필요한 공적인 자유<br>3) 표현의 자유는 공공선을 지키는 자유<br>4) 국가는 혐오표현 규제에 적극 개입 |

각 정치철학이 허용하는 개인적 자유와 사회적 자유의 크기는 일정한 차이가 있다. 먼저 개인의 자유의 상대적 크기는 자유지상주의가 가장 크고 그다음으로 평등주의적 자유주의, 공화주의, 공동체주의 순이다. 반대의 순서는 개인적 자유의 평등성을 요구하며 사적 영역에 대한 국가(공동체)의 개입을 인정하는 사회적 자유의 상대적 크기에 따라 나눌 수 있다. 즉 공공선을 수행할 사회적 자유를 인정하는 크기는 공동체주의에서 가장 크고, 자유지상주의에서 가장 작다.

<그림 4>는 자유지상주의, 평등주의적 자유주의, 공화주의, 공동체주의 정치철학이 인정하는 개인적 자유(사적 자유)와 사회적 자유(공적 자유)의 상대적 크기를 개략적으로 나타낸 것이다. 개인적 자유는 연한 푸른색, 사회적 자유는

짙은 푸른색으로 각각 표시했다. 개인의 자유와 공공선의 가치를 상대적인 것으로 본다면, 개인의 자유를 강조할수록 사회적 자유를 인정하는 정도가 줄어든다. 반대로 사회적 자유를 비중있게 취급할수록 개인의 자유를 인정하는 정도는 축소된다. <그림 4>에서 Y축은 허용되고 인정되는 자유의 크기이다. X축은 좌측으로 갈수록 개인의 자유의 절대성을 강조하며, 우측으로 갈수록 국가나 공동체의 개입을 인정하는 정도가 크다. 좌측에서부터 자유지상주의, 평등주의적 자유주의, 공화주의, 공동체주의로 표시하였다.

**그림 4 | 정치철학이 제시하는 개인적 자유와 사회적 자유의 상대적 크기**

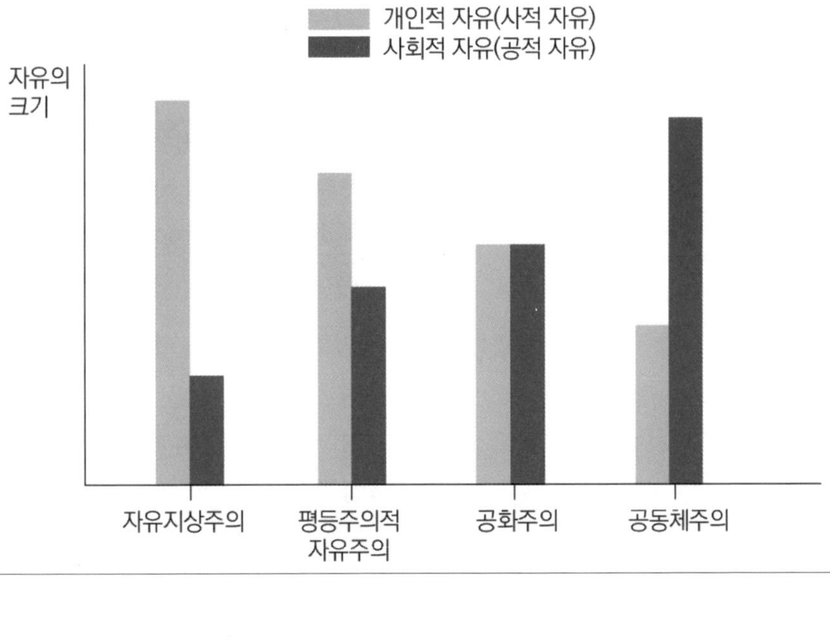

## 3 언론철학의 정립

우리에게 적합한 언론철학을 정립하는 과제가 남아있다. 그동안 논의한 공공철학에 대해 어떤 것은 선이고 어떤 것은 악이라 단정적으로 평가할 수는 없다. 각각의 철학은 역사적, 정치적 맥락을 통해 이해할 필요가 있다. 정치 문화의 역사적 상황과 맥락을 고려해 언론자유, 언론철학을 논의하는 것이 필요하다. 언론자유의 기준이 될 언론철학을 모색하기 위해서 각각의 정치철학을 종합적, 유기적으로 이해할 필요가 있다고 본다. 정치철학이 어떤 원리와 원칙, 가정에 따르고 있는지를 온전히 파악할 수 있어야, 거기에서 연역적으로 도출되는 언론철학을 제대로 이해할 수 있다. 이런 과정을 거치면서 우리에게 좋은 삶을 제공할 자유의 의미, 공공선, 개인과 공동체의 관계, 언론자유의 의미, 언론철학의 방향을 성찰하고 모색할 수 있을 것으로 생각한다.

지금 우리의 소통 구조에는 자유지상주의, 평등주의적 자유주의, 공화주의, 공동체주의 철학이 뒤죽박죽 섞여 있다. 언론자유와 언론에 대한 불간섭을 강조하다가 느닷없이 공동체의 공공선을 내세운다. 그 반대의 경우도 적지 않다. 여야의 정치적 상황이 바뀌면 언론자유관도 쉽게 바뀐다. 야당일 때는 개인의 표현의 자유를 그렇게 강조하더니 여당이 되면 하루아침에 공적 이익을 우위에 둔다. 여당이었다가 야당이 됐을 때도 마찬가지이다. 좌회전 깜빡이를 켜고 있다가 자동차 핸들을 갑자기 오른쪽으로 돌리는 것과 같다. 아전인수격 언론자유관이다. 무원칙 무소신 언론자유관이다. 언론자유의 문제를 철학이나 원칙의 문제로 보지 않고 하나의 정책 수단으로 보기 때문에 이런 일들이 벌어진다.

공화주의 철학을 바탕으로 언론정책을 정립하려는 시도도 적지 않았다. 법규를 고쳐 새로운 언론정책을 도입하는 경우이다. 제도 개선을 추진한다는 점에서 진일보한 방식임에는 분명하다. 그러나 이 경우에도 고삐를 쥔 사람이 자의적으로 개입할 통로가 있는지 살펴볼 필요가 있다. 임의적 간섭이 가능하다면 반드시 지배의 문제가 발생할 것이기 때문이다. 공화주의 관점에서 우리나라 언론정책을 살펴보면 자의적 간섭의 개연성이 열려 있는 것이 특징이다. 이럴 경우 정치권을 비롯해 시민사회, 관련 이해당사자로부터 신뢰를 얻기 어렵다. 언론정책과 언론제도는 뿌리내리기 어렵다.

### 1) 공영방송의 언론철학

한국 사회에서 언론철학 정립이 시급한 곳이 공영방송이다. 언론철학이 굳건해야 공영방송이 제대로 설 수 있다. 공영방송은 법률에 근거해 존재하고(KBS는 방송법, MBC는 방송문화진흥회법에 설립근거를 두고 있다), 공적 재원이 투자됐다는 점에서 분명한 철학적 기반이 필요하다. 공영방송 체제는 국가와 공동체의 언론철학을 가늠해 볼 수 있는 시금석이다. 방송에 비해 신문은 일반적으로 이념적 지향성을 인정하는 '경향성의 원칙'이 포괄적으로 인정된다고 할 수 있다.

BBC를 비롯한 각국의 공영방송 체제에는 공화주의 철학이 반영되어 있다.[4] 영국에서 공중파 방송과 신문에 대한 겸영을 금지하고, 미국에서 상업 방송사의 독점적 지위를 제한하는 소유권 관련 규정을 두는 것은 공화주의의 견제와 균형, 권력분산의 원리가 배경에 있다. 우리나라 공영방송 운영에 규제와 관여가 많은 것은 특정 집단이나 세력이 임의로 지배(domination)하기 어렵게 제도적 장치를 만들어 놓은 것이다. 공화국(res publica)의 의미에 맞게 공영방송에 대한 임의적 지배 가능성을 차단하는 제도적 조치를 마련해 놓은 것이다. BBC 공사화를 건의한 영국의 크로포드 위원회는 "국가가 의회를 통해 방송에 대한 궁극적인 통제권을 가져야 하지만, BBC가 제한된 범위 안에서 임무를 수행하기 위해 최대한 자유를 누려야 한다"고 지적하였다.[5] 이처럼 BBC의 자율성을 강조한 것은 결국 후견인인 정부의 임의적 간섭과 지배에서 벗어나야 한다는 공화주의 철학을 반영한 것이다.

공화주의는 앞서 살펴본 것처럼 헌정주의와 법치, 견제와 균형 원리를 통해서 시민의 비지배 자유를 최종 목표로 한다. 공화주의 공공철학에 따르면, 정부를 포함해 누구도 사회적 가치를 원하는 대로 차지할 수 없다. 공영방송은 이런

---

4) Mena-Aleman, David(2006) Can the BBC Compete to Deliver "More Than Just What Consumers Want"?. Politics & Policy 34(1), pp.196-215. 사회주의 국가의 공영방송 운영에는 극단적 공동체주의 철학이 반영되어 있다고 할 수 있다. 중국과 북한의 공영언론은 당 중앙의 결정과 뜻을 공동선으로 해석한다.

5) 이창근(2015) BBC 자율성의 제도적 기원: 공사(public corporation) 조직의 역사적 형성을 중심으로. 방송문화연구 27(2), pp.123-158 참조.

공화주의 원리를 실현하는 제도이다. 공영방송은 모든 정치권력의 간섭에서 벗어나 감시견(watchdog)으로서 견제적 민주주의를 실현할 수 있어야 한다. 민영방송도 사회적 역할이 있지만, 공영방송은 공적 가치와 공적 이익을 위해 설치됐다는 점에서 보다 엄격한 공화주의 방송철학 적용과 그에 따른 방송운영이 요구된다.

그런데 우리의 공영방송의 운영에는 공화주의 원리가 부족하다. 방송의 자유는 만개했지만 그러한 자유를 운영하는 원리는 백가쟁명(百家爭鳴)식이다. 각자 자의적 해석을 앞세우고 있다. 사회적 불통이 심화되고 있는 오늘의 언론 현실은 공영방송의 혼란 상황과 무관하지 않다. 한국의 공영방송이 갖고 있는 언론 철학의 자의성, 임의성과 그에 따른 실천적 준칙의 미비는 우리 공동체의 미래와 개인의 자유를 위해 결코 바람직하지 않다. 이를 자세히 설명하면 다음과 같다.

첫째, 공영방송은 공화주의 철학을 중심으로 해서 만들어진 제도이다. 공화주의 철학에서 보면, 공영방송의 역할은 시민의 비지배 자유를 보호하면서 공동체의 문화와 정체성을 형성하고 발전시키는 데 기여하는 것이다. 따라서 공영방송은 헌법 질서를 보장할 책무를 가진다. 정부와 각 정치적 세력 사이에서 견제와 균형의 임무가 주어진다.

각국의 공영방송 실태를 살펴보자. 세계적으로 지상파 공영방송은 두 가지 범주로 나눠진다. 하나는 영국의 BBC, 독일의 ZDF 등 유럽형 공영방송 모델이다.[6] 이 유형의 공영방송은 방송의 정치적 독립성과 사회적 통제라는 2가지 준칙을 바탕으로 운영된다. 공영방송은 이런 준칙을 기반으로 국가와 헌정질서를 보호하고 유지할 의무를 갖는다.

유럽형 공영방송 모델에서 방송의 정치적 독립성은 공영방송에 대한 정치권력의 개입을 차단해 방송사가 자율적으로 운영하도록 하는 것이다. 따라서 공영방송은 당파적 이익에 앞서 공익을 추구한다. 정치적 이해관계를 벗어나고 당파적 보도를 지양한다. 정부는 공영방송 이사회 구성원 선임에 관여하지만,

---

6) Pavini, Giorgia(2018) The Structure and Governance of Public Service Broadcasting: A Comparative Perspective, Palgrave. 유럽의 공영방송은 제2차 세계대전 이후 영국의 BBC를 모델로 출발하였다.

그 이후에는 개입하지 않는다는 묵시적 신뢰가 형성되어 있다. 공영방송의 인사권과 편성권에 정치권력이 개입해서는 안 된다는 사회적 합의가 형성돼 있다. 공영방송은 정파로부터 독립해 최대한 자율적으로 운영될 것이 요구된다.

또 다른 언론준칙은 공영방송에 대한 사회적 통제(social control)이다. 여기서 말하는 사회적 통제는 공영방송이 정치세력으로부터 독립성을 유지할 경우, 공영방송의 자율적 운영에 적용되는 준칙이다. 이와 관련해 독일의 연방헌법재판소는 공영방송의 자유는 방송 구성원이 임의로 적용할 수 있는 자유가 아니라 시민의 자유로운 의사형성을 위해 봉사하는 자유(broadcasting freedom as serving freedom)라고 규정했다.7) 이는 공영방송의 자유가 시민의 자유와 권리 보호를 위해 작동될 수 있도록 사회적 통제가 필요하다는 점을 분명히 한 것이다. 공영방송에 대한 사회적 통제를 이룩하는 방안은 영국 BBC가 제시한 것처럼 적절한 불편부당성(due impartiality)에 따라 프로그램 다양성과 공정성을 확보해 공론장 기능을 충실하게 수행하는 것이다.

공영방송의 정치적 독립성과 사회적 통제는 결국 시민의 비지배 자유를 보장하기 위한 것이다. 시민의 알 권리를 합당하게 보호하기 위한 것이다. 시민의 알 권리가 제대로 확보되지 않는다면 공화국(republic) 시민은 결국 잘못된 정보, 허위정보를 조작한 세력에게 임의적 지배 상태에 빠지게 된다. 공화주의 공공철학이 요청하는 공영방송의 역할은 시민을 지배 상태에 빠지지 않게 해 그들의 비지배 자유를 보호하는 것이다. 공영방송은 특정한 정치세력이나 공영방송 구성원을 포함해 누구도 임의로 통제할 수 없는 신탁물(trust)이다. 신탁관리인(trustee)인 공영방송 구성원은 신탁물을 맡긴 신탁자(trustor)인 시민을 위해 봉사할 것이 요구된다. 공영방송이 신탁관리인의 임의적 지배와 간섭에 빠지게 된다면 공화국의 소통은 제대로 작동하지 않을 것이다.

영국과 독일, 일본에서 공영방송에 주어진 의무는 다른 매체에 비해 엄격하다. 공영방송으로서 공적 이익과 공적 가치에 충실할 것을 요구받는다. 독일의

7) 김민환, 한진만, 윤영철, 원용진, 임영호, 손영준(2008) 방송의 공정성 심의를 위한 연구. 방송통신심의위원회 참조.

연방헌법재판소는 민영방송에 대해서는 개별적 자유권을 폭넓게 인정한다. 또한 신문과 인터넷 언론은 '경향보호'라고 하여 특정한 정치적 경향을 제시할 수 있도록 허용하고 있다. 즉 민영방송과 신문, 인터넷 언론에 대해서는 자유주의 언론철학을 적용한다고 할 수 있다. 그러나 공영방송은 앞서 논의한 것처럼 공화주의 철학에 의거, 일정한 공적 규제하에서 작동하도록 하고 있다. 공영방송이 공동체주의 언론철학에 따라 공공선을 추구하는 경우를 생각해 볼 수 있다. 그러나 공동체주의가 제시하는 공공선에 따른 방송 운영은 자유민주주의 국가에서 제대로 작동하기 어렵다고 본다. 그렇게 될 경우 대단히 왜곡적인 형태의 공영방송 운영이 될 가능성이 높다. 그 이유는 제5장에서 논의한 것처럼 공동체주의 자체가 갖는 한계 때문이라고 볼 수 있다.

두 번째 지상파 방송 모델은 미국이다. 미국은 현재 공영 TV 방송은 없으며 4대 상업 네트워크(CBS, NBC, ABC, FOX)를 중심으로 한 다민영 TV 체제를 유지하고 있다.[8)] 미국 민영방송사 운영에는 간섭의 부재라는 자유지상주의 언론 원리가 적용되고 있다. 방송운영은 편성과 보도에 있어서 시장경쟁원리에 기반한 자율성을 강조한다. 자유지상주의 언론철학을 보여주는 대표적 사례는 1987년 미국 연방통신위원회(FCC, Federal Communications Commission)가 공정성 원칙(fairness doctrine)을 폐기한 것이다. 공정성 원칙은 정치적 현안에 대해 방송의 공정성 준수 의무, 균형 보도 의무를 규정한 것이다. 1960년대부터 적용되었다. 그러나 연방통신위원회는 1987년 이런 규정 자체를 없애버렸다. 방송의 공정성 조항이 표현의 자유 제한을 금지한 미국 수정헌법 제1조를 위반한다고 연방대법원이 판단했기 때문이다. 미국의 FCC가 공정성 조항을 폐기한 배경에는 정부의 방송 규제가 없거나 최소한에 그쳐야 한다는 자유지상주의 언론철학이 자리잡고 있다. 또한 공정성 원칙이 실제 공익을 증진하기보다는 통치권력의 의지와 이익집단의 이익을 반영하는 수단에 불과했다는 시각도 강했다. 공정성 원

8) 엄밀히 말하면, 미국은 제대로 된 공영방송 체제를 가져본 적이 없다. 라디오 채널인 NPR이 대표적인 공영방송이다. 그러나 NPR 예산 대부분은 기부금과 협찬금으로 충당되며, 정부지원은 1% 미만에 불과하다. 뉴스1(2023.04.13) 美NPR, '정부 출연 미디어' 표시에 트위터 사용 중단 선언 참조. <https://www.news1.kr/articles/5013814>

칙에 따른 선언적 이익과 실제 달성하는 이익 간에 괴리가 크다고 보았다.9)

미국의 방송 철학은 방송이 자유롭게 상업적 이익을 추구하는 상업모델에 기반하고 있다. 미국의 언론철학은 시장(market)에서 시청자의 판단을 중시하는 시장주의 모델, 자유지상주의 모델이 주류를 형성하고 있다. 공정성 원칙이 폐기되고 시장주의 모델이 팽배한 배경에는 뉴미디어 발전으로 방송 전파가 제한적이며 부족하다는 주장이 더 이상 받아들여지기 어려운 매체 환경의 변화도 있다. 그러나 공정성 원칙 폐기 이후 미국에서 방송의 가치와 신뢰도가 급격히 감소하는 데 대한 우려의 목소리가 커지고 있다. 자유주의 사상가인 미국의 프란시스 후쿠야마(Francis Fukuyama)는 공정성 원칙의 부활을 요구하고 있다. 그는 공정성 원칙 폐기로 미국 사회에서 표현의 자유는 확대됐지만, 보수 성향의 프로그램 증가로 인종 간, 계층 간 갈등이 첨예하게 부딪히고 있다고 비판한다.10)

한국의 경우에는 방송법과 각종 방송 관련 규정, 자체 방송제작 가이드라인에서 공영방송에 대해 상당한 정도의 규범적 귀속 의무를 부여하고 있다. 특히 방송보도의 공정성 요청은 각종 방송관련 심의규정과 방송사 제작 지침에서 공통적으로 확인되는 사항이다. 또한 권위주의를 겪은 우리 사회의 역사적 경험은 공영방송뿐 아니라 모든 TV 방송에 일정한 공정성을 요구하는 것에 대해 당위적으로 지지한다고 할 수 있다. 이런 점을 감안하면 우리의 공영방송은 영국과 독일, 일본식 공영방송 모델에 가깝다. 즉 공화주의 모델을 따르고 있다고 할 수 있다. 우리의 공영방송이 미국식 상업모델, 자유지상주의 언론철학을 지향한다고 할 수는 없을 것이다. 그러나 우리의 공영방송이 유럽 공영 TV 모델을 채택하고 있지만, 유럽 공영방송의 언론철학적 기반인 공화주의를 제대로 실현하고 있다고 보이지는 않는다.

---

9) 미국 민주당은 공정성 조항 복원을 시도하고 있다. 그러나 시장 원리와 자유지상주의에 기반해 표현의 자유를 주장하는 공화당에 밀려 번번이 실패하고 있다. 미국에서는 공정성 원칙 폐기 이후 자유지상주의 언론철학이 뚜렷이 부상하고 있다. 보수적 논조의 라디오 쇼(러시 림보 쇼)와 FOX News 등이 사례이다. 이 매체들은 BBC식의 불편부당성 보도원칙을 버리고 보수적 가치 전파에 주력하고 있다.

10) <https://www.americanpurpose.com/blog/fukuyama/technology-freedom-of-speech-and-rush-limbaugh/>참조.

우리의 공영방송은 짧지 않은 역사에도 불구하고 뚜렷한 방송철학을 정립하지 못하고 있다. 영국의 불편부당성 또는 미국의 공정성 원칙에 견줄 만한 준칙이 없다. 불편부당성이나 공정성에 버금가는 실천적 규범(norm)은 제대로 자리 잡지 못했다. 개인과 공동체의 관계, 국가의 역할에 대해 방송이 어떤 사회적 역할을 할 것인지에 대한 합의가 취약하다. 방송법과 자체 제작 가이드라인에서 제시하고 있는 공정성 등의 가치와 덕목은 실제 제 역할을 못하고 있다. 선언적인 의미에 그치는 경우가 적지 않다. 방송 규제 당국은 방송 업무를 견제한다고 하지만, 성과는 기대에 미치지 못하는 것 같다.

우리의 공영방송이 언론철학을 내면화하지 못한 가장 큰 원인은 정치권력의 후견주의 때문이다. 역대 정치권력은 공영방송에 대해 인사권, 규제권을 행사하면서 공영방송 운영에 자의적, 임의적으로 개입한 경험이 있다. 여야 정치권은 공영방송 이사회 구성과 수신료 산정을 통해 공영방송에 관여할 연결고리를 갖고 있다.

과거 권위주의 시절에도 방송 철학, 방송공정성은 중요한 사회적 문제였다. 그러나 당시에는 국가권력의 강력한 통제로 인해 본격적인 사회적 논의의 대상이 되지 못했다. 그러나 민주화 이후 시민사회의 성숙과 함께 공영방송의 방송철학 정립 문제는 어느 때보다 시급한 사회적 과제가 되었다. 우리 사회는 여야 정권 교체가 거듭됨에도 불구하고, 공영방송의 방송철학과 운영 원칙을 둘러싼 사회적 합의 수준은 대단히 낮다. 이를 둘러싼 그동안의 갈등과 충돌은 타협과 합의에 이르기 위한 사회적 비용(social cost)으로 이해할 수 있다. 그러나 분명한 것은 공영방송의 방송철학, 언론철학이 대한민국 민주공화국의 정체성을 구성하는 반석에 해당한다는 점이다. 공영방송이 합당한 방송철학, 언론철학을 갖지 못한다면 우리 사회 공론장의 발전이나 사회적 소통은 요원할 것이라는 문제의식을 가질 필요가 있다.

둘째, 공영방송 구성원은 제작자 자율성(autonomy)을 공영방송의 핵심 원리로 강조하고 있다. 제작진의 자율성은 제작자의 비지배 자유를 제고한다는 점에서 방송철학의 필수적 요소라고 할 수 있다. 그러나 제작 자율성이 공영방송

방송철학의 필요충분조건이라고 할 수는 없다. 제작 자율성은 공화주의적 가치가 요구하는 다른 덕목과의 조화와 견제 속에서 빛을 발할 수 있다. 자율성은 다른 공화주의적 가치와 함께 할 때 도덕적 근거가 될 수 있다. 공영방송 언론인의 전문직주의를 대안으로 제시하는 연구도 있다.[11] 전문직주의는 공영방송 운영을 위해 이념적, 전문직업적 측면을 중시한다고 한다. 방송사 내부의 공정방송협의회 또는 민주실천위원회를 전문직주의 실현 방안으로 제시한다. 그러나 전문직주의는 공영방송 목표를 달성하는 필요조건 중 하나일 뿐이다. 전문직주의는 정치권력의 후견주의를 비판할때 적용될 수 있다. 그러나 전문직주의가 공영방송 언론철학이 될 수는 없다. 그것은 공영방송 운영의 가치와 목표를 제시하지 못한다고 본다. 제작진이 전문가적·윤리적·기술적 자질을 배양해 방송제작의 전문성과 수월성을 확보한다 하더라도, 전문직주의 실현을 통해 나타날 수 있는 시청자에 대한 임의적·자의적 지배의 문제를 어떻게 통제할 것인지 분명하지 않다. 전문직주의는 하나의 윤리적 규범에 해당한다. 제대로 된 공영방송을 달성하기 위한 방송철학의 필요조건 중 하나일 뿐이라고 생각한다.

공화주의 체제는 공영방송이 헌법과 법률, 각종 방송 관련 규정을 충실히 이행할 수 있는 언론철학을 필요로 한다. 방송 제작자의 전문직주의와 자율성은 공화주의 가치와의 조화 속에서 이뤄져야 한다. 전문직주의가 헌정주의, 법치, 비지배, 공공선의 달성 등의 가치와 어떻게 함께 갈 수 있는지 분명하지 않다. 제작자의 자율성이 공화주의 틀 안에서 시행되지 않는다면 그것은 제작진의 임의적·자의적 지배를 의미하는 것이다. 공영방송 구성원이 방송의 편성과 제작에 임의적 지배력을 행사하는 것은 결과적으로 제작자의 지배를 강화할 가능성이 높다. 공화주의가 요구하는 비지배 자유는 제작자와 시청자가 누리는 자유의 내용과 조건을 사회적 협의를 통해 정하는 사회적 자유이다. 사회적 자유는 특정 개인이나 집단이 자의적으로 지배할 수 없다. 간섭에는 반드시 보편적 법 규정에 의한 동의가 필요하다. 그럴 때 간섭은 정당한 간섭이 되며, 비지배가 이룩되는 것이다. 그렇지 못하다면 간섭은 지배, 자유의 침해로 이어진다.

---

11) 조항제(2018) 한국 공영방송 노동조합의 자율성 투쟁. 언론정보연구 55(2), pp.112-168.

지금 우리 공영방송 구성원의 제작자율성 논의는 시청자 관점에서 보면 전혀 다른 의미로 나타나고 있다. 공영방송의 자율성이 곧 편향성을 의미하지는 않는다고 본다. 그러나 자율적 운영을 강조하는 것은 결국 공영방송 운영에 대한 외부의 불간섭을 의미하는 것이다. 이것은 자칫 자유지상주의 언론철학으로 비춰질 소지가 크다. 공영방송 제작진의 자율성이 다양한 시민에 대한 책임성을 균형있게 담보하지 못한다면 그것은 결국 시민의 비지배 자유를 침해하는 것이다. 시청자는 방송 프레임에 영향을 받을 수밖에 없다. 특정 이념성향의 시청자는 비지배 자유를 누린다 할 수 있지만, 다른 성향의 시청자는 지배 상태에 놓이게 된다. 특정 시청자의 생각에 부합하는 내용이 시청자 모두의 자유를 확대하는 것인지는 다시 생각해 볼 문제이다. 시청자가 뉴스에 담긴 편견과 선입견을 성찰할 기회를 갖지 못한다면 그것 또한 제작자가 지배를 강화하는 것이다. 결국 공화주의 언론철학에 입각하지 않는 자율성은 이쪽저쪽 모든 이념의 시청자를 지배(domination) 상태에 빠지게 한다. 시청자의 공영방송 거부운동이나 수신료 납부 거부가 끊이지 않고, 공영방송 무용론이 계속 제기되고 있는 것은 공영방송 제작진의 임의적 지배에 대한 거부감을 호소하는 증거이다. 공영방송이 시민의 비지배 자유를 보장하고 확대하는 길은 공영방송이 정치적으로 편향되지 않으며 견제와 균형의 원리에 따라 제작 편성하려고 노력하는 것임을 인식할 필요가 있다.

셋째, 언론시민단체는 공영방송의 책임성, 책무성(accountability)을 강조하고 있다. 정치권력의 후견주의를 견제하기 위한 대안으로 책임성, 책무성을 제시한 것으로 이해할 수 있다. 그러나 시민단체가 제기하는 공영방송의 책임성이 구체적으로 무엇에 대한 책무성을 말하는 것인지 분명하지 않다. 공화주의 방송철학에 의하면 공영방송에 주어진 책임성은 앞에서 지적한 것처럼 헌정체제에 대한 책무성을 의미한다. 따라서 공영방송에 있어서 헌정질서에 대한 책임을 능가할 수 있는 사회적 책무성은 있을 수 없다. 공영방송의 규정이 미흡하거나 관련 규정이 잘 작동하지 않는다고 해서 헌정체제 자체를 폐기할 수는 없기 때문이다.

지금 제기되고 있는 공영방송의 책무성 주장은 공화주의 헌정질서에 대한 책임성이 아니라 공공선을 향한 공동체주의 언론철학을 의미하는 것으로 보인다. 그러나 우리의 헌정체제가 공동체주의 언론철학을 공감하는지에 대해 먼저 합의할 필요가 있다. 공동체주의가 평등주의적 자유주의와 공화주의를 비판하는 점에서는 의미가 있지만, 스스로 실천적 대안을 제시하는데는 미흡하다는 비판을 참고할 필요가 있다. 공영방송 방송철학으로 공동체주의 언론철학을 정립한다고 하면, 공동체주의의 한계로 지적되는 다수결주의, 열정주의, 임의적 지배의 문제를 어떻게 해소할 수 있을지 점검해 보아야 한다. 나아가 공동체주의 언론철학에 바탕을 둔 공공선이 구체적으로 무엇을 의미하는지 모호할 뿐 아니라 어떤 원칙과 경로에 따라 만들어질지에 대한 사회적 합의도 부족하다. 무엇보다 다원주의적 가치관에 바탕을 두고 있는 오늘날의 사회를 공동체의 공공선을 매개로 풀어가는 방식이 합당하고 적절한 것인지도 살펴봐야 한다. 동시에 공공선이 형성되는 과정도 비지배 자유 준칙에 따를 것이 필요하다고 본다. 공공선을 표방하면서 특정한 이념, 세력, 집단이 우위적이거나 주도적인 지배력을 발휘하는 것은 공영방송 방송철학에는 어울리지 않는다.

지금 우리의 공영방송 운영원리는 롤스의 평등주의적 자유주의 언론철학과도 거리가 있다. 평등주의적 자유주의 관점에서 보면 공영방송은 시민의 선택 자유를 보호하고 그 자유를 확장할 의무를 진다. 롤스에 따르면, 공영방송은 보도의 다양성을 통해 시민에게 선택의 자유를 보장해야 한다. 물론 소수자의 기본적 자유를 확보하기 위한 국가의 노력은 롤스의 정의 제2원칙(기회균등의 원칙과 차등의 원칙)에 부합하는 것이다. 그러나 롤스는 정의의 제1원칙에서 기본적 자유의 불가침성과 평등성을 제기했음을 기억할 필요가 있다. 롤스는 정의의 제1원칙이 제대로 지켜진 다음에 정의의 제2원칙을 적용할 수 있다고 하였다.

우리의 공영방송의 보도는 시청자에게 다양한 선택의 기회를 제공하고 있는지 자문할 필요가 있다. 공영방송이 존재하는 물적기반은 공영적 자산에서 출발한다. 다양성을 확보하지 못하는 공영방송은 시청자의 선택의 범위를 제한하는 것이다. 즉 시청자의 소극적 자유를 침해하는 것이다. 자유주의 전통에서 보면 시민의 자유는 선택의 범위를 스스로 정할 자유이다. 오늘날 공영방송의 보도가 시민들의 선택의 자유를 증진하는 데 필요한 선택지를 골고루 제공하고 있는지 살펴볼 필요가 있다. 자유주의적 관점에서 자유는 간섭의 부재뿐 아니라 선택 범위의 자발적 선택을 포함한다. 공영방송은 제작진의 자유 못지않게 시청자의 자유도 지켜야 하기 때문이다. 공영방송은 공적 자금이 투입되고 제도적 위상이 법적으로 보장되는 매체라는 점에서 구성원의 자유뿐 아니라 시민의 자유에 대한 책임이 크다고 할 수 있다.

정권이 바뀔 때마다 시청자의 선택 자유가 되풀이해서 문제가 되는 것은 우리의 공영방송이 제대로 된 방송철학이 없다는 반증이다. 우리 공영방송의 운영에는 그동안 정치권력의 후견주의가 작동하였다. 따라서 정치권력의 후견주의를 비판하기는 쉽다. 그러나 공영방송을 민영으로 전환하지 않는 한 이런 후견주의를 대체할 대안이 마땅하지 않다. 일각에서는 여야 정치권뿐 아니라 시민단체, 전문가 단체, 학계, 시청자위원회 등이 후견인 역할을 공유하는 방안을 제시하고 있다. 그러나 이런 방안은 대표성 문제가 걸림돌이 될 수 있다. 임의적 단체이거나 사실상 임의적 단체에 준한다고 할 수 있기 때문이다. 따라서 우리의 공영방송의 경우에는 영국의 BBC처럼 정치권력의 후견주의를 형식적으로 인정하는 가운데, 임의적 권력관계가 작동하지 못하도록 공영방송 지배체제와 운영 철학을 정립할 필요가 있다고 생각한다. 정치권력의 후견주의가 강하게 작동할 수 없도록 공영방송 경영진과 이사회 구성원의 당파적 색채를 줄여나가는 것이 중요하다고 생각한다. 공영방송 경영진은 당파적 이익을 수호하는 것에서 벗어나 정치권과 공영방송을 중재하는 역할을 강화할 필요가 있다. 공영방송은 구성원뿐 아니라 시청자의 비지배를 제고할 수 있을 때 제 자리를 찾을 수 있을 것이다.

공영방송 자율성을 강화하자는 주장은 미국식의 자유지상주의 방송철학을 원용한 결과이다. 우리 공영방송의 설립근거, 물적토대, 관련 규정은 유럽형에 가깝지만 실제는 미국식 자유지상주의 철학에 따라 운영하겠다는 것이다. 우리 공영방송의 이념지향적 보도 태도는 보도의 자유, 방송의 자유를 천부인권의 권리로 보는 자유지상주의 방송철학을 반영한 것처럼 보인다. 그러나 자유지상주의 방송철학을 수용하려면 물적자산인 재산권의 소유권을 검토해 보아야 한다. 노직의 소유권적 권리론에 따르면, 정당한 운영 권한을 주장하기 위해서는 소유를 발생시킨 최초의 획득이 정당해야 한다. 자유지상주의는 재산권을 가질 자격이 있는 사람에게 그 권리를 인정하는 원리임을 분명히 할 필요가 있다. 공화주의 철학에 따르면 공영방송은 신탁자인 시민이 운영을 위임한 신탁물이다. 공영방송의 물적토대는 공적자산에 해당한다.

평등주의적 자유주의와 공화주의 입장에서 보면 공영방송의 이념 편향성은 시민의 선택 자유를 제한해 시민을 지배상태에 빠지게 한다. 다양하지 못한 보도나 자의적 보도행태를 막을 방법이 공영방송 구성원들의 선의와 자비심에 호소하는 길뿐이라면 이는 공영방송의 위상과 사회적 의미가 훼손됐다고 볼 수 있다. 제작진 마음대로 자의적 방송이 가능하다면 시민의 자유에 대한 간섭은 일상적으로 일어나는 것이다. 공영방송의 자의적 지배가 자발적으로 해소되지 않는다면 사회가 부담할 피로감은 상당하다고 할 수 있다. 공화주의 철학에 따르면, 자유는 타인에 대한 자의적 간섭이 없을 뿐 아니라 다른 사람의 자유를 임의적으로 침해할 가능성이 없는 상태를 의미한다.

<표 21>은 공영방송의 자유에 대한 자유지상주의, 평등주의적 자유주의, 공화주의, 공동체주의의 입장 차이를 공영방송 제작진과 시청자의 관점으로 구분해 비교한 것이다. 자유지상주의 방송철학은 제작진의 제작의 자유를 불가침의 권리로 보며 시청자의 자유는 시장에서 각자 자유롭게 선택하는 것에 해당한다. 양자 간에는 어떤 구속적 의무 관계가 존재하지 않는다. 평등주의적 자유주의는 제작자와 시청자 모두가 다원주의를 기본 전제로 상호 간에 간섭받지 않을 자유가 보장되어야 한다고 본다. 동시에 시청자의 권리와 자유가 기본적 자유의 평등성에 입각해 보도되지 않는다면 정의 원칙을 침범하는 것이다. 공화주의는 제작진과 시청자 모두가 임의적·자의적 지배에서 벗어나 비지배 자유를 누릴 수 있도록 견제와 균형의 원리에 따라 방송 제작이 이뤄지는 것을 의미한다. 마지막으로 공동체주의가 지향하는 공영방송의 자유는 제작자나 시청자 모두 공동체의

공공선을 실천하는 가운데 자유를 얻도록 한다는 특징이 있다.

**표 21 | 공영방송 자유에 대한 자유지상주의, 평등주의적 자유주의, 공화주의, 공동체주의의 입장 비교**

| | 자유지상주의 | 평등주의적 자유주의 | 공화주의 | 공동체주의 |
|---|---|---|---|---|
| 공영방송 제작진 | 방송 제작진의 표현의 자유는 불가침의 권리 | 1) 제작진의 간섭 받지 않을 자유<br>2) 제작진이 선택의 범위를 정하는 자유 | 1) 헌정질서, 법치에 바탕한 제작진의 자유<br>2) 외부 세력의 임의적 지배에 저항 | 1) 공동체의 공공선을 방송제작을 통해 실천할 자유<br>2) 공공선을 위한 제작진의 참여 |
| 시청자, 사회 | 시청자의 자유는 각자가 시장에서 확보 | 1) 시청자의 자유는 시민 모두의 기본적 자유의 평등성이 보장되어야 함<br>2) 시청자의 다양한 관점과 입장이 반영되는 다원적 보도 | 1) 시청자의 비지배 자유 보장<br>2) 견제와 균형의 원리에 따른 다양성 보장<br>3) 제작진의 임의적 지배에 대한 견제와 저항 | 1) 공동체의 공공선을 학습하고 실천할 자유<br>2) 공공선을 위한 시민의 참여 |

오늘날 우리의 공영방송은 매체 환경의 변화로 위협받고 있다. 케이블, 종편, 지역 방송의 증가로 방송 매체 수도 급격하게 늘고 있다. 공영방송에 대한 공적 지원도 예전만 못하다. 수신료를 받는 KBS마저 상업광고에 내몰리는 마당이다. 공영방송도 상업적 이익을 위한 편의적 제작에 허덕이고 있다. 시청자들은 유

튜브 같은 1인 미디어로 이동하고 있다. 온라인동영상서비스(OTT)도 눈에 띄게 성장하고 있다. 지금과 같은 다공영·다민영 체제의 방송환경에서 공영과 민영 방송의 실질적인 차이는 줄어들고 있다. 시민들의 공영방송 신뢰도는 예전만 못하다. 이런 연유들로 인해서 공영방송의 공공성 논거는 약화되고 있다. 그러나 새로운 매체 환경이라고 해서 공영방송의 역할과 기능이 감소할 수는 없는 것이다. 공영방송의 미래는 국가와 사회 구성원 모두가 머리를 맞대고 해결해야 할 문제이다. 그것은 헌정질서의 변화와 함께 논의하는 것이 바람직하다. 특정한 정치, 사회 세력이나 내부 구성원이 공영방송의 성격을 재규정하는 것은 온당하지 않다.

### 2) 언론철학의 모색

공영방송 사례에서 살펴보았듯이 우리의 공론장과 언론 상황은 여러 정치철학적 원리가 뒤죽박죽 섞여있다. 이런 무질서한 상태로는 합당한 사회적 소통을 이룩하기 어렵다. 사회적 소통과 협력은 서로 공감, 이해, 관용할 수 있을 때 비로소 가능할 것이기 때문이다. 그렇지 않고 좋음(good)과 옳음(right)에 대한 자의적, 임의적 대응은 소통이 아니라 갈등과 불화, 충돌을 조장할 뿐이다. 이런 이유로 언론철학과 정치철학의 원리를 충분히 성찰할 필요가 있다고 강조한 것이다.

우리에게 더 좋은 삶을 제공해줄 언론철학을 어떻게 구성할 것인가 하는 질문은 여전히 남아있다. 우리 사회는 어떤 도덕적 가치를 지향하며 이를 위해 필요한 언론철학이 무엇인가 하는 점이다. 우리가 어떤 모델을 모색하고 선택할 때는 모델 자체의 우월성도 중요하겠지만 한국 사회변화의 맥락적 특성과 사회의 필요(needs)를 먼저 전망하는 것이 중요하다. 사회정의와 언론자유는 결국 정치담론을 구성하는 개념이면서 동시에 사회적 이상이기도 하다. 그러나 현실세계에 존재하는 긴장과 갈등, 불확실성을 감안하지 않은 채 단순화된 이데올로기를 통해서 현실에 접근하게 되면 대부분 생명력을 잃어버리고 정치적 레토릭이 되어 버린다. 언론자유를 이야기할 때 자유지상주의, 평등주의적 자유주의, 공화주의, 공동체주의가 규정하는 언론자유의 특징을 사회적 특성과 맥락 속에서 이해할 때 각각의 철학은 비로소 생명력을 갖는다고 할 수 있다. 따라서 언론자유와 정의를 사회적 맥락 속에서 파악할 필요가 있고 사회적 구조 속에서 언론자유와 정의의 개념이 생명력을 가질 수 있도록 문제의식을 갖는 것이 필요하다.

우리 사회는 분열과 진영논리를 극복하면서 자유민주주의와 경제적 성장을 발전시켜 나갈 철학적 원리가 필요하다. 안타깝게도 우리 사회에는 무엇이 정의이고 또 무엇이 언론자유인지에 대해 상당히 다른 관점이 혼재해 있다. 이에 따른 갈등과 진통은 쉽게 해소되지 않을 것으로 보인다. 여러가지 논의가 가능하겠지만, 역사적으로 거슬러 올라가면 해방 이후 지금까지 정의와 공동선, 언론자유의 관념에 대해 우리 사회가 합의한 경험이 많지 않다는 것이 가장 큰 이유라고 본다. 제1장에서 지적한 것처럼, 사회적 정의와 헌정원리, 개인의 자유, 언론철학 등을 둘러싸고 거쳐야 할 내부적 논의와 합의는 제대로 이뤄지지 못했다. 일제강점기가 끝나고 남쪽에는 미국주도의 자유민주주의 헌정원리가 이식되었다. 우리 사회는 그것을 우리의 것으로 체화하고 내면화하기 위한 진통을 거듭하고 있다. 그러나 21세기 오늘날에도 20세기 중반 외세의 간섭을 탓하고 있는 것은 설득력이 떨어진다. 자기변명에 가깝다. 길지 않은 자유민주주의 역사이지만, 우리는 4.19 혁명, 6.10 민주화 항쟁, 대통령 탄핵 등을 거치며 우리에게 맞는 철학적 지향성을 모색해 왔다고 할 수 있다. 지금의 소통 결여, 즉 불통은 자유와 정의, 공공선에 대한 합의에 이르는 과정에 나타난 진통이라고 보는 것이 타당하다. 따라서 자유민주주의에 대한 내면화 작업 못지않게 소통 장벽을 헤쳐나갈 언론철학을 정립하고 모색할 필요성이 어느 때보다 크다고 할 수 있다. 여기서는 합당한 방향성을 찾기 위한 전제 조건으로 국가 중립의 문제, 자유와 평등의 문제, 공동체주의의 문제, 새로운 매체 환경 등의 문제를 검토한다.

### 국가 중립의 문제

국가와 정부가 도덕적 가치를 제시해 진로를 모색하고 발전을 선도할 필요가 있는가이다. 대한민국은 국가주도 발전전략을 채택해 상당한 성과를 거둔 세계적 모범사례이다. 국가주도 성장론은 자원의 선택적 집중을 통한 불균형 성장론의 이론적 근거이다. 우리는 국가주도로 선택과 집중에 따라 상당한 경제적 성과를 이뤘다. 그러나 관(官) 중심의 국가독점과 권위주의라는 폐해를 남긴 것도 사실이다.

우리는 21세기 들어와 세계화를 선도하는 나라가 되었다. 한국을 찾아오는 외국인이 늘고 있다. 외국인 유학생도 많아졌다. 모두 자발적으로 한국을 찾아온 사람들이다. 나라 밖에서는 한국을 선진국이라고 부러워한다. 우리의 무역량은 세계 8위권이다. 한국은 삼성전자, 현대자동차라는 세계적 기업을 갖고있다. BTS를 비롯한 K-POP의 열기는 세계 각국에 뿌리를 내리고 있다. 세계화의 물결 속에 우리 사회는 성숙하고 있으며 시장의 힘도 커졌다. 내부적으로 진영논리가 팽배하고 민족주의가 여전하지만 국가나 정부가 미래 방향 설정에 있어서 가치와 방향을 주도하는 것은 더 이상 필요하지 않다고 본다. 무엇이 좋은 삶인지에 대해 국가나 정부는 시민 각자의 판단에 맡기는 중립주의를 택하는 것이 좋다고 생각한다.

그러나 국가의 중립주의는 개인과 집단, 공동체의 판단에 전적으로 일임하는 것이 아니라 자유와 평등, 인권이라는 보편적 가치를 공유하는 가운데 형성되는 중립주의라고 보는 것이 타당하다. 이런 국가 중립주의는 좋음과 옳음의 우선성을 선택하는 문제에 있어서 헌법과 법률에 따르는 옳음의 문제를 우선적으로 선택하는 체제이다. 공동체의 공공선을 추구하는 좋음의 가치도 중요하다. 그러나 옳음의 규칙을 먼저 확보한 뒤 좋음을 모색하는 것이 타당하다. 그렇게 함으로써 개인과 집단의 비지배 자유를 달성할 수 있기 때문이다. 국가나 정부가 무엇이 좋은 언론철학인지 정하고 개인과 사회가 수용하는 하향식은 타당하지 않으며 유효하지도 않다. 공동체주의 철학에 바탕해 공공선을 확인하고 제안하기에는 우리 사회 규모가 폭발적으로 커졌고 내적으로 다양해 졌다는 점도 국가 중립주의를 긍정적으로 바라보는 요인이다.

자유주의 철학은 다양한 사회적 가치 중에서 무엇이 좋고 나쁜지를 개인 각자가 판단할 것을 요구한다. 정부는 무엇이 좋은 것인지에 대해 중립을 택해야 한다. 사회는 좋은 삶에 대한 개인의 자발적 선택과 해석을 통해 발전한다. 따라서 각 개인은 양심의 자유, 표현의 자유, 신체의 자유를 통해 각자 생각하는 좋음에 이를 수 있는 권리를 가져야 한다. 이를 위해서 표현의 자유는 필수불가결한 권리라고 본다.

과거 권위주의 정부 시절 민주-반민주로 정치질서가 구도화되면서 정부의 형식적인 중립주의, 절차주의에 대한 사회 내부의 반감이 적지 않았다. 그러나 선거를 통한 평화적 정권교체가 자리잡으면서 정치질서가 선과 악의 대결이 아니라 세계관과 이념(보수-진보) 대결 구도로 재편되었다. 따라서 법치를 통해 공공선을 확인하고, 비지배를 강화해 개인의 자유를 보장하는 공화주의적 방편들이 자리잡도록 하는 방안이 필요하다고 본다.

### 자유와 평등의 문제

자유와 평등의 문제를 생각해 볼 필요가 있다. 먼저 오늘날 자유의 가치가 갖는 무게를 생각해 보자. 우리 민족은 역사적으로 외부 억압에 맞서 저항적 민족주의를 실천해 왔다. 우리 민족만큼 외부 간섭으로 인해 고통을 당한 민족도 세계사적으로 많지 않다. 중국 수나라와 당나라의 침공에 대한 저항, 임진왜란 당시 이순신 장군의 결사항전과 곽재우를 비롯한 의병의 투쟁, 일제 강점기 국내외 독립운동, 일제시대 조선어 사전 제작, 손기정 선생의 마라톤 우승 당시 일장기 말소 사건, 한국전쟁에서 중공군 침입에 대한 저항 등은 결국 우리 민족의 자유를 위한 투쟁이었다. 외부 세력의 자의적 간섭에 저항하고 민족과 공동체의 비지배 자유를 수호하기 위한 투쟁이었다. 그러나 외세에 대한 우리 민족의 항전은 구성원 개인(individual)의 권리와 자유를 수호하려는 것이라기보다는 집단적 차원의 자유를 지키기 위한 것이었다.

우리 역사에서 개인의 자유와 권리를 제도적으로 보장해야 한다는 인식은 대단히 부족하였다. 개인의 자유를 권리(right)로 생각하게 된 것은 자유민주주의 헌법 체제가 도입된 해방 이후이다. 대한민국은 1945년 일본제국주의의 패망과 함께 미국 주도의 자유민주주의 체제로 편입하면서 사상과 양심의 자유, 언론의 자유, 표현의 자유, 신체의 자유라는 기본적 자유를 개인적 권리로 갖게 되었다. 물론 우리 역사에도 개인의 자유와 권리라는 인식과 현상은 늘 있어 왔다고 할 수 있다. 그러나 위에서 논의한 개인의 기본적 자유와 권리가 구체적 개념(concept)과 사회적 제도로 자리잡은 것은 미국 주도의 자본주의 체제에 편입한 이후라고 볼 수 있다.

자유의 관념과 철학은 대한민국이 해방 이후 발전과 변화를 성취하는 데 중핵(core)으로 작동하였다. 자유의 관념은 우리 사회가 자본주의 경제성장을 달성하는 데 핵심적으로 기여한 가치이다. 오늘날 우리 사회 구성원은 자유주의의 자유 관념을 상당 부분 내재화, 체화했다고 할 수 있다. 왜냐하면 오늘날 우리 사회가 이룩한 경제적, 문화적 성장이 공동체주의의 도덕적 가치인 공공선을 달성하기 위해 서로 노력한 결과라고 보기는 어렵기 때문이다. 오늘의 성과는 각자 신체의 자유를 바탕으로 사적 이익의 자유를 추구한 결과에 해당한다. 오늘날 세계가 부러워하는 한국의 경제성장 배경에는 가난 때문에 개인의 삶이 구속받아서는 안 된다는 비지배 자유를 향한 염원과 소망이 서려있다.

자유 관념이 개인의 좋은 삶을 증진하기 위해 기여할 여지는 앞으로도 많다고 생각한다. 우리 사회는 여전히 개인의 자유에 대한 이해와 인정이 부족하다. 간섭의 부재, 범위의 자발적 선택을 의미하는 자유주의 관점의 자유 개념은 우리 사회에서 앞으로도 상당기간 중요한 가치로 자리잡을 것이라 생각된다. 또한 자유에 대한 간섭이 임의적 지배가 될 때 각자가 그것을 견제할 권리와 능력을 갖추도록 하는 것도 진정한 자유를 위해 필요하다.

언론철학에 있어서도 각자의 표현의 자유를 더욱 존중하는 사회적 성찰이 필요하다. 다양한 의견이 공론장에 제시될 수 있는 제도적 방안을 마련할 필요가 있다. 가짜뉴스 소탕을 명분으로 사회적 선을 확보하려 했던 그간의 노력은 돌이켜보면 사실 특정한 가치를 강화해 개인의 자유를 지배하기 위한 노력이기도 했다. 가짜 허위 정보에 대해서는 그러한 발언을 할 권리 자체를 부인할 것이 아니라 조목조목 부당성과 허위성을 제시하면 되는 것이다.

자유주의 철학이 갖는 한계도 고려해야 한다. 오늘날 자유주의 국가에서 공통적으로 나타나는 경제적 양극화와 사회적 불평등은 자유가 공동체의 삶을 훼손할 수 있음을 보여준다. 즉 표현의 자유에 대한 보호의 영역이 넓어질수록 사회 기득권과 자유주의를 부인하는 전체주의, 권위주의 세력의 지배력이 강화될 우려가 크다. 동시에 사회 계층 간 이동성이 떨어지고, 20대 80의 사회가 고착화되며, 부의 세습과 가난의 대물림, 일자리 부족으로 청년 세대의 미래 전망이 불투명해지는 것 등은 자유주의 공공철학에 따른 사회 운영을 공적인 영역에서 재점검할 필요성을 제시한다.

이어서 평등의 문제를 생각해 보자. 평등은 기본적 자유의 평등성을 유지하는 것과 공동체 내 각 개인 간의 사회 경제적 평등성을 확보하는 것으로 나눠 생각해 볼 수 있다. 자유지상주의 철학은 개인의 가치를 우선시함으로써 개인 간에 발생하는 불평등의 문제를 제대로 살펴보지 못했다. 자유지상주의는 신자유주의 공공철학을 강화하는 데 기여할 수 있지만, 공공선과 평등의 문제에 제대로 대처하지 못한다는 비판을 받는다. 개인의 권리를 중시함으로써, 차별과 불평등의 문제를 해소하기에는 한계가 있다.

우리 사회가 선진적인 공동체로 발전하기 위해서는 자유와 평등의 가치가 조화를 이룰 수 있어야 한다. 기본적 자유의 평등성 못지않게 사회적·경제적·문화적 삶의 평등성, 법 앞의 평등이 실질적으로 이뤄져야 한다는 공감대가 형성되지 않는다면 개인의 자유가 오히려 위협받는 사회 구조적 환경이 조성될 수 있다. 평등의 문제는 공동체의 중요한 사회적 과제로서 인권과 공공선의 관점에서 접근할 필요가 있다.

자유와 평등의 가치가 함께 성장할 수 있는 지혜를 모으는 것이 필요하다. 이를 위해서는 언론의 자유와 시민의 자유를 균형 있게 바라볼 필요가 있다. 언론이 제작, 보도, 편성에 있어서 간섭받지 않고 자유롭게 취사선택하는 것으로 언론자유가 완성됐다고 할 수 없다. 발화자(speaker)의 표현의 자유 못지않게, 수신자(listener)의 들을 자유, 들을 권리도 종합적으로 이해할 필요가 있다. 언론의 표현의 자유 못지않게, 시민도 들을 자유, 들을 권리, 말할 자유, 말할 권리가 있음을 인식해야 한다. 새로운 매체 환경에서는 언론의 자유와 표현의 자유 못지않게 시민의 들을 권리, 들을 자유가 더욱 중요해졌다. 과거 패러다임에서는 언론자유만 보장되면 모든 것이 좋다는 일방향의 단선적 흐름을 가정했었다. 이때 언론은 취재원과 사회를 연결하는 통로(bridge, link)의 역할을 담당했다. 그러나 오늘날 온라인 환경에서는 언론 자체의 독자적인 역할과 비중이 상당히 커졌다. 따라서 인터넷 환경에서 자유와 평등의 가치가 제대로 달성되고 있는지 살펴봐야 한다. 들을 자유, 들을 권리가 시민 모두에게 공평하게 이루어지는지 점검할 필요가 있다. 언론의 자유는 시민의 자유와 평등 증진의 관점에서 균형 있게 제시되어야 한다.

정리하면, 언론의 자유는 시민의 자유를 평등하게 보장하는 가운데 증진되어야 한다. 시민의 들을 자유는 듣고 싶은 것만 듣는 자유가 아니다. 자유는 생각의 범위를 개인이 정할 수 있어야 한다. 자유는 다양한 견해와 입장을 비교하고 검토한 뒤 무엇을 선택할 수 있을 때 가능하다. 자기가 보고 싶고 듣고 싶은 것만 보고 들어서는 자유를 얻었다고 하기 어렵다. 자유는 무엇이 옳고 그른지를 종합적으로 검토할 수 있을 때 확보될 수 있다. 보고 듣고자 하는 것 위주로 뉴스를 이용하는 것은 결국 뉴스의 편식을 강화할 뿐이다. 확증편향, 에코 챔버(echo chamber), 필터 버블(filter bubble)에 갇힌 사람은 플라톤이 '동굴의 우화'에서 제시하는 동굴 속 사람과 다를 바 없다. 우상에서 벗어날 때 '진리가 너희를 자유케 하리라'는 성인의 말씀이 비로소 실현되는 것이다. 사람은 진실을 통해 자유를 얻는다. 자유를 통해 사람은 진정한 삶의 주인이 될 수 있다.

이런 자유를 시민 모두가 고르게 느끼도록 하는 것은 자유를 통한 평등의 실현이다. 누구든 언론의 자유를 제대로 그리고 평등하게 누릴 수 있을 때 자유와 평등이 조화롭게 달성될 수 있다. 나아가 시민의 말할 자유는 간섭없이 의견을 표시할 수 있는 자유이다. 그렇게 해야 언론의 비지배 자유, 시민의 비지배 자유를 확보할 수 있다. 인터넷 환경으로 인해서 누구든 말할 수 있는 기술적 통로를 확보할 수 있다고 해서 언론자유가 완성되는 것이 아니다. 사실관계와 인과적 관계를 왜곡하는 편향된 언론을 자유언론이라고 말할 수는 없다.

그러나 언론 보도가 편향적이라고 해서 그것을 즉각적으로 규제하려는 것은 언론자유를 침해하는 것이다. 공동체의 공공선을 앞세워 언론을 규제하는 것도 능사는 아니다. 틀린 말을 할 수 있는 자유를 허용하는 것 또한 언론자유의 영역이다. 가짜뉴스는 뉴스를 가공하고자 하는 인간의 욕망을 반영한 것이다. 그것은 저널리즘의 역사와 함께 해 온 것이다. 가짜와 진짜를 구분하는 주체가 누구이며, 어떤 방식으로 나눌 것인지에 대해 공공선을 앞세워 재단하는 것은 공동체주의적 시각을 반영하는 것이다. 언론자유가 갖는 복잡성을 해소하기 위한 사회적 제도가 공영방송(public broadcasting)이다. 공영방송은 물적 토대가 공적 자산으로 이뤄진다는 점에서 언론의 자유와 시민의 자유를 도모하고 나아가 시민의 자유를 평등하게 추구할 책임성이 크다. 민영 매체도 이런 노력을 기울일 사회적 요구가 있지만 그것은 각자의 역사적 관점과 철학이라는 프리즘을 통해 제시된다.

이처럼 공영방송에는 구성원의 간섭받지 않을 자유와 선택의 자유를 동시에 보장해야 할 공적 책무가 부여된다. 물론 공동체주의적 철학에서 공공선을 위한 사회적 제도로 공영방송의 역할을 규정하려는 노력이 있을 수 있다. 그러나 공영방송의 공공선 추구는 언론의 자유와 시민의 평등한 자유를 확보한 다음에 추구할 가치로 보는 것이 타당하다. 공영방송은 구성원과 시청자의 비지배 자유를 보장하는 언론철학을 바탕으로 하기 때문이다. 누구든 임의로 공영방송을 편성하고 제작한다면 그러한 행위는 시민사회의 견제력을 통해 교정되어야 한다. 그렇게 하는 것이 시민의 자유를 평등하게 확보하는 길이기 때문이다.

공동체주의의 문제

한국 사회는 세계적으로 드물게 단일 민족공동체를 유지해왔다. 문화적 동질성을 기준으로 세계 각국을 비교하면 한국은 연고적, 집단적 동질성이 매우 강한 나라이다. 조선시대의 유교 전통, 외세의 침략, 일제 식민시대, 해방 이후 권위주의 정부를 거치며 우리 사회에는 혈연, 지연, 학연을 중심으로 한 강력한 공동체 문화가 형성되었다. 공동체 문화는 월드컵 경기 같은 국가적 행사에서 '대한민국!'을 외치며 끈끈한 정(情)을 나누는 순기능을 담당했다. 낯선 외국 땅에서 한국 사람을 만나면 역지사지하는 마음으로 정서적 교감을 나누는 긍정적 기능이 있다. 우리의 유교문화적 전통과 저항적 민족주의는 우리에게 공동체주의적 성향이 문화적으로 작동하고 있음을 보여준다. 그러나 공동체 문화가 합당하게 작동하지 못하는 경우도 많다. 지역주의 등에서 나타나는 공동체주의는 오해와 악용의 소지가 많다. 공공선을 명분으로 하지만 결국 시민을 비지배 상태에 빠뜨리는 경우가 많았다. 이제는 공공선을 명분으로 적극적 자유를 추구하는 것이 사회 발전을 안정적으로 관리하고 또 사회 발전을 지속 가능한 수준으로 확장할 수 있는지 살펴볼 필요가 있다.

미국은 이민자가 만든 나라이다. 유럽도 다양한 문화가 나라별로 섞여있으며, 중국 또한 한족(漢族)이 중심이기는 하지만 여러 민족이 함께하는 다문화사회를 유지하고 있다. 한국 사회는 최근 다원주의 사회로 빠르게 변하고 있다. 과학기술, 통신, 교통의 발달로 나라 밖과 상호 교류하는 세계화가 가속화되고 있다. 국내에서는 세대 간 격차, 문화 간 갈등도 불거지고 있다. 외국인 이주민 등 문화적 소수집단도 형성되고 있다. 국내 외의 이런 흐름은 우리 사회를 빠른 속도로 다원적 사회로 변화시키고 있다.[12] 다문화주의의 확산은 필연적으로 정체성의 문제를 수반할 것이다. 각 하위 문화의 개별성을 존중하지 않고 다문화사회를 지탱하기는 어렵다. 문화다원주의는 각자의 특수성을 존중하면서 보편성을 유지하는 것이다. 관용과 존중을 통해 상호 융화하는 보편적 가치를 지향하지 않을

12) 김정탁(2014) 다문화사회와 동아시아 커뮤니케이션: 현(玄)과 황(黃)의 관점에서. 커뮤니케이션 이론 10(3), pp.4-35 참조.

수 없다. 우리 사회는 단일 문화권에서 다원적 문화권으로 진화하고 있다는 점에서, 다원주의에 적합한 공공철학과 언론철학의 정립이 필요하다고 할 수 있다.

샌델은 미국의 자유주의, 개인주의가 갖는 취약점을 해소하기 위해 도덕적 가치를 중시하는 공동체주의 철학을 강조한다. 미국 사회에서 시장(market)의 힘이 극대화되는 상황에서 공동체의 공공선, 시민의 덕성, 사회적 통합성을 회복할 필요가 있다고 강조한다. 그러나 샌델은 공공철학의 방향성을 정함에 있어서, 공공철학의 내용도 살펴야 하지만 그 사회가 처한 사회적 맥락을 고려할 필요가 있다고 말한 바 있다. 한국을 여러 번 방문한 바 있는 샌델은 유교적 사고와 연고성 강한 공동체 전통을 가진 한국에서 공동체주의에 비판적인 사람이 적지 않음을 알게 됐다고 고백한 바 있다.[13] 샌델은 자기가 주장하는 공동체주의는 미국 사회의 문제를 치유하는 데 필요한 것이라는 점을 강조한다. 샌델의 말은 정치철학을 정립함에 있어서 사회의 역사적 맥락과 특성을 고려할 필요가 있다는 점을 지적한 것이다.

우리의 공동체 문화는 그동안 민족적·사회적 역경을 헤쳐가는 원동력이 되었다. 그러나 우리의 공동체 문화는 개인의 사적 자유와 권리를 보장하고 그 다양성을 인정하는 데 소홀했다. 조선시대 붕당정치는 씨족이나 혈족의 이익을 우선시할 뿐 국가 공동체 전체의 발전을 가로막은 장애물이었다. 조선시대 각 고을에 세워진 열녀비는 공동체 문화의 대표적인 상징이다. 홀로 된 과부가 개가(改嫁)하지 않음을 칭찬한 열녀비는 여성의 정절을 강요하는 남성 중심의 유교문화 토대에서 세워진 것이다. 대가족제도하에서 부모와 가족의 희생도 있었다. 해방 이후에는 포퓰리즘의 악령도 존재해 온 것이 사실이다. 한국전쟁을 전후한 좌우익 간의 사상적 대립에서 개인의 자유는 인정되지 않았다. 우리는 권위주의 정부 시절 개인의 언론의 자유와 표현의 자유를 기본권으로 인정하지 못한 기억과 역사를 갖고 있다. 권위정부 시절 방송과 신문은 국가와 정권의 이익을 명분으로 개인의 권리와 자유를 제대로 보살피지 못한 어두운 역사를 갖고 있다.

---

13) Sandel(2008) 공동체주의와 공공성. pp.328-331.

분단 이후 한국의 국가 발전은 국가 주도로 이뤄져 왔다. 공공선의 이름 아래 개인의 자유와 자율성을 침해한 경우가 적지 않았다. 공공선은 사회 공론장에서 소통을 통해서 논의되지 않고, 국가 기구나 하위 집단의 의제설정으로 만들어진 경우가 많았다. 이처럼 우리의 국가주의, 공동체주의가 확장된 이면에는 개인의 가치를 존중하는 자유주의 철학이 제대로 형성돼 있지 못한 데도 원인이 있었다.[14] 최장집은 산업화와 민주화를 거치며 한국 사회의 정치 지형이 양극 공동체의 대립 구도로 고착됐다고 지적한다. 민주화를 통해 독재는 타도했지만, 개인의 자유라는 자유주의 가치에는 소홀했기 때문에 민주주의 자체가 더 취약해 졌다고 본다. 그의 지적은 한국의 민주주의가 발전하기 위해서는 개인의 자유와 평등이라는 자유주의 가치와 원리가 보다 강화될 필요가 있음을 강조한 것이다.[15]

유홍림도 우리의 공동체주의 경향성에 대해 비판적으로 해석한다. 그는 우리 사회는 명분상으로는 공동체와 공공선을 강조하며 통합을 강조했지만, "현실적으로는 배제와 서열을 내포하는 사이비 통합과 양극화 경험만을 가지고 있다"고 비판한다.[16] 공공선을 둘러싼 우리 사회 내부의 대치가 화해와 협력으로 이어지지 못하고 적대적 반감과 함께 사실상 내전 상태로 이어졌다고 평가한다.

개인의 정체성은 가족과 공동체, 사회, 민족, 국가와 완전히 분리될 수 없다. 따라서 각자는 자랑스러운 공동체를 만들어갈 공적 임무가 있다. 그러나 공동체주의적 가치에 매몰되면 위기가 발생한다. 오늘날 우리가 살아가는 삶의 영역은 전지구적이다. 삼성전자와 현대자동차는 전 지구인이 함께 호흡하는 기업체이다. 지역에서 생산하는 우리의 농수산물은 지금 세계로 수출되고 있다. 전라남도의 전복과 파프리카, 강원도의 딸기, 인천 강화와 경기 고양, 경남 진주, 충남 당진의 쌀, 경북 상주와 전남 나주의 배 등이 대표적 사례이다. 방탄소년

14) 최장집(2005) 민주화 이후의 민주주의. 후마니타스, pp.293-300; 김동훈(2011) 한국 헌법과 공화주의. 경인문화사, pp.105-106; 김우창, 박성우, 주경철, 이상익, 최장집 공저. 국가와 윤리. 국가의 현실, 개인의 현실(최장집), pp.333-390.

15) 교수신문(2023.1.13) 미완의 민주화 … 자유주의적 계기가 없었다. <https://www.kyosu.net/news/articleView.html?idxno=98228>

16) 유홍림(2021) 회색지대 속의 정의 담론. p.369.

단(BTS)에 대한 세계 젊은이들의 환호는 그들이 K-POP을 통해 우리의 문화 공동체 안으로 들어왔음을 보여준다. 이처럼 우리가 살고 있는 삶의 현장은 국경을 넘어서고 있다. 코로나 팬데믹도 전 세계가 얼마나 가까운 곳에 있는지를 보여준 사례이다. 코로나를 극복하는 과정도 결국 전 세계 사람이 힘을 모았기에 가능했다. 민족과 국가의 차원에서는 국경과 경계선이 존재하지만 우리가 살아갈 세상은 한반도가 아니라 전 지구라는 점은 분명하다. 따라서 우리 각자에게는 전통적 공동체, 배타적 공동체, 쇄국적 공동체를 넘어 21세기 새로운 환경에 맞는 지구적 공동체를 창조할 공적 임무가 있다고 할 수 있다.

### 새로운 매체 환경

언론철학을 모색하기 위해서 달라진 매체 환경도 고려해야 한다. 과거에는 동일한 사실(facts)에 대한 해석을 둘러싸고 의견 충돌이 많았다. 그러나 지금은 다른 사실과 다른 세계관에 사는 사람들이 많아졌다. 사실이나 관점은 균형 있게 알려지지 못하고 있다. 사람에 따라 과대 또는 과소 소비되고 있다. 정보 소비의 불균형으로 확증편향은 강화되고 있으며, 사회는 극단적인 양극화의 길로 들어섰다. 또한 신문과 TV라는 전통 매체를 넘어서 유튜브, 소셜네트워크서비스, OTT 서비스, 포털 서비스 등의 다양한 경로를 통해 정보가 홍수처럼 넘쳐나고 있다. 동시에 정보량 자체가 폭발적으로 늘었음에도 정보에 대한 갈증은 역설적으로 심화되고 있다.

컴퓨터 프로그램 기술의 발전으로 알고리즘 체계가 우리의 소통 구조를 장악하고 있다. 알고리즘과 소셜네트워크서비스는 커뮤니케이션 양극화를 가속화하는 사회적 기제가 되었다. 온라인상의 알고리즘 체계는 사실 비슷한 성향의 사람들이 본 정보를 복사해 전달하는 시스템에 불과하다. 따라서 알고리즘이 지배하는 온라인 정보 전달 체계는 사람들에게 소통을 위한 성찰의 기회를 제대로 제공하지 못한다. 알고리즘은 네티즌의 알 권리를 위해 존재하는 것이 아니라, 클릭 수와 상업적 이익을 도모하는 방향으로 프로그래밍 되어있다. 소셜네트워크서비스에는 비슷한 사람끼리 모이는 끼리끼리 문화가 심화되고 있다. 더 심각한 문제는 현재의 소통 구조가 가져온 정보 편식 현상을 사람들이 깨닫지 못한다는 점이다. 우리의 공론장은 알고리즘과 소셜네트워크서비스가 지배함으로써 편리함은 증대했다고 할 수 있지만, 공론장에서 사용되는 정보는 체계없이 뒤죽박죽 섞여 혼란이 커지고 있다. 알고리즘 등장으로 방송과 신문 같은 레거시 미디어(legacy media)는 주변부로 밀려났다. 전통 언론은 더 이상 여론을 주도하는 사회적 제도가 아니다. 언론의 워치독 기능은 퇴색되었다. 언론에 대해 사회적 책임성을 요구하기에는 언론 자체가 심하게 위축되어 있다. 앞으로 인공지능이 주도하는 챗GPT가 영향력을 발휘할 경우 우리의 공론장은 더욱 낙관하기 어렵다.

포털의 알고리즘과 소셜네트워크서비스는 사회적 소통의 전달 방식과 경로를 바꿔버렸다. 표현과 소통의 내용을 바꾼 것이 아님에도 불구하고 오늘날 표현의 자유가 갖는 의미는 디지털 매체가 초래한 소통 환경의 변화에 많은 영향을 받고 있다.[17] 디지털 환경에서는 표현의 자유(freedom of expression), 언론의 자유(freedom of media) 못지않게 도달의 자유(freedom of reach)가 관건이 되고 있다. 디지털 환경에서 통신망 사업자, 포털 사업자, 소셜네트워크서비스 등은 개별 정보에 대한 유지, 축소 기능을 갖고 있다. 이들은 미디어와 개인을 연결하는 알고리즘을 변화시켜 뉴스 보도가 시민에 노출되지 않게 할 수 있다. 혐오표현이나 포르노그래피, 극단적인 폭력, 증오와 괴롭힘에 해당하는 표현의 경우 평등주의적 자유주의와 공동체주의는 각각 허용과 불가 입장임을 앞에서 살펴보았다. 언론철학의 관점이 상호 대치하는 가운데, 오늘날 구글이나 페이스북, 트위터, 네이버, 다음 카카오 등은 자체 콘텐츠 필터링을 통해 관련 내용을 임의적으로 거르고 있다. 이 경우 필터링 기준이 분명하지 않을 뿐 아니라 이용자들이 그러한 필터링이 있었는지조차 알 수 없으므로 그 폐해는 심각하다고 할 수 있다.

17) Balkin, Jack(2004) Digital Speech and Democratic Culture. New York University Law Review 79(1), pp.2-35; Balkin, Jack(2018) Free speech is a triangle. Columbia Law Review 118(7), p.2055.

문제는 이런 민간 서비스업체가 구사하는 알고리즘이 시민들의 소통 환경에 미치는 영향이다. 알고리즘 작동을 통해 의도적 또는 비의도적으로 특정한 정치적 정보가 증폭되거나 봉쇄될 수 있기 때문이다. 이 민간 기업들은 자유민주주의 사회에서 사회적·도덕적 가치를 결정할 정당성을 갖지 못한다. 사람들이 표현의 자유를 통해 아무리 좋은 말을 해도 포털, 구글, 트위터 등이 그 내용을 사람들에게 전달되지 못하도록 알고리즘을 구사한다면 결국 표현의 자유는 봉쇄되어 유명무실해진다. 도달의 자유 문제는 디지털 환경에서 이뤄지는 새로운 표현의 자유 통제 기술이다.[18] 말하는 사람의 표현의 자유가 보장된다 하더라도, 그 정보가 전달되지 못하게 할 기술적 조치는 충분히 가능하기 때문이다. 디지털 환경에서의 이런 임의적 통제는 아직까지 공론장에서 제대로 논의되지 못하고 있다.

디지털 환경에서도 사람들은 좋은 것을 듣고 알고 말할 자유와 권리를 갖는다. 자유지상주의, 평등주의적 자유주의, 공화주의, 공동체주의 이론이 '좋은 것'을 각각 어떻게 해석하는지 이 책을 통해 살펴보았다. 결국 디지털 환경에서 표현의 자유는 자유지상주의, 평등주의적 자유주의, 공화주의, 공동체주의의 이론적 차이를 규명하는 것과 함께 포털과 디지털 네트워크, 인공지능이 알고리즘을 통해 행하는 여러 행태의 임의적 간섭으로부터 어떻게 구속되지 않고 정보 도달의 자유를 확보할 수 있을 것인가 하는 새로운 과제를 안고 있다.

## 언론철학의 방향성

언론철학의 방향성을 찾기 위해 국가 중립의 문제, 자유와 평등의 문제, 공동체주의의 문제 그리고 새로운 매체 환경을 점검해 보았다. 자유주의 철학은 표현의 자유를 개인의 기본권으로 인식해 침해할 수 없다고 보는 데 반해, 공화주의와 공동체주의는 표현의 자유를 규제하는 데 상대적으로 긍정적이다. 이중 개인의 자유와 공동체의 공공선 한쪽을 고집하는 자유지상주의나 극단적 공동체주의

18) 한겨레 21(2014.1.13) 진화한 재갈 물리기: 감시 사회의 새로운 규제 <https://h21.hani.co.kr/arti/culture/culture_general/37393.html>

는 우리의 언론철학 방향성을 모색함에 있어서 대안으로 수용하기 어렵다고 본다. 결국 평등주의적 자유주의 관점과 공화주의, 공동체주의 관점을 상호 배제적으로 보지 않고 어떻게 조화롭게 결합할 것인가 하는 점이 논의의 초점이 될 것이다. 물론 상이한 정치철학에 대해 절충적 입장을 취하는 것은 자칫 본래의 모습을 훼손하고 논점을 흐릴 수 있다. 그러나 정치철학 중에서 하나를 고집하는 것은 현명한 선택이 아니다. 우리의 언론철학은 지금까지 논의한 철학과 원리의 장점들을 통합적으로 받아들일 수밖에 없다. 이는 벌린 식으로 하면, 소극적 자유와 적극적 자유 가운데 한쪽을 강조할 것이 아니라 상호 공생의 방안을 모색할 필요성을 제기한다. 우리 사회는 자유와 공공선 어느 한쪽도 포기할 수 없기 때문이다. 우리의 헌정 질서에는 평등주의적 자유주의와 공화주의, 공동체주의가 함께 녹아있다. 평등주의적 자유주의가 갖는 기본적 자유의 불가침성과 평등성 부분, 공화주의가 갖는 견제와 균형 원리 그리고 공동체주의가 중시하는 사회적 자유에 대한 부분이 그것이다. 따라서 평등주의적 자유주의, 공화주의, 공동체주의 한쪽을 배타적으로 강조하는 것은 타당하지 않다고 생각한다. 평등주의적 자유주의 관점과 공동체주의, 공화주의 관점을 상호 배제적으로 보지 않고 어떻게 결합할 것인가에 논의의 초점을 맞추는 것이 필요하다.

문제는 개인의 권리와 자유를 침해하지 않으면서 공동체의 공공선을 보장하는 것이 쉽지 않다는 점이다. 자유주의와 공화주의, 공동체주의의 상호 조정은 결국 우선 순위를 어디에 둘 것인가 하는 방법으로 해소할 수밖에 없다. 이론적으로 양립하기 힘든 부분이 엄연히 존재하는 만큼 모두 같은 비중으로 대하기는 어렵다. 옳음과 좋음의 우선성, 다원주의에 대한 인식, 공공선의 존재 여부 등에서 평등주의적 자유주의와 공동체주의 간에는 본질적 차이가 있다.

평등주의적 자유주의의 틀을 골격으로 하면서 공동체주의 원리를 보완적으로 포용하는 것은 공동체주의적 자유주의(communitarian liberalism)라 할 수 있다. 반대로 공동체주의를 근간으로 하고 자유주의 전통을 수렴하는 것은 자유주의적 공동체주의(liberal communitarianism)라 볼 수 있다. 먼저 공동체주의적 자유주의는 우리의 현행 헌법 기조에 해당한다. 우리 헌법은 개인의 기본적 자유뿐 아니라 행복추구권 같은 사회적 자유를 동시에 규정하고 있다. 그러나 공공선을 위해 개인의 자유를 제한할 수 있지만, 그 경우에도 본질적인 자유를 침해할 수 없다고 정한 점으로 미뤄볼 때 우리의 헌법 질서는 공동체주의적 자유주의를 근간으로 하고 있다고 할 수 있다.[19] 그러나 우리 사회는 사회적·경제적 평등을 향한 시민적 요구도 강하다. 따라서 공동체주의적 자유주의와 자유주의적 공동체주의 간에 팽팽한 긴장관계가 유지되고 있다고 보는 것이 타당하다.

자유주의적 공동체주의는 개인의 기본적 자유를 보장하지만 사회적·경제적 불평등 해소에 더 큰 비중을 두는 입장이다. 자유주의적 공동체주의는 개인의 개별적 자유에 비해 공동체의 사회적 자유를 비중있게 강조한다. 사회적 자유는 결국 개인적 자유인 표현의 자유가 평등하게 실현될 수 있도록 사회적 노력을 강화하고 확보함으로써 성취될 수 있다. 개인의 표현의 자유를 존중하지만, 표현의 자유가 갖는 사회적 의미를 중시한다. 나아가 사적 소유권을 인정하지만 상대적으로 높은 세율을 통한 사회적 복지를 강조한다. 오늘날 북유럽형 복지 국가에 해당한다.

이에 반해 공동체주의적 자유주의는 공동체주의와 자유주의를 협력과 관용의 관점에서 상호 수렴하려는 원리이다. 공동체에 대한 이해를 바탕으로 소통분야에서는 자유로운 의사표현과 비판적 검증을 요구하는 사회이다. 개인의 자유와 비지배 원리, 공공선 원리가 함께 가치를 발휘하는 체제이다. 이때의 공동체는 기본적으로 사실과 합리성을 존중하는 가운데 소통이 이뤄지는 곳이다. 공론 영역에서 공공선이 소홀히 취급되지 않으면서 상호 다름을 인정하는 관용으로 당파성과 실증주의의 한계를 극복할 수 있음을 믿고 실천해 가는 공동체이다.

롤스의 평등주의적 자유주의는 공동체주의 특성을 일부 수렴한 것이다. 롤스는 개인 운의 중립화를 통해 사회적·경제적 불평등을 해소하려 하였다. 롤스 철학은 최소수혜자가 장기적으로 이익을 얻는 한 소유의 불평등을 사회적으로

---

19) 헌법 제37조 제2항은 "국민의 모든 자유와 권리는 국가안전보장 질서유지 또는 공공복리를 위하여 필요한 경우에 한하여 법률로써 제한할 수 있으며 제한하는 경우에도 자유와 권리를 본질적인 내용을 침해할 수 없다"고 정하고 있다. 여기서 국가안전보장, 질서유지, 공공복리는 공공선에 해당한다.

허용하는 것이 정의롭다고 하였다. 소유의 불평등을 허용해, 불평등을 정당화한 것이다. 따라서 롤스 정의론은 자유와 평등을 조화시키며 각자 좋은 삶을 살아갈 방향을 제시한 것이라고 볼 수 있다. 롤스는 특히 경제적 불평등과 관련해, 최소수혜자가 최대수혜자보다 더 많은 한계생산을 배분받는다면 최대수혜자의 자유 노동 의지가 훼손될 것이라고 보았다. 오늘날 롤스 철학은 신자유주의와 공동체주의 모두로부터 공격을 받고 있다. 롤스의 평등주의적 자유주의는 그럼에도 불구하고 기술혁신을 통해 사회적·경제적 불평등 문제를 해소하거나 최대수혜자와 최대수혜자의 배분 비율을 1대1에 근접시키는 방향으로 발전적으로 해석한다면 앞으로도 개인과 공동체의 공존을 모색하는 데 좋은 이론적 시사점을 줄 수 있다고 생각한다.

롤스 철학은 로크 이후 400여 년간 지탱해 온 자유주의 철학을 전제로 표현의 자유를 포함한 기본적 자유의 불가침성과 평등성을 제시했다는 점에서 인류 사회에 큰 시사점을 제공했다고 볼 수 있다. 특히 정치적 영역에서 사람에게는 동물과 달리 누구도 함부로 침해할 수 없는 권리가 모두에게 평등하게 존재한다는 점을 강조함으로써 인간의 존엄성을 바탕으로 상호 협력을 위한 기본 조건을 제시했다고 할 수 있다.

공동체주의는 자유주의를 비판하는 데 일정한 기여를 하였지만, 자유주의를 대체한다고 보기는 어렵다. 공동체주의는 자유주의 철학을 폐기한다기보다는 자유주의가 갖는 한계를 상호 보완하는 차원에서 실천적 정합성을 갖는다 할 수 있다.[20] 공동체주의에서 강조하는 공공선의 주장이 화합과 공동이익을 위해 바람직한 것처럼 보이지만 누가, 어떻게 공공선을 규정하며 나아가 그것을 실현하는 주체로서의 국가를 어떻게 통제할 것인가 하는 점은 여전히 어려운 과제이다. 우리의 경우 해방 이후 권위주의 체제 당시뿐 아니라 민주화 이후에도 국가주의적, 집단주의적 경험이 생생하다는 점에서 쉽지 않은 과제이다. 나아가 페팃의 공화주의에서 강조하는 국가 통치기구에 대한 견제, 개인의 비지배 자유의 확보 등도 정착을 위해서는 해소해야 할 과제가 적지 않다.

---

20) 홍성우(2005) 자유주의와 공동체주의 윤리학. p.411.

한국 사람들은 가족, 국가, 민족의 구성원이라는 공동체의 정체성을 쉽게 벗어버리기 어렵다. 각자 소속된 공동체를 넘어서 개인의 특성을 설명하기는 쉽지 않다. 우리에게 공동체는 오랜 기간 자긍심의 원천이면서 동시에 사회적 폐단의 뿌리이기도 했다. 그러나 우리 사회가 오늘날 공동체주의의 어두운 그림자에서 벗어났다고 보기도 어렵다. 우리가 자랑스럽게 여길 공동체의 모습을 개발해 우리의 정체성을 발전적으로 승화시킬 방안을 찾는 노력이 필요하다.

미국의 경우에도 자유주의가 갖는 폐단을 극복하기 위해 공동체주의가 제안됐다. 우리의 경우에도 공동체주의를 발전적으로 계승하기 위한 사회적 노력이 더욱 필요한 시점이다. 그러나 그렇다고 해서 공동체주의의 특성이 자유주의를 대체할 것으로 생각하지는 않는다. 공동체주의를 사회의 주도적 가치로 확대, 재생산하기는 어려울 것으로 보인다. 따라서 공동체주의가 내세우는 개인의 연고성은 개인의 정체성을 규정하는 여러 속성의 하나로 이해하는 것이 타당하다고 본다.

공동체주의 언론철학을 강조하게 되면 국가와 정부가 공공선을 규정하는 과정에서 언론의 자유와 표현의 자유에 대해 더 많은 사회적 책임성을 요구할 수 있다. 그러나 공적 가치를 강조하다 보면 자의적 지배 상태를 초래해 결과적으로 개인의 언론의 자유와 표현의 자유가 침해될 소지가 크다. 공공성을 의식하게 되면 자칫 개인의 언론의 자유와 표현의 자유가 가진 본질적 의미가 퇴색될 가능성이 높다. 공공성을 향한 소명의식과 역사의식이 충만하더라도 사실과 합리성에 부합하지 않는 주관적 가치에 집착하는 것은 자칫 자기 정당화의 오류를 범하기 쉽다. 반대 의견에 소홀하기 쉽다. 합당한 다원주의의 원리는 소수자일지라도 그 생각의 존엄성을 관용하고 인정할 것을 요구한다. 이에 반해 자유주의 언론철학을 강조하다 보면 개인의 자유에 치중해 공공선과 개인의 공적 책무를 소홀히 할 여지가 생긴다.

이상의 논의를 종합하면, 우리에게 필요한 언론철학은 평등주의적 자유주의와 공동체주의가 공화주의 틀 안에서 상호보완적으로 작동하는 것이 타당하다. 구체적으로 좋음에 대한 옳음의 우선성을 유지하는 평등주의적 자유주의 철학을 근간으로 하면서 공동체적 가치를 포용 수렴하는 공동체주의적 자유주의가 공화주의 헌정 체제 안에서 작동하는 것이 바람직하다고 생각한다.

결국 우리의 언론철학은 공동체의 공공선과 조화를 모색하는 방향 속에서, 각 개인의 언론의 자유와 표현의 자유가 갖는 불가침적이며 평등적 특성을 확인하고 실천하는 것이 필요해 보인다. 이런 공동체주의적 자유주의 언론철학은 공공선이 향하는 방향과 조건을 공유하는 가운데 정부는 좋음의 구체적인 방향성을 제시하지 않고 각 개인의 표현의 자유를 보장하고 확인하는 것이다. 공공선이 갖는 사회적 의미와 무게를 공유하면서 평등주의적 자유주의 철학이 제시하는 표현의 자유와 권리의 본질적 특성을 침해하지 않는 것이다.

우리가 수용할 공동체주의는 파당과 붕당 그리고 인습과 관습에 사로잡힌 극단적 공동체주의가 아니다. 극단적 공동체주의는 오늘날 인류가 공유할 보편적 공공철학이라고 볼 수는 없다. 이슬람 여성에게 공동체의 도덕적 가치를 앞세워 고등교육의 기회를 박탈하고 히잡을 쓰도록 강요한다면 어떤 사회적 발전이 있을까 생각해 보면 그 미래를 전망해 볼 수 있다. 앞으로의 공동체주의는 시민적 덕성을 바탕으로 자유로운 도덕 공동체를 건설하도록 하는 것이 바람직하다. 도덕 공동체는 개인의 의사가 간섭없이 자유롭게 형성되고, 공동체의 의사결정에 개인의 뜻이 충분히 존중받으며, 개인과 공동체가 시민적 덕성과 인간다움을 상호 존중하는 공동체이다. 이런 도덕 공동체는 덕성과 자유를 조화시키는 가운데, 개인의 비지배 자유와 권리가 보장하는 공간이다. 결국 평등주의적 자유주의와 공동체주의 철학을 수렴하는 방향은 개인의 자유주의적 권리를 임의로 침해하지 않으면서 공동체 공공선과의 통합을 변증법적으로 모색하는 방향이 될 것이다. 이는 평등주의적 자유주의 정치철학과 공화주의, 공동체주의 철학의 접목과 화해를 통해 도달할 지점이라고 생각한다.

앞으로 언론철학의 요체는 자유와 공공선, 상호 관용 그리고 자기 변화의 원리를 어떻게 조화시킬 것인가 하는 점이라고 생각한다. 지금처럼 표현의 자유가 언론철학, 정치철학의 원리를 제대로 이해하지 못한 채 아전인수(我田引水)식으로 제시된다면 언론자유를 둘러싼 우리의 갈등은 백화제방(百花齊放)식 의견만 분분할 뿐 제 갈 길을 찾기 어려울 것이다. 동시에 우리의 소통은 상호 관용과 자기 변화가 필요하다. 관용은 자기의 자유와 권리를 상대방에게 양보하는 것이다. 사회적 소통의 진정한 장애는 타인이 아니라 변하지 않는 자의식임을 깨닫는 것도 필요하다. 좋음에 대한 자기 관념의 해체를 통해 타인에게 향하는 과정은 진정한 소통의 첫 걸음이 될 것이다. 우리의 언론자유가 조화와 통합의 원리에 기반한 철학적 방향성을 모색하지 않는다면 우리 사회는 더욱 격렬한 갈등이 예상된다. 언론철학을 이해하고 통합적 언론철학에 대한 성찰의 시간을 모색하는 것은 한국 사회 언론의 자유가 나갈 방향성을 가늠할 잣대가 될 것이라 생각한다. 우리 사회는 표현의 자유를 둘러싼 합의의 영역을 마련하기 위해 언론철학의 원리에 대한 성찰이 필요하다.

## 참고문헌


강신주(2014) 강신주의 노자 혹은 장자. 오월의 봄.

구선영(2019) 동서양 정치철학에서의 자유, 평등과 국가와의 관계성에 대한 고찰 – 아리스토텔레스, 공자, 마이클 샌델, 존 롤스를 중심으로. 인문학연구 31.

권영성(2010) 헌법학원론. 법문사.

권용혁(2012) 개인과 공동체. 사회와 철학 23.

김경희(2009) 공화주의의 역사. 책세상.

김동훈(2011) 한국 헌법과 공화주의. 경인문화사.

김민환, 한진만, 윤영철, 원용진, 임영호, 손영준(2008) 방송의 공정성 심의를 위한 연구. 방송통신심의위원회.

김비환(2018) 개인적 자유에서 사회적 자유로. 성균관대학교출판부.

김선욱(2010) 정치와 진리. 책세상.

김선욱(2021) 능력과 공정과 정의 – 마이클 샌델의 능력주의 비판 –. 철학과 현실.

김성한(2010) 해악의 원리를 이용한 동성애에 대한 도덕적 평가. 철학논총 60.

김우창, 박성우, 주경철, 이상익, 최장집 공저(2017) 국가와 윤리. 글항아리.

김은희(2010) 롤스의 공적 이성 개념의 한계와 중첩적 합의개념의 재조명, 철학 103.

김정탁(2014) 다문화사회와 동아시아 커뮤니케이션: 현(玄)과 황(黃)의 관점에서. 커뮤니케이션 이론 10(3).

맹주만(2012) 롤스와 샌델, 공동선과 정의감. 철학탐구 32.

맹주만(2013) 샌델과 공화주의 공공철학. 철학탐구 34.

목광수(2012) 로버트 노직의 아나키, 국가, 그리고 유토피아. 철학과 현실 3.

미디어개혁시민네트워크(2021) 미디어정책최종보고서.

박상혁(2008) 자유주의 의료정의론에 대한 오해와 이해. 동서철학연구 48.

박유하(2013) 제국의 위안부. 뿌리와 이파리.

박정순(2019) 존 롤스의 정의론: 전개와 변천. 철학과 현실사.

손병권(2004) 연방주의자 논고에 나타난 매디슨의 새로운 미국 국가: 광대한 공화국. 국제지역연구 13(4).

손영준, 홍주현(2019) 한반도 핵 위기에 대한 신문 사설 프레임 비교 분석: 경향·한겨레·조선·동아 4개 매체를 대상으로. 정치정보연구 22(3).

손영준(2021) 언론 자유에 대한 철학적 탐색: 존 롤스의 논의를 중심으로. 커뮤니케이션 이론 17(3).

손영준(2021) 자유주의와 공화주의의 언론자유. 2021년 한국언론학회 저널리즘 분과 봄철 학술대회 발표문.
손영준(2021) 정치철학의 관점에서 본 표현의 자유 제한 – 트럼프 SNS 계정 정지 사태 어떻게 볼까. 관훈저널 158.
손영준, 허만섭(2021) 신공화주의 논의를 통해 재상상하는 표현의 자유 - 비지배자유와 균형된 미디어 개념을 중심으로. 미디어와 인격권 7(3).
손영준(2022) 저널리즘의 진실, 한국언론학회 저널리즘연구회 편, 저널리즘 다시보기. 나남.
신중섭(2016) 마이클 샌델의 정의론 바로읽기. 비봉출판사.
양천수(2014) 자유주의적 공동체주의 가능성. 법철학연구 17(2).
유홍림(2021) 회색지대 속의 정의 담론. 통일과 평화 13(1).
윤진숙(2010) 종교의 자유의 의미와 한계에 대한 고찰. 법학연구 20(2).
이근식(2006) 존 스튜어트 밀의 진보적 자유주의. 기파랑.
이상환(2010) 마이클 샌델의 정의란 무엇인가 서평 – 어떤 정의인가?: 불의의 세상을 살아가는 법. 동서사상 9.
이승선(2013) 표현 자유 확장의 판결. 커뮤니케이션북스.
이양수(2008) 혼돈 시대의 민주주의 : 공화주의와 삶의 가치.
이종은(2011) 평등, 자유, 권리. 책세상.
이종은(2013) 롤스와 응분, 한국정치연구 22(1).
이종은(2015) 사회 정의란 무엇인가. 책세상.
이종은(2016) 존 롤스. 커뮤니케이션북스.
이종은(2016) 롤스와 공동체주의. 사회과학연구 28(2).
이창근(2015) BBC 자율성의 제도적 기원: 공사(public corporation) 조직의 역사적 형성을 중심으로. 방송문화연구 27(2).
임상원(1998) 아레오파지티카: 존 밀턴의 언론출판자유에 대한 선언. 나남.
임상원(2017) 저널리즘과 프래그머티즘. 아카넷.
장동익(2017) 로버트 노직, 무정부 국가 유토피아. 커뮤니케이션북스.
장동진, 김만권(2000) 노직의 자유지상주의: 노직의 자유의 이상. 정치사상연구 3(11).
정기문(2021) 역사란 무엇인가?. 민음인.
정성훈(2016) 공동체주의 공동체의 한계와 현대적 조건에서 현실적인 공동체. 도시인문학연구 8(2).
정재각(2019) 왜 다시 자유여야 하는가? 밀의자유론: 사유와 비판. 박영사.
조승래(2010) 공화국을 위하여: 공화주의의 형성 과정과 핵심사상. 도서출판 길.
조승래(2013) 마이클 샌델의 공화주의. 대구사학 112.
조항제(2018) 한국 공영방송 노동조합의 자율성 투쟁. 언론정보연구 55(2).

주동률(2008) 가장 합당한 자유주의를 위하여: 롤스 정의론의 배경, 내용, 특징과 논점들. 철학과 현실 2008년 6월호.

최장집(2005) 민주화 이후의 민주주의. 후마니타스.

최정운(1997) 미국의 자유주의: 롤스(Rawls)와 노직(Nozick)의 논쟁. 미국학 20.

칼 포퍼(2006) 열린 사회와 그 적들 1. 민음사.

황경식, 박정순(2009) 롤스의 정의론과 그 이후. 철학과 현실사.

황경식, 이승환, 윤평중, 김혜숙, 박구용, 송호근, 김상조, 이영, 조영달, 김비환(2013) 공정과 정의 사회: 한국사회의 지속가능한 성장을 위한 지적 모색. 조선뉴스프레스.

홍성우(2005) 자유주의와 공동체주의 윤리학. 선학사.

---

Altschull, Herbert(1990) From Milton to McLuhan. Pearson. 양승목 역(2001) 현대언론사상사. 나남.

Carr, Edward Hallett(1961) What is History?. 김택현 역(2015) 역사란 무엇인가. 까치.

Dworkin, Ronald(1997) Taking Rights Seriously. Harvard University Press. 염수균 역(2010) 법과 권리. 한길사.

Dworkin, Ronald(2011) Justice For Hedgehogs. Harvard University Press. 박경신 역(2015) 로널드 드워킨 정의론. 민음사.

Fromm, Erich(1994) Escape from Freedom. 김석희 역(2012) 자유로부터의 도피. 휴머니스트.

Hobbes, Thomas. Leviathan. 김용환 역(2005) 리바이어던. 살림출판사.

Kymlicka, Will(2002) Contemporary Political Philosophy. 장동진, 장휘, 우정렬, 백성욱 역(2008) 현대정치철학의 이해. 동명사.

Locke, John. Essay concerning the true original extent and end of civil government. 남경태 역(2012) 존 로크 시민정부. 효형출판.

Lovett, Frank(2011) Rawls's A Theory of Justice: A Reader's Guide. The Continuum International Publishing Group. 김요한 역(2013) 롤스의 『정의론』 입문. 서광사.

Machiavelli, Niccolò. Discourses on Livy. 강정인, 김경희 역(2019) 로마사 논고. 한길사.

MacIntyre, Alasdair(1984) After Virtue. University of Notre Dame Press. 이진우 역(2021) 덕의 상실. 문예출판사.

Mulhall, Stephen and Swift, Adam(1992) Liberals and Communitarians. Blackwell. 김해성, 조영달 역(2001) 자유주의와 공동체주의. 한울 아카데미.

Pettit, Philip(1997) Republicanism: A Theory of Freedom and Government. Oxford University Press. 곽준혁 역(2012) 신공화주의: 비지배자유와 공화주의 정부, 나남.

Pettit, Philip(2014) Just Freedom: A Moral Compass for a Complex World. W. W. Norton & Company. 곽준혁, 윤채영 역(2019) 왜 다시 자유인가. 한길사.

Philbrick, Nathaniel(2007) Mayflower. Penguin Books. 황정하 역(2009) 메이플라워. 바다출판사.

Rawls, John(1993) Political Liberalism. Columbia University Press. 장동진 역(1998) 정치적 자유주의. 동명사.

Rawls, John(1999) A Theory of Justice: Revised Edition. Cambridge, MA: Harvard University Press, Revised ed. 황경식 역(2003) 정의론. 이학사.

Rawls, John(2001) Justice as Fairness: A Restatement. Cambridge, MA: Harvard University Press. 김주휘 역(2016) 공정으로서의 정의 : 재서술. 이학사.

Sandel, Michael(1982) Liberalism and the limits of justice, Cambridge University Press. 이양수 역(2012) 정의의 한계. 멜론.

Sandel, Michael(1998) Democracy's Discontent: America in Search of a Public Philosophy. Cambridge University Press. 안규남 역(2012) 민주주의의 불만: 무엇이 민주주의를 뒤흔들고 있는가. 동녘.

Sandel, Michael(2005) Public Philosophy: Essays on Morality in Politics. Harvard University Press, 안진환, 김선욱 역(2016) 정치와 도덕을 말하다 : 좋은 삶을 위한 공공철학 논쟁. 와이즈베리.

Sandel, Michael. 김선욱, 강준호, 구영모, 김은희, 박상혁, 최경석 역(2008) 공동체주의와 공공성. 철학과 현실사.

Sandel, Michael(2009) Justice: what's the right thing to do?. N.Y.: Farrar, Straus and Giroux. 이창신 역(2010) 정의란 무엇인가. 김영사.

Sandel, Michael(2010) 이목 역(2011) 마이클 샌델의 하버드 명강의. 김영사.

Sandel, Michael(2012) What money can't buy : the moral limits of markets. N.Y. :Farrar, Straus and Giroux. 안기순 역(2012) 돈으로 살 수 없는 것들 : 무엇이 가치를 결정하는가. 와이즈베리.

Sen, Amartya(1999) Development as Freedom. Knopf. 박우희 역(2001) 자유로서의 발전. 세종연구원.

Viroli, Maurizio. Repubblicanesimo. 김경희, 김동규 역(2012) 공화주의. 인간사랑.

Walzer, Michael. Spheres of Justice. Basic Books. 김용환 외 역(1999) 정의와 다원적 평등. 철학과 현실사.

사마천. 신동준 역(2015) 사기본기. 위즈덤하우스.

Arendt, Hannah(1998) The Human Condition. University of Chicago.

Balkin, Jack(2004) Digital Speech and Democratic Culture: Theory of Freedom of Expression for the Information Society. New York University Law Review 79(1).

Balkin, Jack(2018) Free speech is a triangle. Columbia Law Review 118(7).

Bellamy, Richard(2013) Rights, Republicanism and Democracy. p.261 in Niederberger, Andreas and Schink, Philipp (eds.) Republican Democracy, Edinburgh University Press.

Berlin, Isaiah(1958) Two Concepts of Liberty. Four Essays On Liberty. Oxford University Press.

Bonotti, Matteo(2017) Partisanship and political liberalism in diverse societies. Oxford University Press.

Costa, Victoria(2013) Is Neo－Republicanism Bad for Women? Hypatia 28(4).

Etzioni, Amitai(2019) Allow Offensive Speech－Curb Abusive Speech?. Society 56.

Farrelly, Colin(1999) Does Rawls Support the Procedural Republic? A Critical Response to Sandel's Democracy's Discontent. Politics 19(1).

Febres, Coromoto(2010) Liberalism, Feminism and Republicanism on Freedom of Speech. Ph.D Dissertation in Political Science in University College London.

Feinberg, Joel(1994) Freedom and fulfillment. Princeton University Press.

Fishkin, James(1993) Democracy and Deliberation. Yale University Press.

Hanretty, Chris(2011) Public Broadcasting and Political Interference. Routledge.

Harcourt, Bernard E.(1999) The Collapse of the Harm Principle. The Journal of Criminal Law and Criminology 90(1).

Hayek, Friedrich(1944) The Road to Serfdom. University of Chicago Press.

Keller, Daphne(2022) Lawful but Awful? Control over Legal Speech by Platforms, Governments, and Internet Users. University of Chicago Law Review Online.

Levy, Leonard W.(1985) Emergence of a Free Press. New York: Oxford University Press.

Li, Zehou(2016) A Response to Michael Sandel and Other Matters. Philosophy East and West 66(4).

Macedo, Stephen(1995) Liberal Civic Education and Religious Fundamentalism: The Case of God v. John Rawls?. Ethics 105(3).

Mandle, Jon and Roberts－Cady, Sarah (eds.) (2020) John Rawls: Debating the Major Questions. Oxford University Press.

Martin, Robert(1994) From the free and open press to the press of freedom: Liberalism, republicanism and press liberty. History of Political Thought 15(4).

McCauley, Michael P, Peterson, Eric E., Artz, B. Lee., Halleck, DeeDee. (eds.) (2003) Public Broadcasting and the Public Interest. Routledge.

Meiklejohn, Alexander(1948) Free Speech and Its Relation to Self－Government. New York: Harper.

Mena－Aleman, David(2006) Can the BBC Compete to Deliver “More Than Just What Consumers Want”?. Politics & Policy 34(1).

Mill, John Stuart(2016) On Liberty. Project Gutenberg.

Nozick, Robert(1974) Anarchy, State, and Utopia. Basic Books.

Nussbaum, Martha(2015) Extending Political Liberalism, New York: Columbia University Press.

Parks, Rosa and Haskins, Jim(1999) Rosa Parks: My Story. Puffin Books.

Pavini, Giorgia(2018) The Structure and Governance of Public Service Broadcasting: A Comparative Perspective. Palgrave.

Pettit, Philip(1998) Reworking Sandel’s Republicanism. The Journal of Philosophy 95(2).

Pettit, Philip(2000) Democracy, Electoral and Contestatory. Nomos 42.

Pettit, Philip(2002) Rules, Reasons, and Norms. Oxford University Press.

Pettit, Philip(2002) Keeping Republican Freedom Simple: On a Difference with Quentin Skinner. Political Theory 30(3).

Pettit, Philip(2012) On the People’s Terms: A Republican Theory and Model of Democracy. Cambridge University Press..

Pogge, Thomas(2007) John Rawls: His Life and Theory of Justice. Oxford University Press.

Rawls, John(1971) A Theory of Justice, Cambridge, MA: Harvard University Press.

Rawls, John(1999) The Law of Peoples. Harvard University Press.

Sandel, Michael(1984) Liberalism and its critics. Oxford: Basil Blackwell.

Sandel, Michael(1988) The Political Theory of the Procedural Republic. Revue de Métaphysique et de Morale Oxford 93(1).

Scanlon, Thomas(1973) Rawls' Theory of Justice, University of Pennsylvania Law Review 121(5).

Scanlon, Thomas(2020) Some Main Points in Rawls' Theory of Justice. The Journal of Ethical Reflections 1(2).

Schwarzlose, Richard(1989) The Marketplace of Ideas: A Measure of Free Expression. Journalism Monograph 118.

Shapiro, Steven(2018) Reflections on Charlottesville. Stanford Journal of Civil Rights & Civil Liberties XIV.

Sorabji, Richard(2021) Freedom of Speech and Expression. Oxford University Press.

Vanhaeght, A-S., Lunt, P., Donders, K.(2016). Why does audience participation in public service media matter? International Association for Media and Communication Research.

Wolff, Jonathan(1996) Robert Nozick: Property, Justice and the Minimal State. Polity Press.

---

경향신문(2021.3.2) 하버드대 학부생 대표 기구, '위안부=매춘부' 논문 램지어 교수 규탄 성명 채택 <https://www.khan.co.kr/world/world-general/article/202103021216001>

교수신문(2023.1.13) 미완의 민주화 … 자유주의적 계기가 없었다. <https://www.kyosu.net/news/articleView.html?idxno=98228>

뉴스1(2023.04.13) 美NPR, '정부 출연 미디어' 표시에 트위터 사용 중단 선언 <https://www.news1.kr/articles/5013814>

동아일보(2022.11.18) 불평 불만만 많은 MZ세대? ... "우리가 변한게 아니라 시대가 변한 것" <https://www.donga.com/news/Culture/article/all/20221118/116543986/1>

연합뉴스(2018.11.21) 대학생진보연합 "김정은 위원장 서울방문 환영" <https://www.yna.co.kr/view/AKR20181121077351004?input=1195m>

연합뉴스(2021.12.20) 머스크 "올해 세금 13조원 넘게 낸다" … 美역대 최대 납세 될 듯 <https://www.yna.co.kr/view/AKR20211220116000009>

연합뉴스(2022.6.25) 美대법원, '로 對 웨이드' 공식폐기 … "州별로 낙태금지 가능" <https://www.yna.co.kr/view/AKR20220624160351071?input=1195m>

조선일보(2019.5.10) 집보다 좋다던 英 민영 교도소, 불시 방문했더니 '경악' <http://

weeklybiz.chosun.com/site/data/html_dir/2019/05/09/2019050901642.html>

중앙선데이(2008.2.3) 생존을 향해 떠난 눈물의 20세기 <https://news.joins.com/article/3031524>

한겨레 21(2014.1.13) 진화한 재갈 물리기: 감시 사회의 새로운 규제 <https://h21.hani.co.kr/arti/culture/culture_general/37393.html>

한경글로벌마켓(2022.7.3.) '272조원' 머스크, 세계 최고 부호자리 지켰다 … 한국 부자는 몇 위? <https://www.hankyung.com/international/article/202207032840i>

IT Daily(2023.2.6) 기부왕 빌 게이츠의 '부자들을 향한 메시지' <http://www.itdaily.kr/news/articleView.html?idxno=212519>

Matal v. Tam, 582 U.S. Supreme Court(2017) <https://supreme.justia.com/cases/federal/us/582/15-1293/>

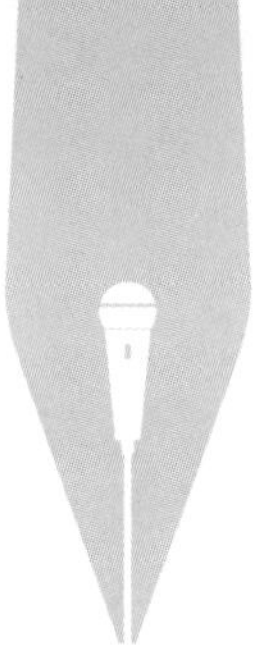

# 찾아보기

## ㄴ

— ㄷ



— ㄹ

— ㅁ

— ㅂ

— ㅅ

— ㅈ

## 저자 소개

손영준(孫榮晙)

서울대학교 외교학과와 행정대학원을 졸업하고 연합뉴스, YTN, 대구방송에서 기자 생활을 했다. 미국 인디애나대학교 저널리즘 스쿨에서 매스컴 박사 학위를 받고, 2003년부터 국민대학교 미디어 전공 교수로 재직 중이다. 국민대학교 사회과학대 학장, 교무처장 등을 역임했으며, 중앙일보 ＜손영준의 퍼스펙티브＞ 칼럼니스트, 뉴스통신진흥회 이사, 언론중재위원으로 활동했다. 2024년 현재 한국언론학회 저널리즘연구회 회장, 연합뉴스TV 시청자 위원장을 맡고 있다. Marquis Who's Who와 IBC 세계인명사전에 등재되어 있다. 공저로 『AI 시대 저널리즘 미리보기(2024)』, 『저널리즘 다시보기(2022)』, 『현장 기자를 위한 체크리스트(2019)』, 『The Global Journalist in the $21^{st}$ Century(2012)』, 『방송의 공정성 심의를 위한 연구(2008)』, 『현대 정치커뮤니케이션(2006)』, 『매스미디어와 정보사회(2004)』 등이 있다. 저널리즘, 언론 철학, 공영방송, 언론과 정치, 여론 등을 주제로 다수의 논문을 발표하였다.

언론자유와 정치철학

초판발행 2023년 9월 1일
초판 2쇄발행 2024년 2월 20일

지은이 손영준
펴낸이 안종만 · 안상준

편 집 사윤지
기획/마케팅 박부하
표지디자인 이수빈
제 작 고철민 · 조영환

펴낸곳 (주) 박영사
서울특별시 금천구 가산디지털2로 53, 210호(가산동, 한라시그마밸리)
등록 1959. 3. 11. 제300-1959-1호(倫)
전 화 02)733-6771
f a x 02)736-4818
e-mail pys@pybook.co.kr
homepage www.pybook.co.kr
ISBN 979-11-303-1767-0 93340



정 가 27,000원